消失的村落记忆

——城市化进程中的历城

《历城文史资料》第二十七辑

消失的村落记忆

——城市化进程中的历城

上

济南市历城区政协文化文史和学习委员会 编

山东人民出版社·济南
国家一级出版社 全国百佳图书出版单位

图书在版编目（CIP）数据

消失的村落记忆：城市化进程中的历城/济南市历城区政协文化文史和学习委员会编.--济南：山东人民出版社，2020.12

ISBN 978-7-209-12106-4

Ⅰ.①消… Ⅱ.①济… Ⅲ.①村落文化－介绍－历城区 Ⅳ.①K295.25

中国版本图书馆CIP数据核字(2020)第250827号

消失的村落记忆

XIAOSHI DE CUNLUO JIYI

——城市化进程中的历城

济南市历城区政协文化文史和学习委员会　编

主管单位　山东出版传媒股份有限公司

出版发行　山东人民出版社

出 版 人　胡长青

社　　址　济南市英雄山路165号

邮　　编　250002

电　　话　总编室（0531）82098914

市场部（0531）82098027

网　　址　http://www.sd-book.com.cn

印　　装　北京图文天地制版印刷有限公司

经　　销　新华书店

规　　格　16开（170mm×240mm）

印　　张　42.75

字　　数　550千字

版　　次　2020年12月第1版

印　　次　2020年12月第1次

ISBN 978-7-209-12106-4

定　　价　289.00元（全三册）

《消失的村落记忆——城市化进程中的历城》编委会

主　任：寇少杰

副主任：张福胜　贺光幸　宫玉玲　王钢城
　　　　时连勇　吕大海

策　划：王钢城

主　编：王瑞国

副主编：张　晓

编　委：王瑞国　张　晓　岳淑茗　王桂平
　　　　刘恕恩　郭光明　赵　鹏　王玲玲
　　　　陈　芳　徐宗亮　王淮桂

序

寇少杰

历城历史文化悠久，在新石器时代已有先民在境内繁衍生息，自西汉景帝设县，距今已有2000多年的历史。历代先民的辛勤劳动，造就了历城的物华天宝、人杰地灵。历城地形地势独特，南依泰山、北邻黄河，既有山区丘陵，又有广袤平原，历史上曾称“齐鲁首邑”，为历代郡、国、州、府中心。丰厚的历史文化，造就了历城丰富多彩、精妙绝伦的村落文化。

历城地处省会近郊，依托城郊优势，实现了由乡到城的时代跨越。近年来，全区上下围绕建设现代化中心城区，按照创新、协调、绿色、开放、共享的发展理念，全区城市化进程快速推进，经济社会以前所未有的速度高质量全面发展。伴随着城市化进程，众多世世代代居住在低矮潮湿的房屋中、以土地为生的农民变成了市民。他们告别了古老、传统的生活生存方式，搬入宽敞明亮的现代社区，开始享受环境优美、交通便捷、设施齐全、繁华富足的城市现代生活。这是历史发展的必然、时代发展的需要，也是农民群众对美好生活的追求与向往。

我国是一个农业大国，以农为主，农耕文化是社会文明的根脉。而传统村落镌刻着农业、农村和农民发展的历史印记，积淀了数千年来的农耕精华。然而随着工业化和城市化的快速发展，经济和社会结构发生重大变化，农村人口日渐减少，传统村落逐渐消失，传统农业生产和生活方式、农耕文化、乡风民俗、特色民居面临彻底湮没的威胁。地处省城近郊的历城，作为城市建设的前沿热地，近年来已有130多个村庄在重点工程、重点项目、旧城村改造中被拆除，还有许多村庄在陆续拆除中，传统意义的村庄正在逐渐消失。曾经熟悉的农家小院、田园风光、耕作与收获，被高耸林立的楼房、笔直宽敞的马路、奔跑鸣叫的汽车所替代，楼上楼下攒动着上班下班的身影。

习近平总书记指出："优秀传统文化是一个国家、一个民族传承和发展的根本，如果丢掉了，就割断了精神命脉。"文化要繁荣，必须先呵护和守护好自己的乡土文化，这样才能守住文化的"根"。文化需要创新，但应以传统文化为基础，以传统文化的继承为先决条件。当前在外来文化，特别是西方文化步步紧逼下，我们留给后世子孙的除了高楼大厦、钢筋水泥以及便捷的物质享受之外，还需要用优秀的传统文化来充实置身于喧嚣闹市、生活在灯红酒绿中的他们的精神世界。

历城传统村落文化的形式与类型丰富，文化内涵饱满，地域特色突出，历史文化底蕴深厚。但是，随着一个个村落的完全消失，无论村落由来、发展沿革、地理风光、建筑风貌、文物遗迹、特色风物，还是民间传说、重大事件、重要人物，正在淡出人们的视线。何处是乡愁，逐渐成为人们对故乡难以割舍、无法忘却的情感。尽早尽快地为已经消失的村落留存历史，记录下这些村落的历史和现状及发展变化的进程，不仅能为人们了解社会多提供一份素材，为子孙后代甚至将来的历史学家、社会学家等保存今天看来十分常见、将来可能十分罕见甚或消失的农村基层社会日常生活资料，而且它的意义和价值将会随着时间的推移而逐渐凸现，会变成一件功在当代、利在千秋的好事。基于此，历城区政协将编辑出版《消失的村落记忆——城市化进程中的历城》列入工作重点，在街道政协委员联络室的大力支持下，文化文史和学习委员会的同志们不辞辛苦，从已经拆迁的130多个村庄中选择了50个村庄的资料编辑出版，以此来记录这个时代的发展变迁，留住正在逝去的记忆。我们认为，虽然城市化的跨越式发展使农民、农业、农村与城市社区渐行渐远，谁也无法挽留历史的脚步，但在这块热土上诞生的文明和繁衍生息的轨道决不能随之消失。

还原历史很难，记录历史也不容易。历史的碎片大量沉积于民间，特别是留在村落里，将它们挖掘出来并加以整理不是一件易事。一下子收录了50个自然村“消失”的过程，编纂成书的难度也不小。处理得不好，就会成为面面俱到的“村志”或面孔相同的“肖像”。为解决这些问题，编者们创新思维，从尊重各村不同的发展历史出发，在记述基本情况的基础上，突出记录每个村的突出特色，并落脚到拆迁后村民搬入新居安居乐业。在编辑顺序上，打破按街道排列的做法，突出特色，分为古迹遗存、丰厚文脉、乡土印记、民间传说、英俊辈出、前进脚步六大板块，并为每个村庄选配了多幅与文字内容相关的图片，以图文并茂的形式展现给读者，增加可读性。

“暧暧远人村，依依墟里烟。狗吠深巷中，鸡鸣桑树颠。”这才是我们记忆中的村落。对城市化进程中村落的历史文化保护与传承工作进行研究，对正在淡出人们记忆、面临消失危机的村落历史文化进行挖掘、整理、保护与传承，是留住乡愁，功在当代、惠及子孙的崭新课题。改革发展、城市化大潮势不可当。由于我区地处省会近郊的地理位置，因旧城村改造、重点工程建设而占用土地的步伐还会加快，可能用不了多少年，多数村庄就会被夷为平地。同时本书收录的仅是已经消失了的村落的一部分，因而本书可能只是记录消失的村落的开始，今后肯定会有更多的“消失的村落记忆”汇集。

尽管我们无法留住村落渐行渐远的脚步，但是至少能抢救一些村落的历史文化记忆。能达到这样一个目的，我们就十分欣慰了。我们也希望传统村落这朵祖国大地上灿烂的文明之花不仅不会枯萎凋落，相反要让它更加夺目，世世代代永远绽放。

（作者系政协第九届济南市历城区委员会党组书记、主席）

目　录

乡土印记

民间传说

英俊辈出

前进脚步

古迹遗存

历城自汉景帝设县，历史悠久，又地处齐鲁之交，物华天宝、山川灵秀、沃壤绣错、名贤林立，为齐鲁文物荟萃之地，因而遗留了历史、文化、建筑、艺术等诸多遗产遗迹。这些古迹从不同侧面反映着历城各个历史时期人类的生产、生活和环境状况，是祖先留给我们的宝贵财富。本板块收录的7个村庄留存的文物古迹，都是历城境内历史价值、艺术价值较高，有重大影响的古迹精华。这其中有被列入“全国十大考古新发现”的大辛庄遗址，有“修凤楼高忆百年”的兴龙寺、东坡题书的“读书堂”、“县治更新”后的历城县治遗址，有立于赵山之阳的房彦谦墓、清河太夫人墓两座高冢，有被诗仙李白称颂“兹山何峻秀，绿翠如芙蓉”的济南名山华不注及自古享有“济南巨观”之称的华阳宫建筑群，有被称为我国四大灵鹫禅寺之一的邢村灵鹫寺，有被曾巩誉为“云中一点鲍山青”的鲍山及荐贤不妒、谦和爱国的名相鲍叔牙之墓，还有四季鸾腾、依涧筑台、下有甘泉、石阁重重的云台寺。希望这些见证悠久历城历史文化的载体永存，让它们在弘扬传统文化、发展旅游观光业中发挥更大作用。

大辛庄

文化遗址震天下　幸福柳下忆伟人

龙山路：新庄。

——明崇祯《历城县志》

正东乡闵孝二：大辛庄。四、九日集。

——清乾隆《历城县志》

张马乡闵孝二：辛庄。

——民国《续修历城县志》

原村牌坊

大辛庄东与张马屯、陈家张马、宿家张马村接壤，西与全福街道小辛社区相邻，北与华山街道洪家园村相连，南穿胶济铁路与历下区智远街道姜家庄、邓家庄、八涧堡相望。截至2017

村庄原貌

年底，全村共1915户、5082人，村庄总面积3.38平方公里。

商文化遗址的发现、发掘，表明大辛庄在公元前1600年前就有人类活动的足迹，公元前1046年前已建都邑，是商王朝京畿之外一个十分重要的部落。它原叫“贾家庄”，因洪水淹没，村民重建家园，村庄得名“新庄”，到清代时已沿称大辛庄。

1948年9月，历城县全境解放，大辛庄隶属张马区；1949年5月，隶属第二区大辛乡；1956年12月，隶属城关区大辛乡；1958年9月，隶属东郊人民公社；1980年4月，济南市成立郊区，随东郊人民公社划归郊区；1983年5月，撤销人民公社建

原村街道

制，成立乡政府，隶属大辛乡；1987年5月，济南市郊区撤销，隶属历城区王舍人镇；2010年5月，撤镇建街道，隶属王舍人街道。

伟大领袖毛主席熟知大辛庄商朝古遗址，曾两次来大辛庄视察。有幸被伟人熟知村庄遗址并受到开国领袖两次视察的村庄，在全国也不多见。

毛主席与时任历城县东郊人民公社党委第一书记的郑松谈道："大辛庄可是有名气，那里是著名的商朝文化遗址，与河南安阳的殷墟出土文物面貌一致，看来可能是早商时期商人在山东的邑落。"

——郑松《毛主席两次视察大辛庄的前前后后》

2011年6月10日，国家文物局主办、中国考古学会协办、中国文物报社承办的"2010年度全国十大考古新发现"评选结果揭晓，大辛庄遗址位列其中。

大辛庄遗址，位于大辛庄东南，总面积约30万平方米，为商代文化遗址，文化层厚约2米，最深处4米。遗址地势由西南向北逐渐下倾，中间有一条东南斜向西北的自然沟壑，俗称"蝎子沟"，将遗址分作两部分。遗址自1935年发现至2010年历经多次调查、勘探和试掘，发现房址12座，水井8眼，墓葬42座。遗址的商代文化堆积一般厚1米左右，最厚的达4米。试掘中没有发现居住遗迹。遗址出土陶、石、骨、蚌、铜器等700余件。陶器有高档锥足鬲、矮足鬲、圜底尊、大口尊、假腹豆等，还发现釉陶和刻纹白陶；石器有斧、刀、镰等；骨器有镞、笄、匕等；还有卜骨和卜甲，但未见刻辞；铜器为镞、针、锯等小件器物。有的墓葬有殉狗，这种葬俗同郑州二里岗、安阳的商代墓葬相同。1970年，济南市博物馆在此收集到一批历年出土的青铜器，包括觯等酒

考古发掘现场

器，戈、镞、刀等兵器及斧、车具等；1984年，又收集到一批器物，有鼎、觚、爵、戈等青铜器；有玉钺、玉虎等，均为随葬品。出土和收集的器物，与安阳殷墟殷代典型器物并无区别，也有一些与郑州二里岗上层出土器物近似。2003年的考古发掘中发现甲骨卜辞，为国内除殷墟外唯一发现甲骨卜辞的遗址。在2010年的考古发掘中发现豪华商代大墓，出土了10多件青铜器，包括鼎2件、盉2件、爵1件、斝1件、卣1件、罍1件、斗1件、钺1件、矛2件、镬1件，另有大型石磬1件、玉器2件。其中商代圆鼎备受专家关注。该鼎直径为40厘米，通高60厘米，堪与郑州商城出土

甲骨卜辞正面

同期大鼎相媲美，应为当时的重器，也是此次发掘出来的国宝。一对铜盉，纹饰精美，器形独特，前所未见，表现了极高的铸造工艺水平。一件铜钺，形体硕大，器身厚重，为商代前期同类器中较大的一件，反映了墓主人较高的身份等级。

大辛庄遗址于1977年12月23日被公布为山东省重点文物保护单位。2013年5月，被国务院核定公布为第七批全国重点文物保护单位。商代贵族墓葬和大型建筑基址的发现，充分显示了大辛庄在商王朝对东土的经略中占有极其重要的地位。带有“索刂”字铭文的青铜器在地处鲁北的大辛庄遗址被发现，为研究商代末年征夷方战争的地点及路线，提供了新的实物及文字资料。大辛庄遗址是迄今发现的商代中期中原地区商文化向东推进最远的据点，对于商文化及商代夷商关系的研究，具有极为重要的意义。

时任历城县东郊人民公社党委第一书记的郑松，曾在《毛主席两次视察历城大辛庄的前前后后》一文中回忆，1959年2月，毛主席在接见他时得知他来自大辛庄，说了“大辛庄可是有名气”的一段话。可见毛主席渊博的知识及大辛庄遗址的重要程度。

大辛庄遗址二期考古发掘出土的部分文物

1959年4月13日，中共中央主席毛泽东来东郊公社视察，察看了大辛大队的麦田。9月11日，中共中央主席毛泽东第二次来东郊公社视察。

——1990年版《历城县志·大事记》

新中国成立后，毛主席作为党和国家最高领导人，日理万机，工作异常繁忙。但他却于1959年两次视察大辛庄，给大辛庄人民留下了难以忘怀的回忆，也成为大辛庄人民的骄傲。

1959年4月13日午饭后，时任山东省委书记处书记白如冰、济南市委第一书记秦和珍和东郊人民公社党委第一书记郑松来到毛主席乘坐的列车上。这是郑松第二次见到毛主席。就在两个月前，郑松参加了毛主席主持的一次“六级书记座谈会”，并发了言，所以一见面，主席就认出了他，毛主席微笑着说：“郑松，今天到你们公社看看小麦可以吧？”

接着毛主席又问：“你们东郊公社的情况最近有什么变化？”

“东郊公社已调整了公社体制，实行了统一领导、分级管理、三级所有、队为基础，进行了算账退赔，强调了关心人民群众生活。经过整顿，人民公社更加巩固发展。”郑松说。

毛主席又问：“社员群众高兴了吧？”

郑松回答：“广大群众都非常高兴。”

简单询问了东郊人民公社的情况后，毛主席站起来大手一挥，“现在到你们那里去看看吧”。

于是，毛主席在白如冰、秦和珍和郑松的陪同下，驱车来到东郊人民公社大辛生产大队。

下车后，毛主席看到大辛生产大队第七生产小队的麦苗，一片葱绿茁壮，脸上露出了笑容。当看到地头的木牌上写着“计划指标亩产1000斤”时，他严肃地问郑松：“一亩地能收1000斤？”回头又问：“白如冰同志，你看麦子一亩地能打1000斤？”

当白如冰回答麦子长得很好，亩产能到1000斤时，毛主席摇摇头说：“我看这麦子别说亩产打1000斤，连500斤都收不到。打下来的时候，我才相信嘛！”

接着毛主席对郑松说：“到小麦收获时，你们要亲自组织一批干部收割和验收，仔细称一称，看一亩地究竟能收多少斤？”

回过头来，毛主席又严肃地对大家说：“做事情一定要留有余地，要实事求是，不要空口讲白话，秋后我要再来看看亩产小麦到底多少斤！”

毛主席继续往前走。他看见一片稠密的麦苗，觉得密植过头了。在问了播种情况后，毛主席说：“要合理密植，不可太稀，也不可太密。要搞好通风透光，防止倒伏。”

沿着田埂继续向前走，一条东西的水垄沟还流着水，挡住了大家的去路。这时大家都向西转去，可唯独毛主席没有转。他纵身一跃，跨过了水沟，在水沟沿上深深地印着他的两个脚印。往前走了几步，毛主席弯腰从路旁拾起一把被锄掉的发黄的麦苗，仔细地看起来，对小麦的分蘖、扎根，都看得很仔细。然后，又具体询问了小麦的施肥、浇水等情况。毛主席说：“氮、磷、钾肥料要很好地配合使用，要掌握适时浇水，防止倒伏和其他灾害，搞好通风透光。”

随即毛主席右手拿着那把麦苗高高举起，微笑着问社员群众：“把这墩麦子送给我带回北京好不好？”社员们异口同声地回答：“好！”

于是，毛主席珍重地把这把麦苗放起来。

毛主席走上电力扬水站的主干渠，看到周围有一大片麦田长势良好，便问：“这一大片有多少亩，怎么整得这样平，怎么灌溉？”

郑松汇报说：“这一片地过去是有名的‘北大荒’，一年一亩只产200斤粮食。公社化后，组织大兵团作战，只用了一个秋季，就深翻平整，搞成了旱涝保收的丰产田。”毛主席说：“看来大兵团作战还是需要的，有时搞一搞还是可以的，但不能经常这样搞。”

又来到一块三类麦田，毛主席问："这块麦田为什么长得这样差？"

"这与地有关，我们以后要加大措施，促使三类田升级。"郑松回答。

毛主席幽默地说："这叫优厚照顾，你们一定要好好管理，细心管理，争取今年的小麦大丰收。"

1959年9月21日，毛主席第二次来到历城农村进行调查。

这天，毛主席的专列又停在了济南西郊机场的专线上。郑松和时任山东省委第一书记舒同、书记处书记白如冰等进入专列，来到毛主席的办公室。毛主席身穿银灰色的中山装，手里拿着一支烟，很随和地让大家坐下。随后，舒同和郑松作了工作汇报。

毛主席问郑松："今年大辛的小麦亩产到底多少斤？"

"平均亩产收了400斤。"

毛主席哈哈一笑："上次我说平均亩产连500斤都打不到嘛，结果还是打不到500斤嘛！"

毛主席又问："你们东郊公社今年秋季生产如何？玉米、大豆能产多少斤？"

"大辛生产队的玉米亩产可达500斤至700斤。"郑松回答。

随即，毛主席站起来把手有力地一挥，高兴地说："今天再去看看你们的玉米、大豆吧。"

这时，已到了中午12点。毛主席说："你们回去吃中午饭来不及了，就在这里吃吧。"

下午1点，毛主席由舒同和白如冰陪同，乘车先到了山东省农业科学研究所。

这时天下起了小雨，毛主席的警卫人员打起雨伞。陪同的领导见天下起雨来，就劝毛主席别去东郊人民公社了。

当毛主席得知全县参加三级干部会议的700多名代表和社员群众在大辛庄等着时，毫不犹豫地乘车到了大辛庄。

毛主席查看了玉米间作大豆，问这种种植方法好不好？有什么优越性？

郑松说：“一高一低进行间作套种，可以更好地解决通风透光问题，增加产量。”

毛主席说：“可以提高土地利用率，增加复种指数。这种种植方法是可以总结推广的。”

雨越下越大。毛主席冒着大雨接见了出席历城县三级干部会议的干部和社员代表。许多干部群众听到毛主席来了，都跑过来，争着和毛主席握手。毛主席上车后，看到大辛大队一部分社员群众从村中跑过来，又两次停车走下车，挥手向大家致意。

毛主席走后，大辛大队立即召开了小队长会议，大家一致表示：不辜负毛主席对农民的期望，种好田，多打粮食，多支援国家建设。当年大辛大队向国家交爱国粮28万斤。社员们还自编自演了民歌：“麦苗青、菜花黄、毛主席来到咱大辛庄，千家万户齐欢唱，好像春雷响四方。”进一步表达了大辛大队社员见到毛主席的幸福之情。

1976年，东郊人民公社干部群众在幸福柳下悼念毛主席

毛主席一年两次到大辛庄视察，他深入田间地头，进行调查研究，并在田间柳树下与干部群众亲切交谈。自此，人们经常在那株柳树下缅怀伟大领袖丰功伟绩，称此柳树为“幸福柳”。毛主席逝世后，干部群众聚到幸福柳下，悼念毛主席，缅怀他

幸福柳广场

对大辛庄的关怀。为纪念毛主席两次视察大辛庄，镇、村于2001年在“幸福柳”周围建设了“幸福柳广场”。

大辛庄村内古迹颇多。民居则随着时代的变迁、群众生活水平的提高而不断翻新变化。到2015年，随着城市化大潮，大辛庄古村落已成为一片瓦砾，人们同周边群众一样跻身于城市生活。

大辛庄，就其地势而言，南部海拔32米，北部海拔24米，南北落差达8米，因而村人有“南有南上崖，北有北大洼，东有石岗子，西有西沟崖”之说。就其地貌而言，属山前冲积平原地貌，因而耕地以黄褐色黏土为主，保肥保水，熟化程度高，适宜小麦、玉米等多种农作物生长并能促其高产。

20世纪50年代初，大辛庄村址占地约0.55平方公里，总体布局是东西长，南北窄。庄内大街，东西向有3条，自南向北，人们习惯称南大街、中大街、北大街。南大街为老济青公路，中段路北有玉皇堂，主殿3间，青砖墙体，四梁八柱，飞檐斗拱，雕梁画栋，地基高出路面60余厘米，坐北朝南，殿前有唐槐1棵，朝向老济青公路。西段路北曾建有兴福寺，村人称“西寺”，占地5亩左右（后改为大辛小学）。乾隆《历城县志·古迹考五》记载：“兴福寺，在高桥。一在桥头，一在大新庄。”王纶《重修记略》载：“寺肇于宋，毁于元季兵。我朝僧修忍等复修之。弘治乙丑秋七月立石。”中大街与南北向大辛街交会，构成丁字路口，以路口卧牛石、古槐树为其标志。而北大街，以东首马家门前古柳为标志，另有南向的张仙庙。过去此庙三步台阶，石狮两尊蹲守，占地一亩半，香火旺盛。

南北向大街亦有3条。自东向西，村人习惯称东大街、大辛街、西大街。其中：东大街紧邻农田；西大街位于大辛河沿岸，北段三官庙，庙门朝南，主殿两间，青砖墙体，占地不足半亩，内塑天、地、水三官之像；中为大辛街，为庄之中心，由此辐射出王家胡同、陈家胡同、小北街、许家胡同、马家胡同、冯家胡同、魏家大院、严家后场等民居。

此外，庄内还建有土地庙3座，关帝庙2座。

而十字街口的卧牛石、古槐树，村中老者还记得。古槐枝繁叶茂，三人牵手不能合抱；树下的卧牛石，光泽鲜亮。

村民居住环境，呈历城东北乡民居特色。新中国成立前后，最显富贵的是楼房，但为数不多，全村只有两座。一座是中大街西段路南的王家楼，一座是北大街东段路北的严家楼。这两座二层小楼，大同小异，均是用大块条石做基，大青砖砌垒墙体，小青瓦构成起脊房顶。只是，王家楼的楼顶、楼梯、楼板、门窗是木质的；严家楼的楼房，墙体是砖土混合砌垒而成的。

富足人家的民居为主屋与东西厢房组合样式。这种院落，村人称作四合院，但与传统的标准四合院有所不同：有南屋的，连着大门和栏圈；没有南屋的，也是与大门和栏圈连接。不管有无南屋，进门的地方都有一堵影壁墙。而这样的四合院一般是青砖青瓦，或砖坯墙体（又叫“里生外熟”），是富户人家的“标配”。

更多的院落，是普通农民的土坯草房加厨房样式。这种形式的院落，一般低矮、潮湿，主屋三四间不等，土墙围起来的院落，留有一个起脊的门，简单、简陋，俗称“一担挑”，却是绝大多数农家的“标配”。20世纪50年代初统计，全村共有土坯草房2508间，敞棚房3间，占全村房屋数的93.7%；砖墙瓦房158间，占全村房屋数的6.3%。

20世纪70年代中期以后，村民生活逐渐富裕，旧房翻新、建设新房的村民越来越多，10余年的时间，村内的闲场院、空闲地、菜园子多建成了新房。而新房的建造结构也有了新的变化：除清一色的石砌基础外，墙体有红砖的，有灰砖的，有砌块的，也有土坯的。而房架有木制的，也有钢制的，还有钢筋水泥的。房顶则是红瓦或青灰瓦。

王家二层楼旧貌

特别是在20世纪80年代，村民房

街道旧貌

屋建造又上新台阶。建筑形式上，“前出厦”“锁皮房”“前厅+后室”样式的房屋，比比皆是，不少村民还建起二层、三层小楼，都是砖混钢筋结构。装潢形式上，内墙贴瓷砖，外墙贴瓷瓦，房顶琉璃瓦，地面花岗石；室内装修也比较豪华，且家电齐全。

随着人口增多，建房规模扩大，村址也急剧向外扩张。至1990年，在原有基础上，大辛庄形成了大辛街、大辛东街、大辛西街、大辛东中街、大辛西中街、大辛东大街、大辛西大街、大辛南路、大辛南街等9条街道，总计101825平方米。门牌号增加到500多号，庄址面积也由新中国成立初期的0.55平方公里，扩展到0.75平方公里。

2011年4月20日，大辛庄旧村改造工程破土动工。2015年8月，在工业北路路北，占地211亩，总建筑面积55万平方米的14栋高33层的住宅楼建成，并配套建设了办公楼、商铺等设施，世代务农的大辛庄人住进了高端社区，跻身城市生活。

如今，大辛庄多数建筑物已被拆除，有幸的是以大辛庄遗址为主题

大辛庄新居

大辛庄

的大辛庄遗址公园正在规划中，“幸福柳广场”中的“幸福柳”枝繁叶茂。“大辛庄遗址公园”将永久展示大辛庄的厚重历史，使人们乡愁可寄；而人们纷纷到“幸福柳”下照相留念，则表达着大辛庄干部群众对伟大领袖的怀念和对幸福生活的向往。

材料提供：许建胜

初　　稿：郭光明

修改定稿：王瑞国

王舍人庄

中书舍人告老地　历城县治首移处

王舍人店镇在县东三十里，金设。

——《山东通志》

王舍店，城东二十五里。

——明崇祯《历乘》

龙山路：王舍店，东三十里，地沃民殷。

——明崇祯《历城县志》

村庄原貌

古槐

正东乡闵孝四：王舍庄。

——清乾隆《历城县志》

张马乡闵孝四：王舍人庄，二、七日集。

——民国《续修历城县志》

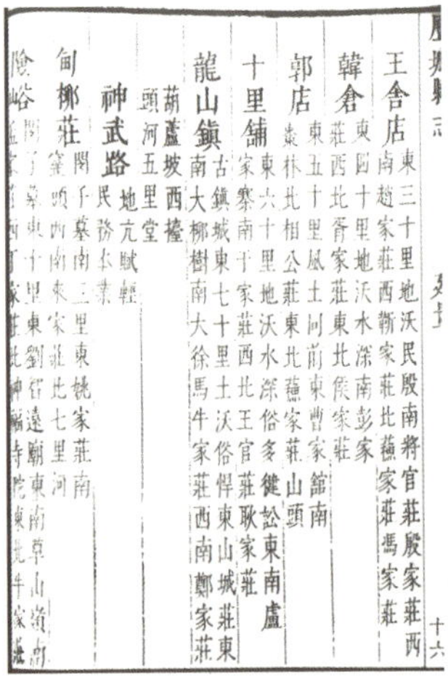

王舍店東三十里地沃民殷南將官莊殷家莊西南趙家莊西靳家莊北蘊家莊馮家莊

韓倉東四十里地沃水深南彭家莊西北胥家莊東北侯家莊

郭店東五十里風土同前東曹家舖南棗林北相公莊東北蘊家莊山頭

十里舖東六十里地沃水深俗多健訟東南盧家寨南于家莊西北王官莊耿家莊

龍山鎮古鎮城東七十里土沃俗悍東山城莊東南大柳樹南大徐馬牛家莊西南鄭家莊

葫蘆坡西樓頭河五里堂

神武路地亢賦輕民務本業

十六

明崇祯《历城县志》中关于王舍人庄的记载

按上述记载，王舍人庄自金设立以来，先后称王舍人店镇、王舍店、王舍庄，至民国时已称王舍人庄，并沿称至今。

明崇祯《历城县志》载其地理位置时称：南将官庄、殷家庄，西南赵家庄，西靳家庄，北苏家庄、冯家庄。历经村庄名称变化，如今南邻赵家庄、殷陈庄，西为东周家庄、靳家庄，北接苏家庄、赵仙庄，东靠韩仓村、胥家村。村庄面积1.5平方公里。至2017年底，有1250户、3800余人。

春秋时，王舍人庄周边区域称为鲍城，清乾隆《历城县志》有“鲍城，济南东三十里鲍山下”的记载。隋代，王舍人庄称作“杂货店”。封建时期，朝廷为政治、经济、军事等需要，修建官道，并遍设驿站。王舍人庄庄前为历城县城东去山东半岛，通往青州、密州、潍州等地的官道。有官道，自然会设驿铺为行路者提供食宿服务。由于靠近官道，且设有驿铺，便聚集起卖杂货者，遂形成“杂货店”。

唐贞观年间，做过中书舍人的王玺告老还乡。中书舍人，在中书省掌制诰，负责起草诏令，以有文学资望者充任。王玺回乡后，因学识渊博，处事从善，在乡邻中威望极高。在这位中书舍人去世后，人们为了纪念他，便将“杂货店”改为王舍店，后沿称王舍人庄。

王舍人庄，民国时期至新中国成立初，隶属历城县张马乡、张马区、城关区。1950年，隶属第一区王舍人镇；1956年，为城关区王舍人集镇乡；1958年，隶属东郊人民公社；1980年，隶属济南市郊区东郊人民公社；1984年，隶属王舍人镇；1987年，隶属历城区王舍人镇；2010年，隶属王舍人街道。

20世纪八九十年代村民住宅

兴龙寺古留千载，修凤楼高忆百年。

——清·陈永修《张龙图故宅》

停车欲访读书堂，阛阓喧阗旧碣亡。

——清·范坰《读书堂》

泺源风景冠齐州，更筑诗豪白雪楼。

——明·边习《登白雪楼怀于鳞》

上述诗赋所涉兴龙寺建于唐初，因得乾隆皇帝御笔而成为当时的全国名寺；读书堂则因北宋龙图侍郎张掞旧隐处且得苏东坡题字而闻名于世；明代诗坛“后七子”领袖李攀龙及其构筑的白雪楼更让中书舍人告老之地熠熠生辉。

回龙寺，处于王舍人庄胜利大街西首路北，济南信息工程学校院内，俗称“西大寺”（现济南化肥厂处旧有“兴龙寺”，亦称“东大寺”，与之对称）。关于回龙寺的兴建，乾隆《历城县志》载：相传唐太宗征高丽时建。《重修回龙寺碑记》证实，乾隆时，皇帝因王舍人庄有古迹，曾在吏部大臣刘墉的陪同下来此驻跸，并重修了回龙寺和兴龙寺，留有乾隆御笔巨幅横匾——福利恒沙。可惜载有乾隆御笔的石碑在抗日战争中遗失。现存回龙寺为清雍正年间重修。回龙寺的建筑格局，为我国传统的坐北朝南中轴式两进庭院，建筑规范，布局严正。

晚清颇具才华的历城乡土诗人陈永修的《张龙图故宅》七律诗，言“兴龙寺古留千载，修凤楼高忆百年。一片韩陵倍珍重，喜从乡校问坡仙”。清道光年间，兴龙寺的殿宇还十分宏伟，香火也十分旺盛，而且林木葱郁、花团锦簇。清代文献学家马国翰在此教学时对寺中花圃情有独钟，他以质朴的语言、凝练的文字、隽永的意境，写下《兴龙寺花圃杂咏》一诗，留下了“幽室芝兰结契，春风桃李争开”，“闲将绿蚁斟酌，静对黄鹂唱酬”等众多脍炙人口的佳句。

回龙寺大殿

回龙寺院落

清末民初，回龙寺毁于战火。20世纪30年代兴办教育时，村人以回龙寺遗址为基础而建起小学；40年代初，历城简易师范（亦称“历城师范讲习所”）落户于此。1957年，历城简易师范改为济南市第十八中学，1985年改为济南市信息工程学校。如今校内西南侧，尚存回龙寺大殿，坐北朝南，六柱五间，前厦廊之两端墙壁嵌有青砖照壁，三方设有厢房，聚成四合院之状。整座大殿雕梁画栋、色彩鲜艳，基本保持雍正年间重修原貌，是历城区第三批文物保护单位。

除了回龙古寺，“东坡题书读书台，于鳞建筑白雪楼”为王舍人庄最著名的遗产之一了。

清乾隆《历城县志·古迹考一》记载：王舍店有读书台，乃故龙图侍郎张揆旧隐处也，有苏东坡题“读书堂”三大字，今移县庠。又有魏国王临诗碑云：熙宁逸老旧门墙，少日穷经历水阳。负笈便为稽古地，躬耕兼是养亲堂。已将贤业归青史，尚有陈编秘缥囊。嗣子彀难承世学，至今人爱郑公乡。

读书堂碑拓片

此番记载，说的是王舍人庄之中央大街中段有一古宅，宅院门楼墙壁上嵌有石碑两块。一块是北宋齐州知州王临撰书的题故龙图侍郎张公旧隐读书堂碑。另一块是被喻为清末济南名士的陈永修撰文、张式和书丹、立于光绪五年的《重修读书堂义塾碑记》。

陈永修撰文之石碑记载的是，“历城东可一舍，有大聚曰王舍店，聚之中宋仁宗时侍从龙图阁侍郎张公揆故宅在焉，内有眉山苏公轼题‘读书堂’三大字碑”。

题故龙图侍郎张公旧隐读书堂碑

碑文说的古宅，曾是北宋名臣张掞、张揆兄弟二人幼时读书之处。张掞、张揆的父亲叫张蕴，曾任淄州监军，在辽兵南犯时挺身而出，奋力守城。他的两个儿子张揆、张掞更是北宋名臣。张揆，进士及第，历北海县尉，改大理寺丞，因病离职，后居家十年足不出户，潜心读《易经》，通晓《太玄经》，著有《太玄集解》数万言。张掞，进士出身，曾出任益都县知县，后因父丧而归家守孝，北宋明道二年（1033年）复职，出任掖县知县，累官至龙图阁直学士、知成德军、太常寺、司农寺判官、户部侍郎。

张揆、张掞去世后，许多名人雅士、达官显贵争相到他们的故居及幼年读书之处凭吊、瞻仰。范纯仁、王临在齐州任职时均有诗镌碑立于堂前。北宋神宗熙宁九年十二月（1076年12月），苏东坡任职密州（今山东诸城）知州期满后，改任徐州知州，于次年二月经潍州、青州首次来到济南，专门前来王舍人庄，拜谒张氏故居，作《张文裕挽词》："高才本出朝廷右，能事空推德业余。每见便闻曹植句，至今传宝魏华书。济南名士新凋丧，剑外生祠已洁除。欲寄西风两行泪，依然乔木郑公庐。"并亲笔题写"读书堂"，从此"读书堂"名噪一时。

金末元初，诗人元好问路过王舍人庄，凭吊读书堂故址，尚见范纯仁、王临和苏东坡题字的三碑具在。乾隆《历城县志》记载："宋代张掞故居在济南东郊三十里王舍人庄。明万历初年土人掘地发现苏轼为张掞故居题'读书堂'三字碑。"对苏东坡的"读书堂"题字碑，陈永修在《重修读书堂义塾记》称，明万历年间，村民修建房屋时，曾在土中挖出，并移至历城县文庙。而张揆、张掞故居院落，清康熙年间曾建有义塾，后被土豪强占，清同治丁卯年（1867年），乡绅倡议恢复义塾，未成。清光绪三年（1877年），侍讲学士钮玉庚主持山东学政，路过王舍人庄时发现此事，遂下令退还，恢复义塾，并立碑记下此事。清代诗人范坰曾题诗读书堂，写道："停车欲访读书堂，阛阓喧阗旧碣亡。空记熙宁题逸老，白云红树舍人庄。"可惜载有"读书堂"三个大字的石碑移进文庙大成殿后下落不明，现仅存"读书堂"三个大字拓片。而范纯仁诗碑也佚失，唯有王临诗碑尚存于王舍人庄726号董姓住户家，保存完好。旧村改造后，被搬迁到王舍人庄鲍贤公寓A座保存。

据明崇祯《历乘》载：白雪楼，城东王舍店。李于鳞作比部时读书处。明崇祯《历城县志》载：白雪楼，李于鳞白雪楼一在鲍山下，一在碧霞宫西，后皆圮废。万历年间岭南叶公因于第一泉间，另构杰阁，临水眺山，独具奇胜。

据上述记载，与李攀龙读书有关的白雪楼有三处。李攀龙（1514—

趵突泉景区白雪楼内李攀龙坐像

1570），字于鳞，自号沧溟，世称“沧溟先生”，明代“后七子”领袖，著名文学家、诗人，于明嘉靖、隆庆年间主盟文坛20余年，被尊称为“宗工巨匠”。

其先世籍贯济南长清，高祖李思道从长清县迁移到历城县龙山镇，祖父李端随母迁徙济南西关。攀龙9岁而孤，靠母亲张氏纺织度日，因家贫而自奋勤学，18岁时为县学诸生。他常与好友许邦才、殷士儋等到山涧丛林中吟诗作赋，被人指为“狂生”。嘉靖十九年（1540年），李攀龙乡试第二,四年后中进士。嘉靖二十五年（1546年），任顺天府乡试同考官。随后在刑部历任广东司主事、刑部员外郎、山西司郎中等职，在任期间，公平执法，不冤无辜。嘉靖三十二年（1553年），李攀龙被外放，任直隶顺德府知府。这是他自称“傲吏”，不肯趋附权相严嵩的结局。顺德三年任内，他除弊兴利，政绩斐然。嘉靖三十四年（1555年），李攀龙升任陕西提学副使。抵任后，与陕西巡抚殷学不和。嘉靖三十五年（1556

年）秋，任职不满一年，即借故致仕归家。

在王舍人庄，李攀龙建筑白雪楼隐居其中。他潜心于此，容不得半点惊扰，闭门谢客，不与权贵往来，一些达官显贵以能得到接见为荣，学人士子更以其品评来衡定自己的身价。归隐白雪楼的10年间，他创作了大量诗文，《沧溟集》的大部分作品都是在这段时间内创作，还将诗文结集以“白雪楼”名之，可见李攀龙非常喜欢这座小楼，从他的《白雪楼》一诗中可窥一斑：“伏枕空林积雨开，旋因起色一登台。大清河抱孤城转，长白山邀返照回。无那嵇生成懒慢，可知陶令赋归来。何人定解浮云意，片影飘摇落酒杯。”李攀龙还时常与名誉济南诗坛的王世贞、殷士儋、许邦才等人诗酒唱酬，悠游于湖山之间，以流畅清新的笔触绘就华不注、大明湖、佛慧山、龙洞等地的秀丽风光，使他名动海内，执天下文柄。

隆庆元年（1567年），李攀龙起复，出任浙江按察司副使，隆庆三年（1569年），诏拜河南按察使。作为负责督察浙江兵甲财赋民俗诸般事宜的地方长官，他检阅了抵抗倭寇的主力军，阅兵海上，亲身领略了戚家军的士气高昂、威武严明，不禁意气风发，作《大阅兵海上》诗4首，其中“万橹军声开岛屿，千樯阵影压波涛”显示了对抵抗侵略、驱除倭寇的信心。3年后，在河南按察使任上时，母亲张氏去世，李攀龙伤心过度，“哀毁得疾”而病终。死后葬于济南药山之麓，有《白雪楼诗集》30卷遗世。

白雪楼楼名取宋玉“阳春白雪，曲高和寡”之义。在鲍山之下筑楼之后，李攀龙又于大明湖南岸百花洲之碧霞宫以西筑楼，人称“湖上白雪楼”。楼建水中央，四面环以水，须以舟渡。但这两座白雪楼均坍塌。明万历年间，时任山东布政使的叶梦熊因敬仰李攀龙，便在趵突泉畔建起了第三座白雪楼，但此楼在清初倾圮。清顺治年间，时任山东布政使的张缙彦在趵突泉畔原址重建“泺源白雪楼”，此楼在1956年因年久失修而被拆除。1995年，济南市人民政府在泺源白雪楼遗址上重新修建了如今的白雪楼。这样历史上先后出现过5座白雪楼。

白雪楼因主人出名，主人又因白雪楼更加出彩，李攀龙、白雪楼相得益彰，引得文人墨客纷纷赋诗白雪楼，缅怀李攀龙。白雪楼与李攀龙常常被人一同吟咏，明代诗坛巨擘边贡之子边习吟诵道：“泺源风景冠齐州，更筑诗豪白雪楼。”清乾隆内阁学士，督广东、江西、山东三省学政，书法家、文学家、金石学家翁方纲在《白雪楼》一诗中说：“楼名仍白雪，树古带寒塍。七子才谁竞，三泉槛借凭。后贤犹仰止，前辈想飞腾。神韵重拈得，高弥百万层。”趵突泉边的白雪楼楹联是边习题写的“人拟古今双学士，天开图画两瀛洲”，上联歌颂李攀龙的文学成就，下联则描绘白雪楼的优美景色。

自1936年8月国民党历城县政府迁入至1951年历城县人民政府迁出，历城县治所在王舍人庄存在了15年。短短15年，王舍人庄经历了国民党历城县政府兴建、迁入，人民解放军攻克，中共历城县委、县政府进驻。这些事件都是载入历城及至济南史册的重大事件。

王舍人庄地理位置优越，交通便利。胶济铁路曾设“王舍人庄站”。国民党历城县政府迁至王舍人庄后将“王舍人庄站”改为“历城站”。

1948年9月，华东野战军渤海纵队攻克胶济铁路历城站

1929年7月1日设立济南市后将历城县从济南市析出。民国二十四年（1935年），时任国民

2006年位于王舍人庄的历城火车站

党山东省政府主席的韩复榘下令将历城县治所迁出济南市区。时任国民党历城县县长张贺元认为王舍人庄为舍人故里，交通便利，地位适中，便将新县政府选择在了王舍人庄，并于当年夏季兴建，1936年8月建成，当年11月迁入，乃历城县治从治所济南首次移出。为纪念县治搬迁，张贺元命人于1936年11月在县政府院内建了一通“历城县政府迁移纪念碑”。此碑为一座六棱石碑，碑高约两米，上覆碑帽，下有碑座，中心处刻有“纪念”二字。碑体一面刻有韩复榘题写的“县治更新”四个大字，落款为“中华民国二十五年十一月韩复榘题”。碑文记载了民国时期历城县政府搬迁到王舍人庄的过程，共分三部分内容：第一部分是序文，介绍了历城县的沿革，说明了县治迁移的原因及迁移过程；第二部分是正文，文首、文尾与序文类似，中间内容为对王舍人庄的详细介绍，由“鲍左山人撰”（鲍左山人即韩仓文人李振唐）；第三部分是跋文，评价了县治迁移的益处，撰文者为国民党山东省政府秘书长张绍堂。

建成于1936年8月的历城县政府

县治更新碑

关于国民党历城县政府迁移时间，记载多有不同。1990年版《历城县志》记载为1937年8月，《济南市志》记载为1937年4月，有的根据碑文记载的县政府建筑完成时间推测为1936年8月，有的根据碑文内容及韩复榘题“县治更新”时间，认为应是1936年11月。这样在出版物上出现了多种不同的时间。不知《历城县志》及《济南市志》依据何处，但“县治更新”碑文讲，县府建于乙亥夏历（1935年夏），告成于丙子八月（1936年8月），“二十有五年冬，十一月，历城县政府移治于王舍人”。依碑文记载，我们可以认定历城县政府应于1936年11月迁入。

当时围绕县政府有内外两重墙，呈回字形。县政府在内墙之中，即现在济南市第三人民医院（简称“市立三院”）院内。内墙南北长456米，东西宽254米，面积11.8万平方米。墙高4米至5米，顶宽4.8米，底宽7.5

残存的历城县城圩子墙

米。外墙东西长1000米，南北长1000米，面积计100万平方米。外墙南至工业北路，北到裴家营村南的跃进河，西邻小苏家庄，东靠龙脊河以东的济南化肥厂101车间。县政府坐北朝南，有上百间办公用房及“议会厅”。

张贺元同时对县政府所在地的王舍人庄主要街巷进行了命名。西进济南、东入青岛的道路，因是贯穿东西的主干道，命名为“胜利大街”；主干道北侧的东西街引用了李攀龙的字号“沧溟”，命名为“沧溟街”；主干道南侧的东西街命名为“吉庆街”。张贺元还对数条短街、数条胡同亦进行命名，如“望县街”“朝山街”“庆华街”“狮子胡同”“翻身胡同”“太平巷”等。如今王舍人庄有条大街仍沿用“朝山街”之名。

1937年12月26日，日军用飞机轰炸王舍人庄并占领历城县城，县长张贺元弃城逃跑。之后，周鼎、郝家骅、郝清泉先后任伪历城县县长。1945年8月，唐王岳家寨人岳伯芬逼走郝清泉，被何思源任命为保安旅旅长、历城县县长。岳伯芬上任后，为了防御，加固了圩子墙，在墙四周筑上碉堡，里面还设有暗堡。

岳伯芬以县城为巢，积极反共，大肆屠杀共产党人，被国民党山东省政府主席王耀武誉为“反共三优”人物。1948年秋，即将进入济南战役之时，王耀武亲自送岳伯芬枪炮子弹鼓励其负隅顽抗，岳伯芬也强抓壮丁，采取加深壕沟、加固围墙、筑修碉堡、架设铁丝网等措施，妄想死守历城县城。根据济南战役的统一部署，9月17日拂晓，华东野战军渤海纵队七师各团对历城县城进行了包围，周密准备后于21日发起最后攻击，经过连续激战，甚至动用了坦克及榴弹炮1个连、野炮1个连、纵队炮兵营1个连以及特纵战车队，22日晚历城县城得以攻克，历城宣告解放。岳伯芬在逃至昌邑县时被查获，于1950年8月20日在王舍人庄兴龙寺附近被枪决。

1949年3月上旬，中共历城县委、历城县政府迁入王舍人庄原国民党历城县政府内办公。同年12月23日至26日，召开历城县第一届各界人民代表大会第一次会议，正式成立历城县人民政府，并选举了县长。1951年5月，省政府为筹建陆军第二医院，要求历城把县政府办公区让出来，并限5日内搬出。遵照省政府要求，历城县委、县政府不讲条件，不讲价钱，主动将县委、县政府搬迁至董家村。由于时间仓促，搬迁后只能借赁村内祠堂、庙宇和群众家中临时办公。在搬迁后的原历城县人民政府，山东军区成立了第二陆军医院，后来又改为山东省人民政府卫生厅第五康复医院，最后为济南市第三人民医院。如今，市立三院院内还残存着历城县城的圩子墙、藏兵洞及国民党历城县政府纪念迁址的“县治更新”石碑。

新中国成立后的古村王舍人，焕发出了新的生机和活力。1985年10月，全国首届农民田径运动会在王舍人庄举行，并被评为当年的“全国十大体育新闻”之一。

农青篮球队全体人员合影

1948年9月，王舍人庄随历城县的解放而解放，并于次年进行土地改革。土地改革完成后，相继成立互助组、初级社、高级社，翻身得解放的王舍人庄农民成立了青年互助组，他们干完农活之余，建起了篮球队，取名“农青篮球队”。1957年，泰安专署组织地区篮球比赛，当时隶属泰安专署的历城县经过选拔，“农青篮球队”有幸代表历城县参加比赛，并荣获冠军。

1985年5月，第一届山东省农民运动会在王舍人文体中心举行

全国首届农民田径运动会山东省代表队部分人员合影

1984年10月，王舍人庄为丰富文体生活，自筹资金，先是修建旱冰场，后建起了文体中心。消息传出，全国许多媒体纷纷报道这一农村新闻。1985年3月5日国家体委副主任袁伟民，1985年4月28日国家体委主任李梦华，1985年7月17日全国政协常委、政协体育组组长、中华全国体育总会主席、中国奥委会主席钟师统，相继来文体中心视察指导工作。此后确定在王舍人文体中心举办全国首届农民田径运动会。1985年10月20日，运动会在文体中心正式开幕，经两天激烈比赛，山东省代表队成绩优异，获得12项比赛的5枚金牌、3枚银牌、3枚铜牌，男女队分列团体总分第一名，被评为“精神文明代表队”。此后，文体中心相继承办了山东省残疾人运动会、山东省游泳比赛、山东省农民体育运动会等。举办全国首届农民田径运动会，当年被评为“全国十大体育新闻”之一。

王舍人村英才辈出。抗美援朝时期，从王舍人庄走出39名优秀青年加入志愿军入朝作战，并涌现出了“一级战斗英雄”孔庆三，少将、海军榆林基地副司令员李大同等一批英模、知名人物。

1951年历城县人民政府褒奖孔庆三烈士匾额

从1985年开始，王舍人庄开始实施旧村改造，多数居民迁入新建居民小区。2018年，最后一批300多户居民已列入拆迁范围即将拆迁。

王舍人新居

历史上曾经给王舍人庄带来巨大影响的读书堂、白雪楼等早已无处寻觅，历城县城在存在15年后也已仅剩一段残墙、断碑。幸好在济南信息工程学校院内被列入文物保护单位的回龙寺被完整保存了下来。多少年之后，王舍人庄人的故乡、故居在何处觅寻？或许只能在回龙大寺和残存在市立三院的那段灰土残墙上寻找坐标了。

材料提供：李珂勇

初　　稿：郭光明

修改定稿：王瑞国

西彩石村

赵山之阳叹高冢　灵石之村惜古迹

> 採石庄，城东四十里。产灵石，玲珑可爱，园圃中多求之。
>
> ——明崇祯《历乘·建置·村落》

西彩石村北有经十路，南有旅游路，交通极为便利。辖域气候温和、四季分明，土地宽满、土质优良，山势疏朗、水源充沛，是农耕生活较为理想之地，自古就有人类繁衍生息。据西彩石村东观音堂的一通方碑上记载，西彩石村原名“斗底峪”，是因为村子周边四山环抱，形状类似古代量粮食的斗底而得名。元代、明代名“採石庄”。明洪武年间党、杜二氏族人在此居住。以后又有住户由直隶枣强迁入该村。因产彩色灵石，又位于东彩石村以西而得名。

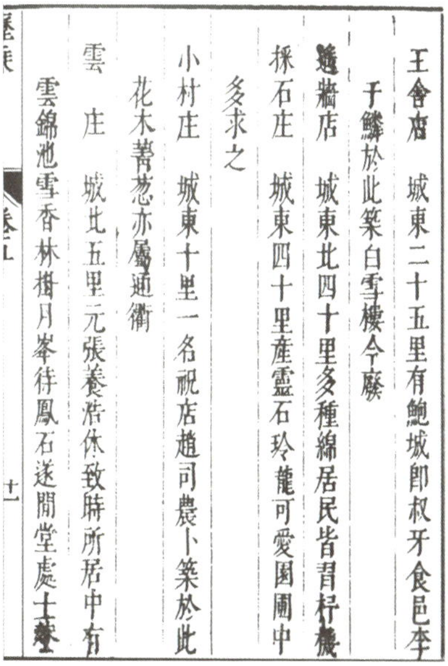
王舍店　城東二十五里有鮑城即叔牙食邑李
于鱗於此築白雪樓今廢
遙牆店　城東北四十里多種綿居民皆習紡織
採石庄　城東四十里產靈石玲瓏可愛園圃中
多求之
小村庄　城東十里一名祝店趙司農卜築於此
花木蓊葱亦屬通衢
雲庄　城北五里元張養浩休致時所居中有
雲錦池雪香林掛月峯待鳳石遂閒堂處士[illegible]
歷乘　卷二　十一

明崇祯《历乘》中关于彩石村的记载

西彩石村唐宋元时期属章丘县，明代属历城县，清代和民国时期属章

村庄原貌

丘县，抗日战争、解放战争时期属章历县，新中国成立初期属章丘县。1956年10月，西彩石村划归历城县管辖；1957年，属大龙堂乡；1958年，属红旗人民公社；1961年，属董家区彩石人民公社；1965年，属孙村区彩石人民公社；1968年，属大龙堂人民公社；1984年，属彩石区彩石乡；1985年，属彩石乡；2001年，属彩石镇；2016年，属彩石街道。2017年旧村拆迁时，全村有1531户、6917人，占地面积1760亩。

右唐房彦谦碑，李百药撰，欧阳询八分书，在今齐州章丘县界中，世颇罕见。

——宋·赵明诚《金石录》

敕书曰：前左领军府大将军房仁裕，既还乡葬母。

——清道光《济南金石志》

西彩石西北的赵山之前，有高冢两座，当地人呼之为“王子坟”。这两座高冢，一座即是宋代金石大家李清照的丈夫赵明诚《金石录》中记载的房彦谦墓；另一座则是《济南金石志》中记载的唐陇西李氏清河太夫人之墓。房彦谦墓为西冢，清河太夫人墓为东冢，两冢相距约三里。论辈分，清河太夫人李氏是房彦谦的从婶（堂婶）。

房彦谦墓高5米，直径15米，墓前矗立着唐代著名书法家欧阳询书丹的房彦谦碑一幢，为山东境内现存初唐刻石珍品，是我国古代宝贵的文化遗产，弥足珍贵。

房彦谦碑立于唐贞观五年（631年）3月2日，碑高3米、宽1.3米、厚0.4米，由碑首、碑身、碑趺三部分组成，形制华美而庄穆。因年代久

房彦谦墓

远，碑趺现已沉入地下，不复得见。碑首和碑身用一整块巨石雕成，碑首为拱形顶，两侧各有三条螭龙盘绕，碑额为篆书，题“唐故徐州都督房公碑”九字，正文为隶书（兼有楷体）。身为宰相的房玄龄为父立碑时，特请太子左庶子，有一代文宗之誉的李百药撰写碑文，又请太子率更令、弘文馆学士欧阳询书丹。

史料记载，房彦谦生于547年，卒于615年，原籍河北清河，其七世祖移居临淄（也有考证移居历城）。他贯通经文，长于吏治，曾任北齐齐州（今济南）司马等。隋炀帝即位，去官隐居，后征授司隶刺史出任泾阳令。死后被追赠徐州都督临淄郡公。其子房玄龄是隋末进士，具有王佐之才。至唐初，甚得秦王李世民重用，曾参与玄武门之变，帮助李世民诛杀太子李建成而夺取政权。李世民即位之后，封他为中书令，旋进邢国公，长期居宰辅的地位。在他的辅佐下，唐朝得有“贞观盛世”。贞观五年（631年）房玄龄将其父灵柩运来济南，葬于赵山之阳（有研究认为此处为房氏祖茔）。墓前两侧原有麒麟、翁仲等次第分列，现仅存石羊、石马。该墓于1972年12月被公布为省级重点文物保护单位。1980年，为保护墓碑，政府修建了砖砌碑楼。2018年因建设国家超级计算机济南中心科技园，原碑被收藏于历城博物馆，依貌复制一通石碑立于原址。

清河太夫人之墓，即唐陇西李氏清河太夫人之墓。清河太夫人李氏是唐初左大将军、金紫光禄大夫房仁裕之母。房仁裕，武将出身，隋末乱世先事王世充，后授李世民，为李唐王朝立下汗马之功，官历麟州等数州刺史，授金紫光禄大夫、左领军大将军等职。其父房子旷是房彦谦的从叔（堂叔），官至隋常州别驾，早故。其母，也是墓主人李氏，陇西望族李氏之裔，出于官宦名门。唐贞观九年（635年）李氏受封“清河太夫人”，永微二年（651年）6月病故，时年八十有二。唐高宗李治闻之诏曰：“前大将军房仁裕母亡，丧失所须，并宜官给。”次年2月15日，房仁裕抚母柩返乡，高宗又降敕书曰：“前左领军府大将军房仁裕，既还乡

清河太夫人墓

葬母……迎道人力所乘等，务使周济。”清河太夫人墓，封土前14米处立有“唐陇西李氏清河太夫人墓碑”，碑残，字迹多残缺侵蚀，墓静谧庄重，可惜撰文者及书写者均无记载。清河太夫人墓及碑于1977年被济南市革命委员会公布为市级第一批重点文物保护单位。

西彩石周边多为低矮山丘，平原沃野，地理位置优越，交通便利，成为旧日历城往来章丘、淄博一线颇为繁华富庶一隅，经济的繁荣带动了文化教育的发展，留存了众多的人文古迹。

西彩石至今还流传着一首民谣：“三十六条街、七十（狮）二隅头，七死八活无梁殿，石钟石鼓透龙碑。”“七狮”指西彩石旧村有七尊石狮子；“七死八活”是指白土山大圣院穿过山门为“七死八活”的石台阶；

大隅头

大隅头北街

康家胡同北段

曹家胡同

村东胜天渠

供销社门市部

李家楼子门

“无梁殿”说的是娘娘山巅的石庙（此庙无梁）；“透龙碑”原在娘娘山南山脚下一条不宽的东西路北有一通透龙碑。西彩石的古建筑有村内的大隅头、老康家胡同、村东部的曹家胡同、沧桑的沟槽、村东头的红旗渠、街里门市部、西彩石古宅、李家楼子门，建筑风貌独具一格。甘甜的古井水养育了一代又一代的西彩石人，而建于民国十七年（1928年）的“洋学堂”则培育了一批又一批的有识之士。

西彩石村的文物古迹有二十余处，其中有建于唐贞观年间的大圣院。大圣院的始祖真觉大师在唐贞观初年，在白土山巅创建了这所济南东部的著名寺院。大圣院坐北朝南，占地面积约3000平方米，由一门、两亭、四殿一阁、两庑组成。登阶而上为天王殿，殿内原有弥勒菩萨结伽居中而坐。殿后西侧有一口古井，穿过天王殿便是碑林。原立有历代重修记事碑数方石质经幢，现寺内残存一截经幢、莲花座1座、石碑7道。通过碑林拾级而上为“诵经平台”，台左右有小殿两座，东为伽蓝殿，内奉伽蓝神守护者梵刹净土，明正德九年（1514年）曾重修此殿。西为祖师殿，

大圣院遗址

今仅有残址尚辨。平台之后为大圣院，正殿释迦殿（大雄宝殿），殿东西长10米，南北宽6米，前檐置五辅作抖拱，栏额拍枋出头，屋顶歇山式，如意头高昂，明间置板门，次间置窗。殿中释迦牟尼佛正中高坐，左右服侍文殊、普贤两位菩萨。十八罗汉分列两厢，造型优美，神采奕奕而颇具个性。如今的释迦殿只剩残砖碎瓦与雕刻精美的柱础藏于荒草中，倾听着人们褒贬不一的伤叹感怀。释迦殿后为一空地，其后便是修建于光绪年间的藏经阁，中轴线两侧为禅房、斋房等建筑，现在也已成为一堆乱石。

走进赵山，有建于南北朝的赵公祠，位于赵山主峰，为纪念隐士赵公而建。玉皇庙是赵山主要庙宇之一，位于赵山次高峰。碧霞元君庙亦为赵山主要庙宇，民间多称“泰山奶奶庙”。赵山还有真武庙、王灵官庙、三官庙、眼光奶奶庙、送子娘娘庙。位于村东娘娘山顶，有一民间传统庙宇——慈慧庵，是一处著名的佛教庵院，由于它是拱形房顶，没有房梁，民间又称“无梁殿”。佛隐寺，是一处隐藏于村西南深山龙洞之内的佛教寺院。由于佛寺依托龙洞入口高大宽广的洞窟而建，寺以洞为殿，殿内设禅台供佛像，佛堂和佛像均隐藏于洞中，故名隐佛寺。西彩石“北极庙”，在清同治五年（1866年）《北极庙

玉皇庙

无梁殿

重修碑记》为两通近方形碑，主碑镌刻正文，副碑镌刻捐钱善人姓名。

除了北极庙，村内还有观音堂庙、关帝庙、姑家庙、增福庙、土地庙等多座庙宇。

老井

西彩石村有十多眼常用的古水井。这些古水井大多有高高的井台，残缺斑驳的井栏石。布满伤痕的老井口，记载着老井久远的历史。这些老井是先辈们开凿出来的生命之泉，甘甜的井水养育了一代又一代的西彩石人。

西彩石一村76号是一处保存较好的清末民初四合院，有3栋房屋，共计11间，总建筑面积320平方米。院落的主人王化东，字海峎，是清末民初的当地名儒。王化东幼年曾受业于大龙堂秀才陈鸿藻门下，光绪丁酉年（1897年）拔贡，授四川省万县知县，赴任时恰逢辛亥革命前，各地革命党反清运动风起云涌，四川保路运动兴起，清王朝统治风雨飘摇。因时局动荡，王化东任期不久即弃官回乡。王化东返乡后在济南经商，创办了经文绸缎店。张宗昌督鲁时，曾受聘给省政府要员子女做家庭教师，张宗昌的儿子也是他的学生。他虽然身为塾师，却关心时局政治，热心公益事业，注重传统文化传承，是一位身穿儒装的有识之士。授课之暇，他博览群书，穷源溯流，深耕书案，寒窗几度，编纂了《济南名胜古迹辑略》，这是一部济南山水、名胜、古迹的专门性志书，史料价值极高。现在许多介绍济南名胜的书籍，多引用书中的史料和记述。民国二十年（1931年）冯云和任章丘县县长，倡修百脉泉，竣工后邀章丘文人名士题诗以记，王化东曾题诗两首，现分别嵌于百脉泉之东西两面墙上，诗文和题写都是王海峎，至今游人临此都驻足吟咏，欣赏文才。当时，冯云和还曾组志局纂修民国《章丘县志》，志局中担承大梁的写作班头是章丘著名的文坛“三王”，一是王翰，二是王海尌，三是王绍绂。志书草稿已定，但因时局动乱没有出版，草稿散佚，致使章丘史志出现断档，深为憾事。王化东晚年归家，深居简出，案无杂物，唯置大字本《大学》一书于案头，足见其尊崇儒家思想的信条。1942年，王化东于故乡病逝。

民国以前，西彩石村实行私塾教育。到了民国十七年（1928年），开始兴办新式学堂，村人称之为“洋学堂”，校名“章邱县第十区西彩石初级小学”。1938年，日军占据三官庙校址一部分建立据点，造成一部分学生失学。1943年，西彩石的著名教育家康希奭回乡任校长，对三官庙校区进行重建，一直到解放战争结束，西彩石小学坚持正常上课，未受大的影响。

1948年9月济南解放后，西彩石初级小学改建为章丘县第五区西彩石

西彩石完全小学第一级毕业师生合影

完全小学。彩石辖区内的虎门、宅科、大龙、神武村的学生均来西彩石村读高小。之后，西彩石村小学又陆续建设了三处校区。

原西彩石小学西校

1975年至1976年，为适应教育发展形势，增设了高中班。至此，西彩石学校建成了历史上的最大规模。全校小学、初中、高中教学班达到了30多个，学生1040名，教师46人。2004年，由10个村按人数集资将平房改建成四层教学楼。

在西彩石村城中村改造过程中，在原校园位置又重新建起了新型教学楼，教学条件发生了质的飞跃。

彩石庄多古刹……更有北极庙在村之中，每月一、六日买卖辐辏集于庙前。

——《北极庙重修碑记》

西彩石集出现于何年何代因缺乏史料无考，但应该是随着古村落规模扩大，聚居人口增多，商品交易活动的日益繁荣而设集。元代时，村子已经是有十多个姓氏、百余户人家，且在村中设有官署百户所的大村镇，此时村内有了初具规模的集市。经过明清两朝大量移民涌入，村子规模急剧扩大，再加之章莱一带居民西去济南府的大道从村中穿过，商品交易活跃，集市规模也随之进一步扩大。至清末，西彩石集已经是一个吸引四方客商来此贸易的大型集市。据村中北极庙清同治五年（1866

西彩石大集

年）《北极庙重修碑记》载："彩石庄多古刹……更有北极庙在村之中，每一、六日买卖辐辏集于庙前。"反映出清同治年间西彩石集车马络绎、商旅云集、市肆鳞次、贸易繁荣的景象。

西彩石集最早在老村中心北极庙前的丁字路口，集市沿东西大街向两端分别延伸至三官庙和李家楼子门，中间则顺党家街向南直到郭家街与吕家沟的交界处。从元代直到20世纪50年代中期，集市所处位置数百年一直未变，故有"买卖辐辏集于庙前"之说。20世纪50年代供销社门市部先设于郭家前街邢家老宅，后迁至大隅头路东，集市也随之先由北极庙前迁郭家前街，后再移至供销社前的南北街上。大隅头成了集市中心后，南端的东西街上也有摊贩设摊，这一时期的集市地形呈倒置了的丁字形。北极庙前原集市的位置空出，但人们依然怀念那块祖辈们赶集的地方，便给此地命名曰"老集"。

进入20世纪80年代，改革开放后的农村商品交易日渐活跃，窄狭的村中集市凸显出空间局促的弊端，集市便东迁至李家楼子门前的姑家湾和刘家场一带，集市空间开阔了不少，后来由此向东沿路延伸至南唐湾边。1985年，历城区工商部门统计的集市交易区面积为1600平方米，摊位300多个，日上市人数1500人，成交额3000元。在20世纪90年代，西彩石集又东迁至村东庄外的南北公路上，交易区面积和摊位数量又有所扩展。进入21世纪后，彩石镇人民政府门前的商业街建成，为繁荣彩石经济，西彩石集迁至东西彩石之间的商业街上，集市规模空前扩大，交易商品也日益丰富多彩起来，摊位呈四行排列几乎延伸到了东彩石村头，迤逦三华里（1500米）之遥。每逢大集，数十里（1里=500米）之内的商贩和顾客纷至沓来，熙熙攘攘的人流充满整个集市，旧时规模狭小的西彩石集已经扩大为整个彩石镇商品交易的重要场所。

新中国成立以来，西彩石这片土地上发生了巨大变化。改革开放后，土地承包到户了，乡镇企业在发展，更多的人开始放弃农业生产，从事

西彩石新居

加工运输和城市建筑等服务业，村庄周边的土地也迅速为不断发展的企事业单位所开发，同时旧村改造步伐加快。2013年8月，延续了五六百年的西彩石大集谢幕，搬至蟠龙山路成为一个新型农贸市场。2016年西彩石旧村改造工程启动，从5月至7月，仅两个多月的时间，西彩石这个千年古村成为一片废墟。2018年底，村民们搬至位于原村村东的西彩石安置区，村民们住进设施齐全的新型住宅小区。

如今象征西彩石历史文化的两座高冢犹在，而古寺、古祠、古庙、古井、古宅、古树及古集等一切西彩石村落记忆符号均随着时代的变迁而消失。或许这是城市化进程中的阵痛，但如何破解城市化进程中的拆与留、保护与传承的关系已经成为摆在人们面前的一个新课题。

材料提供：程继新

初　　稿：刘恕恩

修改定稿：王瑞国

郅家庄

孤嶂凌霄华不注　碧波千顷耀泉城

黄台路：致家庄。

——明崇祯《历城县志》

洛口乡鹊华四：郅家庄。

——民国《续修历城县志》

郅家庄位于二环东路以东、黄河以南、小清河以北，包括郅家庄、山根郅家庄、山北陈家庄3个自然村，环绕于华不注山麓的南、西、北三面。东接山东陈家庄，北邻陈家庄，西连王保庄，南依前王庄。郅家庄建村约在东汉建武年间，因郅氏定居于此烧窑为生，后住户聚居形成村落，以姓氏得名郅家庄。山根郅家庄形成于清末，因黄河经常泛滥、漫决堤坝，不堪水患的部分郅家庄住户迁至华山山根建村。山北陈家庄同样因黄河水患的原因，陈氏等诸户于光绪十一年（1885年）由陈家庄迁居于华山北侧山脚下，形成村落。

明崇祯《历城县志》记载为致家庄，归黄台路。民国《续修历城县志》记载为现名郅家庄，隶属洛口乡。1948年，历城全境解放，郅家庄属张马区。1950年，属第二区华山乡。1953年，出于备战备荒的需要，华

村庄原貌

山南侧的华阳宫成为山东化工厂的军需仓库，原居住于这一区域的32户村民搬迁到郅家庄。从此，华山南望，杂乱建筑无存，水陌井然，豁然开朗。1955年11月，郅家庄属济南市大辛区华山乡。1958年，历城县划归济南市管辖，济南市撤销郊区建制，原郊区的华山等8个乡镇划入历城县，郅家庄属历城县华山乡。1958年9月，属东郊人民公社。1961年7月，属东郊区华山人民公社。1950年至1968年，郅家庄一直是乡、公社办公场所，供销社、信用社、学校等机关单位都设立村中，是基层的行政中心，给人一种“郅家就是华山，华山也是郅家”的印象。1968年7月，郅家庄属华山人民公社。1980年4月，济南市重建郊区，郅家庄属济南市郊区华山人民公社。1984年1月，属济南市郊区华山办事处华山乡。1985年9月，属济南市郊区华山镇。1987年5月，济南市撤销郊区和历城县建制，成立历城区，华山等3个镇划回历城区，郅家庄属历城区华山镇。2010年5月，属历城区华山街道。

郅家庄，顾名思义，郅姓应当是村中姓氏的主流。遍访村民，如今的郅家庄却没有郅姓人家。问其缘由，村民们讲述了一个传奇故事：相传在汉代，郅姓人家定居华山脚下，年深日久，繁衍生息，人口渐多，就成了郅家庄。庄里有户人家，只有兄妹二人，哥哥郅矮子忠厚老实，妹妹郅金莲美丽善良。父母早亡的兄妹相依为命，艰苦度日。哥哥长年累月在庄头上烧窑为生，妹妹操持家务，一天三时为哥哥送饭。有一天，一个英俊少年路过郅家庄，天色已晚，便来到郅金莲家敲门投宿。郅金莲见少年劳累不堪，赶紧让座倒水，把给哥哥准备的饭菜端出来招待了少年。少年对郅金莲的热情相助深为感动，行礼答谢之余说出“日后一定报答”之语。这时，久等妹妹不来送饭的郅矮子跑回家来。进门看见妹妹对一个陌生少年这般热情，顿时火冒三丈，不分青红皂白，抄起扁担就要赶少年出门。郅金莲赶忙拦住，细说前因后果，郅矮子这才云开雾散，消除了误会。其实，这英俊少年便是后来的汉光武帝刘秀。登基当了皇帝后，刘秀想起了郅金莲相助的往事，下了一道御旨，要接郅金莲进宫当皇后，派人到郅家庄打听情况，可惜郅金莲早已因病离开人世。郅矮子听说路过此地的少年成了皇帝，不由想起当年的鲁莽无礼，胆战心惊，怕遭报复，就远走他乡了。其他郅姓人家也随之迁离，所以今天的郅家庄就没有一户姓郅的了。

兹山何峻秀，绿翠如芙蓉。

——唐·李白《古风·昔我游齐都》

华不注山，府东北十五里。

——元·于钦《齐乘·山川》

华山，城东北一十五里，一名金舆山。下有华泉。

——明崇祯《历乘·舆地·山类》

县北境之山……其在东北境最高且大者，曰华不注，见《春秋左氏传》，一名金舆山，亦名华山，去城十五里。

——清乾隆《历城县志·山水考》

位于郅家村域内的华山，古称华不注，又名金舆山，海拔197米，平地突起一峰，景色壮美，居济南名胜“齐烟九点”之首。华山素以奇秀著称，南北朝时期北魏地理学家郦道元在其《水经注》中有形象、生动地描述：“单椒秀泽，不连丘陵以自高；虎牙桀立，孤峰特拔以刺天。青崖翠发，望同点黛。”古济南八景

20世纪60年代的华山

华山湖风景

（鹊华烟雨）、古历城十六景（孤嶂凌霄）均将华山列入其中，足见华山在济南的地位。“华不注”，即“华跗注”的转音。“华”“花”同音同义，“不”字读“跗”，是花萼。华跗，即花骨朵。古时华不注山，因山阳华泉的涌流、济南诸泉水的汇流、古济水的滞流，周围是烟波浩渺的大片水域，远远望去，亭亭玉立的华不注像含苞欲放的花骨朵注入湖中。

专家考证，华山形成始于距今6亿年至4.4亿年这段时间内，当时济南还是一片浩瀚的大海。奥陶纪晚期，发生了“加里东造山运动”，济南海域渐退变为陆地，地面普遍上升，海底岩石逐渐经受日晒、风吹、雨淋、冰冻及流水冲刷而遭到剥蚀。距今约1.8亿年发生“燕山造山运动”，包括济南寒武纪和奥陶纪海底岩层，同泰山周围地区一起上升，并形成了南高北低的倾斜，这便是地质史上所说的“巨大的泰山穹窿构造”。在“燕山造山运动”时期，济南北部地区岩层发生断裂，为地下深处岩浆向上活动提供了通道。随着岩浆的向上侵入，后又经分异及冷凝后，就形成了被统称为“济南辉长岩”的辉长岩——闪长岩类岩石。“齐烟九点”就是济南辉长岩侵入体上部似瘤状的突起。风吹雨淋，天造地设，华不注山上“龟石”“蛇石”“飞仙岩”“仙人桥”等自然景观渐次形成，并被人们赋予神话传说，丰富了华山的文化内涵。

华不注之名最早见于《左传》。根据记载，鲁成公二年（公元前589年），齐顷公与晋军战于济南北马鞍山一带，因其傲慢轻敌而败，在晋军的追逐下“三周华不注”。幸亏手下逄丑父与其交换了位子，并命令他去华泉取水，齐顷公才得以逃脱。齐晋鞍之战是先秦时代发生在济南地区的规模最大的一场战役，《春秋左传》记述这场战役的文字又十分生动传神，极富传奇色彩，故而这次战役对后世济南的影响也是十分深远的，华山则借助《左传》之“鞍之战”而扬名于史。历史渊源加上壮丽灵秀的山色，引来众多的文人墨客，李白、曾巩、元好问、张养浩、李攀龙、晏壁等文人雅士纷至沓来，探幽寻古，纵情山水，留下了大量咏怀华不

华泉

注的绝唱嘉文，华山俨然已是济南的重要名山。

华山闻名于世则源于《鹊华秋色》。这幅山水画描绘的是济南美景，作者赵孟頫不是济南人，此画也不是在济南所作。赵孟頫(1254—1322)，字子昂，浙江吴兴人，至元二十九年(1292年)被任命为“同知济南路总管府事，兼管本路诸军奥鲁，总管缺官”。他在济南待了3年，公务之余深入民间采风，留下了许多赞颂济南山水的诗词，其中《趵突泉》一诗最为著名，济南人最为熟悉的“云雾润蒸华不注，波涛声震大明湖”就出自该诗。1295年，刚过不惑之年的赵孟頫辞官回到家乡，在这里结交了周密。周密(1232—1298)，字公谨，祖籍华不注山下，号称华不注山人等，出生在江南，自曾祖父携家迁至吴兴从未踏上过故乡的土地，但终其一生都难忘自己是齐鲁后裔。两人交往中，赵孟頫多次向周密叙述济南景色绝美、民风朴实、泉水丰盛，这更引起了周密浓厚的思念家乡之情。应周密请求，补其未曾涉足故土之憾，赵孟頫遂凭借记忆描画出了济南华不注山和附近鹊山的秋天景色，《鹊华秋色》这一佳作就这样诞生了。《鹊华秋色》成画后被不少名人世家追逐收藏，到了清朝还被收入皇宫，受到乾隆喜爱，这位好题词的皇帝还将“鹊华秋色”题写于引首，并题跋九则，钤印众多。1748年，乾隆南巡到了济南，登鹊华桥眺望鹊华二山，兴之所至，便命人飞骑北京取来《鹊华秋色》，对着实景欣赏。风流皇帝、传世名画、绝佳山水，三者结合在一起，遂使“鹊华烟雨”“鹊华烟云”成为天下人争相一睹为快的全国性的景观，甚至成为济南城市的一种文化意象。皇帝的揄扬，使华不注的声誉达到了巅峰。

华阳宫：华山前，四帝所居，殿宇轩敞，小清河经过其下。

崇正祠：华不注山下。旧为华阳宫，嘉靖十一年，巡抚袁宗儒改为崇正祠，提学陆钺记，祀逢丑父、闵子骞，两庑祀铁铉等二十二人、黄福等十九人。今废，仍为华阳宫，祀四季之神。后万历七年，巡抚赵公重修，祭缺。

——明崇祯《历乘·建置》

华山之阳有一片古建筑群，因其中的华阳宫规模最大，历史最久，所以概称为“华阳宫”。华阳宫建筑群依山傍湖，高低错落，相间有序，布局有致，同时遗有320平方米的古壁画，规模巨大，自古享有

华阳宫壁画

华阳宫全景

“济南巨观”之誉，2006年被公布为山东省重点文物保护单位。

华阳宫初创于金代，兴定四年（1220年），全真教宗师丘处机的弟子陈志渊先在华不注山南麓结庐修道；次年，徒众稍稍增加，又迁到山北；到正大五年（1228年），率徒众奠居华山之阳，即今华阳宫创建之始。此后，华阳宫经过了300余年的平稳发展。明代山东地方官颇为重视华阳宫作为燕游之所的作用，成化十四年（1478年）山东布政司参政役使小清河沿岸负责水闸日常管理和维护的闸夫，对华阳宫进行了重修。嘉靖十一年（1532年），华阳宫遭遇了创建以来非常大的一次危机。在山东巡抚都御史袁宗儒和山东提学副使陆釴主持下，以“毁淫祠”的名义，改为祭祀乡贤和名宦的“崇正祠”。华阳宫的道士由此在华山的半山腰建成吕祖庙、在山巅建成北极庙用以修行和栖身，道教在华阳宫日渐衰落。万历六年（1578年），华阳宫进行了重修，复称华阳宫，祀四季神。从明代后期开始，人们对宗教信仰的追求发生了很大变化，不再关心那些空泛的说教和虚妄的神仙世界，转而希望宗教能帮其解决现实社会生活中各种各样的问题。在这种情况下，明崇祯以后，宗教逐渐形成了多元化的局面，实现了对乡土生活的全覆盖，儒、释、道和民间俗信共处共融，任由信众选择。在这里，无论心理的需求是什么神仙，在华阳宫建筑群内都能找到。求雨者、赐福者、赦罪者、消灾者、发财者、送子者、祈丰者……应有尽有，因此也有“来济南到华山，华阳宫里神仙全”的说法。

华阳宫古建筑群内现有建筑36座，建筑面积2817.56平方米。主建筑华阳宫由二宫门、忠祠、孝祠、四季殿、东西配房、东西厢房、倒座房等建筑组成，以建在高台之上的四季殿为主体建筑。其余建筑都是明嘉靖后增建，先是三皇殿、玉皇宫，其后陆续建造了龙王庙、泰山行宫、观音堂（今关帝庙）、观音殿、地藏王殿、三教堂、棉花殿、三元宫、净土庵等建筑群。华阳宫在整体古建筑群中居于中心，所有庙宇都是围绕华阳宫两侧自东向西、自南而北增建。新中国成立后，华阳宫长期作为军事基地，设有弹药库，后来这里又成了山东化工厂的仓库，直到1999

华阳宫二宫门

华阳宫四季殿

年山东化工厂仓库才正式搬出华阳宫。早年间，每年始自正月十五日会期10天的华山庙会，风行各地，名誉齐鲁。

华阳宫建筑群中，有近百株虬枝盘曲苍劲葱郁的参天古柏，古柏掩映下的殿堂苍老幽静，漫步其间，给人以高深莫测、超然脱俗之感。四季殿的台阶前有一古柏名为“落凤柏”，有两搂粗，据说植于隋代，落过凤凰。与“落凤柏”相对，在平台前有“赐福柏”，传说触摸此树者会有好运气。四季殿后还有一株“茶柏”，传说旧时道士用其泡茶招待达官贵客。这些古柏中一直栖息着100余只猫头鹰，成为华阳宫的一大景观。在泰山行宫院门外还有一株三搂多粗的古杨，人称“卧龙杨”，虽躯空干老，却枝繁叶茂，一派生机，传说当年有龙盘在树上吸华泉之水，又称“龙吸水”。华阳宫院内，还有石榴、桃、杏等古树，锦簇花繁，生机盎然，东晋尹孝逸有“风沦历城水，月倚华山树”，清代王士祯有“柳花满树绿如染，杏花点地红斑斑”赞美其景。

华阳宫赐福柏

华阳宫落凤柏

华阳宫是名山胜水之所在，自然也会有不少传说，朴素的民间文化折射出群众的价值取向、乡土情结，赋予华不注山水风物鲜活的生命。山东吕剧有一知名剧目《井台会》，由著名吕剧演员林建华、李岱江演唱。这是一出朴实无华、生动活泼、剧情感人的地方小戏，故事的发生地便在华阳宫。四季殿院内的西南侧，可以看到有石栏围着一口古井，前有石碑介绍：相传，此井曾发

华阳宫古井台

生过一双男女为力争婚姻自由而投河自尽的故事，被世人传为美谈。20世纪70年代，被山东省吕剧团改编成传统剧目《井台会》，在社会上广为传唱。故事讲的是豆蔻少女蓝瑞莲被卖与53岁的周蓝宽为妻，并受丈夫、婆婆的百般虐待。一日，蓝瑞莲在井台打水，遇书生魏魁元讨水喝，其时魏生已婚，互诉身世，遂产生爱慕之意。共约夜半蓝桥相会，一同逃走。魏生先至，遇山洪暴发，魏生坚守承诺、不肯离去，抱桥柱而死。蓝瑞莲摆脱羁绊赶来，见魏生已死，只留蓝衫挂在桥上，便投水殉情，追随魏生而去。

2013年6月28日，历城区召开华山片区建设工作动员会，华山片区正式拉开开发建设序幕。2019年郅家庄人迁入新居，旧时记忆融入渐已重现的“鹊华烟雨”胜景中。

1956年之前郅家庄的农产品主要是地瓜、棉花、小麦、玉米，“华山地瓜”最为有名。华山地瓜颜色粉红，体形顺滑，个头适中，柔软甘面，深得老济南人的钟爱。济南东关有个“圩子门地瓜市”，华山地瓜供不应求。地瓜热卖，地瓜秧子也是城郊居民的抢手货。

1960年至1964年，华山一带连遭水灾，因地势低洼，小清河泄水不畅，致使庄稼颗粒无收，郅家庄全靠政府救济每人每月15斤地瓜干，才得以勉强挺过灾荒。1964年郅家庄投入人力物力修水渠、建水库，改种水稻，引进良种，村民生活有了改善。1984年郅家庄实行家庭联产承包责任制，充分地调动了村民的积极性，麦秋连续获得了大丰收，自此才算彻底解决了温饱问题。郅家庄村北有一口井，水质甘甜可口，烧水做饭无水垢。程氏家族先是用井水酿酒，后改成酿醋，质优价廉，远近闻名。

郅家庄周边曾是泱泱湖水。南宋建炎四年（1130年），济南知事刘豫被金人册封为大齐皇帝后，为巩固自己的统治地位，疏浚、开挖小清河，将济南诸多泉水导入其中，汇流入海，致使原注入华山周围的水面渐渐退去。从元朝学者、诗人王恽的著名游记散文《游华不注记》记载“遂自历下亭登舟，乱大明湖。经会波楼下，出水门，入废齐漕渫，所谓小清河者是也。泛滟东行，约里余，运肘而北，水渐弥漫。北际黄台，东连叠径，悉为稻畦莲荡。水村渔舍，间错烟际……”中可知，元代时华山周围已是“稻畦莲荡”了。在大约同一时期的赵孟頫的历史名画《鹊华秋色》中，也可以看到，华山周围已不是完全的湖泊，而是浅水稻溪、沼泽芦荡的水乡景象。

后来，由于垦殖程度提高，黄河屡屡决堤，华山脚下的湖泊因大量的泥沙沉积而使湖底抬高，蓄水能力渐小，湖面迅速退缩，到了明朝嘉靖年间，殿试金榜二甲第一名的亢思谦游览华山时，乘舟已不能直达山下。而到了清代中叶，著名学者全祖望来华山，只能向罗学使竹园借骑……

华山的开发与复兴一直是济南人热切盼望的事情。华山地处济南城市景观轴线上，是泉城特色风貌带的重要组成部分，也是打造“曲阜—泰山—华山”齐鲁文化轴的北部重要端点。1999年8月，济南市人民政府确定开发建设华山景区，成立了华山风景区开发建设领导小组，历城区成立了华山景区管理委员会。风景区一期工程完成投资3500万元，于2000年9月30日竣工，对游人开放。2002年，济南市人民政府聘请两院院士、著名建筑学家、清华大学建筑学教授吴良镛先生为济南做了《泉城特色风貌带》的规划研究。市规划局也组织了多轮华山片区的规划策划研究。2013年下半年，济南市正式启动华山地区开发建设，拉开了华山复兴的序幕。华山片区开发建设为调整城市空间结构、优化城市功能布局、重塑城市形象提供了契机，为重构和优化生产、生活、生态空间提供了机遇和平台，对济南东北部整体开发建设产生了深远影响。当前，华山片区正着力打造华山国家历史文化公园，公园占地面积8.2平方

2019年5月建成并对公众开放的华山历史文化公园

安置新区

公里，超过6.39平方公里的杭州西湖。吴良镛院士曾撰文颂赞华山国家历史文化公园，谓之曰“借名画之余晖，点江山之异彩，谋城乡之统筹，福百代之子孙”。

如今，华山国家历史文化公园建设正在向国家5A级景区、文化旅游主题公园、生态文化旅游新城、国内旅游首选目的地奋进。城市得水而活，得山而壮，得山水而灵秀。作为济南的“第四大名胜”，“齐烟九点、鹊华烟雨”风貌渐已重现。

材料提供：迟　进　程洪业　裴立岗

撰写定稿：张　晓

邢　村

灵鹫禅林千年古　百年大集一朝谢

正东乡南保泉二：邢村庄。

——清乾隆《历城县志》

东庑乡南保全二：邢村。

——民国《续修历城县志》

相传，邢村因唐代唐冶村邢氏村民最早到此开荒种地，以后住户增多而建村。邢村是一个自然村，20世纪50年代开始，历经分合，至1961年成为东、西两个独立行政村。村庄位于经十东路以北，东依围子山，南望神武村，西邻大官村，北靠唐冶村，土河穿村而过，刘公河在村西蜿蜒向北，可谓依山傍水的风水宝地。20世纪80年代，坐落在济王

20世纪80年代济王公路邢村桥

原村全貌

公路上的邢村大桥曾为当时一景。

邢村整体地形多深沟高壑，南北为平原沃土，东部丘陵山地交错。东邢村地势起伏较大，村内崖头、陡坡比比皆是，房屋院落参差不齐，有宽街也有窄巷，街道曲折不平；西邢村地势则较为平坦，院落整齐，街道宽敞。

民国时期，为防盗贼匪患，村民们合力在村口要隘修建了四个高耸的哨门，南为永吉门，北为虞阳门，东为升阳门，西为通济门，均镶有村中晚清秀才靳浩然所撰写的行书匾额。晚间哨门一关，村民轮流值更，整个村庄如同森严的城堡。

由永吉门进入村中，南北大街直通村里，北行数步即可见一高坡崖头——南台子，台上有一座小庙供奉送子观音。

南北街上最宽处街西有户人家，屋山下有一刻石，上刻“历城县界”四字。当时有个俗语，叫“章丘历城县搭线”，誉为两县仅一线之隔，东为章丘，西为历城。村里还流传着关于界碑的一个笑话。有户人家正好建在界碑上。他晚上跟老婆说明天要出远门去章丘，让他老婆早点儿做饭。老婆信以为真，第二天一大早做好饭喊他起床，那人回“不着急”。连呼几遍，只见那人由炕这头转到那头，回道：“这不，我已经到章丘县了。”真可谓一床压两县。

邢村本是一个自然村，土河将村子一分为二，俗称“东崖”“西崖”，即后来的东邢村、西邢村。经通济门，跨过土河上的通济桥继续西行，就到了西邢村的东西大街，路北便是灵鹫禅林了。旧时庙门向南延伸出一条大街，两侧房屋皆青砖灰瓦、廊檐出厦，商贾店铺分布左右，买卖行当，户邻相结，使邢村远近闻名。

不知灵鹫寺，一径净通幽。客少坡仙侣，僧多岛佛俦。
华严开法界，香积际清修。薜荔悬高阁，同吟最上头。

——清·陈永修《过访灵鹫寺》

传说，唐贞观年间，太宗李世民东征经过历城，屯兵邢村附近，为激励将士、鼓舞士气，建立了武圣堂。有一天，当他夜宿武圣堂时，被一阵奇异的鸟鸣惊醒，睁眼观望，但见一只美丽非凡的大鸟栖于堂前树上，片刻便扶摇直入云霄没了踪影。唐军后来打了胜仗。李世民认为这是天赐吉兆于武圣堂，于是将其扩建，并感梦赐名为“灵鹫禅林”，民间

灵鹫寺院落

灵鹫寺观音殿

俗称“灵鹫寺”。这座千年古刹是济南东部第一佛门圣地，也是我国著名的四大灵鹫禅寺之一。

该寺规模宏大，别具一格。新中国成立前庙宇占地20余亩，由五部分构成。西南方为讲学堂、至善堂和武圣堂；西北方为花园、土山；东北方为柴草坊院、窖室；东南方为车马棚、草料坊、木工间、盐仓；中间为寺庙主体，由一门、三殿、一阁组成，即山门，憨师殿（现为天王殿）、大雄宝殿、观音殿，藏经阁（又称“藏经楼”“灵鹫阁”，现为法堂），每处殿堂皆配有厢房，独立成院又相互连接。

灵鹫寺整体建筑格局南窄北宽，呈梯形。踏入寺门后一直往里走，越走视野越开阔，给人以佛法无边之感。寺内青松翠柏高耸参天，房屋五梁八柱木架擎起，青砖灰瓦垒砌，朱漆涂门，金钉攒户，瓦当滴水，飞檐画栋，华丽而庄严。大雄宝殿门口两侧各悬挂一块牌匾，上下联堪称佛界名联。上联书“暮鼓晨钟警醒世间名利客”，下联为“经声佛号唤回苦海梦迷人”。寺院鼎盛时期僧侣达百余人，诵经拜佛法事不断，善

灵鹫寺大雄宝殿

男信女络绎不绝。

清乾隆年间，皇帝登临泰山，曾下榻灵鹫寺，与寺内高僧佛果参论佛法。乾隆帝深感高僧佛学高深，回京后为灵鹫寺拨款修建了藏经阁。藏经阁分为两层，巍峨高耸，格外壮观。上层塑佛昆教主，典藏佛学经卷，下层塑文昌帝君、毗蓝教主等诸多神佛，墙面彩绘精美壁画，有玄奘法师取经等佛家典故。

旧时院中碑刻随处可见，用以记录佛家大事，书法精妙。其中一通残碑，记载了康熙十四年（1675年）重修灵鹫禅林之事，现在矗立于天王殿门前。

灵鹫寺门前曾有3株国槐，相传为唐太宗亲手所植，树径需5人才能合围，树上的鸟窝不计其数，鸦雀争鸣，生机盎然。

在灵鹫寺南部和西部，各有一处塔林，占地共40亩，是历代僧人去世后的安葬之所，人们称之为“南塔子”“北塔子”。此处松柏苍翠，高耸入云，错落分布着一座座青砖砌成的墓塔，静谧而肃穆。

灵鹫寺藏经楼

灵鹫寺旁的“南北庙会”，在周围十里八乡曾十分出名。据说在康熙十四年（1675年）重修灵鹫寺后，寺里每年都会空出几十亩寺田不事春耕，而用于农历四月初八日佛诞日开设庙会。庙会今年在南，明年在北，南北寺田更替使用，所以又有“南会”“北会”之说。庙会之日，商贾云集，乡民汇聚，还有唱大戏的、玩杂要的，盛况空前。

抗战时期，灵鹫寺还发生过一场激烈的战斗。国民党山东保安十三旅三团是胶济铁路以南、章历边境地区的土匪武装，团长王其祯勾结日军打击抗日力量，并到处敲诈勒索、杀害革命群众，无恶不作。1944年7月27日，八路军泰山军分区特务营章丘县大队、泰历县大队和特务大队将设在灵鹫寺内的“伪三团”团部严密包围。围歼部队采取掏墙挖洞的方式从东、南两个方向逐步接近灵鹫寺院墙，并埋伏其中，于后半夜打响了战斗。敌人装备先进，且占据了灵鹫寺二层阁楼的有利地形，战斗异常激烈。在久攻不下的形势下，围歼部队决定以爆破形式炸开灵鹫寺阁楼的后墙，以突入院内。前两次执行任务的战士均于半路牺牲，第三次一位王姓战士终于冲到墙根下引爆了炸药包，将后墙炸出一个高3米、宽2米的大洞。八路军部队进入寺院，最终大获全胜，共缴获长短枪72支、轻机枪3挺，匪徒除1人逃脱外，其余全被歼灭，王其祯也被击毙。

由于历经风雨，千百年来，灵鹫寺的古树、石碑、塑像、塔林已被损毁殆尽，只留下了空荡荡的五重殿阁。改革开放以来，随着宗教和文物相关政策的落实，灵鹫禅林绝处逢生，1983年被评定为区级重点文物保护单位，1996年恢复了四月初八日庙会，2006年僧人入住，2013年10月又被评定为山东省重点文物保护单位。在上级相关部门拨款，村委会、当地群众和社会各界自发捐助的支持下，灵鹫寺经过多次整理维修，重现昔日光彩。

翻开记忆的扉页，置身于热闹的大集中，满满的人情味就这么铺展开来……

——《济南又一百年大集谢幕》，2019年4月12日《山东商报》

每逢农历四、九日，熙熙攘攘的人流，此起彼伏的叫卖声，汇聚成邢村最生动热闹的人间景象。历史悠久的邢村集，是十里八村乡民永远挥之不去的乡愁乡恋。

据说早在清朝同治年间，灵鹫寺就在门前南北大街设立了邢村集，集日定为农历每月的四、九日，五日一集。民国九年（1920年）春，邢村集又增添了牙市，即牲口市。邢村集是济南东部颇具规模的集市，辐射地域北起唐王镇、南至西营镇、东到章丘县域、西达济南老城区。四方客商云集邢村，周边几十里以内的乡民，或乘车或徒步，纷至沓来。有的购物，有的看戏听书，有的逗乐，有的看戏法杂技，有的聊天闲逛，有的进庙烧香。“包子大，包子香，既有葱也有姜……”“好大的香油果子……”“烧饼……”“馍馍……”叫卖声此起彼伏。杂耍的锣鼓声夹杂着马嘶、驴鸣、猪叫、牛哞、羊咩，各种声音交汇在一起，如同一场庞大的交响乐，热闹非凡。

邢村集不仅供应着历城东部这一地区老百姓的茶米油盐，也记录了民族的血海深仇。1938年，济南已经被日本侵略军占领。3月25日，恰逢邢村集，驻扎在郭店据点的日本侵略军和便衣特务数人来“查集”，闹

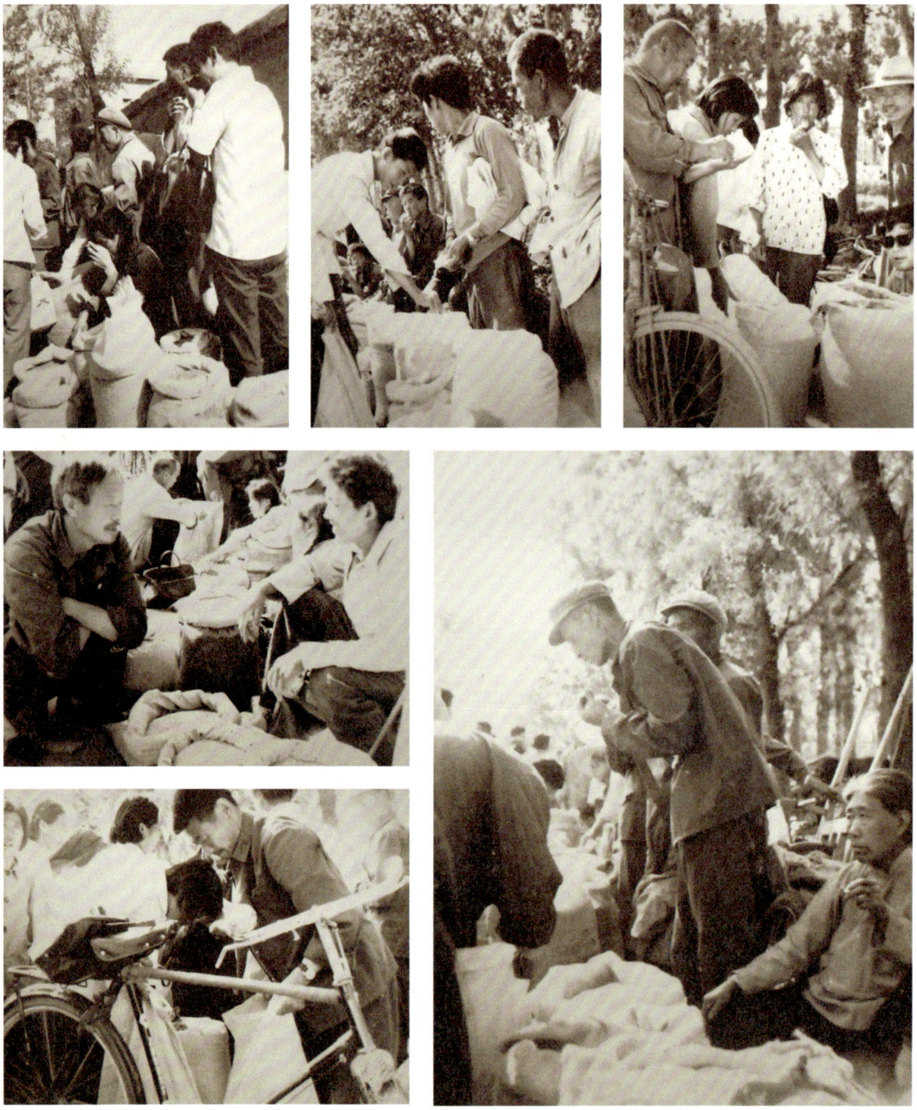

20世纪80年代邢村大集

得集上人心惶惶。田庄的杨兴旺也来赶集，碰上这伙日本特务。特务要抢他的钱，他狠狠地捣了那个特务一拳，其他特务一拥而上，将他踢打一顿，并捆送到郭店据点。在押送途中，被杨兴旺的族兄杨万一看见了，他当即找来3个会武术的人，抄小路赶到去郭店据点的必经之地房家坟中埋伏。当敌人押着杨兴旺来到房家坟时，他们打了日本特务，救出了杨兴旺。后来，日本特务探知杨兴旺是田庄人，农历三月初五日，驻扎在郭店车站的日军头子小林率领日军、汉奸二三百人入侵田庄，制造了惨绝人寰的“三五”惨案，成为历城人民心中抹不去的惨痛记忆。

1956年初，通过社会主义改造，资本主义工商业实现了全行业公私合营，生产资料由国家统一调配使用。1956年9月，公私合营企业最后转变为国营商业。在这期间，许多商贾店铺停业，历城县供销社在西邢村开设了百货部、食品部、生产部、大众饭店，信用社、市场交易所、税务所、联诊所、兽医站等也相继建立起来。1958年，邢村集被取消，1960年恢复。1968年，全历城县曾统一规定农历一、六日为集日，但是由于货物短缺而不景气，一年后又恢复了原来的集日。改革开放后，集市贸易得到快速发展，上市物资种类迅速增加，特别是1982年集市贸易完全复兴，更加繁荣。每逢四、九日赶集日，西邢村大街小巷和村西、村北的广场、空闲地都摆满各种货物，其中有百货市、木货市、山果市、水货市、蔬菜市、粮食市、牲口市、猪羊市、家禽市等，物资齐全，应有尽有。油条、包子、火烧、锅饼等熟食摊位则穿插点缀在各类小市场中。

伴随着唐冶新城建设的推进，自2006年2月开始，东邢村与西邢村陆续启动了拆迁安置工程，随着村民相继迁入唐官小区，邢村集也围着唐官小区三易其址，最后定址在原西邢村村北的一块空地上。2019年4月8日（农历三月初四日），因为周边便民设施的完善和城市开发建设的拓展，邢村集完成了它的历史使命，被正式关停。

邢村大集闭市一年多了，但是邢村人对大集仍然有着挥之不去的情结。村里人每当谈起它时，仍然饶有兴致。有的说，那时候从针头线脑、衣服鞋帽到果蔬粮油、家禽牲畜，邢村大集涵盖了生活的方方面面。有的说，那时候孩子们都盼着赶集，就像现在的孩子盼着出门旅行。有的说，邢村大集还承担着相亲约会的功能，在大集上男女双方见面，不知促成了多少对良缘呢！但是这些都已成了美好的回忆。

东麓青山依旧在，坦途高厦入眼来。

昔日村落何处寻，抱得幸福正满怀。

——东邢村村民李庆祥迁入新居后即兴抒怀

新中国成立初期，邢村隶属章丘县第六区唐冶乡。1955年成立初级农业合作社时，以村中土河故道为界，分为东邢村、西邢村两个分社。1956年10月31日，唐冶乡随章丘县孙村区划归历城县，邢村随之划归历城县。1960年，东邢村分社、西邢村分社合并成立邢村生产大队。1961年，东邢、西邢再次分开，成为两个独立行政村。在隶属港沟人民公社、港沟镇后，于2010年划归唐冶街道。

2003年，唐冶新区建设大幕拉开。2006年2月，唐官小区建设工程启动；2007年底，小区竣工，东邢村与大官庄、北官庄三村村民迁入新居；2008年3月，西邢村村民也迁入唐官小区。

唐官小区

唐官小区内景

邢村的老宅旧屋已全部被拆除，帝华金融中心、恒大名都等高档住宅和写字楼在旧村址上拔地而起。在村东的石堰梯田上建成了银丰唐郡小区，村北的矿坑建成鸟语花香的花园，坡地上建起了历城文博中心。

东邢、西邢两村所居的唐官小区，东边是唐冶

经十东路邢村立交桥

西路，与恒大名都小区相邻；西边是龙凤山路；北边是幼安街，与火炬东第小区一路之隔；南边是敬德街，与和润幸福城接邻。唐官小区占地面积25.6万平方米，绿化面积5.4万平方米，四季花开不败，是标准化的花园式小区。小区内休闲、健身、购物设施一应俱全，邢村村民们在这里过上了幸福安宁的小康生活。

古老邢村和曾为周边群众带来商品流通极大便利的邢村大集，已被现代化的高楼大厦所覆盖，唯有千年古刹灵鹫寺，依旧守候在唐冶中路旁，钟声杳杳，香烟缭绕，默默铭记着那些消逝的岁月。

材料提供：绳殿成　闫克忠

初　　稿：陈　芳

修改定稿：王瑞国

胥家庄

石人坡伴古圩影　鲍子遗风世称颂

龙山路：胥家庄。

——明崇祯《历城县志》

正东乡闵孝五：胥家庄。

——清乾隆《历城县志》

董家乡闵孝五：胥家庄。

——民国《续修历城县志》

胥家庄位于鲍山东北麓，东隔龙须河与韩仓村相望，南隔工业北路、胶济铁路与济钢新村相邻，西邻王舍人村，北邻梁王庄，东北与侯家村、刘家村接壤。元代末期，胥氏由直隶枣强迁此建村，以姓氏得名胥家庄。明洪武三年（1370年），侯、李、刘、陈诸氏从直隶枣强侯家岸，张、郑、王等诸氏从其他地方陆续迁入，后胥姓户绝，仍沿称胥家庄。据2015年统计，全村有647户、1602人。

1948年9月历城全境解放，胥家庄属历城县董家区韩仓乡。1949年，属城关区韩仓乡。1950年8月，属第一区韩仓乡。1955年10月，属城关区韩仓乡。1957年11月撤区并乡，胥家庄属董家乡。1958年9月，属平原人民公社韩仓营。1961年7月，属东郊区韩仓人民公社。1963年5月，属董家区谢家人民公社。1968年7月，属董家人民公社。1983年6月，属郭店镇。1984年1月，属董家区。1985年9月，属郭店镇。1987年5月撤县建区，胥家庄属历城区郭店镇。2010年5月撤镇设街道，胥家庄属历城区鲍山街道。

胥家庄东西长0.8公里，南北长1.5公里，占地1.2平方公里。地形南高北低，村南过工业北路有两座小山，村民俗称“小山子”“二山子”，“二山子”北侧有省级文物保护单位鲍叔牙墓，西有五里河，西北是平原，北面是北大道。土地大多为沙质土壤、黑土地，主要农作物是小麦、玉米。新中国成立前后，村民住宅多为独门独院，有大门院墙，北屋为主，或有东西偏房，多为土木结构的草屋。拆迁前，村民住宅基本为前出厦砖瓦房，也有不少二层楼房。胥家庄东西大街中段有一水塘，南北长约150米、东西最宽处约50米、深约6米，主要存储雨水，很长时期内是村民防火、洗涮生活用品的水源。

云中一点鲍山青，东望能令两眼明。

若道人心似矛戟，山中那得叔牙城。

——北宋·曾巩《登华不注望鲍山》

鲍山，因鲍城得名。

鲍叔牙墓，《城冢记》云：县东三十里有鲍山，山下有城，鲍叔牙食邑也。相传叔牙与管仲分金于此，鲍叔墓在焉。

——清乾隆《历城县志》

胥家庄，以村境之内有著名的鲍山和鲍叔牙墓而闻名。

鲍叔牙，姒姓之后，史称“鲍叔”，春秋时齐国大夫，以慧眼识人、

鲍山全貌

荐贤让贤著称于世。鲍叔牙广为人知的事情，莫过于管鲍之交，推荐管仲当上齐相，从而帮助齐桓公“九合诸侯，一匡天下”。

鲍叔牙在南阳时结识管仲，彼此往来中对管仲非常友善。当时的管仲家境贫困，跟着鲍叔牙经商，在分配钱财利润时常常要多取一点。鲍叔牙不以为意，面对别人的劝说，他说管仲家里困难，可以理解。管仲做生意赔了钱，鲍叔牙说，错不在管仲，只不过是时机不成熟的缘故。管仲从军，多次临阵逃走。有人告诉鲍叔牙，并且讽刺管仲为人怯懦，鲍叔牙反而说管仲上有老母需要奉养，自然惜命。管仲从政，多次被国君驱逐。鲍叔牙反而宽慰管仲，说他

鲍叔牙画像

没有遇到贤明君主，才能得不到发挥。

鲍叔牙和管仲弃商从政，在齐国做了大夫。当时齐僖公在位，齐僖公有三个儿子。长子名诸儿，被立为太子；次子名纠，召忽、管仲为其师傅；三子名小白，鲍叔牙为其师傅。长子诸儿即位，是为齐襄公。齐襄公在位时荒淫无道，随意诛杀生灵，人人自危，纷逃他国。二公子纠由管仲、召忽二人辅佐逃往鲁国；三公子小白则由鲍叔牙辅佐逃往莒国。公元前686年，齐国发生政变，齐襄公被杀死。公孙无知被拥立为国君。但第二年，公孙无知在出游雍林时，被雍林的蕖丘大夫杀死，齐国陷入混乱之中。这时，流亡在外的公子纠和公子小白都想回国争当齐国国君。鲍叔牙十分着急，力劝小白快速回国，并亲自为小白驾车，日夜兼程赶往国都。途中遇到回国争位的公子纠，管仲一箭射中小白身上的铜制衣带钩，小白趁势诈死，骗过了管仲，麻痹了鲁军，先一步赶到临淄。在赖高傒等重臣的拥戴下，公子小白成为国君，是为齐桓公。鲍叔牙帮公子小白登上王位又帮他杀了公子纠，齐桓公感念他的忠心和所立的大功，要任命他做国相，鲍叔牙死活不肯接受。在鲍叔牙的强烈推荐下，齐桓公不计前嫌，拜管仲为相，甚至尊为仲父。管仲在齐国实行了一系列改革，提倡“尊王攘夷”，最终帮助齐桓公成就了霸业。因此才有了管仲“生我者父母，知我者鲍子也”的感叹。

鲍叔牙有大功于齐，所获赏赐也十分优渥。鲍叔牙的封邑在鲍山一带，《齐乘》卷四云：“鲍城，济南东三十里鲍山下。禹裔有鲍叔，仕齐，食采于鲍，因以为氏。鲍叔生叔牙，进管仲于齐桓。”考古发掘也证明，如今的鲍山新村就是鲍叔牙封邑鲍城的故址所在。鲍叔牙死后，葬于鲍山之下。也正是鲍叔牙的“入驻”，一座原本名不见经传的小山有了“鲍山”的称谓，蕴含了丰富的文化内涵。

鲍山，高不过百米。昔日，这里山清水秀，万木参天，浮岚滴翠，山花烂漫，果树满坡。山之南为莲花峪，石岩苔碧，涧幽水清，日夜潺流。鲍山秀美，引得历代文人赞咏。清人李齑《鲍家山》诗云：“村舍落

鲍山现貌

霞处，遥遥似倒悬。深林藏白日，群嶂缩青天。夺路泉争捷，行空鸟让先。忽惊彩岫里，出入尽云烟。”如今的鲍山，山景秀丽，苍松翠柏，郁郁葱葱；亭阁台榭，飞梁画栋；飞瀑高悬，清溪蜿蜒，宛如水墨作画，美不胜收。分金桥、览胜长廊、鲍叔牙纪念馆，彰显出灿烂多彩的鲍山文化，成为济南东部地区景色恢宏的集自然景观、人文景观于一体的文化景区。

鲍山荐贤亭

鲍叔牙墓位于鲍山东北约500米处，济钢新村西路北端路东。它坐南向北，处于一片草地之中，墓冢立于高台之上。原来的鲍叔牙墓比现在大得多，在坟墓前还曾有古石碑，不远处还有一座“分金桥”。20世纪80年代前，墓地成了一个直径约6米、高约2米的荆棘丛生的大土堆，无任何部门管理，不过胥家村人十分注重保护大墓，每年耕种时宁可少种地也要绕开大墓，而且会把周边的土覆至墓上。现在的鲍叔牙墓有了明确的保护范围：东至济钢医院围墙，南至叔牙南路，西至济钢新村西路，北至叔牙北街。墓地前是一段宽敞的石板台阶。台阶西侧有一石碑，是济南市人民政府1995年所立，上写有“鲍叔牙墓”和“济南市第三批重点文物保护单位”字样，背面撰写鲍叔牙的简要事迹。登上台阶，迎面是一通墓碑，上书“齐大夫鲍叔牙墓”。墓碑前方置有石质香炉和香案，两

20世纪30年代的鲍叔牙墓

20世纪60年代的鲍叔牙墓

1995年12月公布鲍叔牙墓为市级重点文物保护单位

鲍叔牙墓

侧分别塑有一尊高约2米的石麒麟，威风凛凛，石麒麟佩戴红花，以示吉祥。墓碑后是一圆形墓丘，高约5米，直径约6米，四周有青砖砌成的围墙，高约1米。每年鲍氏后人都来此举行隆重的仪式祭奠先人。

圩子墙，胥家庄村民为护卫生命、财产所建；石人坡，见证了胥家庄历史的厚重，如今它们都成为胥家庄人的记忆。

清朝末年，兵荒马乱，盗匪猖獗，为了保卫家园，胥家庄人集全村之力，围庄修建了圩子墙。圩子墙依地形而建，东墙从龙须河河床建起，直耸15米，全是大石料砌体，顶部再以三合土夯实。顶部宽度约1.5米，可行走铁木轮马车。此墙每隔30米有一道竖立的墙缝，以防止墙体倒塌。

北墙也为石料砌成，高约8米。西墙3米以下石料砌垒，上面是土坯墙体，高约8米。南墙是2米石料为基础，以上是土坯墙体，高约7米。圩子墙设有东、西、南、北四个门，南门和西门为石砌的券门，高约6米，宽约4米，两门各有两扇门板，高4米，宽3.5米，厚约10厘米，每扇门有4排8行32个铁制大盖钉。木门上方有高约60厘米、厚20厘米的木质横梁来固定两扇门轴，门后有碗口粗的门闩。东门规格较小，宽约2米。从龙须河床进东门，是一条长约35米的陡坡道，坡高近40度。北门更小，高2米，宽1米，只能容一人通过，此门也是村里的排水口。圩子墙上建有12座垛房，安置牛腿炮、抬杆等防御器械。每天晚上有6人打更巡逻。

胥家庄在未修圩子墙之前，时常遭到土匪、乱兵的骚扰。曾有一张姓人家，遭土匪用枪顶着头，硬是把牛抢走了。还有一李姓人家，被土匪打伤，抢走了骡子。其他被土匪抢走的财物不计其数。圩子墙建成后，村民的生命、财产得到了有效的保护。多年前发生的一件事验证了圩子墙的强大功用。那是一个下午，来了一伙乱兵，叫“红脖子”，村里得知消息，急忙关上大门，与其展开了激烈交战，土炮、抬杆一阵猛打猛轰，从下午一直打到晚上，“红脖子”没有得到一点好处，胥家庄固若金汤。第二天，“红脖子”带着伤病员灰溜溜地逃走了。从此以后，土匪、乱兵再也不敢来胥家庄抢劫了，人们都说胥家庄是打不开的“小曹州府”。

20世纪五六十年代，胥家庄西北约500米处有一处石像生群，当地人称“石人坡”。石人坡主建筑是一座牌坊，高、宽均六七米，青石构建。牌坊北侧有一石柱墓表（原有两通），六棱形状，高约4米，下粗上细，上端有一石猴。石柱从上到下有一条粗细不均匀的土色花纹（石中含铝所致），村民戏说是“上面的猴子偷吃芝麻酱”留下的痕迹，俗称“猴子啦啦酱”。从石牌坊向北宽约6米的道路两侧，依次对称排列

石人坡翁仲

有8个至10个羊、猪、狗、马等造型石像生，再北是4个文职官员翁仲，单个翁仲高约3米。北端尽头有十几座封土堆，后来村民平整土地种上了庄稼。从石柱墓表到封土堆约120米。2005年6月，济钢建设3号高炉施工时挖出了一个大翁仲，这个石雕人像头顶部已被破坏，脸上表情十分安详，身穿长袍，双手持笏，衣服的下摆处还有钱币饰品，明显为一个古代文官雕像，根据雕刻风格判定为元代遗物。残缺的石翁仲高两米四五，加上头顶损坏的部分及石雕底座，估计能达到3米，是济南出土的最高石翁仲。在这个石翁仲西边20多米处还曾挖出一个碑帽，碑帽正面是龙身图案，篆体书写“张公之墓忠显校尉”字样，背面雕刻双龙戏珠，工艺精细、栩栩如生。附近两个古墓都已被破坏，据古墓的形制断代为元朝，且墓主的身份颇为显赫。

胥家庄改革开放后，迎来了快速的发展，村里先后办起啤酒厂、麦芽厂、轧钢厂、面粉厂、砖厂、冰糕厂等企业，利用紧邻济钢的优势开展劳务输出，村集体和村民收入大幅增加，尤其值得称道的是，啤酒厂生产的“飘香牌”啤酒曾是济南地区继“趵突泉”“北冰洋”之后的第三大品牌。

2007年12月，济钢扩建，胥家庄的土地被征用。2009年1月，村民搬迁到环境优美、宽阔明亮的鲍山花园北区。村民们做生意、开酒店、办企业、外出打工，安居乐业，生活更加富裕美满。

村庄消失后，村民们乡思乡愁无处寄托，但幸有旧村之南的鲍山和列入市级文物保护单位的鲍叔牙墓见证胥家庄曾存世600余年。相信

胥家社区

“管鲍之交”必将深深影响并促进着胥家庄人之间的和谐信任，知人善任、忠心为国、不谋私利、大度包容的“鲍子遗风”也必将在胥家庄人中永远传承下去。

材料提供：李心贞　李修孝

初　　稿：王桂平

修改定稿：张　晓

芦南村

岭前桃花村掩映　山抱古寺云台中

东南乡南保泉三：芦芽岭。

——清乾隆《历城县志》

东庑乡南保全三：芦芽岭。

——民国《续修历城县志》

“桃花岭上红，内有秦人住。下马看桃花，春风迷去路。”这是清代诗人任宏远笔下的桃花岭。桃花岭前是位于港沟街道最南端的芦南村，

芦南村原貌

芦南旧村落

村子坐落在海拔300米高的山坡上，东与十八盘村相接，南靠北峪村，西与桃科村交界，北邻石庙村。芦南村辖域四面环山，地势南高北低、东高西低，属于低山丘陵地带。全村面积4000多亩，210户、610余人。

芦南村是由芦芽岭和南沟两个自然村组成的，先有芦芽岭，后有南沟村。关于芦芽岭的由来，当地有一个说法，传说明代有位道士修行于此，在吃掉村东沟石棚里生长着的三股芦芽草后，在村东北一山洞内得道成仙，号为芦芽真人，因这位真人而沿称村名芦芽岭。在芦芽岭西南有一个土台子，村人称为南台，台子西边有一条长25米的深沟，南沟村坐落在沟的中间。南沟村建于明代，贾氏一族从现市中区兴隆街道贾家庄迁至南沟建村。1958年，芦芽岭与南沟两个自然村合为一个村，各取两村原名中一字组合成村名，称为芦南村。芦南村贾、张、王三姓比较集中，约占95%，另有马、徐、李、赵、郭等姓氏。

民国时期，芦南村属历城县东梧区。1944年9月，中国共产党领导的历城县抗日民主政府成立，仍属东梧区。1950年，属东梧乡。1958年，芦芽岭、南沟和石庙村合为一个大队，为历城县港沟人民公社石庙前进大队。1961年，芦南村和石庙村分开，单设芦南大队，属港沟人民公社。1984年，实行政社分开，芦南村属港沟区。1985年9月，撤区并乡，芦南村属港沟镇。2010年，撤镇设街道，芦南村属港沟街道。

云台寺在桃花岭东，一名天井。依涧筑台，依台筑寺。下有甘泉，石阁重重，盛夏无暑。

——清乾隆《历城县志》

云台寺距芦南村约一里之遥，位于云台山的山坳中，坐南朝北，寺依东、南、西三面自然形成的石崖而建，占地10亩有余。1983年云台寺

云台寺山门

云台寺大殿

明成化年间重修云台寺记碑

清光绪十一年（1885年）告示碑

被命名为县级重点文物保护单位，2013年寺内摩崖石刻造像等古迹被列为省级文物保护单位。

据云台寺西石崖壁上最早的刻石记载，云台寺于隋开皇八年（588年）7月5日开山建寺，至今已有1432年。因周围四季鸾腾，雾气缭绕，宛若云台，故名云台寺。又因寺庙位于天井峪，东临芦芽岭，西连孤月山，南靠天平寨，北枕锦洋湖，恰如置身天井之间，所以又名天井寺。建寺之后曾一度荒废，明正统年间，有一个叫道山的和尚云游于此，看到这里寺基废弃却景色幽深，遂决心在此重建古寺。经过道山和尚近50年的苦心经营，至成化年间，云台寺佛殿、僧房大致完工。道山又在寺东悬崖之间雕刻了石佛三尊、菩萨七尊以及伽蓝、土地等造像，使得整个寺庙变的“黄金丹砂璀璨，金碧辉煌映瞻”。从此，道山的功名远播四方，并引起了济南城德王府的注意。明成化二十年（1484年），王府皇亲魏郁和四周信众一起出资，请来了附近千佛寺碧空法师、观音寺入庵法师和福圣寺大渊法师等高僧共禳法事，并请章丘的头号石匠刁嵩为道山立碑，以志其功，云台寺借此成为一方观瞻。

明嘉靖三十五年（1556年），时任陕西提学副使的李攀龙弃官回到故乡历城。当年冬天，李攀龙便和同为“历下四诗人”之一、刚升任德王府右长史的好友许邦才相约一起到云台寺小游。李攀龙作《同许右史游南山天井寺》一诗，称赞这里的美色：“古寺马蹄前，荒山断复绵。阶危孤石倒，崖响乱泉悬。”许邦才随之唱和道：“千峰寒色照骝裘，岁暮还堪载酒游。初宿南岩天井寺，便听一夜石泉流。”

在道山和尚开凿云台寺摩崖造像之后，云台寺又进行了多次扩修。明万历四十一年（1613年），云台寺的僧众为了保护摩崖造像，在石崖上依山建造了一座宏伟的雄尊宝殿。明崇祯年间，济南孝廉张经重修云台寺关帝庙，自此，这座寺院成了佛道两家的道场。其后在清康熙年间，胡文显又重修云台寺山门及关帝庙，使得云台寺延续至今。

近年来，云台寺经过整修，重新恢复了香火。云台寺内，明代修建的石砌椎尊宝殿保留至今，它依山而筑，券形门窗，匾额刻“雄尊宝殿”。宝殿高约7米，为穹顶结构的无梁殿。殿内石壁上分上、中、下三层，每层窟高在0.9米到1.04米之间。上层窟长6米，刻佛5尊，坐于莲花座上；中层窟长4.5米，刻坐佛5尊，供养人2尊；下层窟长3.5米，刻佛3尊，两侧石座上刻比丘2尊，17尊造像除下窟有2尊稍为残损外，其余15尊保持较好。殿内另有摩崖题记2则，清代碑刻5通。在济南各县（区）范围内，这是现存最为完整的一组明代摩崖造像。云台寺目前已陆续恢复建设了原有的大雄宝殿、观音殿、山门等建筑。

云台寺依崖而造，崖畔泉水随处可见，众多泉井中最著名的是地方志书中多有记载的玉漏泉。从大雄宝殿旁边的一道侧门穿过，东、南、西三面的天然石壁把整个寺院抱在怀中，就在这些石壁缝隙里，泉水顺流而下。玉漏泉就在石壁西面，它是济南古七十二名泉之一，又名天井泉，在一凹进去的石壁内。泉水自30余米长的棚厦式岩顶渗出，顺着裂缝一滴滴垂落岩下天然水池，叮咚作响，清脆悦耳，如念佛声沁人心脾，犹如颗颗玉珠漏落。清康熙、道光《济南府志》有载：“在云台寺西岩下，一名天井泉，滴之声与铜壶不异。”

云台寺雄尊宝殿

雄尊宝殿内石佛造像

玉漏泉之南，还有南北两个泉池，2011年8月泉水普查时命名为“甘露泉”。除此之外还有多个没有名字的泉，都是顺着石壁缝隙滴下来，滴答之声清脆无比，不绝于耳。站在石壁旁，阴凉清爽，让人不得不惊叹大自然造物之奇。

云台寺玉漏泉

云台寺不但有绝佳的景观，还有美丽且让人惊叹的传说。在云台寺周边的村子里，几百年来，一直流传着“云台牡丹不下山”的民间故事。故事的大意是，在云台寺内大殿前，原有白花紫蕊的牡丹两株，

云台寺牡丹园

有几百年的花龄。很久以前，当地有个财主看中了这两株牡丹，硬是派人在晚上把它们挖出种到自己家中，想借此装点自己的门面。第二天，他便邀请名人富绅来家中赏花。可是，客人们到了以后，发现财主家的牡丹不仅不开花，连叶子也开始枯黄。众人劝财主赶紧把牡丹送回云台寺，否则于己不利。财主顾不得面子，只好让人又用八抬大轿把牡丹送回了云台寺。牡丹回寺后，立刻枝繁叶茂，娇蕊吐艳，俏美如初。从此，人们便开始传说，云台寺的牡丹是有灵气的，它是不肯下山的。它的一些旁枝被人们移栽到山下后也立刻死亡，只有在寺里，才娇艳怒放。

可惜的是，1970年这两株牡丹遭人为毁坏。此后，人们又在原处栽下两株牡丹，令人惊讶的是新栽的牡丹生长健旺，年年盛开。看来，云台寺的土质和气候条件尤为适宜栽种牡丹，加之有玉漏泉水的浸润，所以牡丹能在此存活数百年，年年盛开。这恐怕是“云台牡丹不下山”的自然原因。

芦芽洞、泰山行宫、山神庙……芦南村古迹众多，但北坡园子、古井、唐槐在芦南村及周围四邻八村中尤为出名。“靠山吃山”也是世代芦南人的生存法则。

北坡园子是清末村北山坡上建的一处园子。园子南北宽约300米，东西长约200米，围墙用石头垒砌而成。园子内有一眼千年古石井，深约6米，直径1米左右，四壁全是石头，上下一般粗，传说此井经凿制而成。从井口往下1米左右石缝里有水冒出，水质清澈甘甜，五六月份蓄水，村民便来此担水，常年未曾干涸。古井东北上崖建有一大间二层石头墙体草房，并有西屋四间。园中栽有柏树和连翘、穿金龙、皂角针、马兜铃、枸杞等10多种中药材。新中国成立前，村里最早的私塾先生王寿彭，先在姚家、祝甸教书几十年，20世纪40年代初期回到本村，在北坡西屋的四间房内开设学堂，桃科、石庙、燕棚窝附近村的学生共20多人都来这里读私塾。之后，王寿彭的儿子王作霖也在此开设私塾，孙子王元凤在此行医。他们多年来惠及乡亲和四邻，留下很好的声誉。20世纪八九十年代古井被废弃不用，但北坡园子原址还在，园中只剩下柏树，风光不再。

村民王玉荣家附近有两棵唐槐，呈东南、西北方向，相距50多米。较粗的那棵在王家东侧10多米处，树高超10米，周长4米左右，树干弯曲，年代久远，树心部分腐朽，树荫有30多平方米。在它前面有一古影壁，当时因有住户大门对着道路，为了保佑全家平安，便修建了影壁。影壁高约3.5米、长约3米、宽约0.5米，石头垒砌，顶部为方块石平顶。影壁呈南北方向，影壁前有一长条青石，长约2.5米，宽约0.5米，厚约0.17米，两侧用立石支起，便于村民在树下纳凉。古影壁至今犹在。在王家西侧3米多远的崖头下的唐槐，树干稍细，两成年人刚好合抱，树干较直。1955年开始出现空心，据说有人买此树想解成木板，但锯树梢时

王玉荣宅院东侧古槐

身体突感不适，晚上惊梦，遂终止刨树。现在树周围冒出的新芽已3米多高。每年正月十五日，村中妇女都去拜树神槐大老爷，祈求保佑大人孩子平安顺利，家中人丁兴旺。如今两棵唐槐安然在原地，枝繁叶茂，风采依旧。

芦南村这个典型的小山村，除了拥有众多的名胜古迹，还拥有绵延的山峦、茂盛的植被、丰富的自然资源。俗话说，靠山吃山，靠水吃水。村民们纷纷开山采石、上山采药、编制筐篓以维持生计。

开山采石是村民们的重要收入。新中国成立前村里就出了许多知名石匠。新中国成立后至2004年之前，石料厂、石灰窑遍布山坡，开采加工块石、料石的不计其数。

芦南村四周的山虽不甚高，但石骨突兀，山草野花和树木甚多。山

王玉荣宅院西侧古槐

草林木中长着柴胡、桔梗、丹参、连翘、豌豆根、黄芩、车前草、苍耳子、益母草、葛根等上百种中药材，光清肝凉血、解毒的药用植物类就有70多种。农闲时节，村民都到山上采集中药材，然后拿到集市上去卖，以贴补家用。村民中流传“逼得日子没有门，提着篮子抓黄芩”的顺口溜。

芦南村的山上、河边、田间生长着许多野生的榆树、红叶树、槲树等。勤劳的芦南人就地取材、就材加工、量材为用，空闲时把收割来的各种野生树条，编织成日常生活用具，如小推车的篓子、挑粪的筐、盛豆腐的筐、大大小小的篮子等。编制品除自用外，村民会把多余的拿到周边集市上去交易，换取一些收入。

“桃花岭上桃花红，今人已非秦人风。云遮雾绕流翠处，楼宇云台相掩映。”2013年5月1日，芦南村人迎来了终生难忘的日子，这一天村民喜迁新居。有村民欣喜之余便吟诗抒怀。

改革开放以来，人们靠山吃山，却没守住绿水青山。山上的石料厂开山采石，严重破坏了当地的山体生态，再加上乱采乱挖、牛羊上山加剧了植被的破坏，昔日的青山变得满目疮痍，与历史上云遮翠岭、花迷路径的环境已相去甚远。2004年以来，村“两委”为守住云台古寺及周边的绿水青山，立足长远，果断关停了石料厂，建立集中养殖区，以恢复生态。

由于芦南是个合二为一的村庄，缺少规划，布局凌乱，街巷狭窄，脏、乱、差现象非常严重。村庄占地多达300亩，村庄倒塌无法居住的旧院落近百座，是典型的空心村。同时村民的房屋大多建在蓄水、排洪沟内，遇到大雨山洪极易发生泥石流等地质灾害，每年都有村民的房屋被冲、被淹，村民的生命、财产直接受到威胁。为此，村里决定进行旧村

芦南村郊野公园

芦南新村

改造，在桃花山北麓建安置小区。2010年2月安置小区开工建设，新建5栋村民安置楼，总建筑面积达4万平方米。安置工程于2012年底完工。2013年5月，祖祖辈辈生活在交通不便、低矮潮湿且又极不安全的房屋的村民住进宽敞明亮的楼房。2013年6月，在党员干部的带领下，芦南村旧村开始拆迁，历时半年，共拆除150户，300处院落，旧村复耕新添土地127亩，芦南生态环境逐渐得到改善与提升。

与此同时，为引导村民在旧村改造后脱贫致富，芦南村“两委”本着特色、休闲、生态发展的理念，成立股份合作社，并于2016年引进1万余株牡丹，建起了牡丹休闲观光园。依托云台寺人文生态优势资源，进行招商引资并多方争取上级资金支持，建设了云台寺郊野公园，在田园综合体项目上下功夫，打造集生态农业、观光旅游、休闲疗养、特色食品及传统文化教育基地于一体的综合性农业产业园，以此提高农业综合效益。

如今，芦南人居住的新楼房耸立于桃花岭前，绿树掩映之中，“晴日满目苍翠，雨后云遮雾绕”的芦南原有景色正逐渐呈现。

材料提供：谢希文

初　　稿：刘恕恩

修改定稿：岳淑茗

丰厚

文脉

历城素有“齐鲁首邑”之称，文脉丰厚，不仅孕育了辛弃疾、张养浩、边贡、李攀龙、殷士儋等众多历史文化名人，而且吸引了李白、杜甫、欧阳修、苏轼、曾巩、赵孟頫等文人名士慕名而来，题诗赋歌、酬唱应和，造就了“文会之都”。千百年来，尽管许多名胜风物被历史湮没，但这片土地上的历史文脉却源远流长，一代代文人雅士续写着历城文化复兴的壮丽篇章。板块中收录的8个村庄，有的出过文化名人，为后人留下大量诗文佳作；有的传统文化底蕴厚重，具有浓浓的地方文化特色。这其中祝甸群贤聚集，人俊辈出；殷家小庄，以明代礼部尚书、内阁大学士殷士儋家族世代居住而出名；南全福庄养育了清代著名文献学家、藏书家马国翰；殷陈既有鲍叔牙所建玉皇台，又是晚清诗人陈永修的故乡；谢家屯，历来重视教育，鸿儒名士迭出；韩仓，清末民初出了鲍左山人李振唐，李振唐还在自己家中同“历城名士”谢瀛震共同创办了“鲍青山馆文社”，在济南东部传播传统文化；杨家屯，曾有乾隆帝赐银、颁旨建造的张氏贞节牌坊，以“教育兴村”为追求而设立的小学，存在了近一个世纪；合二庄，道光皇帝御赐匾额的“季家大院”曾显赫一时，在武将山上埋葬唐代两位开国大将马三宝、段志玄的传说，更让这个千年古村远近闻名。将这些厚重文化元素汇集起来，目的是让我们记住历史、珍视文化、让丰厚的历史文脉永续相传。

祝　甸

昔日群贤聚居地　今朝现代住宅区

小村庄，城东十里。一名祝店，赵司农卜筑于此，花木菁葱，亦属通衢。

——明崇祯《历乘》

小村庄，赵司农世卿置，原名祝店。

——明崇祯《历城县志》

闵孝一：祝店。

——清乾隆《历城县志》

张马乡闵孝一：祝店。

——民国《续修历城县志》

祝甸位于胶济铁路南侧，西邻辛甸，东连西周，南为花园路。明初称祝店，后因赵世卿定居或由他改称小村庄，但从清代就仅称“祝店”了。民国《续修历城县志》在《卷三·地域考二》中称“祝店”，但同书《卷十六·古迹考一·故宅》介绍叶承宗宅、毛辉祖宅时，称为“祝甸”。同是一书前后不一，可能是在介绍地域时沿用了前志的说法，而在续修时“祝店”已改为“祝甸”，使用了新的村名“祝甸”了。所以“祝店”

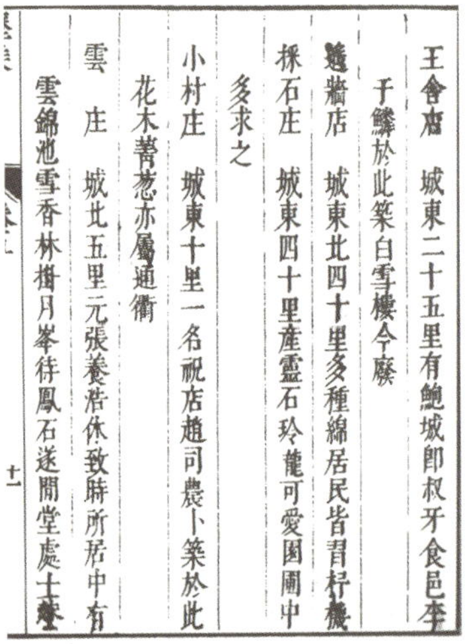
王舍店　城東二十五里有鮑城郎叔牙食邑李
于鱗於此築白雪樓今廢
遙牆店　城東北四十里多種綿居民皆習杼機
採石庄　城東四十里產靈石玲瓏可愛園圃中
多求之
小村庄　城東十里一名祝店趙司農卜築於此
花木蓊葱亦屬通衢
雲　庄　城北五里元張養浩休致時所居中有
雲錦池雪香林掛月峯待鳳石遂閒堂處士塋

明崇祯《历乘》中关于祝甸的记载

改为“祝甸”应在民国时期，因何而改，县志则没有记载，也无从探究了。

从管辖沿革看，1932年，属历城县祝甸乡；1949年10月，祝甸设立村公所，属历城县第二区祝辛乡；1958年，属历城县东郊人民公社；1980年，属济南市郊区东郊人民公社；1987年，属历城区洪家楼镇；2010年，属历城区东风街道，改祝甸村为祝甸社区，成为历城区首批改为城市社区的村庄。祝甸是历城近郊大村，1948年全村560户、1730人；2006年1432户、5300人；目前2200户、6000余人。

20世纪60年代的祝甸供销社

原村局部

赵世卿，字象贤，历城人。世卿素励清操，当官尽职。

——《明史·赵世卿传》

叶承祖宅，在祝甸。毛辉祖宅，在祝甸。

——民国《续修历城县志》

祝甸是历史悠久的古村落。1955年村中先后出土过宋代青釉莲花纹碗、青釉弘纹炉和元代青白釉暗花碗、提篮陶俑等珍贵文物。

祝甸出土的胡人陶俑（现藏于山东省博物馆）

祝甸人杰地灵，才俊辈出。著名的有明穆宗隆庆年间的吏部尚书赵世卿；明崇祯《历城县志》主编纂叶承宗；清乾隆、嘉庆年间的毛氏祖孙三代三科甲——毛辉祖、毛圻、毛式郇；

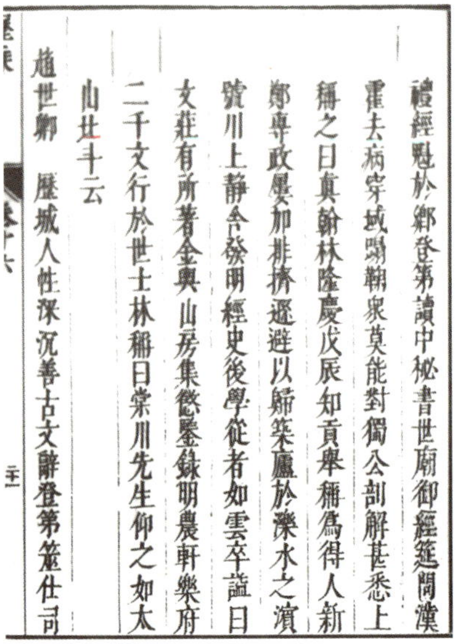

禮經魁於鄉登第讀中秘書世廟御經筵問漢
霍去病穿域蹋鞠衆莫能對獨公剖解甚悉上
稱之曰真翰林隆慶戊辰知貢舉稱爲得人新
鄭專政屢加排擠遜避以歸築廬於濼水之濱
號川上靜舍發明經史後學從者如雲卒謚曰
文莊有所著全輿山房集懲鑒録明農軒樂府
二千文行於世士林稱曰棠川先生仰之如太
山北斗云
趙世卿 歷城人性深沉善古文辭登第筮仕司

明崇祯《历乘》中关于赵世卿的记载

清乾隆年间为官清正、不畏权势、卒后被授皇室直奉大夫的孙良炳；清末翰林院编修李葆实等。村子周边曾建有清康熙、雍正年间名臣朱纲墓。

《历乘》称“赵司农卜筑于此”。赵司农即指晚明重臣、户部尚书赵世卿。

赵世卿（1540—1618），字象贤，别号兰渚，为明神宗时的一位重臣。纵观他的一生，有治国之功、理财之能，更有爱民之心、骨鲠之气和廉洁之风，其一言一行中所折射出的道德力量和精神境界，直到今天仍具榜样力量，故多用笔墨对其加以介绍。

明洪武五年（1372年），赵世卿祖上由河北枣强迁来历城县，居于大明湖东岸。至世卿这一代，则卜居于城东小村庄，即祝甸村。世卿自小聪慧，总角少年时便日诵数千言，从师受业后，书斋紧靠殷棠川（即殷士儋，字棠川，人称“棠川先生”）内府。一次殷老赴斋，见小小年纪的世卿旁若无人、相貌不凡，问曰：“尔几岁？”答：“九岁。”又问：“何姓？”答曰：“姓赵。”殷令世卿作文，不一时即已成篇。殷读罢大喜，即收为门人。殷对世卿的老师说：“你这个姓赵的学生，日后当与我辈齐肩。”

赵世卿年十八，补博士弟子员，从棠川先生讲业；凡游棠川先生门者，皆一时名士，而先生独器重世卿，说日后国家将得此人之力。世卿的祖父赵强闻之，喜形于色，说：“祖上有阴德，大概由这个孩子来抬高我赵家门第吧！”

果然，甲子年（1564年），赵世卿举于乡，辛未年（1571年）登进士第，步入仕途。

赵世卿一身正气，身无媚骨。中进士后，授衡州府推官（掌管刑狱），由于政绩卓异而调至京城，但因不媚权贵，遂迁南京兵部主事，他淡然处之，夙夜在公，恪尽职守。此时，十岁的朱翊钧即位，是为神宗。幼主在位，张居正主政，赵世卿因敢直言屡遭打压。

赵世卿画像

世卿不仅面对权贵毫无媚骨，即便是面对神宗皇帝，他也敢于直言谏诤。他有时为同一件事，连续上疏，大有皇帝不采纳就没完没了之意；有时言辞激切，毫无顾忌；有时为民生悲苦而谏，竟至痛哭流涕；有时为抵制奢华之风，他敢和神宗讨价还价……他称得上是骨鲠之臣。

赵世卿的刚直无私招致某些大臣的忌恨，因而遭到弹劾。他一气之下便杜门不出，要求离任，上奏章达十余次，没有得到答复。无奈之中，他于万历三十九年（1611年）十月初一，将俸银八十六两和印绶封起，拜别官爵，上疏辞官，出城在郊区一间破庙里等待批复。又过了一年，仍然得不到答复，他便乘一辆柴车径自归乡。明神宗得知也不加怪罪，只是说："赵世卿年老倘不该此倔性。他为官半世，廉洁一生，令人钦佩。"作为封建社会的官员，他公正廉洁，自持清操，实在是难能可贵。

赵世卿一生遵循忠君报国、忠孝传家的家训，始终恪守大伦，以孝为本，令人击节。

赵世卿著有《司农奏仪》8册，他在家乡祝甸村闲居7年，于万历四十六年（1618年）在村中去世，终年78岁。死后，被追赠太子少保，葬于城南荆山之阳。墓前有敕建的石门、牌坊，还有石人、石马、石羊等石仪，很有气势。

承宗少嗜古，能文章，读书虽元旦不废。

——清乾隆《历城县志·卷四十一·列传七》

叶承宗（1601—1648），字奕绳，明末清初祝甸人。明天启七年（1627年）中举人。曾游济南城东北的华山，留下诗作《登华不注》。崇祯十三年（1640年），在刘敕所编《历乘》基础上，纂修成崇祯《历城县志》16卷。该志“考据博洽，词理骉辩”，当时被认为是山东的一部上乘县志。清顺治二年（1645年），叶承宗中进士，授江西临川知县。时逢饥荒之年，百姓缺粮，生计困难，叶承宗下令开仓赈济，救活了不少百姓。

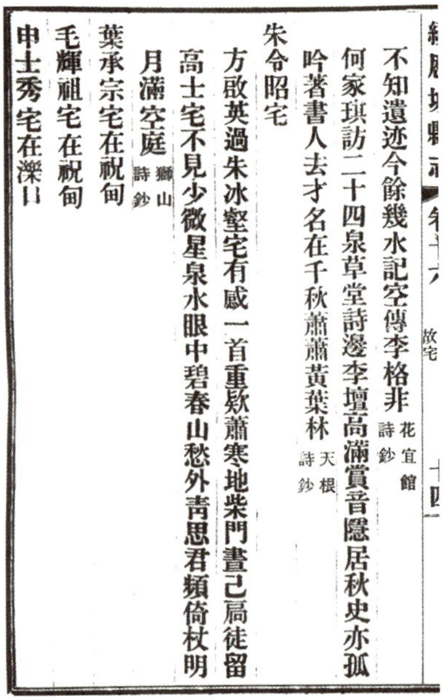
故宅

不知遺迹今餘幾水記空傳李格非 花宜館詩鈔

何家琪訪二十四泉草堂詩邊李壇高滿賞音隱居秋史亦孤吟著書人去才名在千秋蕭蕭黄葉林 天根詩鈔

朱令昭宅

方敢英過朱冰壑宅有感一首重欹蕭寒地柴門晝己扃徒留高士宅不見少微星泉水眼中碧春山愁外青思君頻倚杖明月滿空庭 獅山詩鈔

葉承宗宅在祝甸

毛輝祖宅在祝甸

申士秀宅在濼口

民国《续修历城县志》中关于叶承宗、毛辉祖宅的记载

知府督促缴纳租税，叶承宗极力陈述民情，得以缓征。为培养人才，成立香南社，教授本县诸生，选其文章优秀者数百篇刊刻，入社生员后多人成名。顺治五年（1648年）十月，江西赣镇金声桓反清，攻打抚州（治临川），城破，叶承宗被俘。金声桓威逼其投降，叶承宗坚决不从，自杀身亡，年仅47岁。为防止被金声桓辱尸，“弟承祧焚其尸”。叶承宗编著有《耳谭》2卷、《泺函》10卷、《少陵诗选》6卷。因叶承宗死得壮烈，故清乾隆《历城县志》将其列入《列传》之《忠烈》一节。

除赵世卿、叶承宗等才贤外，祝甸名士辈出，成为群贤集聚之地。毛氏祖孙毛辉祖、毛圻、毛式郇三代均中科甲，曾轰动于世。毛辉祖于清乾隆十一年（1746年）中二甲三十一名进士，曾三主福建乡试、提学湖南，官至太常寺少卿。毛辉祖还是一个书法大家，他的书法册页至今还被珍藏在故宫博物院。毛圻，毛辉祖之长子，于乾隆二十年（1755年）中举，曾任山西临氏县令、广东增城县令、南海县知县，后升直隶知州。毛式郇，毛圻之子，于嘉庆四年（1799年）中三甲第五十二名进士，历任吏部主事、礼部郎中、礼部侍郎、顺天学政等职。孙良炳、孙垲、孙塽父子三人为官清正、不畏权势而被后代称颂。孙良炳曾任高唐知州，卒后被授皇室直奉大夫。孙垲，孙良炳之长子，为顺天府举人，候选盐运司。孙塽，孙良炳之次子，曾任广西选江知县、桂林知县。李葆实，殿试中二甲第九名进士，被授翰林院编修，后任河南乡试主考官。

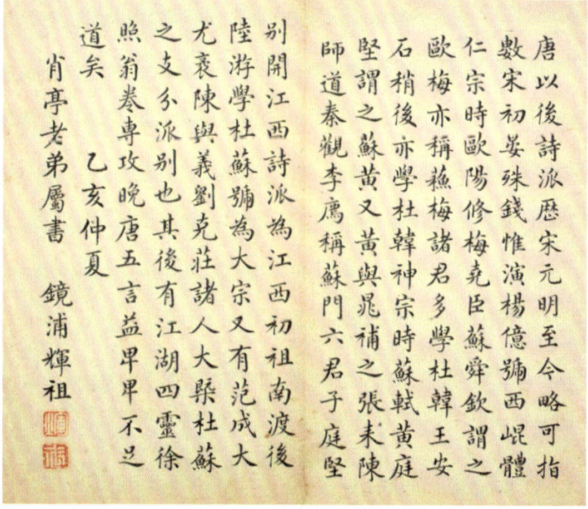
唐以後詩派歷宋元明至今略可指
數宋初晏殊錢惟演楊億號西崑體
仁宗時歐陽修梅堯臣蘇舜欽謂之
歐梅亦稱蘇梅諸君多學杜韓王安
石稍後亦學杜韓神宗時蘇軾黃庭
堅謂之蘇黃又黃與晁補之張耒陳
師道秦觀李廌稱蘇門六君子庭堅
别開江西詩派為江西初祖南渡後
陸游學杜蘇號為大宗又有范成大
尤袤陳與義劉克莊諸人大槩杜蘇
之支分派别也其後有江湖四靈徐
照翁卷專攻晚唐五言益卑卑不足
道矣　乙亥仲夏
肖亭老弟屬書　鏡浦輝祖

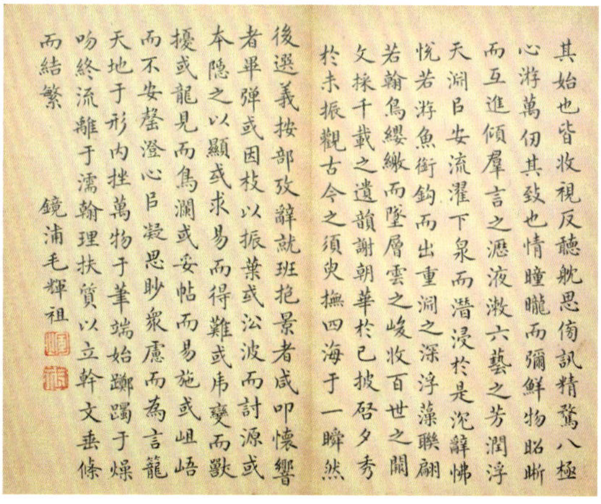
其始也皆收視反聽耽思傍訊精騖八極
心游萬仞其致也情曈曨而彌鮮物昭晰
而互進傾羣言之瀝液漱六藝之芳潤浮
天淵以安流濯下泉而潛浸於是沉辭怫
悅若游魚銜鉤而出重淵之深浮藻聯翩
若翰鳥纓繳而墜曾雲之峻收百世之闕
文採千載之遺韻謝朝華於已披啓夕秀
於未振觀古今之須臾撫四海于一瞬然
後選義按部考辭就班抱景者咸叩懷響
者畢彈或因枝以振葉或沿波而討源或
本隱以之顯或求易而得難或虎變而獸
擾或龍見而鳥瀾或妥帖而易施或岨峿
而不安罄澄心以凝思眇衆慮而為言籠
天地于形內挫萬物于筆端始躑躅于燥
吻終流離于濡翰理扶質以立幹文垂條
而結繁
鏡浦毛輝祖

现藏于故宫博物院的毛辉祖书法珍品

叶承宗的叶宅、毛辉祖的毛宅、孙良炳的孙宅、李葆实的李宅在《续修历城县志》中均有记载，且明确了在祝甸的具体方位。

祝甸村还多有名人古墓。历城清代名人朱纲曾先后任河南、河北按察使，湖北布政使，云南、福建巡抚

朱纲墓

等职，于雍正六年（1728年）病卒，年仅54岁，卒后“归葬于城东祝甸庄”。朱纲墓建有神道，呈西北东南走向。神道入口处筑有“大司马”石牌坊。进入牌坊有石碑、石柱及石狮、石羊、石马、石人，后有石碑一幢，整个排列为双行对列。石材为山西御石，雕刻精细。可惜，这些毁于1966年。据《清史稿》记载，毛鸿宾，字翊云，山东历城人，道光十八年（1838年）进士，选庶吉士，授编修。曾任湖北荆宜施道、安徽按察使、江苏布政使、湖南巡抚，最后升两广总督。据《续修历城县志》记载，毛鸿宾墓在城东大辛西即祝甸东南处，今已无踪迹。丁宝桢墓亦在辛甸以东、祝甸以西的位置，据《皇清诰授赠四川总督丁文成公墓志铭》拓本、《续修历城县志》记载，丁公墓在华山之阳，但并没有明确具体位置。

明清时代的名人重臣给祝甸人带来了无上荣光。但前人的光环却没能让祝甸人脱贫致富，真正给祝甸人带来新生活、新环境的是20年前的旧居改造工程。

祝甸历史上曾是东西交通要道。清代淄川知县王初桐曾在《卖黄芽菜》一诗中说：“祝店韩仓路平平，一帆风饱小车轻。车车齐载黄芽菜，推到城中天乍明。”

祝甸曾在民国和新中国成立初期“闻名”过两次。一次是在被山东省民众教育馆开辟为民众教育试验区一年后的祝甸举办了首届济南市农村运动会；一次是1953年9月至1955年3月，历城县人民政府曾迁驻祝甸办公。1954年7月中国共产党历城县第一次党员代表大会在祝甸举行，通过了《关于在第一个五年计划中的任务与1954年下半年的工作方针任务》的决议。可惜，县人民政府进驻祝甸仅一年半后便迁至赵家庄，祝甸失去了作为县城所在地发展振兴的机会。

历史上，祝甸村以农业为主，主要农作物有小麦、大豆、高粱、谷子等。新中国成立前由于土地私有制的束缚，农业生产落后，粮食亩产仅百斤左右。新中国成立后，1950年在中国共产党的领导下进行土地改革，贫苦农民分得了土地，生产力得到迅速发展。

1952年至1957年祝甸村走上了农业合作化的道路，依靠集体的力量进行农业生产，改良土壤，加强农田水利建设，优化作物品种，改良农机具，增加农业投入，出现了历史上少有的大好形势。1962年，通过贯彻“调整、巩固、充实、提高”八字方针，实行以生产队为基本核算单位的管理体制和实施“土、肥、水、种、密、保、管、工”农业八字宪法，生产很快得到恢复和发展。此后一直发展蔬菜、粮食生产。祝甸有发展

人民公社时期祝甸村民劳动场景

后庄湾崖

20世纪七八十年代小清河祝甸三级提水站

工副业生产的基础。1958年就有了铁匠、木匠组；1963年成立副业队；1970年建了铆焊厂、木工厂、电镀厂等小企业；1978年后建成了毛毯厂、烤漆厂等企业；1980年成立建筑队，后更名为历城建安公司第三工程处，后升级为历城区建筑安装集团公司三分公司，1995年改为济南市防震建设工程公司，为集体二级企业；1986年后建了轻骑摩托车装配厂、塑胶制品公司。自2000年起，祝甸村土地转为建设用地。2001年村改居后，城市化建设步伐加快，祝甸由原来的以农业为主体调整为以第三产业为主体的产业结构。

旧居改造是祝甸历史上最辉煌的篇章。一个占地740亩，容纳5000余人的偌大村庄，不到10天就消失了。而一个由30栋高标准的居民楼组成的新社区，呈现在人们面前。

2001年3月，原洪家楼镇撤销，成立了东风街道。祝甸于2002年4月17日选举成立了第一届社区居民委员会。随着城市化进程的加快，旧居改造提上了议事日程。实施好旧居改造工程对于祝甸这个城市中的乡村来说无疑是一个千载难逢的好机会，对于新一届“两委”班子来说，也是一次严峻的考验。要迁出人们祖辈居住的老屋，谈何容易？要建设现代化的居民楼，钱又在哪里？建成之后，又将如何分配？一系列问题随之而来，搞不好，后果不堪设想。“两委”成员在统一思想认识的基础上，再三给居民算经济账。社区居民最后明白了这笔账：全居有1226个院落和数百间公共用房，共占地740亩。如果按拆一还一的办法计算，将平房改建成六层楼房，只需用地260亩，可腾出500亩的空地。如果将这些地重新规划，通过兴建工业园区加大商业设施建设、发展第三产业，仅租赁费一项就可以增加不菲的收入。对于每一户居民来说，不实行旧村改造，一个院子最多可以卖5万元，建成楼房后至少可以卖30万元，这等于集体为每户居民送去了25万元的家产。旧居改造，不仅可以改善居民居住环境、提高生活质量，而且能大大增加集体和个人的收入。

在得到居民的充分理解和支持后，2001年10月，祝甸“两委”争取了市计委的立项和18.6万平方米的建设计划。2002年3月30日至31日，他们组织全居党员和居民代表召开了“旧居改造拆迁安置办法”讨论表决大会。通过充分讨论，到会的143名党员和居民代表全票通过了“旧居改造拆迁安置办法”。会后，“两委”带领5个小组在居民中广泛宣传会议精神。在民意测验中，社区全体居民对“旧居改造拆迁安置办法”同意率达90.6%。

祝甸旧村改造前的菜地

旧居改造工程启动后，党员干部率先拆掉了自己的房子。居民们在党员干部的影响带动下热情高涨，主动拆迁。在不到10天的时间内，全居1226户民房一次性拆除，没有出现钉子户和上访户。当得知旧居改造要集资时，不到10天时间，居民就集资近4000万元，为旧居改造提供了资金保障。

2002年8月，按高标准规划、高质量建设的原则，全居总投资1.8亿元，历时18个月首期建成了24栋质量好、标准高的居民楼，并于2003年11月30日顺利分配给了居民。为彻底改善社区环境，2004年5月又对二层楼片区进行了拆迁改造，2005年10月10日二层楼片区的拆迁居民又全部迁入了新居。至此，祝甸社区旧居改造工程画上了圆满句号。

祝甸社区

祝甸东方花园

上海花园

时任社区党委书记、居委会主任的赵业坤因在旧居改造和祝甸发展中成绩突出，2005年被授予“全国劳动模范”称号。祝甸社区也曾获得过“全国文化先进社区”“全国社区服务先进社区”等多个荣誉称号。

如今漫步祝甸社区，20年前的旧貌已很难寻觅。多路公交车纵横交会、地铁R2线穿境而过，高标准花园式双语学校里孩子书声琅琅，东方花园、上海花园等一个个现代化住宅小区高楼林立……祝甸已经完全融入繁华城区。赵世卿、叶承宗、毛辉祖等明清群贤重臣居住之地，随着新时代的发展，必将会受到越来越多的关注，也必将会再次腾飞。

材料提供：杨国铭　尹　凯

初　　稿：王玲玲

修稿定稿：王瑞国

殷家小庄

殷实之家沧桑变　士儋风韵遗济南

龙山路：小庄。

——明崇祯《历城县志》

东南乡南保泉三：殷家小庄。

——清乾隆《历城县志》

张马乡南保全一：殷家小庄。

——民国《续修历城县志》

殷家小庄东邻二环东路，西接洪家楼，南依甸柳庄，北连七里堡。

原称“小庄”，因明代礼部尚书、内阁大学士殷士儋家族世代居闵孝里，也就是小庄所在地，后沿称“殷家小庄”。殷家林村（现属市中区陡沟街道）发现形成于清嘉庆十五年（1810年）前后的《殷氏族谱》，其跋中记载：“适于历城东殷家小庄一故戚处得一族谱抄本……由殷士儋八世孙殷允斌（字重光）着手修谱。”殷允斌“不幸而逝”，他的伯弟殷允诜“复加参考而此谱遂成”。由此表明殷士儋为小庄人。《山东通志》亦有“殷衡墓在殷家小庄”的记载。附近的洪家楼也与殷氏有关联。据明崇祯《历城县志》记载，殷士儋的从孙殷象贤，万历丁酉科进士，曾任直隶

村庄原貌

霍山知县，精理学，善音律，买下洪侍御的别墅“洪家楼”，以藏“积书数百卷”，改称为“象贤书楼”。如今，殷家小庄已没有殷姓人家，只在村名上留下了殷氏的风韵。

自1929年7月历城县析出县城周边部分村庄以构建当时成立的济南市市区版图至1957年，殷家小庄属济南市郊区。1957年12月，回归历城县的殷家小庄先后属洪家楼乡、祝辛乡。1958年9月，属东郊人民公社。1960年6月，属济南市东郊区。1961年7月，属历城县东郊区东郊人民公社。1963年5月，属东郊区祝甸人民公社。1968年7月，属东郊人民公社。1980年4月，重建济南市郊区，属济南市东郊人民公社祝甸管理区。1983年5月7日，属济南市郊区洪家楼镇。1987年5月，属济南市历城区洪家楼镇。2001年2月23日，洪家楼镇撤销，成立山大路、全福、洪家楼、东风4个街道，殷家小庄属山大路街道，改殷家小庄为小庄社区。目前有居民300余户、1100余人。

全福河流经殷家小庄，东南方流入，村北流出。村中原有一座蚂蚱庙坐落于河东岸、一座关帝庙坐落于河西岸。村西原有清文林郎黄曾墓。据清乾隆《历城县志》记载，黄曾，字省斋，以贡生任金乡县儒学训导，善教士。雍正元年（1723年）改授河南光山县知县。后历任福建福安、海澄、连江、漳浦诸县知县，所至兴教化，察疾苦，劝开垦，民赖以殷足。乾隆十九年（1754年），敕授文林郎。黄曾卒后葬于历城县殷家小庄庄西祖茔。村东北原有清怀远将军黄成绪墓。《黄氏家谱》记载，黄成绪、黄振绪两人同于雍正元年考中武进

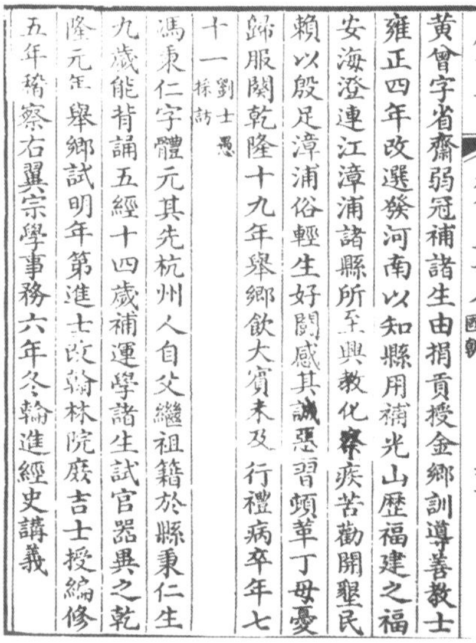
歷城縣志 國朝 三三
黃曾字省齋弱冠補諸生由捐貢授金鄉訓導善教士
雍正四年改選發河南以知縣用補光山歷福建之福
安海澄連江漳浦諸縣所至興教化察疾苦勸開墾民
賴以殷足漳浦俗輕生好鬬感其誠惡習頓革丁母憂
歸服闋乾隆十九年舉鄉飲大賓未及行禮病卒年七
十一 劉士愚採訪
馮秉仁字體元其先杭州人自父繼祖籍於縣秉仁生
九歲能背誦五經十四歲補運學諸生試官器異之乾
隆元年舉鄉試明年第進士改翰林院庶吉士授編修
五年稽察右翼宗學事務六年冬輸進經史講義

清乾隆《历城县志》中关于黄曾的记载

士。黄成绪历任福建延平协标右营守备、台湾右营游击、陕西商州城守营游击、广西全州城守备营参将、义宁协镇副将，战死沙场，运回故里，葬于殷家小庄祖茔，诰授怀远将军，例授武功大夫。而黄振绪历任福建延平协标左营守备。黄氏家族不仅有武将，而且不乏文人雅士。黄文鹏，字一峰，乾隆五十四年（1789年）举人，“善书工诗，尤工铁笔，所镌虫篆，皆苍秀而腴”，有《阴骘文印谱》传于世。1953年，山东农学院扩建教学楼，黄成绪的墓迁到了章灵丘村。据黄氏后人回忆，家族旧时曾有皇帝御赐“一门双进士”牌匾。

殷士儋，畯之孙，庚子第五名。历官少保、礼部尚书、武英殿大学士，赠太保，谥文庄，祀于乡。

川上社，殷文庄主之。嘉靖丁丑，公以简讨居忧，授徒课艺。

——明崇祯《历城县志》

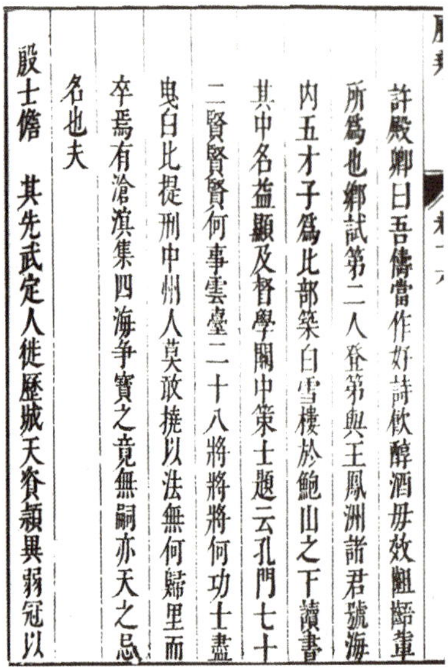
許殷卿曰吾儕當作好詩飲醇酒毋效齷齪輩
所爲也鄉試第二人登第與王鳳洲諸君號海
內五才子爲比部築白雪樓於鮑山之下讀書
其中名益顯及督學關中策士題云孔門七十
二賢賢賢何事雲臺二十八將將將何功士盡
曳白比提刑中州人莫敢撓以法無何歸里而
卒焉有滄溟集四海爭寶之竟無嗣亦天之忌
名也夫
殷士儋　其先武定人徙歷城天資穎異弱冠以

明崇祯《历乘》关于殷士儋的记载

殷士儋（1522—1581），字正甫，又字棠川。他的祖先是武定州人。曾祖殷衡于明代景泰四年（1453年）山东乡试获第五名举人，以“治礼经”名于当时，有遗作《蠢庵集》。他担任永平府训导时，因为“身率教士，造就居多”，故而迁德庄王府教授，随德庄王朱见潾来到其封地济南，遂在历城现在的殷家小庄安了家。其间凡四十年，对“府礼仪多所裁并”。德王朱见潾视以为师，亲自为他画像并作赞。去世后，殷衡被葬在殷家小庄附近。自此，殷氏后人便在殷家小庄居住，守护先人陵墓，绵延数代不息。祖父殷畯，是一位礼学大师、杰出的教育家。清乾隆《历城县志·儒林传》记载：殷畯，成化十六年举人，家世传《礼经》，灵宝许氏遣二子诰、瓒从学，诰至户部尚书，瓒至大学士。后卒业太学，与襄垣刘氏同舍。刘二子龙、夔从学，龙至兵部尚书，夔至都御史。一时言《礼》者奉为“山东大师”。父亲殷汝麟虽然没能读书，却极有见识，以德行著称。清乾隆《历城县志·孝义传》记载：殷汝麟，生八岁孤，不能就学，一听伯兄所为，独取敝恶具，财物尽与兄。数年，兄尽破其产，汝麟辄复分与之。后兄在德州逆旅病疫且革，主人问：“即不讳，孰收子者？”曰：“有弟爱我，徒以素遇之少恩，恐其不来耳。”会汝麟家亦有病疫者，或讽勿往。汝麟曰：“伯兄赫然在原隰，而可以内为解乎？”亟舆其榇归。汝麟与章丘翟洪友，翟客济南，病，即舁至家，视粥药四十余日，没为具棺殓。年六十八，卒。卒之夕，出书一帙付子士儋曰：“此我所见闻阴德事也，尔他日勿负朝廷而虐百姓，吾目瞑矣。”

殷士儋画像

家族世代以习礼为荣，殷士儋耳闻目染，“谨记于心，不敢忘”。他先是跟随济南诗派的诗人郭宁学习，再从名儒张潭学习毛诗，十四岁就已经名闻府城间。当时中丞蔡经建议济南知府司马泰相在大明湖南岸设立“湖南书院”。于是“试郡邑诸生”，殷士儋虽然在同年中年龄最小且最为贫穷，却因为文采出众，被“拔其尤肆之”。明嘉靖二十六年（1547年），殷士儋考中进士，被选为庶吉士，授翰林院检讨。后来他充任裕王朱载垕（也就是后来的明穆宗隆庆皇帝）的讲官。他认为自己的行为有关天下的治乱，所以每次进讲前，都要斋戒沐浴，以表诚意。凡是讲到关乎君王德行和治国道理，以及历史上权奸宠宦、外戚之祸时，他就引经据典，言辞激荡，裕王深受感动。隆庆元年（1567年），殷士儋先升为侍读学士，掌管翰林院事务，继而又升为礼部右侍郎，不久又任吏部右侍郎。第二年升任礼部尚书。隆庆三年（1569年），殷士儋兼任文渊阁大学士，不久，因为促成俺答封贡的功劳，晋升少保，升为武英殿大学士。他是一位关心百姓疾苦的好官，曾不顾权臣的排挤，向皇上进谏，“疏请布德、缓刑、纳谏、节用，饬内外臣工讲求民瘼”。同时，他又是一位有胆有识的正义之士，曾因看不惯作威作福的权臣高拱，竟在众臣面前“奋臂欲殴之”。隆庆五年（1571年），殷士儋终于厌倦了官场上的钩心斗角，几次上疏要求致仕归乡，终于获准，这位来自济南的大学士悄然离开内阁，结束了他的仕宦生涯。

殷士儋不仅是为官清正的能臣，也是一位学识渊博的硕儒，他与边贡、李攀龙、许邦才被誉为“历下四诗人”。民国《续修历城县志》评论其诗曰：“体齐鲁之雅驯，兼燕赵之悲壮，禀吴越之婉丽，是吾乡一巨手。”殷氏家族自殷衡起，原本世代居于闵孝里，即今殷家小庄。家族墓地则在“其东南二里，曰五鼎山”，也就是今天的五顶茂岭山下。嘉靖三十七年（1558年），母郭氏逝世，殷士儋返家丁忧守丧，其间三年不喝酒，不出济南。因一切都能照礼行事，所以“孝声流闻”，为乡里所重。

当年他取“子在川上曰，逝者如斯夫”之义，在趵突泉边构“如斯亭”，建立了“川上社”，开始聚徒授艺。殷士儋独居一室，入而“批阅图史”，出而“延见生徒，论难经义”，一时间“济南诸儒生及门者二百余人，或不远数百里负笈以从”。由于门人过多，殷士儋便在自己曾

位于市中区陡沟街道殷家林村的殷士儋墓

经就读的湖南书院设立期会授徒，所有学生按照府学的待遇提供生活保障。人们评价：“一时济上彬彬盛文，雅有汉诸儒风。”他的讲义也被辑作《川上精舍讲章》问世。三年间，学生刘宗禹、张中鹄、周继、洪一谟、郑杰等先后中举；周继和郑杰后来还成了进士，都建立了一番功业，可谓名士辈出。

此后，殷士儋在川上社旧址取与民同乐之义再筑通乐园，又名“川上精舍”，即今天的万竹园附近。通乐园占地数顷，为屋数椽，园中树木青葱，湖石屹立，十分精美。在教书授业之余，殷士儋“又召诸同游故老、罢官家居者，月旦会饮，或游山水之间”。这些故老，基本囊括了济南当时著名的诗人，如许邦才、张弓、于慎行等人。他时常与这些朋友们驾扁舟延眺鹊华之峰，寄傲明湖之渚。酒酣兴逸之余，则有许多散曲佳作问世，朋友们为他结集刊行，命名为《明农轩乐府》。除此以外，他还收赵世卿及李攀龙之子为徒，又和济南著名诗人李开先、潘子雨、葛守礼等家族通婚，留下了许多逸闻佳话。

万历九年（1581年），殷士儋逝世于通乐园。门下诸生公议，请同为大学士的于慎行为其写文章纪念并选辑了文集《金舆山房稿》。虽然殷家三世皆葬闵孝里，但因母亲郭氏的“葬圹有涂矣”，便连同父母一起改葬于殷家林（属今市中区陡沟街道）。随着殷士儋的故去，川上精舍也就逐渐颓废了。后来崇祯年间有人在园中伐木，湖石被移，“石失其势，遂偃卧菜畦中矣”。

等到清代，济南诗人王苹得到了通乐园并建造了“二十四泉草堂”。他十分仰慕殷士儋，于是在《济南先正咏》十首之七中称赞殷士儋：“相国风流学杜甫，堂堂不让李于鳞。自遣新政归田后，来往论诗洗耳人。”也就是说，王苹认为作为武英殿大学士、礼部尚书和著名诗人的殷士儋，不仅文名与李攀龙并称，而且能以身示范教化于人，可称乡邦忠礼兼济的代表人物之一。

丰厚文脉

改革开放以来，依托紧邻交通干线的优势，殷家小庄着力发展商贸服务业，完善基础设施，改善村居环境，居民们的生活及经济收入逐年提高，从精神面貌到衣食住行逐渐融入现代化都市之中。

新中国成立前，殷家小庄是一个只有45户居民的佃户村，村里的人都很穷，村民们靠打零工、租地种、看坟地过日子。到20世纪70年代末，殷家小庄村的房子，多数依然是土坯房，茅草屋顶。村子里的院落参差不齐，仅有几户人家的房子是砖瓦房。改革开放以来，洪家楼南区、洪苑小区等先后征用了殷家小庄的多数土地。殷家小庄于1985年10月1日集体农转非，总数220户、人口681人。为解决劳动力就业，增加集体收入，殷家小庄先后发展了钢窗厂、印刷厂、纸箱厂、干洗厂、塑料制品厂、鲁松贸易公司等企业，当时塑料厂生产的雨衣出口欧美等国，是济南地区知名度较高的企业。沿花园路、二环路建起了旅馆、饭店、商店等门头房，沿全福河的农贸市场，成为当时社区居民收入的重要来源。

东环国际商场

有效利用土地发展经济，解决人多地少矛盾，改善村民居住环境，进行旧村改造成为必然选择。1986年，殷家小庄和济南市公交公司联合开发了该村第一栋居民楼，第一批拆迁户和无房户搬进了新居。1987年，花园路拓宽改造，殷家小庄建起13号居民楼，安置40户拆迁户。1991年，设立济南高新区、拓宽二环东路，拆迁20多户，居委会自筹资金建设了11号和12号居民楼，安置拆迁户的同时对外销售了3200平方米的商品房。2001年，济南市实施“一环九射”工程，殷家小庄进行第四次拆迁。殷家小庄同年5月动工建设6栋居民楼，总建筑面积36488平方米，对拆迁户进行了全部安置。至此，殷家小庄居民全部迁入11栋居民楼。此后，殷家小庄又先后建设了百代商城、蔬菜市场、东环国际商城，开发了10号、18号居民楼。集体经济不断壮大，居民收入稳步增长。社区先后为居民安装开通了暖气、天然气，按月为居民发放生活补助，为居民统一缴纳医保，每逢重大节日为居民发放福利，并为60岁以上老人

东环花园

订购牛奶、发放生日礼金，组织外出旅游等，居民们也都成了殷实之家，过上了小康生活。

九泉之下的“殷阁老”得知400多年后的故土有如此变化，也一定会“当惊世界殊”吧。

材料提供：王纪兰

初　　稿：王玲玲

修改定稿：张　晓

南全福庄

“劝夫”敦睦弘美德　竹吾辑佚集大成

龙山路：权福庄。

——明崇祯《历城县志》

闵孝一：权夫庄。

——清乾隆《历城县志》

张马乡闵孝一：南权府庄。

——民国《续修历城县志》

原村面貌

全福庄原为一个自然村落，19世纪初黄台铁路货运支线东西横穿，把村庄分为南北两部分，沿称南全福、北全福。南全福庄位于洪家楼、七里堡以北，黄台铁路支线以南，东邻二环东路，西至黄台车站货场。

自1929年7月，历城县析出县城周边部分村庄以构建当时成立的济南市市区版图，至1958年历城县划归济南市管辖，南全福庄属济南市及济南市郊区。1958年，历城县划归济南市管辖，济南市郊区撤销建制，原属郊区的乡镇划入历城，9月成立人民公社，南全福属历城县东郊人民公社。1960年6月，属济南市东郊区。1961年7月，属历城县东郊区东郊人民公社。1963年5月，属历城县东郊区祝甸人民公社。1968年7月，属历城县东郊人民公社。1980年4月，重建济南市郊区，属济南市东郊人民公社祝甸管理区。1983年5月7日，属济南市郊区洪家楼镇。1987年5月，属济南市历城区洪家楼镇。2001年2月23日，南全福属全福街道。

全福庄曾出土汉画石两块。一块是乐舞杂技画像，为东汉时期汉画像石，现存于山东省博物馆。画面着力表现乐舞杂技表演时的宏大场面。

乐舞杂技画像石

楼阁双阙画像石

中心树立一鼓，一人立在鼓上飞剑跳丸，周边以双手抛接数量不等的刀和球，这种杂技技巧被称为飞剑、跳丸，是古代杂技表演时最重要的项目之一。另一块为楼阁双阙画像，亦为东汉时期画石，亦存于山东省博物馆。画面为一组楼双阙，画面中主人在楼上端坐，楼下一人启门。门上铺首衔环清晰可见。楼外阙下有神态各异的侍者，楼顶空中有各种生姿的飞鸟和两只顽皮的猴子。

《杀狗劝夫》在宋元旧篇中就有流传，曾是元代戏曲，新中国成立后亦有花鼓戏、连环画等多种艺术表现形式，旨在使人教化、弘扬美德。全福庄也有个“杀狗劝夫”的传说。

相传在明代，村里住着康家兄弟二人。康大妻王氏善良勤劳，在她的操持下，日子过得挺红火。康二游手好闲，连个媳妇也没娶上。康大瞧不起弟弟，平日里没少和他吵架。康大结交了不少酒肉朋友，王氏经

《杀狗劝夫》剧照

常劝丈夫少玩乐，多帮助老二，康大却不以为然。有一天，康大正和一些人喝酒，忽见自己的女儿急急忙忙来找他，说是她娘和张老伯吵架，张老伯撞墙死了，叫他赶快回去料理。康大慌忙恳求朋友帮忙，可这些朋友一听事关人命，一个个借口有事都溜走了。康大孤身回到家里，王氏一看也就明白了，于是借机让康大去找康二。康大硬着头皮找到弟弟，如此一说。康二听完之后，二话没说就赶到哥哥家背起包起来的“死人”就走，在一片林子里找了个地方埋了。没过几天，康大的那些朋友找上门来，要以报官为名敲诈康大200两银子。康大吓坏了，王氏却一口拒绝。这些人一看王氏不买账，就到树林里把埋的“人”扒了出来，打开包裹，却是康家那条大黑狗。原来，王氏打死了自家的狗，用这个道理让康大明白，酒肉朋友和亲兄弟究竟谁亲谁远，借此教育康大。康大自知错了，从此再不和那些酒肉朋友混在一起了，还帮助康二成亲，全家过上了幸福的日子。此后，人们就把这里称为劝夫庄，岁月更迭，直到1946年以谐音“全福”替代权府，正式称村名为全福庄，沿称至今。

南全福的北端有一株种植于15世纪的国槐，虽称不上雄伟，却是虬枝盘旋、苍劲有力。国槐高数丈，树干二人合围，有树洞，周边留有火烧过的痕迹，能容儿童藏匿嬉戏。村西北曾有陈家牌坊，为晚清济南府

老槐树

海关盐道商贾陈钦所建，他强占了南全福土地近百亩充当林地。石制牌坊三间四柱式，上有图案，有抱鼓石支脚，雕刻巧妙。牌坊在“文革”期间遭毁。

始建于1927年的南全福小学，是中国共产党早期开展活动的重要场所，有着光荣的革命历史。1933年7月山东省委遭到敌人大破坏，为恢复发展党组织，以及与中共北方局取得联系，中国共产党山东省委早期领导人黎玉、赵健民等多次在南全福庄开展工作，济南解放后第一任市长姚仲明当时更是以小学教员身份，将南全福小学发展成为中国共产党地下工作的落脚点和联络站。经过3年的艰难工作，1936年5月1日，山东省委正式成立并同上级党组织恢复了联系。南全福小学在中共山东历史上留下了光辉的一页。学校最初在村头的大庙里，除去破旧的“文昌

南全福小学

阁”“高架吊钟”和塑有“神像”的所谓大殿外，只有几座教室和几间土坯草房。如今的历城区南全福小学，已发展成为颇具现代化规模的学校。学校占地6270平方米，体育运动场2878平方米。学生都在宽敞明亮标准化的楼房教室中学习。学校教学设施先进，功能室配套达到了省级一类标准，被授予“省级规范化学校”称号。

清代学者马国翰终生致力于辑佚、著述，代表作《玉函山房辑佚书》“搜罗丰富，卷帙浩繁，盖自宋人辑佚以来，其规模之大，数量之多，用力之劬，未有超过者”。王重民（中国古文献学家）在《清代两个大辑佚书家评传》中称：“清代辑佚，我推先生为第一家。”

马国翰（1794—1857），字词溪，号竹吾。原籍章丘县圣井镇大柳树村，其曾祖父时迁居历城县权夫庄（今南全福），遂入历城籍。其父马锦，在乾隆、嘉庆年间曾任山西汾州府经历（掌管出纳文书的官职），历署宁乡、武乡、天镇等县知县。马国翰自幼随父亲在山西读书，并先后延聘金宝川、吕心源等为师求学。嘉庆十四年（1809年）马国翰15岁时，其父在山西太原病故，遂回到济南，挑起了养家的重担。马国翰19岁考中秀才，先后开馆于古祝等地，以教书为业长达20载。道光十一年（1831年）考中举人。第二年，以三甲六十七名考中进士，被朝廷分发到陕西省敷城、石泉、云阳县任知县。道光十八年（1838年）因"政绩卓越"得到皇帝召见。后以"去家既久，坟墓庐舍均须修治"为由，辞归故里。到了道光二十四年（1844年），升任陕西陇州（今陇县）知州。咸丰三年（1853年），马国翰告病还乡，4年后去世，葬于历城县九里山南麓（现全福立交桥东南侧）。

马国翰生活的时代，汉学盛行。不少学者慑于封建专制的淫威，在政治上采取消极避世的态度，专心埋头于考释、校勘和搜辑古代典籍及各种文献。受此学风影响马国翰早年即对许多珍贵古籍的散失深为痛惜，决心做一番古书辑佚工作。早在乡间教书时，他便"每见异书，手自抄录"；及至步入官场，"廉俸所入，悉以购书"。日积月累，他所购之书竟达57000余卷。这为他后来从中查寻有关资料提供了极为有利的条件。在几十年的时间里，马国翰无论是教学之余，还是从政之暇，总是抓紧一切空闲时间，"殚心搜讨，不遗余力，晚归林下，犹复矻矻孜孜，纂辑无虚日"。他把唐代以前已经散失、毁失的古书，从各种著作注释和引文里，从许多有关文献保留的片语只字中，剔抉出来，逐条逐句加以考证，辨别真伪，尽可能保存亡佚古书的面貌，然后分门别类汇纂成册，并将这一辑佚巨著定名为《玉

马国翰画像

函山房辑佚书》，以此寄托欲定居于济南名山玉函山而终未能如愿之情愫。

《玉函山房辑佚书》共辑佚书594种，全书700多卷，按经、史、子分为三编。该书辑录了唐以前已散佚的大量典籍和诗文，被誉为“中国辑书史上的空前杰作”，20世纪30年代出版的《辞海》称其为“历来辑佚书之最赅者”。这部辑书，马国翰生前虽已正式修订并陆续刊印，但直到他逝世前仍未能全部告竣。马国翰去世后，其妻丁氏将该丛书书稿和印版当作女儿的“陪嫁”一并带到了章丘李家。同治九年（1870年），济南泺源书院院长匡源请时任山东巡抚的丁宝桢协助，从马国翰女儿婆家处借出《玉函山房辑佚书》书版，经过进一步整理，于4年后连同读书札记《目耕帖》31卷一并印刷，分订100册印刷行世。刊印后，这一搜罗丰富、卷帙浩繁的巨著不仅成为辑书史上一项空前成就，而且解决了后世学者苦于翻查大量古籍的烦恼，为学术研究提供了方便，因而很快便风行全国。

1999年秋，在马国翰第五世外孙李应顺家3间南屋的夹壁墙中发现了《玉函山房辑佚书》的木刻雕版。经专家确认，这批雕版正是当年丁宝桢借出后又还回来的《玉函山房辑佚书》书版，共计596块，400余万字，涉及著述116种。这批雕版中有近10种书目在现存的中国各地藏书中没有印本，其中像《尚书逸篇》《尚书古文训》在《中国丛书综录》和《山东文献书目》中都没有著录。这些原版的发现，则有可能会填补这一空白。同时，一次性发现这么多名家著作原版，这在全国也是罕见的。这批雕版对研究清代山东的印刷技术、印刷史也有着极其重要的意义。2000年5月，李应顺已将这批珍贵文物捐献给了章丘博物馆。

马国翰《玉函山房辑佚书》书影

马国翰故居在南全福庄中部，原故居院落长、宽各百余米，第一进院落里有“土山”“苇子湾”，有宽敞明亮的客厅，显眼处悬挂有“大夫第”和“进士”的木制金字牌匾，后院有花园。后来，村里用“土山”之土把“苇子湾”填平，建成了一处村办企业，大院也渐被拆掉盖了民房，两块牌匾也难觅下落。20世纪50年代中期，因兴建山东轻工业学院（现济南一中），马国翰墓迁至甸柳庄东南方向的燕翅山北，后来这里因开矿采石等诸多原因，马国翰墓已经很难找寻了。

马国翰故居

马国翰祠堂

从污水漫溢、洪水肆虐的泄洪沟到绿树成荫、休闲娱乐的景观河道，从低矮逼仄、错乱拥挤的旧屋窄巷到高楼林立、井然有序的全新小区，南全福庄实现了脱胎换骨的蝶变。

全福河是济南市区东部行洪干道窑头大沟下游的一部分，南北穿南全福庄中心注入小清河。20世纪90年代前，河道以土堰为堤，只有2米高，河堤之间架设石板或预制板供村民通行。每到雨季，上游洪水滚滚而下，因排泄不畅，南全福庄每每污水横流，几成汪洋。全村被淹，大面积民房过水的灾难，仅在20世纪就发生过3次。1961年，洪水淹没整个村庄，屋内水深齐腰，墙倒屋塌者无数，其状惨不忍睹。1987年8月26日，大水肆虐，屋内桌椅漂浮，损失惨重。

说起全福河，村民满腹怨言，对居住条件，村民也是满腹牢骚。村民的住房见缝插针、高低错落，平房旧屋杂乱无序，街巷弯弯曲曲，稍大点的交通工具错开都困难，村中流传的一段民谚形象地描述了当时的居住状况："下雨屋怕漏，污水路难行，房基有高低，巷内路不平，门前自顾自，雨水难畅流，邻里为私利，争端时常有。"1989年12月1日，南全福庄村民正式转为城镇人口，成为历城区最早整体进行"农转非"的村庄之一。居民虽然在粮食供应、学生考学、企业招工等方面享受到了市民待遇，却失去了农村特有的申请宅基地建房的权利。全村人口增多，房屋缺少的问题随之到来。孩子越长越大，人口越来越多，房子越来越缺。旧屋需翻修，适龄青年要结婚，兄弟要分家等，都需要住房，住房问题却难以解决。

2000年，济南市提出了"五年大变样"的号召，鼓励旧村居积极实施改造，并给予优惠政策。南全福庄抓住这一机遇，拉开了旧村改造的序幕。村"两委"经过考察调研，确定了联合开发的方向，拟订出旧村改造的实施方案。通过党员、群众代表、家族代表、社会知名人士代表、群众大会等不同形式、不同层面征求意见，同时面对面给群众讲政策、算明白账、吸收合理建议，很快统一了意见，并转变成了群众的自觉行动，8万多平方米的平房旧屋分两次拆迁。自2000年4月起，南全福投资达1.2亿元，历时3年，32栋居民楼全部完工，1200户社区居民住上了宽敞明亮的楼房。以此为契机，2001年南全福又投资500万元完成了全福河的改造。新改造的全福河两岸青石砌垒，河净宽达13米，足有3米多深。两侧河堤路面硬化，沿河绿树成荫，备有多种健身器材，已成为居民休闲娱乐的场所。两个惠民工程解决了存在多年的水患，清除了脏、乱、差、交通不便等痼疾，南全福成为环境优雅、人文和谐、面貌全新的多功能住宅小区。

20世纪80年代，南全福庄还是以蔬菜种植为主的传统农业村。随着改革开放步伐加快，山东轻工业学院、济南三十四中、济南烟厂、济南肉联厂、火电一处、造纸机械厂等企事业单位陆续占去南全福庄土地500多亩。南全福庄与济南保温瓶厂、济南肉联厂、济南电炉厂等9家国有企业签订用工合同，安置600多名剩余劳动力为联营工，农转非后，符合条件的联营工全部转为国家正式职工。

1989年，南全福庄注册成立黄台实业总公司。90年代先后建起全福纸箱厂、黄台建筑机械厂等企业，组建了中外合资的乔治大酒店，村集体经济规模逐渐发展壮大。截至1993年，南全福共有法人企业11家，其中中外合资企业2家，总资产达7000万元。在此基础上又推行集团化发展战略，于1994年成立了济南全福集团有限责任公司，形成了跨地区、跨行业、多产品、多门类、多种经营、二三产业综合发展的规范经济实体。当年企业总收入1亿元，为国家创收1400余万元。1997年，农业部“中国最大

村办企业的胶印设备

南全福新居

经营规模乡镇企业1000家”排序中，全福集团位居770名；在“中国最高利税总额乡镇企业1000家”中，全福集团位居560名。2019年4月3日，济南全福经济股份合作公司第一届股东大会暨理事会、监事会成立大会在南全福社区召开，标志着南全福社区的改革发展又迈出了坚实的一步。

经济发展、环境改善、生活富裕，激发了南全福人的精神追求。2010年4月8日，全福街道在南全福社区举办首届“邻里节”，开启了一场全民参与的盛会，掀起了一场邻里文化回归的热潮，至今已经举办10届。社区邻里节，作为社区邻里互助体系的一个重要组成部分，已经渐渐成为一张亮丽的特色名片。邻里节唤起了邻里之间的情谊，找回了“远亲不如近邻”的传统文化真谛，继承和发扬了邻里有爱、互帮互助的传统美德，也凝聚了人心，形成了社区居民、驻地企业矛盾共商、难题同解、和谐共处的社会管理良好局面。

材料提供：江英德
初　　稿：王玲玲
修稿定稿：张　晓

殷陈村

玉皇台难寻旧迹　鲍西楼传咏诗文

龙山路：殷家庄。

——明崇祯《历城县志》

正东乡南保泉二：殷家庄；正东乡闵孝四：陈家庄。

——清乾隆《历城县志》

张马乡南保全二：殷家庄、陈家庄。

——民国《续修历城县志》

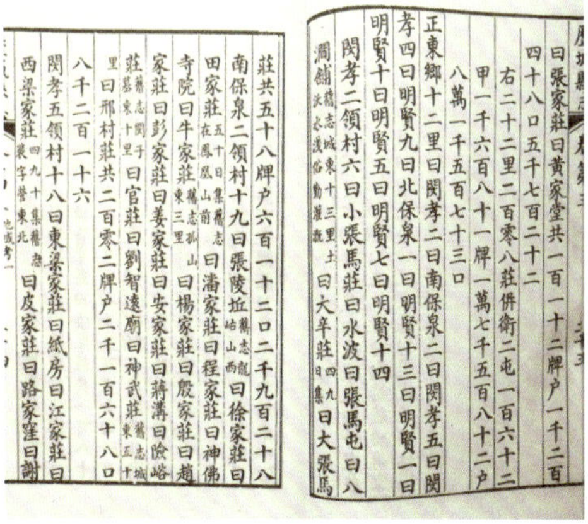

曰張家莊曰黃家堂共一百一十二牌户一千二百
四十八口五千七百二十二
右二十二里二百零八莊併衛二屯一百六十二
甲一千六百八十一牌一萬七千五百八十二户
八萬一千五百七十三口
正東鄉十二里曰閔孝二曰閔孝五曰閔
孝四曰明賢九曰北保泉一曰明賢十三曰明賢一曰
明賢十曰明賢五曰明賢七曰明賢十四
閔孝二領村六曰小張馬莊曰水波曰張馬屯曰八
澗舖曰大辛莊曰大張馬
莊共五十八牌户六百一十二口二千九百二十八
南保泉二領村十九曰張陵坵曰徐家莊曰
田家莊曰潘家莊曰程家莊曰神佛
寺院曰牛家莊曰楊家莊曰殷家莊曰趙
家莊曰彭家莊曰姜家莊曰安家莊曰蔣溝曰險峪
莊曰官莊曰劉智遠廟曰神武莊
曰邢村莊共二百零二牌户二千一百六十八口
八千二百一十六
閔孝五領村十八曰東梁家莊曰紙房曰江家莊曰
西梁家莊曰皮家莊曰路家窪曰謝

清乾隆《历城县志》中关于殷家庄的记载

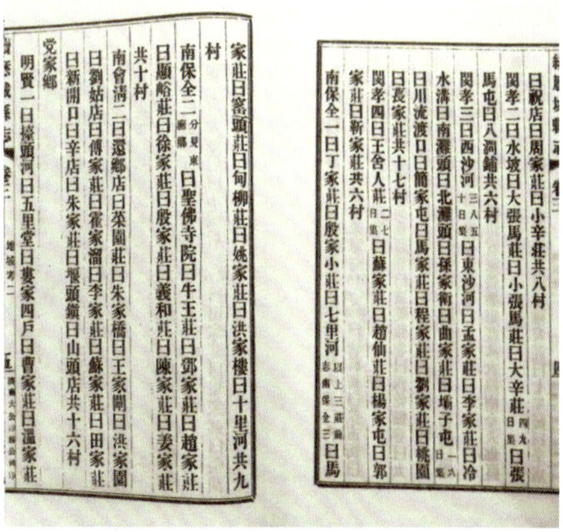

曰靛店曰周家莊曰小辛莊共八村
閔孝二曰水坡曰大張馬莊曰小張馬莊曰大辛莊曰張
馬屯曰八澗鋪共六村
閔孝三曰西沙河曰東沙河曰孟家莊曰李家莊曰冷
水溝曰南灘頭曰北灘頭曰保家衛曰曲家莊曰埠子屯
曰川流渡口曰簡家屯曰馬家莊曰程家莊曰劉家莊曰桃園
曰裴家莊共十七村
閔孝四曰王舍人莊曰蘇家莊曰趙仙莊曰楊家屯曰郭
家莊曰靳家莊共六村
南保全一曰丁家莊曰殷家小莊曰七里河曰馬
家莊曰窰頭莊曰旬柳莊曰姚家莊曰洪家樓曰十里河共九
村
南保全二曰聖佛寺院曰牛王莊曰鄧家莊曰趙家莊
曰顯峪莊曰徐家莊曰殷家莊曰義和莊曰陳家莊曰姜家莊
共十村
南會清二曰還鄉店曰菜園莊曰朱家橋曰王家閘曰洪家園
曰劉姑店曰傅家莊曰霍家溜曰李家莊曰蘇家莊曰田家莊
曰新開口曰辛店曰朱家莊曰堰頭鎮曰山頭店共十六村
党家鄉
明賢一曰樓頭河曰五里堂曰裏家四戶曰曹家莊曰溫家莊

民国《续修历城县志》中关于殷家庄、陈家庄的记载

村中古槐

殷陈村西距济南老城10公里，村北胶济铁路横贯东西，村东工业南路穿越南北，东邻历史名山鲍山，东南邻章灵丘、安家庄，南邻义和庄，西邻赵家庄，北跨胶济铁路与王舍人庄相望。村庄南北长约450米，东南宽约1350米，总面积约0.61平方公里。殷陈村由两个自然村组成，东为陈家庄，西为殷家庄，两村相距200米左右，都是建村于明洪武年间，村名源自姓氏。1956年始，统称殷陈村。1992年10月，为便于生产经营管理，经区政府批准，两村合并，得名为殷陈村。

1948年9月历城全境解放，殷家庄、陈家庄属张马区鲍西乡。1950年，属历城县第一区王舍人镇。1956年12月，属城关区王舍人乡。1958年9月，属东郊人民公社。1961年，属东郊区王舍人人民公社。1980年，济南市重建郊区，属济南市郊区东郊人民公社。1983年5月，属济南市郊区王舍人镇。1987年，济南市撤销郊区建制，王舍人镇回归历城，属历城区王舍人镇。2010年10月，撤销王舍人镇，设王舍人街道、鲍山街道，属历城区鲍山街道。

殷陈村属丘陵平原过渡地带，地势南高北低。每逢雨季，南部山区形成的洪水顺势而下，自然形成了南北向的3条泄洪沟。一条是来自村东南方向的凤凰山以西，经陈家庄东侧，过铁路流入王舍人庄东的猪市河；一条来自安家庄雪山西侧，经盘龙山西侧，从殷、陈两村之间穿铁路流入王舍人庄东的龙脊河；一条来自义和庄西，经殷家庄西，过铁路流入红土沟，再往北汇入小清河。殷陈村的土地，砂质较多，土质松软，蓄水量大，无论干旱天气或多雨季节都便于耕作。村南及东南靠近将山和盘龙山的地片，土地零散，土质较差。两村的东西两头原来各有水湾两处，用以蓄积雨水，供村民洗涮、牲畜饮水、生产灌溉之用。随着水利条件改善，农业灌溉被水井所替代，水湾被填平建了房屋。

台近叔牙城，相传此阅兵。春秋遗旧迹，宫殿起新楹。
古墓多村草，高山蔓野荆。分金何处所，犹见故人情。

——清·陈永修《玉皇台杂咏》

殷陈村早在春秋时代就有先民在此繁衍生息，岁月更迭中留下了许多文化遗址遗迹。殷陈村北约200米处有一座玉皇台，也称“玉皇庙”。

玉皇台旧址所在区域

玉皇台原为春秋战国时期鲍叔牙所建的阅兵台，唐朝时改建为玉皇台。玉皇台坐北朝南，高约6米，南门为十九级台阶，台阶两旁有青石滑道，两边各有一尊石狮子，台上为100米见方的正方形，周围为青石围栏，高1米多。大殿坐落于北侧正中约四分之三处。大殿前，东侧为钟楼，梁上悬挂近千斤重的铸铁大钟，西侧为3间高大的住房，大殿东北有一口水井。大殿宏伟高大，东西长约50米、高约6米，为青石青砖结构，屋顶为青瓦飞檐，殿内正中塑有玉皇大帝神像，身后有两名护班，东西两侧高台上各塑有三尊三头六臂神像，殿内墙上有彩绘壁画，人物花鸟栩栩如生。大殿前廊雕梁画栋，两根红油漆柱子石鼓托起。殿前东侧有一棵两人合围的大杨树和明朝重修碑。庙前为开阔广场。玉皇台东建有新庄子土地庙，庙宇宏伟高大，让人敬畏。清朝末期有和尚程义居住，耕种庙地，自给自足。传说每天早晨，和尚在玉皇大帝塑像前盘腿打坐，敲着木鱼念经，一条大蛇会从玉皇大帝身后墙上的洞内爬出来盘在和尚面前，和尚念完经后，大蛇即行退去。民国时期和尚转往别处，庙中有一人居住，在大殿后开辟菜地，自己食用。

玉皇台还有一个有关大钟的故事：清朝末年王舍人庄与陈家庄围绕玉皇台的产权产生了纠纷，久争不下，有人出主意“谁能摘下大钟产权就属谁”。陈家庄有个名叫武浩的大力士，不仅摘下了大钟，还抱着大钟绕大殿转了三圈后再挂回梁上。陈家庄赢了，从此玉皇台归属于陈家庄。传说玉皇台内有一雄一雌两条大蛇，一条在庙内水井中，另一条大蛇跑到了陈家庄解庆洪家的水井里。有一年天气大旱，解庆洪为了浇灌耕地，请来同村人陈殿奎帮忙掏井。陈殿奎下到井底时，感觉头顶有一股冷气袭来，抬头一看，井壁上有一条大蛇正朝他吐芯子，他慌忙爬出井外。待到中午，他磨快铁锨，喝足酒后再次下井，用铁锨将大蛇切成数段运出井外，足足装了大半提篮。1947年，玉皇台遭到泰莱山区还乡团的大肆破坏，据说他们盗走了玉皇大帝塑像胸中的金元宝、六尊三头六臂大佛胸内的银元宝。庙前的大杨树也被他们砍掉当了柴火。1958年，玉皇台被夷为平地，水井被填平。因当时殷家庄、陈家庄、王舍人庄同属一个高级农业生产合作社，玉皇台的大钟存放在了王舍人庄。

2008年第三次全国文物普查中，历城区文管部门在殷陈村东北约100米处发现了一处遗址。该遗址位于胶济铁路以南，北至胶济铁路南侧，西至殷陈村东废弃铁路东侧，南至殷陈北东西向主道，东至王舍人陵园西院墙南北延长线，总面积近4万平方米。遗址上现散存部分商周时期的陶器碎片，有豆盘口沿、罐口沿等，数量较少，遗址北部因胶济铁路建设遭破坏，破坏面积约占遗址的四分之一，其余大部分为农田，种植苗木、小麦等。2007年山东考古所曾在此发掘商周墓葬数座，后因农业生产、基本建设、雨水冲刷而损毁。殷陈遗址为研究历城境内商周文化遗存提供了新资料。

陈家庄南街中段有一处建于清朝末年的大院，为孙氏从小清河北朱家庄迁居陈家庄时的住所。大院南北长约100米，东西宽约80米，坐南朝北，面向大街，南墙外是道路、田园。门楼宽5米，进深约4米，高约4米。穿过高大的门楼进入大院，东侧有一处独立院落，有住宅、马厩、大车门。中院以南有两处院落，西侧院落，走进正阳门便是客厅，冲门

李家宅院及门前石狮

西房是主屋，为小瓦屋顶，高于院内其他建筑；南侧院落有马棚、草料房，为拴马院。住宅后面是场院，东南角有一宽大车门，与前车门相似，场院南侧靠西有一塘湾，湾内有金蟾一对，每逢夏日阴雨天气，金蟾鸣叫，声音悦耳。整个大院有东西两条胡同，南北相通。孙氏防卫意识较强，在北大门外5米左右处建起高约4米的迎街瞭望平台，在平台上可观察西部大街的情况。

殷家庄南街西头路北曾有建于明朝末年的三圣堂。三圣堂坐北朝南，正殿有五间，雕梁画栋，富丽堂皇，殿内塑有观音菩萨。东、西两庑各有屋三间，为僧人休憩之所。殷家庄百姓曾捐款进行维修，有功德碑立于殿前。逢年过节，这里是殷陈村百姓祈福纳祥的重要场所。济南解放前，国民党军队多次进驻，三圣堂被破坏得面目全非。新中国成立初期，三圣堂用作小学教室。1958年，三圣堂房屋及塑像全部拆除，填在了村头的湾内。

家住鲍山西麓，登华诗忆南丰。

叔牙城外高望，一点青来云中。

——清·陈永修《登华山》

晚清诗人陈永修是殷陈村的文化标志，历城山川风物留下了他的诸多诗文。陈永修，是六品衔候选训导，恩贡生。民国《续修历城县志》载：“陈永修，字子慎，邑诸生，少师马国翰，亟蒙矜赏。及长，肆力古文辞，博雅工诗。性宽和，无疾言遽色。然遇事果毅，有经世才。咸丰十一年，捻匪犯境，举人陈大鹏率乡团御贼，永修佐焉。及大鹏殉难，永修以身免。自是隐於家，授徒自给。教人原本小学，而责以实践。出其门者，皆恂恂恭谨，望而知为永修弟子。年七十余卒。著有《鲍西楼诗文集》若干卷，藏於家。”陈氏旧居在鲍山西麓的陈家庄，其后人回

鲍西楼

陈家车门

陈氏门楼

忆陈永修居住在东院，义塾设在祠堂大厅，书房为二层阁楼建筑，名为“鲍西楼”。

陈永修一介书生曾参加过抵抗捻军的战斗。1861年9月间，捻军一部进入历城县境，陈大鹏是陈永修的堂兄，邓家庄人，率民团在历城圣佛寺院（今贤文庄一带）与捻军展开激战。战斗惨烈，陈大鹏战死，民团死亡上千人。陈永修参加战斗幸免于难，后曾为陈大鹏作传。抵抗捻军斗争失败后，陈永修回到乡里，以诗酒自娱，并设义塾教书为业，授徒自给。

陈永修生卒年代不详，他在诗集自序中说：“道光丙戌己丑之际，余师马词溪夫子设帐鲍山黄石古寺，余从学焉。”说明他是马国翰的学生，应该生于1810年前后。史载，陈永修遵循孔子的教育思想，重视德育、美育，向往和与乐的理想境界。他在乡里教书授业之余，还常带其学生游历济南山水名胜，鼓励他们修养心性、创作诗歌，他在诗中说："汝学舞雩游，务求尘俗捐。君子履忠信，登临尚慎旃。如有会心处，得句题花笺。盍各言尔志，春诵而夏弦。"陈永修教学有方，因而"出其门者，皆恂恂恭谨，望而知为永修弟子"。光绪五年（1879年）陈永修撰写《重修读书堂碑记》，记文中可见他正直人品和关注教育之心于一斑。

陈永修诗文造诣深邃，著有《鲍西楼诗草》4卷、《鲍西楼文抄》2卷、《平陵齐音》2卷、《花令诗草》1卷。道光十五年（1835年），著名文献学者和诗人马国翰为《鲍西楼诗草》作序，在序文中阐述论诗三得，即"触景言怀挥手立就谓之来得，细意慰贴且无懈可击谓之去得。渊然而以古，浏然以清，远韵深情耐人咀味谓之存得"。认为陈永修已经达到三得水平，称赞其诗"实多可存之作"。陈永修的诗文在民国《续修历城县志》中多有引用，多为伤怀吊古、山川游历及讴歌家乡锦绣河山和历史人物之作，字里行间赤子之情斐然。然而，风流总被风吹雨打去，他的诗文集都是抄本，不见于各图书馆藏书目录，在旧书市场亦杳无踪迹。

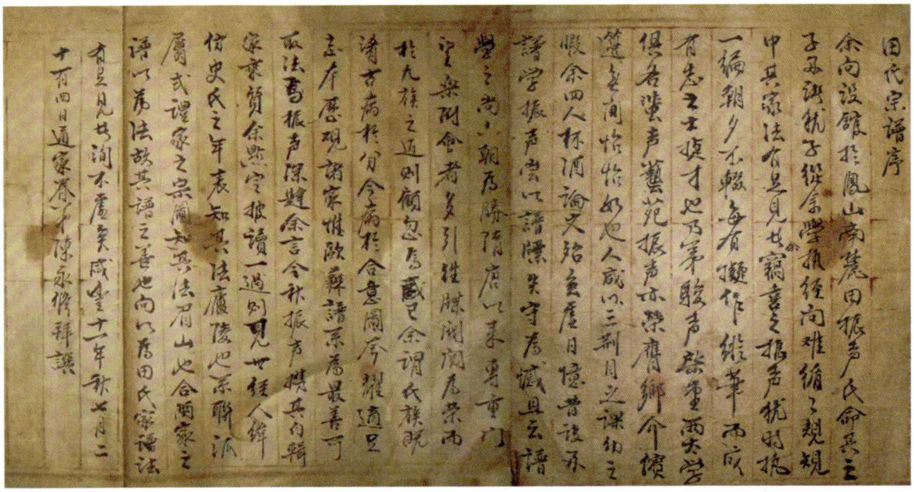

陈永修撰田氏宗谱序

玉皇台、陈氏旧居等古迹如今已了无痕迹，殷陈村人的记忆多是新中国成立以来的巨大变化。殷陈村修桥铺路，畅达交通，村民生活显著改善。特别是改革开放以来，村里先后建起了石料厂、砖瓦厂、预制厂、花砖厂、建筑队等企业，壮大了集体经济。1983年，殷陈小学建成面积4000平方米的三层教学楼。20世纪80年代中期，殷陈村统一规划，村集体给予补助，村民建起一批两层居民小楼，家家户户用上了天然气。1995年，殷陈村的大街

拆迁前的殷陈小学

殷陈新居

小巷全部硬化为混凝土路面，安装了路灯，村容村貌焕然一新。2010年8月，殷陈村开始实施旧村改造。2017年，旧村址的一部分建起了村民安置房，一部分开发建设了万科幸福里小区。村民安居乐业，生活更加富裕美满。

材料提供：钱宝祯

初　　稿：王桂平

修改定稿：张　晓

谢家屯

私塾义学同村举　鸿儒烈士一门出

正东乡闵孝五：谢家屯。

——清乾隆《历城县志》

董家乡闵孝五：谢家屯。

——民国《续修历城县志》

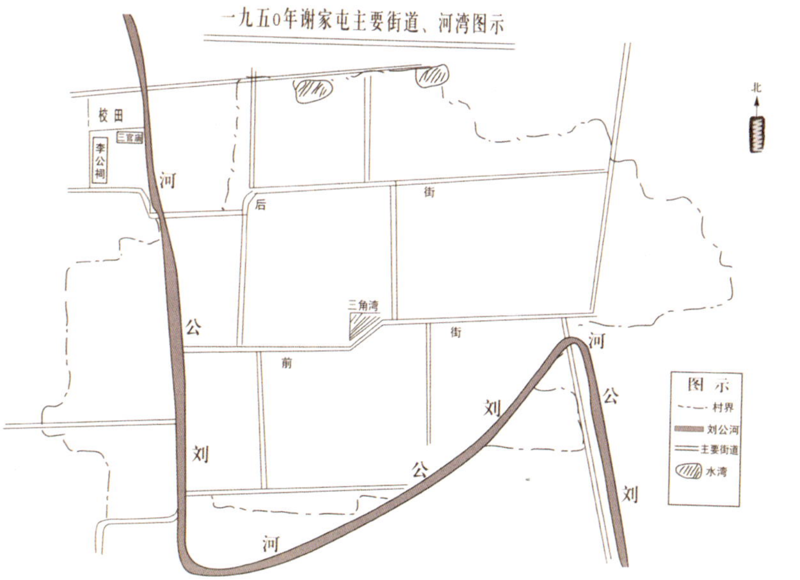

1950年谢家屯主要街道、河湾示意图

旧村一角

谢家屯地处刘公河畔。东邻赵家桥村，西邻路家洼村，南邻西杨家村，北邻任家庄村。至2015年，全村共有1024户，3500人。

元末，在谢家屯现址东北约半里许，有一个叫骆家庄的小村子，因瘟疫暴发，全村百余口人相继去世，仅有一户做豆腐生意的人家幸存下来。这户人家为避开这不祥之地，选址在今谢家屯村南刘公河北居住下来，繁衍生息，村名仍称骆家庄。明洪武四年（1371年），广东南海县分溪村谢康福、谢康左、谢康右三兄弟带领母亲北上迁入骆家庄，与骆氏为邻，安居乐业。康右无嗣，康福、康左俱享高寿，后世人丁兴旺。由于村内杏树众多，骆家庄一度改名为杏园屯，后由于谢氏一族成为村中大族，便改名为谢家屯，沿用至今，附近乡里人称“谢屯”。但骆氏作为原住民至今仍有30户，100余人。

村中水塔

1945年，谢家屯归中国共产党领导的历城县董家区。1946年下半年，唐王、谢家屯、遥墙三个区合并为路北区，谢家屯属当时的路北区。1950年，谢家屯属第四区谢家

北宏桥、汇通桥、南丰桥、永昌桥

屯乡管辖。1960年6月，谢家屯划入东郊人民公社。1961年6月，谢家屯属平原人民公社管辖。1984年1月属董家镇管辖。2016年11月，属董家街道管辖。

谢家屯地势南高北低、东高西低，土壤肥沃，适宜于种植各种农作物，主要有粮食作物和蔬菜。发源于港沟蟠龙山的刘公河绕流村南、村西，这条山泉汇集的小河，水量不大，却很少断流。河水从谢家屯的大片农田中蜿蜒而过，每到细雨连绵时节，河上烟雨蒙蒙，树影婆娑，恍若江南。充足的水源和肥沃的土地，使谢家屯村成了历城东北乡有名的“菜篮子”。谢家屯出产的青皮萝卜个大脆甜，远近闻名，民间素有“烟台苹果莱阳梨，不及谢家屯的萝卜皮”的美谈。新中国成立前后周边大集的菜市几乎为谢家屯菜农控制，在济南知名的北坛菜市谢家屯蔬菜的销售量也属翘楚。每逢秋季腌咸菜的时节，邢村大集上谢家屯萝卜一集可以卖掉四十大车，占集市销量的70%以上。20世纪七八十年代济南市区各个菜市场几乎都能看到谢家屯萝卜。到20世纪90年代，随着人们生活水平的提高，对谢家屯萝卜的需求量逐渐减少，大棚草莓应运而生，逐渐代替了萝卜种植。

谢家屯义学，在庄西三官庙。道光九年(1829)，从九品秩谢克端捐学田二十亩。

——民国《续修历城县志》

靠学田收租支付办学金的义学有闵子祠、文昌阁、韩仓……谢家屯等义学。废除科举后义学均改为小学堂。

——1990年版《历城县志》

谢家屯人历来重视教育，是个文化氛围浓厚的村子。

清末民初，村内同时有三四处私塾，先后从事私塾教学的先生近二十位，一位先生教十几个孩子，所学内容是《百家姓》《三字经》《论

村小学外景

语》等，还有毛笔字和珠算。贫困人家和一般人家送孩子读私塾多希望粗通文墨，略懂算法，作为谋生之用。富裕人家把孩子送到谢赢震先生的书房院学习，以四书五经的讲解为主，多系期望子弟走仕途之路。因此，私塾培养了一大批有初等文化的人，村内一个字不识的男青年人数极少，与邻村相比村民文化素质高、读书求学的气氛较浓。村民供给孩子上学的积极性普遍很高，生活再困难的家庭也要节衣缩食让孩子读几年书，以便于将来谋生。

村小学原旧教室

除了村内几处私塾，谢家屯村还早早地创办了义学。关于谢家屯义学最早的记载是民国《续修历城县志》："谢家屯义学，在庄西三官庙。道光九年（1829），从九品秩谢克端捐学田二十亩。"可见早在近200年前谢家屯已经出现义学了，当时这样的义学全县只有为数不多的几处，足以体现谢家屯有识之士对教育的重视。20世纪30年代，谢家屯义学扩大规模，义学设在了村西大庙和李公祠之间的4间北屋和6间南屋中。日军进犯济南后，由于飞机经常轰炸，为了学生的安全，被迫停课。两年后又重新开课，并迁入广福堂西院，北屋、东屋、西屋做教室，中间的过屋是办公室。1943年随着学生人数增多，小学堂再度扩大，校舍迁往村西大庙，把大庙的泥神搬掉，利用大殿作为办公室，新建东屋6间，在院中建4大间南屋做教室兼礼堂。1945年日本无条件投降的消息传来，校长立即集合全体师生在礼堂开会，宣布日本投降的消息。一时间，打倒日本帝国主义、伟大的中华民族万岁的口号响彻校园，全体师生异常振奋。

1945年至1948年开始推行国民教育，此时谢家屯由义学形成一所1—6年级的完全小学，1—4年级为初小，5—6年级为高小。周边村庄的孩子，都到谢家屯来读高年级。由于教师和校长的人选优秀，因此学校的教学质量较好。

1948年，济南战役打响，正是学校秋假中，秋后济南战役结束，学校复学，改为1—4年级的初级小学，村内高年级的孩子都到邢家小学去读书。这时历城县北部只有邢家和滩头两处完小。1953年，谢家屯又由初小升为完小。由于学生人数的激增，村西完小只能安排5—6年级，1—4年级在村内到处找房子上课，教室遍及全村各处，教师不足，只能找民办教师代课。1964年村领导带领村民在村内三角湾西侧建起一所学校，将分散在村内各处的教学班集中起来统一管理。学校的设备、费用开支和教师人选，都由村里自己解决。当时资金非常困难，教师补贴每月只有2元钱。但当时村庄独立办学，谢家屯在全公社中为首创。

党的十一届三中全会后，学校教学秩序也步入正轨。1986年，村里拆掉百年三官大殿，对校舍进行了全新改造。1998年，学校重新全面规划，原有的教室全部拆除，建成了一流的抗震能力强的三层教学楼，是当时董家镇唯一的一所拥有三层教学楼的小学，而且配套齐全，为本村和附近6个自然村的儿童提供了良好的学习环境。2007年，济南重型机械厂子弟小学合并到谢家屯小学，谢家屯小学办学能力增强。2017年旧村改造工程启动，整个村庄拆除，仅这所小学被保留了下来。

新中国成立后，由于谢家屯村小学毕业生年年增加，但大部分学生毕业后无书可读。为缓解这一矛盾，1965年，当时的谢家屯人民公社建起了农中，校舍占用地主家分出的房子，教师则从社会上聘用高、初中毕业生。办学的目的是培养有文化的农民，所以叫农中。教学选用全日制中学部分内容，主要传授农业科技知识，实行半工半读，办学经费靠

现小学教学楼

勤工俭学的收入来维持。第一期毕业生正遇重型机械厂招工，一部分进厂当了工人，后来的毕业生没有这种机会，大部分回村务农。“文革”开始后，农中自行解散。

农中解散后，大量的小学毕业生不能继续升学，成了社会问题。1969年兴起戴帽小学，就是小学毕业后就地上中学。当时大部分小学都办起了中学班，谢家屯小学也不例外，也办起了中学班，但只学语文、数学两门课程。1970年，谢家联中成立，公社教育组统一安排教师。教室则以谢家屯为主，由联中招生范围内的村庄联合修建。1990年，谢家屯联中合并到董家镇办中学。谢家联中存在近20年，对谢家屯最大的贡献是，学生上学不出村，基本普及了义务教育。

在浓厚的教育氛围影响下，谢家屯读书认字的人越来越多，村民的文化水平普遍较高，便产生了“谢家屯请不尽的先生”一说。在谢家屯众多先生中，当属谢瀛震一家最多，名气最大，一直被传为佳话。

谢瀛震一家是一个诗书世家。谢瀛震先生的曾祖谢克武为清初授文林郎，祖父谢宝琳为贡生，父亲谢笃训也是读书人。谢瀛震（1865—1956），字东樵，号嗜迂子，书斋号味腴山房，清末岁贡，是清末民初闻名历城东北乡的“大先生”，大半生从事教育，弟子门生遍及济南及城东一带，济南名士关友声兄弟曾拜其门下。他一生自奉俭约，不慕名利，乡里贫困之家向其借贷，皆尽力帮助。兴建学校、修路架桥等公益善举，每每率先倡导，亲躬其事，与父亲谢笃训曾率先出资办“鲍青文社”，弘扬桑梓文化，奖掖后进，不遗余力。因深受乡里人尊敬，故称其为“大先生”。他勤于笔耕，工于诗，其诗编有《味腴山房诗稿》，诗稿存诗达500余首，惜于“文革”中遗失。他工书善画，书法得颜、虞及黄山谷笔意，晚年笔力开张，遒劲飞动。清宣统三年（1911年），历城县最后一

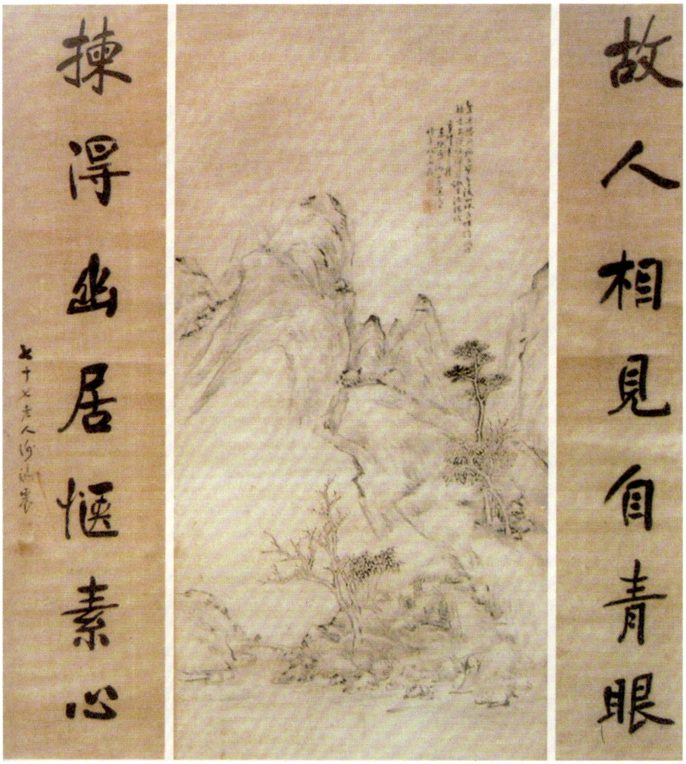

谢瀛震书画作品

任知县周安康，上任伊始即来谢家屯，拜访谢瀛震先生，至村西即下轿，步行至先生家，以示对乡贤和文化人之尊重，一时传为美谈。到了晚年，他仍然思维敏捷、神志清醒，耳不聋、眼不花，每天早起浇花扫地，吟唱诗文。谢瀛震享年91岁，无疾而终。

谢瀛昱（1868—1952），字晓蓬，谢瀛震先生之弟，清代庠生。中年时期曾在济南东城的一所小学任教，教国语。日本侵占济南后，因痛恨日本侵略者愤而辞去教师职务，不为日本侵略者做事。辞职后在济南市区个人住宅教本家的侄、孙及亲友和乡人的子弟，学习四书五经等国学系列及书法。他不仅学识渊博，而且书法造诣颇深。著名书法家张立朝亦曾向其学习书法。当时济南东门及大明湖一带商号之匾额不少是其所书写。他的书法作品在民间流传的也很多，村里有的村民还保存着他的书法作品。除书法外，谢瀛昱先生亦善水墨画，善画菊、蟹，名播济南及城东一带。

谢瀛震先生之长子田遨（1918—2016），原名谢赓会、谢天璈，他出生时，父亲已50多岁，因曾祖父、祖父都是读书人，家中藏书很多。他生长在这样环境中，自幼聪慧勤奋，髫龄幼童即学于其父。在父亲的面传身授之下，田遨少年时即富有文采，出口成章，多合韵辙，十五六岁时参加了济南市和历城县一批读书人组织的鲍青文社，开始写诗著文，深得饱学耆儒之赞誉，一时被乡人所悉知。田遨先生青年时学有所成，20岁外出谋生，当过机关、银行职员，后走向新闻界。他凭借一支笔，开始了独立奋斗的道路，先后在济南《新生日报》《诚报》等任编辑、记者。1948年参加革命工作后不久，田遨随军南下，在《解放日报》担任国际版主编。1960年调上海美术电影制片厂任编

新中国成立初期的田遨

《田遨丛稿》

剧，直至离休。曾为上海市文史馆馆员、中国作协会员、上海诗词学会顾问等。他的成就格外丰沛，有长篇小说《杨度外传》，中篇小说《宝船与神灯》《鹊华秋色》，古典文艺研究论著《清词精选评注》及童话、剧本、杂著等作品20余种。2010年，济南市历城区政协对田遨先生近20年来的文稿和重要史料进行了收集、整理，300万字的《田遨丛稿》得以出版发行。《田遨丛稿》包括文艺探讨、诗词、中短篇小说、长篇小说、电影剧本、杂著、书画等10卷，皇皇巨著，让人陡感田遨先生思想之厚重与才华之横溢。他的影响也巨大，被称为“真正的济南高士、名士”。田遨于2016年3月4日去世，同父亲一样无疾而终，享年98岁。

历城书法家向田遨先生赠送书法作品

济南日报

JINAN RIBAO

地球深处探宝人

——记为抢救工友献身的张马屯铁矿一采区副主任谢光普

让理想在地球深处闪光

1986年6月13日《济南日报》登载谢光普事迹

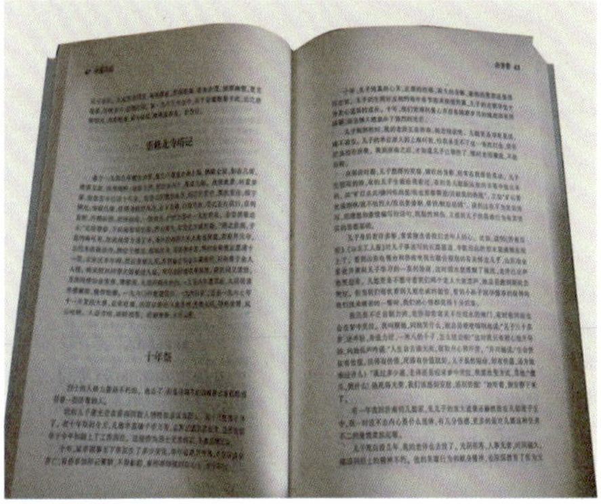

《田遨丛稿》之《十年祭》

谢瀛震先生一家五代学识渊博，教书育人，勤于笔耕。谢家虽为书香人家尽出饱学之士，但也不乏慷慨大义之人。田遨先生的长子谢光普为救工友而牺牲，被追认为烈士，成为时代英雄。他生前担任济南张马屯铁矿一采区副主任，1986年5月3日为抢救一线工人英勇献身，年仅39岁。田遨先生含泪为儿子写了一副挽联，称颂儿子“为四化献身，为攻坚拼搏，写诗谈理想，挥汗唱凯歌，做到这些，你应无憾；能公而忘私，能舍己救人，一心爱矿山，一生做好事，有儿如此，我又何悲？”虽说不悲，但多年来，丧子之痛一直折磨着先生。1996年，田遨先生写《十年祭》怀念儿子。祭文写道：“十年，儿子纯真的心灵、正派的性格、高大的身影、谦和的笑容还是历历在目。”“儿子憨厚的笑容，健壮的身影，经常在我眼前晃动。”谢家的良好家风在谢光普烈士身上得到了最好的传承。

2017年，从元末建村、有着近700年历史的谢家屯伴随着城市化大潮，被拆除而消失，2020年村民们迁入离原村近1公里、位于虞山北侧的居民安置区。

谢家屯及其周边邻村均属典型的平原地貌走势。因受山东丘陵突起构造内外引力作用影响，地势略呈南高北低状。又因受虞山隆起作用的影响，微呈东高西低之势。土质由疏松黏土，亚砂含砾组成。

新中国成立前，谢家屯共有耕地5561亩，非耕地255亩。新中国成立后，进行土地改革，无偿划拨给邻村700余亩。此后，济南重型机械厂征用、锦平新村建设、机场路建设、河道整治共征用谢家屯土地1245亩。新中国成立初，村舍仅占地405亩，随着人口的增多，到拆迁时，村舍占地达510亩，土地总面积4361亩。

从住宅情况看，新中国成立前，除20余户地主、富农住房较宽敞外，绝大部分村民居所狭小拥挤，房屋为土坯草房，阴暗潮湿。1950年底土改结束时，全村人均居住面积10.5平方米。20世纪70年代末，村民们开始修建第一代砖瓦房，即房屋较低矮、瓦房顶、外墙用砖、内墙皮抹灰的砖瓦结构房屋；进入20世纪90年代，逐渐富裕起来的村民开始修建第二代砖瓦房，即砖混锁皮，混凝土房顶，内外墙皮为水泥墙面的房屋；2000年后，住宅

村工业园区

村综合贸易大楼

安置区全貌

标准再提升，村民们开始修建第三代砖瓦房，即大锁皮，前后厅，大出厦的砖瓦房，有的还建起了二层小楼房。到2008年旧村改造和商业街建成，全村第二、第三代砖瓦房、楼房达到758处，占全村总户数的95%，总建筑面积达194072平方米，人均住房面积达到70平方米。

2017年，历城区郭董片区城中村改造项目建设启动，谢家屯响应上级号召，广大村民积极配合拆迁工作，村落消失。2020年6月村民们迁入环境优美、交通便利、位于虞山北安置区的新楼房。

古老的谢家屯消失了，但经历民国和新中国成立后的发展变化，有着近200年历史，由义学、私塾、小学堂演变的谢家屯小学犹在，见证着谢家屯的发展变迁，使人们乡愁可守。同时，鸿儒不穷、英才辈出，折射出谢家屯深厚的文化底蕴和淳朴的民风乡俗。相信，无论村民们居住在何方，吸收着传统文化精髓，秉承着良好的村风美德，谢家屯人必将创造新的文明成果和更加美好的未来。

材料提供：骆洪刚

初　　稿：徐宗亮

修改定稿：岳淑茗

韩　仓

官道助力流通旺　文社教化人才兴

龙山路：韩仓，东四十里，地沃水深。南彭家庄，西北胥家庄，东北侯家庄。

——明崇祯《历城县志》

正东乡闵孝五：韩仓。

——清乾隆《历城县志》

董家乡闵孝五：韩仓。

——民国《续修历城县志》

韩仓村位于鲍山东麓，郭店以西，胶济铁路、济青公路东西穿辖域

村庄原貌

而过，东为锦平村，西南为济钢鲍山新村，北邻侯家庄。全村1308户，3709人，设韩仓一、韩仓二、韩仓三3个村民委员会。

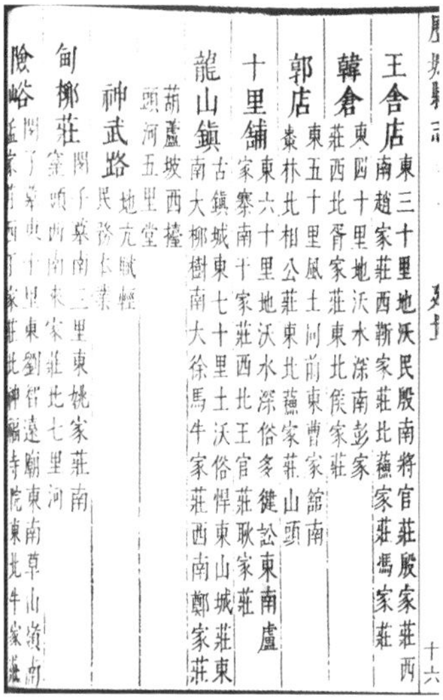
王舍店 東三十里地沃民殷南將官莊殷家莊西南趙家莊西靳家莊北蘊家莊馮家莊
韓倉 東四十里地沃水深南彭家莊西北胥家莊東北侯家莊
郭店 東五十里風土同前東曹家舘南棗林北相公莊東北蘊家莊山頭
十里鋪 東六十里地沃水深俗多健訟東南盧家寨南十家莊西北王官莊耿家莊
龍山鎮 古鎮城東七十里土沃俗悍東山城莊東南大柳樹南大徐馬牛家莊西南鄭家莊
蒟蘆坡西樓頭河五里堂
神武路 地亢賦輕民務本業
甸柳莊 [illegible]
險峪 [illegible]

明崇祯《历城县志》中关于韩仓的记载

韩仓村地势南高北低，铁路南侧多为黄土、黑土和红土，梁山子和蚂蚱山之间有大型的红土沟，山下周边地面不平，有沟有坎。村庄以北，呈平原趋势，可大面积种植农作物。村西的韩仓河，又名“龙须河”，历史悠久，夏秋汛期时，南部山区的洪水经韩仓，绕胥家，穿梁王，至曲家，最后注入小清河。

韩仓村由来与唐太宗李世民有关。韩仓村唐代称“还仓”，也称韩仓铺。相传，唐太宗李世民东征至此，粮草皆尽，便下令开民仓充其军粮。东征凯旋，正值丰收年景，李世民便下令“还仓”，因而得名，以后取其谐音，直到民国时“还仓”“韩仓”还同时称呼。

新中国成立前，韩仓村四面有围墙，墙高约3米，东西长500多米，南北宽400米有余，设有东、南、西、北四门，门高4米有余，宽近4米，各门装有两通厚厚的门扇，四门一关，外人莫入。整个村落地形中间高，两头低，一条东西官道，穿村而过，来往于省会济南的客商行人络绎不绝。

1948年，历城县全境解放，韩仓属历城县董家区。1949年，属历城县城关区。1950年，属历城县第一区韩仓乡。1958年9月，属平原人民公社。1961年7月，属东郊区韩仓人民公社。1963年5月，属董家区谢家人民公社。1968年，属董家人民公社。1984年，属董家区郭店镇。1985年，属历城县郭店镇。1987年，撤县建区，属历城区郭店镇。2010年5月，属鲍山街道。

落日韩仓道，怀贤惨客颜。诗名犹白雪，墟里但青山。七子琴樽冷，千秋林壑闲。惟余幽涧水，日夜送潺湲。

——清·张元《韩仓道中怀李沧溟》

韩仓村地理位置重要，从清人张元的诗中也可以看出明清时代韩仓官道非常出名。原来官道边立了两块石碑，上面记载了乡人募资集力、固路防洪之事情，可惜后来这两块碑不知所终。如今，在三台山南的山坡丘陵地中，只有三段碑刻残石可寻。

官道东西走向，穿韩仓村而过。为了给过往行人提供方便，在东哨门南，有一官井，向东一华里，就是墩台，墩台是信件传递中转站，五里一墩，十里一铺。村东五里庙处也有一口官井，路北有一小塘湾，是为途经此处的官府人员饮马用的。村西五里沟子还有一处官井，同样供官府人员所用。村内设大官店、二官店两处，方便过往商客食宿。明《历乘》记载，韩仓铺为明代历城十九大驿铺之一，有“司兵五名”驻扎于此。《历城县乡土调查录》载：县城著名镇市为洛口、龙山、中宫、焦家集、老僧口、堰头、还仓七处……还仓镇在城东三十里，为章丘必经之路。自铁路修筑，遂一蹶不振，五、十为集期，可直接通邮。

官道遗址

借力繁忙的官道，地处近郊的韩仓建桥修庙、发展集市，在胶济铁路修建前经济曾一度繁荣，地位也极高，为济南名镇。

在韩仓官道上有一座桥，名为宏济桥，又名普济桥。据清乾隆《历城县志》载，此桥修于明万历五年（1577年），康熙二十六年（1687年）重修。此桥为三孔石拱桥，东、西走向，桥长约80米，宽约6米，青石板铺面，桥东、西两端各有两尊石狮，两侧栏杆均以料石砌成，上刻有石榴、莲花、桃花、十二棱球等花纹，气势宏伟。这条官道即济青公路。自20世纪70年代以来，由于韩仓周边大型企事业单位多，济青公路韩仓段经常堵塞。1982年，济青公路第一次拓宽，宏济桥南侧加宽6米。1986年，原宏济桥全部拆除，建成了宽50米、长23米六车道的公路大桥。

在韩仓东哨门处有一座三教寺，坐北朝南，占地8亩有余。大门处两个雄伟的石狮分立两旁，经20级台阶进入寺中，迎面是影壁，影壁后塑有哪吒闹海雕像。正北是三清殿，大殿前檐施用廊柱，面阔四柱三间9.5米。明间宽5米，装对开木门，由4根中柱支撑抬梁和房梁，为典型的“减柱造”。殿堂宽敞明亮，独具匠心，正中设须弥宝座，上塑孔子、释迦牟尼和老子神像，端庄肃穆。结单檐歇山式庑殿顶，屋面覆盖金色琉璃筒瓦。脊饰二龙抢宝和仙佛瑞兽。大殿前有供桌、火池，东边是观音殿，西边是钟楼，院中有10余通石碑，一棵粗大的杏树，东西两边各有一棵国槐，石桌石凳分

村中古槐

布于殿前。寺内有觉望、觉福、河流等僧人20有余。三教寺原有庙地80余亩，墓地10余亩。20世纪40年代，“红脖子”和日军毁坏寺庙，解散僧人。后因庙地无人经营，归政府所有。新中国成立初期，院墙的石头和地基石，被运至黄河，用于修筑堤坝。

文庙，又叫圣人殿，建于清末民初，坐落在村中央，东西官道北侧，坐北朝南，占地5亩。庙前5级台阶，两边墙呈八字形。木质对开大门，铁皮包边，门上铁钉大如牛眼，整齐排列，甚是庄严。殿中设有孔夫子的塑像，达3米之高，左右两侧塑有文武神像，上方高悬大匾。新中国成立前文庙改成韩仓小学。

明崇祯《历城县志》记载，农历五、十日为韩仓集。由于历史悠久，地理位置优越、居住人员集中、经济较为繁荣，韩仓又为名镇，因而韩仓大集十分闻名。韩仓大集早先设在村中部大湾附近，因公路从街中心通过，交通方便，街道两旁及村中空场地也自然形成了交易场地。有菜市、粮食市、布市、杂货市、肉市、禽蛋市、牲口市，大到生产用具，小到衣帽鞋袜，所卖物品应有尽有。集市人山人海，摩肩接踵，交易旺盛，村中沿街的固定商铺每逢集市更是繁忙。韩仓搬迁后，集市迁到了鲍山新区北侧。

韩仓火车站旧址

1904年6月胶济铁路全线竣工。由于铁路运输能力强、速度又快，依靠车马货运的济青官道显然无法与之相比，韩仓地位受到很大影响，逐渐萧条，名镇地位不保。20世纪60年代，胶济铁路在历城和郭店两站之间增加了一个374站，即韩仓站。当年这段从济南到章丘的线路，也被人们称为郊区线。从济南站向东，依次经过北关站、黄台站、历城站，到了韩仓站之后，继续东行还有郭店站、平陵城站、枣园站、明水站。这条郊区线慢车一天往返两趟，从济南站到韩仓站，票价两毛，一个小时就能到。由于票价低、速度快，大大方便了韩仓村及周边群众的出行，也带动了经济发展。

鲍山，是历城县境内一座小山，传说春秋时期管仲、鲍叔牙经商分金于此，故名鲍山。又因前贤曾有“云中一点鲍山青”诗句，故取名鲍青文社。

——《田遨丛稿·纸上风云卷》

韩仓物华天宝，人杰地灵，自古文人集聚，崇文尚学，“东北乡出先生”一时成为美谈。清末民初的鲍左山人李振唐与历城名士谢瀛震被称为“东北乡两位大先生”。李振唐（1861—1947），韩仓村人，字桐藩，号鲍左山人，优廪生，充修县志采访员。他六十多岁时曾给时任山东省教育厅厅长的何思源当了三年家庭教师，当何思源离开济南时把位于洪字廒街的住所送给了李振唐冲抵工资。

韩仓小学

李振唐隶书名噪一时，其书法和撰文多用“鲍左山人”。民国二十五年（1936年）历城县政府搬迁至王舍人庄，时任历城县县长的张贺元主持了县治迁移之事，随后命人镌刻六棱碑一通以兹纪念，此碑正文《历城县政府迁移纪念碑文》落款即为“鲍左山人撰”。

李振唐还为村里办了不少实事，宏济桥是在他的主持下捐资整修，后来又在韩仓十字街西北建了圣人殿，殿内供奉孔子，后作为义塾，新中国成立后演变为韩仓小学。

李振唐对民国时期历城传统文化教育的发展也有贡献，主要是参与创办了“鲍青山馆文社”。鲍青山馆文社，简称鲍青文社，取自曾巩《登华不注望鲍山》诗中“云中一点鲍山青”之句。社名蕴含以中华传统文化精神为依归，薪火相传，寄青年才俊以期望。文社大约创办于1927年，由济南市和历城县文化名人醵资，具有书院性质，旨在弘扬桑梓文化，奖掖后进。

鲍青文社社址就在李振唐家中，有时也在圣人殿活动。历城名士谢瀛震先生和他的父亲谢笃训也是“鲍青文社”重要出资倡办者。谢瀛震先生之子田遨先生十五六岁时，就参与过鲍青文社的活动。据他回忆，他那时曾见过“醵资簿”。簿上第一名就写着他祖父名字和捐款数目：“谢笃训捐银洋贰佰元。”至于共醵资多少，他记不得了，估计有一千元至数千元。资金集中由李振唐管理，可放债生息，供文社所用。

鲍青文社试卷

文社以弘扬中国传统文化为旨，时常请人授课并展开讨论。同时按期请科举有功名头衔的人士出题目，这些人有谢瀛震（岁贡）、宋按远（举人）、张幼坪（举人）、李振唐（廪生）、李芙宸（岁贡）等。考试题目有“士先器识而后文艺论”“古今变法成败论”（似是针对清末康梁变法出的题目）“方望溪书史可法探狱叩见左光斗事《读后感》”等。

学子的诗文卷子、姓名在交到主审老师之前都是被密封的，以示公平。每次阅卷都定一个人来做主审，由他来确定考试的名次。做主审的人每次都不同，是由上面提到的那五六个出题人轮流来做。

尽管出题和阅卷的主审常换，可田遨先生在鲍青文社的考试中，屡夺桂冠。田遨先生年少成名，成为鲍青文社一段佳话。他的考卷时常被带到周边各村的私塾传抄，每次卷子上还都有阅卷老师对文章的评语，因此他的少年才名一时被乡野城市所熟知。

答卷审阅后，评定出甲乙等次，答卷一、二、三名有奖，奖品是纸、笔、墨三种。文社还雇用一人专做交通员，负责送试题、送答卷、送奖品等。

文社主要是传播传统文化、乡土文化，但也能“与时俱进”。考试题目除选八股文之外，亦考虑时局。如曾以当时蒋介石提出的“新生活运动”为题让学生作文。文社写作者都是年轻人，不搞土八股，也不搞洋八股，显示了锐气和活力。出题目的人，躯壳里是老观念，却“规范”不了年轻人的活泼思维。

鲍青文社获奖证书

当时文社影响所及地域主要在济南东部一带，北至滩头村、坝子村，东北至董家、遥墙，方圆数十里形成了一个文化圈。参与文社写作者有七八十人，来自附近各个村庄的私塾。20世纪60年代末70年代初，有位叫董希周的先生，时任山头小学校长，他家是郭店街道李家庄的，曾就读于韩仓李振唐的私塾，他小时候也参加过鲍青文社，跟田遨先生是前后学子。虽然他与田遨未曾谋面，但读过他的文章，甚至清晰记得他的文字笔体端方秀劲，初现柳筋颜骨的风采。这位董先生书法也颇有根基，当他近六十岁时看到田遨手书的《草诀歌》，还曾摹写了好几天。这种对传统文化的热爱，可以反映鲍青文社对年轻一代学子学风的形成所产生的影响。

家住东折腰村的楚宗坤（1897—1957），字顺卿，在周边四五个村都设馆教学，是远近闻名的私塾先生。那时他经常把写好的文章拿到鲍青文社去，通过写作，借以检验写作水平，从而得到不断提高。

鲍青文社停办于1935年。虽然兴办时间不长，但对济南东部地区的传统文化教育起到了一定的促进作用，并培养教化了一批年轻文化人才。

新中国成立后，韩仓村发生了巨大的变化。如今，韩仓三个村拆迁合并后，人人有房住，生活有保障，村民安居乐业幸福美满。

韩仓村拆迁中

鲍山花园

新中国成立后，韩仓人民建立了党组织，先后成立互助组、合作社，经过“大跃进”，迈入人民公社时代，积极投入到社会主义建设中。为改善生产条件，村民立足农业生产，整平土地、打井抗旱，种植的小麦、玉米等农作物产量逐年提高。1960年在济南钢铁厂的协助下村民用上了电，1970年吃上了自来水。党的十一届三中全会以后，村里依托济钢先后建起了石料厂、砖瓦厂、化工厂、纸箱厂、玩具厂、汽修厂、建筑队等企业，村集体经济收入日益壮大。

原来的官道现在的济青公路也被屡次拓宽改造，没有了以往道路的影子。在历次拓宽的基础上，2017年工业北路高架从韩仓村原址凌空而过，胶济铁路也经多次改造成为高速铁路，韩仓站早在20世纪80年代末就成了历史。

韩仓是历城实施旧村改造较早的村庄。2007年，由于济钢扩建，韩仓全村拆迁。2009年春季全部迁到鲍山花园，村民住上了宽敞明亮的楼房，过上了富足生活。

村庄消失后，昔日的宏济桥、三教寺、文庙及鲍青文社旧址已难寻觅，但韩仓古官道、宏济桥、鲍青文社的记忆早已留在韩仓人的岁月深处，许多老年人对此还津津乐道。

材料提供：刘元奇　刘汝振

初　　稿：王桂平

修改定稿：岳淑茗

杨家屯

十八塘湾水波绕　牌坊学堂敦礼教

营城路：杨家屯。王舍店西北三里。东裴家营、刘家庄，南吴家店，西张马泊，西北水坡，北冷水沟。

——明崇祯《历城县志》

正东乡闵孝四：杨家屯。

——清乾隆《历城县志》

张马乡闵孝四：杨家屯。

——民国《续修历城县志》

杨家屯地处鲍山之西北、华不注山之正东，东北与李家庄接壤，东有裴家营，西与张马村毗邻，南距工业北路一公里，路南周靳郭，北隔冷水沟与小清河相望。

村中《杨氏祖谱》(清)记载，明永乐二年(1404年)，始祖杨重阳自河北枣强移民此地定居。同年又有薛氏先祖薛怀祖迁来。此后，李、周、张、刘、冯氏等家族陆续迁入。立村时，因杨氏家族“瓜绵椒衍，功德宏巨”，故取名“杨家庄”。明万历年间，杨家庄有兵家在此驻军屯粮，村名渐被杨家屯所代替。

杨家屯村旧貌

20世纪60年代，村落南北长500余米，东西宽260余米，有东、中、西3条南北大街贯通。令人称奇的是，这座面积仅0.13平方公里的村庄，竟有五庙、六槐、九井、十八湾、巍峨一牌坊散落其间。早年村庄的中心位置有一座庙，庙里住着尼姑，村人称作尼姑庵。与其说它是庙，倒不如说它是观，因为庙堂之上，中间供奉的是佛教的观音菩萨，菩萨的左右，分列着道教的二郎神、土地爷、关老爷、财神爷和马王、牛王，内悬黑漆金字大匾，所以村人称它为七圣堂。村南杨氏宗祠，称“家庙”，村北头的西大街上坐落着真武庙，东北关帝庙旁则建有土地庙。

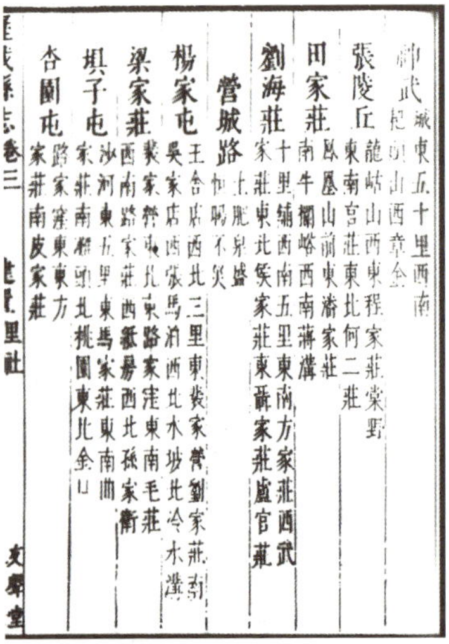

神武 城東五十里西南 起鳳山西章全
張陵丘 龍崎山西東程家莊棠野 東南宮莊東北何二莊
田家莊 臥墨山前東濟家莊 南牛欄峪西南蔣溝
劉海莊 十里鋪西南五里東南方家莊西武 家莊東北侯家莊東蘇家莊盧官莊
營城路 上肥泉盛 [illegible]
楊家屯 王舍店西北三里東裴家營劉家莊對 吳家店西張馬泊西北水坡北冷水溝
梁家莊 裴家營西北東路家窪東南毛莊 西南路家莊西紙房西北孫家衙
埧子屯 沙河東五里東馬家莊東南曲 家莊南柳頭北桃園東北金山
杏園屯 路家窪東東方 家莊南皮家莊

歷城縣志卷三 [illegible]里社 文學堂

明崇祯《历城县志》中关于杨家屯的记载

尼姑庵的庙台前偏东有一古槐，虬根叶茂，树高20米有余，直径一米五六，据说有300多年树龄，树身早已中空，里面填满砖石。20世纪70年代，古槐苍翠壮丽，老根露出地面，状若龙爪。大树的树

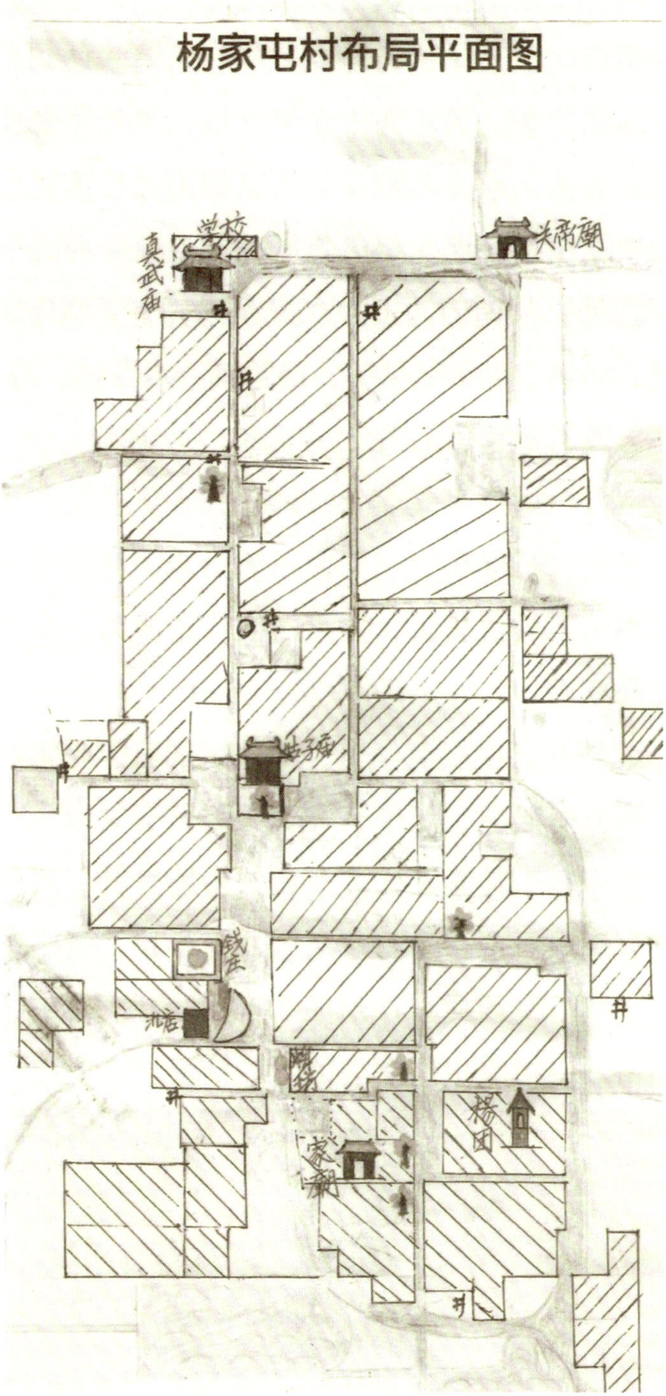

杨家屯村布局平面图

1963年电力碾米机

1963年杨南大队播音室

1963年杨南大队杨宝玉盖了新屋

20世纪90年代村民乐队

根伸入庙东十几米远的庙湾，雨后湾水溢满，须根飘起，恰似龙髯。每到夏天，树下几十平方米的浓荫是村民避暑纳凉、休闲找乐的好去处。而孩子们也喜欢跑进尼姑庵、七圣堂里捉迷藏。到了冬天，尼姑庵的南墙根成了村里男女老少晒太阳的好地方。除了尼姑庵前这棵老槐树，村里的3条南北大街上还有5棵老槐树，其中“四槐”在杨氏家庙和杨氏三闳道口，另一古槐在薛氏古井旁。

村子自建成起至民国，皆属历城县管辖。1948年济南解放后统计，全村可耕地面积7504亩。其中：春田309亩、水田7195亩、荒地百余亩。住户289户，人口800余人。到2019年，有1093户，3475人。

1958年组建东郊人民公社时，实行半军事化管理，杨家屯村与冷水沟等村合编为“冷杨营”。1961年实行生产队建制时，杨家屯分为南北两个生产大队，分称杨南大队、杨北大队。1980年，随东郊人民公社划归济南市郊区。1983年生产队解体，恢复村建，分立杨南村、杨北村。1987年，济南市郊区撤销，隶属历城区王舍人镇。2010年，撤镇建街道，隶属王舍人街道。

咿哑担杖摇九井，塘湾十八苇塘清。
百年义举谁修筑，道德持怀事物轻。
——七绝，诗写杨家屯。（作者乃村中诗词爱好者，写的是村中的水井和塘湾。）

杨家屯有九眼井，每井皆甘泉，建于明朝，散在民间路旁，祖辈饮用，三五年淘井一次。井台光滑清净，雨季井水自冒外溢。除了井，杨家屯还有庙湾、塘湾。

村自流井

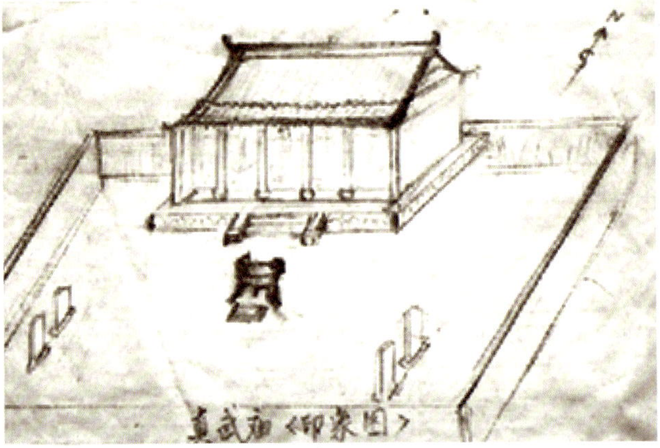

真武庙印象图

庙湾共有5座。杨氏宗祠（家庙）南边的塘湾，头东尾西，有石桥将其分开，各有1000多平方米的水面。其中，东塘栽莲藕，西湾种芦苇，水波荡漾，鸟语花香。从高处看，塘湾形状，像凤凰，而凤尾的水渠，通向老稻田。

尼姑庵有庙湾，真武庙也有庙湾，在真武庙旧址东侧。湾内莲花泉，泉涌像莲花，因此得名。夏天泉水冰凉，冬日则沸蒸，湾水绕真武庙向西，进沼泽水田。关帝庙、土地庙皆有庙湾，供人洗衣、饮牛、放鸭、防火之用。每逢旱季，塘湾的鱼就会“泛湾”，人们用脸盆就能抓到。而大雨溢湾时，水在街上流，湾里的泥鳅也会满街乱窜，甚至闯入农家。

村外塘湾，都是由泉流汇集而成。村外稻田几乎畦畦有泉，大者数亩若湾，小的不显眼，如碗，更多的泉源，如盆口，似簸箩。村西北段的灰泉，清乾隆《历城县志》称其为“惠泉”，有1亩地大，泉水冒涌，灌溉着周围百亩稻田。20世纪60年代初，有人曾看见黑色的老树墩，从塘湾的水底冒出，多人见到鏊子大的甲鱼；南湖的高家泉塘湾，有人看过盘若磨扇的大蛇；还有东湖的双汇泉，南湖的涝渔湾泉，西湖的牛栏泉……这些泉，有的湍急，有的轻缓，有的像连接水面的丝线，有的像串串珍珠，汇聚起来的塘湾，滋养着杨家屯近千亩稻田，惠及了2000多人衣食。因此，杨家屯被称作“泉水之乡”。

入秋，万亩沼泽间，水稻叶碧穗黄。由于田间昼夜温差大，生产出的稻米，椭圆晶亮，蒸熟后清香致远。相传，康熙帝吃了这香米，不禁问道：“此米来自何方？”侍膳太监回答：“山东历城张马泊！”由此，张马泊记在了康熙帝的心里，借南巡之机，专程来历城，落脚王舍人回龙寺，封张马泊为“金光湖”。

20世纪六七十年代的社员在采秧

1975年的铁姑娘队

新中国成立后，在党的领导下，农村集体化迅速发展，老稻田经改造整平，产量不断提高。农业学大寨时，又整平老稻田的几十个峨台，从而使路渠成网，畦田成排。1976年，水稻灌浆期，闹了百年未遇的穗颈稻瘟，几天大雾，方圆十几里的稻穗变白而绝产。唯有杨家屯鸭子场的水稻，实行科学管理，稻穗金黄、籽粒饱满，获得丰收。改革开放后，链轨车开进老稻田，稻麦两作，粮食产量增了一倍。

九井四湖湾二九，溪流荷动乱龙湫。

水光潋滟空濛尽，贞节牌坊闳道休。

——此首古风，亦是村人杰作，诗写杨家屯风物。

在村人的记忆中，杨氏“三闳道”最具特色。闳道，即设有大门的胡同。杨氏“三闳道”的中闳道，也叫老闳道，宽2米有余，长百余米，贯穿中、西两街，中间丁字口，又向南分巷60余米，建有东大门、西大门、中大门和里大门，可谓一巷四门，将老闳道隔为三段。

巷内条石铺路，石旁排水。青砖白墙相间，干净通畅。东西大门，石基，青砖墙，挑背飞檐，高大结实。铁钉厚门，提栏厚壮，有两铁链相锁，门后还有锁门链两道，另有粗壮档门杠横插两边墙石洞内。西大门内，悬黑漆大匾，上书“祥麟臻圃”四大金字，两方镀金云纹木砖托匾，端庄辉煌。门外有大石凳，宽1米有余，长2米有余。东大门外，有古槐。遇乱世，老闳道有长线将各户家门串联，门拴铜铃，若有歹人进入，扯响铜铃，各户闻声，共同出手，瓮中捉鳖。

西大街由南而北，多是大户人家，有老酒店钱桌子西院、挂面铺、油坊、百年酱菜铺、风箱铺、木匠铺、寿材铺等。其中的钱桌子老酒店，方圆百里有名。

村南，建有石质牌坊。清乾隆《历城县志·列传十四》记载：“张氏，杨国卿妻。年二十八而寡，数欲自尽，以家人劝阻而止。事舅姑色

张氏贞节牌坊草图

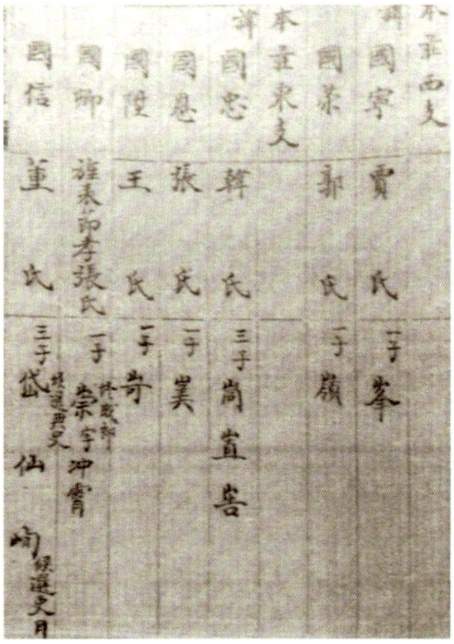

杨氏族谱中关于张氏的记载

养备至，善处娣姒间，尝脱簪珥助人婚嫁，教子孙有家法，乾隆十一年旌，时年七十四。”

张氏，杨氏祖谱记载，是为族内杨国卿七世祖之妻，其子杨崇，号冲霄，修职郎；侄杨岱、杨峋，分别候选典史、吏目；孙杨在文，邑庠生，杨在学，太学生；重孙杨吉隆、杨吉北、杨吉图，或邑庠生，或太学生。为表彰张氏礼教德行、教养之功，乾隆帝赐银、建坊、封地、筑坝、修桥，颁发“圣旨”，宣扬其妇女守节遵服“三从四德”之礼。

所建牌坊在杨氏宗祠旁，四柱三洞，立柱上刻对联一副，上联为“岁月峥嵘天长地久”，下联为“霜风凌劲柏垂松青”；牌坊高8米、宽7米，正中高砌竖匾，上刻“圣旨”二字；基座1米多，四角各有石狮蹲守，坊墙两面，刻有二十四孝图。整座牌坊，琢花挑檐，雕龙刻凤，耀古烁金，宏伟壮观。

其间，杨氏封地96亩，在小北湖，南有花泉，北靠营城路，是东北乡去济南府的要道。而花泉是耙道河的源头，水势甚大，逢雨水量突增，能顺势冲毁道路，阻断交通，因而称其为“耙道河”。杨氏奉皇银，将条石深沉河底，筑起一条宽约4米、长约6米大石坝，又在坝里坝外，筑起挡水板槽。石坝建成，因水位落差大，水声隆隆，能传出数百米，因而又将皇坝称“哗啦坝”。对此，县志、府志均有记载。

皇坝以北，杨氏奉皇银修双林桥一座，桥洞宽1米有余，高有2米，全用大厚条石砌筑，十分牢固。传说，耙道河水入小清河之前，在沙河村南多次冲毁大道，由此过小清河进城，路过此处，大车靠人推，坐轿须人背，张氏闻言，说：“咱再修个桥吧！”从此便有了义和桥。之后，不是特大洪水，耙道河再没“霸道”。但是，以上建筑，现均荡然无存。

教育兴村，一直是杨家屯人的梦想和追求。民国初年，杨家屯人以真武庙旧址为基础，建起杨家屯小学，成为历城东乡成立较早的小学。杨家屯小学存在了近1个世纪，不仅培育了一批批人才，而且也见证了杨家屯近百年的风风雨雨、发展变迁。

小学建校之初，东西延扩建教室10间、办公室2间、宿舍1间、东仓库2间。校门在真武庙后墙东，直冲西大街。大门前有3级石质台阶。门额白灰打底，手书“杨家屯小学”五个黑体大字。

1937年，日军占领济南后，小学由日伪政府督办，增加日语课程。1943年，伪历城县公布的县立完小，杨家屯小学与济南东部的张马屯、裴家营、冷水沟和龙山均名在其中。1945年后，杨家屯人杨风登（号先秋），任国民党历城县的教育科科长。他倾向革命，救过革命军人、地下党人和数名村民，积极支持家乡教育。校长王子贵，视教育为己任，对事业满腔热忱，多方扩建杨家屯完小，至1946年，杨家屯小学已达4个班，百多名在校生。后来，庄长名义上扩建学校，而暗地里却贪腐了扩

1968年12月公办教师下放大队

20世纪七八十年代杨南小学教学楼

建学校的筹集资金，致使计划扩建的五间教室在仅砌了1米多高的石基后便停工了。后来，农会修缮校舍，将真武庙神仙抬出，改成教室。老酒店的杨凤贞献粮1万斤，同时捐出几棵大树木料，为小学做桌凳，人民政府评杨凤贞为开明绅士。

1963年，全村投资出工，把小学向西扩展，建成高小。1970年，将新中国成立前半路搁浅的石基拆除。1975年，杨南大队在杨氏宗祠前，建杨南小学，教学楼于1976年建成，楼高三层，是当时东郊人民公社大队小学最好的教学楼。同年杨家屯小学由杨北村与李家庄共同选址修建，两村共用。1998年，杨南、杨北小学均并入王舍人实验小学。

杨家屯小学为杨家屯人摆脱愚昧、成才创业做出了重大贡献。同时，它也见证了杨家屯新中国成立前的落后，新中国成立初土地改革的喜悦、农业合作社的兴起、“大跃进”人民公社的探索、“文革”的困惑和改革开放的成就。

自2010年始，根据济南东扩和济南东站建设需要，杨家屯先后出让集体土地1200余亩，全力支持打造“田园新苑”“田园新城”。2017年，村里建起近20万平方米的楼房，妥善安置村民3700余人。

历经风雨沧桑，村里的五庙、六槐、九井、十八湾及巍峨的牌坊连

杨家屯新居

田园新城安置区

同曾经哺育过几代人的杨家屯小学都已荡然无存，但“五庙六槐”“古井塘湾”“闳门石道”“贞节牌坊”“百年老校”这些村落遗址、遗物一直深深地印在杨家屯人的心中。

材料提供：杨洪纲

初　　稿：郭光明

修改定稿：王瑞国

合二庄

学士门庭有兴衰　武将山下多才人

神武路：何二庄。

——明崇祯《历城县志》

神武路：张陵丘东北，何二庄。

——清康熙《历城县志》

董家乡明贤九：何二庄。

——民国《续修历城县志》

合二庄位于济南市历城区东部，地理坐标为东经117°13′，北纬36°42′，南依唐冶村，北连郭店村，西接西枣园村，东邻武家村，胶济铁路由村北东西走向穿过，交通十分便捷。

合二庄自汉朝初期逐渐形成小村落，原名为胡家庄。明朝洪武年间，胡家庄与位于武家庄东、刘海庄以西的苗姓小唐家庄合并，取名两合庄，又称和二庄或何二庄，后来沿称合二庄至今。

早期合二庄姓氏单一，规模也小。从明朝开始，季姓、王姓、段姓、刘姓、苗姓、董姓等家族先后迁入合二庄，村庄不断扩张，发展成为一个东西长近1000米、南北宽近800米的镳铲形大村，村落面积近16万平

村庄原貌

方米。1951年土改时统计，全村共有227户、956人。随着生活水平不断提高，合二庄人口日益兴旺，据旧村拆迁、搬迁至唐城小区后的2016年底统计，全村共有612户、2065人。

泰山山脉北麓延伸的余脉，在合二庄以南形成东西两个相连的山头，当地称为“小山子”，因此村庄地势南高北低。村西南到村东北有土河环绕，夏秋两季呈青山绿水、野花遍地的美景。土河以南土质主要为棕色土壤（俗称红土），可用作水泥原料；土河以北部分为黄褐土壤，土层深厚，保水保肥，适宜各种作物生长。

合二庄曾有五棵生长了几百年甚至上千年的国槐，在新中国成立前后陆续被砍伐。村里也曾有三皇庙、土地庙、关帝庙、无极庙四处大小不等的庙宇，也都相继坍毁。在那些消失的建筑中，最令人称道和惋惜的，当属季家大院。

道光十二年宣宗御赐匾额：上舍耆英。

自清乾隆以来，合二庄季家就被称为出济南府东关第一家。新中国成立初期，季家大院这座庄严建筑群仍保留其全貌。过去站在村南小山子的顶上俯瞰全村，最显眼的就是坐落在村子中央、东西大街北侧的季家大院。这座建筑群高墙壁垒，青砖青瓦，院内参天大树交相掩映，显其古韵悠长、气派恢宏。

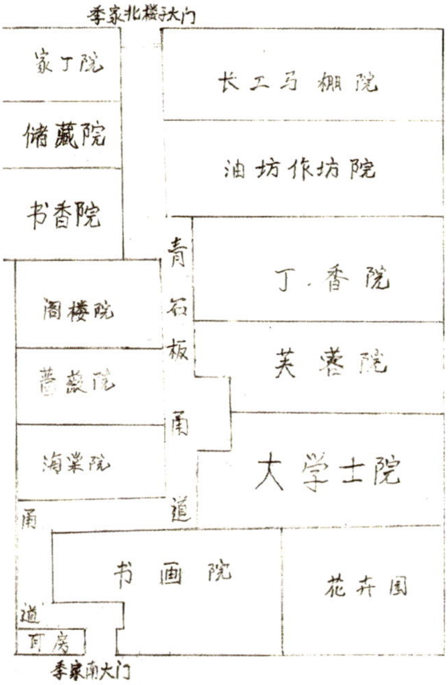

季家大院示意图

季家是合二庄的大族，第十五世传人季柱（字万梁），博学多才，被钦赐大学士、奉直大夫，曾于道光十二年（1832年）获清宣宗御赐匾额一块，上书“上舍耆英”四个大字，金光耀眼，更增添了季家这座大院的显赫气势。

大院占地两万多平方米。前门临街，两扇金镶边的朱漆大门厚重沉稳，开关门时吱嘎脆响。门匾题

“季府”两个金色大字，两边镶有金字对联，上联“百年富贵三春梦”，下联“一代英贤万世香”，横批“珠联璧合”。大门左边有一耳房，供看门护院打更人居住。耳房临街有小窗，镶有铁棱，用以观察院外情况。

进入大门，迎面是影壁墙，正中雕刻有当时名家所题的“福”字。影壁墙右侧是一座标准的四合院，青砖青瓦，排山条脊，雕龙画凤，名为书画院。书画院堂屋内溜光的大方砖铺地，摆设着各种高档红木家具，墙上挂有各朝名人字画，大书橱内各种经典名著排列有序，俨然学府模样。书画院的东南角是一个小花园，名曰花卉园，园内栽植各种名贵花卉，还建有温室，到了冬天各色花卉都会搬到温室越冬。书画院东北角门，通向内院各处院落，直至季家大院尽头北门。

越过书画院向北，是通向大院深处的一条胡同，宽约三米多，胡同正中青条石板铺路。两边建筑恢宏高深，人走在胡同里发出咚咚之声，脚步显得格外厚重。若人说话，声音也如洪钟般响亮，久久回荡在耳畔。

沿胡同前行右拐，书画院的北屋墙外向东，正面冲西有一大门，门楣上书“大学士”。这座四合院便是季氏族长之居所。在整个季家大院中，其建筑之豪华、气势之宏伟，都令人称奇。大门的门框朱漆金边，两侧嵌金色对联，上联是“凤翥鸾翔众仙齐下”，下联是“珠联璧合紫气大来”。进大门迎面影壁墙，画为黄果树瀑布图。影壁墙右边有一角门，是通向书画院和花卉园的。左边有一角门，进得门去便是大学士院了。院内彩石甬道上摆出了各种龙、凤、麒麟等造型，正面北大厅四梁八柱，排山大条脊，大沿廊也是雕龙刻凤，气派非凡。

沿胡同继续北行，大学士院后依次是丁香院、芙蓉院，芙蓉院后边是马棚大院，马棚大院借芙蓉院西北楼子屋后墙，向西拉出一道南墙，让南北胡同至此左拐向西而行。

胡同西侧与大学士院相对的是海棠院，因院内栽种着两棵茂盛的海棠树而得名。海棠院后向北依次是蔷薇院、阁楼院和季家请先生为子女

合二村古槐

讲学的私塾——书香院。其中阁楼院尤其别致，院门是用名贵木材建造的二层门楼，美观大方，楚楚宜人；北屋则是一座富丽堂皇的二层小楼，阁楼院这个名字便是因此而来。院内有一棵大国槐，直径近1米，如同巨伞遮盖了整个院落，细水喷洒时有“银河落九天”之感。院内小桥流水，奇石错落，金鱼畅游，花草芬芳，让人心旷神怡。

阁楼院楼房后墙与马棚大院南墙之间，留出了一条6米宽的东西胡同，沿胡同西行至书香院右拐向北，又加宽到10多米，总长近200米，西侧是粉坊、磨坊、猪圈、家丁大院等，东侧是马棚大院、车库、榨油坊。

胡同的北头便是季家大院北门，又称北哨门。北门为二层门楼，门楼上有瞭望台和防弹掩体、向外射击的枪炮眼，置有“牛腿炮”和步枪等防卫武器。

季家大院除前门通向北门的南北主胡同外，各院之间都有相通的角门。自前门进第一处四合院后，完全可以不走大门和主胡同而进入后院的每一座院落，直至爬上北哨门。

据老人们说，季家大院鼎盛时期，骡马成群，良田千亩，养有数百名护院家丁，另有用人、长工、短工若干。每天一早，长工下地干活，车夫套马出车，都由北哨门出，下人通常不可进出前门。

知青楼

季家祖坟也是合二庄的一道风景。大小两处坟茔占地数十亩，松柏苍翠，四季常青，墓地大多数为一墓多棺式，季家雇人常年看管。

新中国成立后土地改革，季家后人搬出季家大院，书画院做了村委办公室，其他院落做了粮库。1965年，粮库迁走，季家大院闲置了一段时间，后来又陆续做了卫生室、电磨坊、挂面房、仓库、知青宿舍等。1979年国家落实政策后，季家后人迁回了大院。20世纪80年代，季家后人陆续将大院翻建成了红砖红瓦的新式房屋，古色古香的季家大院从此消失，今人无缘再睹其风采。

唐公济河，授三国左光禄大夫。贞观初，禄左骁卫大将军，进爵为公，卒谥曰忠。

——《新唐书·卷八十八》

贞观十六，疾，帝监视，泣顾曰："当于卿子五品官。"及卒，帝哭之恸。赠辅国大将军、扬州都督，陪葬昭陵，谥曰壮肃。

——《新唐书·段志玄传》

上文说到两位唐开国大将，据说均与坐落在合二庄的武将山有关。合二庄东南有一座独立小山，这座山在唐代之前叫牛山，也叫浆水泉山。传说这里曾埋葬过唐朝的两位开国将军，一位是马三宝，一位是段志玄。

马三宝，初为柴绍家童，跟随平阳公主起事，唐国公李渊渡过黄河后，授任左光禄大夫。后随秦王李世民平定长安，授太子监门率，参与平定薛仁杲和攻打吐谷浑。贞观初年，授任左骁卫大将军。据传，马三宝祖籍合二庄，在贞观三年（629年）因病去世。唐太宗李世民因此废朝，亲到马三宝家吊唁，赐谥号“忠”，并派军队千里迢迢将其遗体从长安运回合二庄安葬于牛山，同时设置了华表、翁仲、石马、石羊等物，以作纪念。

段志玄，唐开国名将，据说也是合二村人。古典小说《说唐全传》中，段志玄写作段志远，是开唐四老将之一，封定国公，征辽东时在凤凰山被盖苏文杀死，葬于牛山。牛山因同葬两位武将，因而改名为武将山。贞观二十三年（649年），李世民驾崩，死前下诏命凌烟阁二十四功

武将山

臣陪葬昭陵。段志玄位列第十，因而其灵柩被运往昭陵重新安葬，武将山上的段志玄墓成为空坟。“文革”之前，段志玄墓前还有四尊石翁仲，文官捧书，武官佩剑。另有两个石马、两个石羊和龟驼碑。“文革”时，段志玄墓被挖开，其中并无棺椁，是一空坟。坟前的石像同时也被砸碎，石料被用来修渠砌井，只剩下了龟驼牌底座。改革开放之初，碑底也被文物贩子盗走了。

马三宝、段志玄的故乡说和墓葬说毕竟是传言，真相已无从查考了。但在两位大将军护佑下，武将山下的合二庄人才辈出却是事实。有确切文献记载的，自清嘉庆至今200多年来，合二村就出现了众多饱学之才。

嘉庆年间的季倅常，著《嵛麓草堂》诗集四卷。其诗文风格豪放，气势磅礴，深得人们喜爱，诗作被收入《山东文献集成》。季敷功，即上文说的季家大院主人，又名季柱，字万梁，被钦赐大学士、奉直大夫。季景祺，清末秀才，著有《古藤轩吟草》诗集一卷，于1928年刊印。

《嵛麓草堂吟草》书影

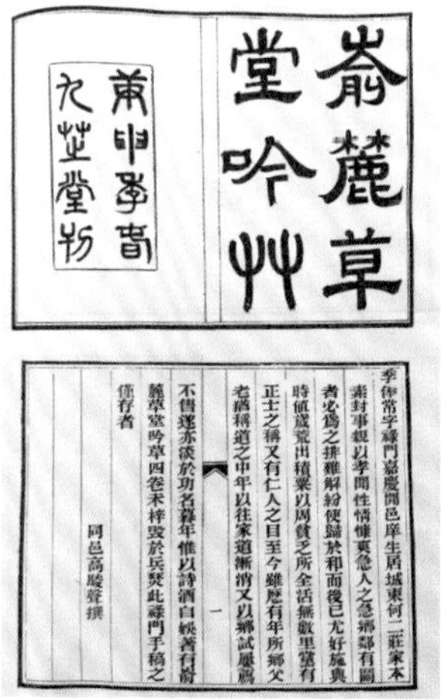

季倅常字祿門嘉慶間邑庠生居城東何二莊家本素封事親以孝間性情慷慨急人之急鄉鄰有鬭者必爲之排難解紛使歸於和而後已尤好施與時値歲荒出積粟以周貧乏所全活無數里黨有正士之稱又有仁人之目至今雖歷有年所鄉父老猶稱道之中年以往家道漸消又以鄉試屢爲不售遂亦淡於功名暮年惟以詩酒自娛著有嵛麓草堂吟草四卷未梓毁於兵燹此祿門手稿之僅存者

同邑高駿聲撰

《嵛麓草堂吟草》册首

在革命战争年代合二村涌现出许多抛头颅洒热血的英模人物。合二村第一位共产党员尹天英，被任济王工委书记、历城县大队大队长的同族兄弟尹天佑于1943年发展为中共党员后，曾为中共地下组织站岗放哨、传递情报，历经多次风险。1944年，她嫁入合二村后，继续从事党的地下活动。1948年当地解放时，上级党组织通知其参加组织活动，村里群众才知道这位普通妇女还是一名共产党员。

新中国成立后，受村里崇文重教的传统影响，这个小村里出了许多英才人物。如苗继宝，1976年10月被选为历城县人大代表。他带领本村群众治山治水，使村里的生活条件得到极大改善，1966年2月7日被评为山东省劳动模范，参加了省、市两级英模会；苗世琳，考入华东政法学院，离休前供职于上海市公安局；刘卫国，中国刑警学院毕业，任深圳市公安局禁毒大队大队长；刘秀华，高级工程师，现任天津飞机设计院院长；孔建新，获上海复旦大学博士学位，现任北京协和医院神经外科副主任；刘成，上海同济大学毕业，现任南京大学教授等等。这一个村子里考出的本科以上人才不胜枚举，周边村庄对其人才之济济极为羡慕。

深宅大院，文韬武略，演绎着合二这个古村的变迁。古老的合二村已经在唐冶新城开发中被夷为平地，在合二村的原有土地上历城二中和众多居民小区拔地而起。

合二庄在1948年9月前归历城县虞山乡。1948年9月济南解放后，合二庄隶属章丘县孙村区武家乡，1956年归复历城县，1958年隶属历城县孙村红旗人民公社，1985年10月划归历城县郭店镇，2010年5月划归历城区唐冶街道。

新中国成立前全村可耕地3000亩，全部为旱地，主要种植冬小麦、玉米、高粱、谷子、大豆等作物。其中仅季家就拥有1000多亩地，绝大多数村民只占有少量土地，生产条件落后，只能靠天吃饭，粮食亩产量仅有100多斤。除季家、董家等地主的房屋为青砖青瓦的深宅大院外，大部分村民的房屋都是小门小院的土坯草房。

新中国成立后，通过土地改革、合作化、人民公社，合二庄人民在共产党的领导下依靠集体力量大搞农田建设，逐步推广农业机械化，农业生产条件不断改善，同时教育、卫生等社会事业不断得到发展，村民文化水平显著提高，医疗条件明显改善。改革开放以后，村民生活水平不断提高，村容村貌日新月异。

合二小学

2014年，区委、区政府实施唐冶七村整合工程。2015年7月2日，合二庄拆迁工作正式启动。村“两委”和党员耐心细致地宣传动员，村民积极响应号召，在40天内拆除全村住宅612户，房屋面积近10万平方米，圆满完成了拆迁任务。2015年8月，村民搬进了现代化设施齐全的新型社区——唐城小区。小区内环境优雅，舒适宜居，配套服务设施齐全，居民生活十分便利。合二庄“两

唐城小区

唐城小区五福广场

委”用土地补偿款，为村民办理了失地农民养老保险，村民生活有了可靠保障。

2016年，省级名校历城第二中学在合二村土地上建设新校区。经过两年建设，新二中拔地而起，于2018年秋季正式启用。与此同时，在合二村的土地上先后建起了万科翡翠山语、新城悦隽风华、鲁坤天鸿坤园等住宅区，新修的土河也从原村中穿过。

坐落于合二村原址的历城二中

深宅大院，文韬武略，旧时风流已被雨打风吹去。村民已经告别老屋旧院，在现代化小区中安居乐业。学子的琅琅读书声，回荡在武将山麓，昭示着这方热土更美的风景和更诱人的希望。

材料提供：刘西德

初　　稿：陈　芳

修改定稿：王瑞国

消失的村落记忆

——城市化进程中的历城

《历城文史资料》第二十七辑

消失的村落记忆

——城市化进程中的历城

中

济南市历城区政协文化文史和学习委员会　编

山东人民出版社·济南
国家一级出版社　全国百佳图书出版单位

目　录

乡土
印记

在传统中国，生存与土地捆绑在一起，人们聚族而居，形成了得以繁衍发展、有着无穷凝聚力的乡土文化。但一方水土养一方人，经过漫长的发展，历城在建筑、风俗、礼仪、服饰、饮食等方面有着独具魅力的人文风采。本板块介绍了乡土特色显著的10个村庄。它们之中，既有在当地有一定影响，但已经消失了的“物质遗产”，又有体现浓郁乡情乡结的“非物质文化遗产”。中国近百年农村变化缩影、乡土调查样板的冷水沟村，建在张马泊上的双龙红庙双桥、孤傲矗立的陈家张马村标志性建筑陈家楼，“山水俱美、富有仙气”的虞山，县政府搬迁让位于重点工程的“筹备处”，安葬革命烈士的“大王山”，“纤尘不染胜瑶琼”的白泉，日军制造“三五”惨案的铭恨碑，铭刻在东河崖头人心中的两大血债，蔚然壮观的胜果佛寺，李家庄西南、西北两处深宅大院，明清特色民居马家厅房，富有地域乡土特色的古庙、古树、古井、古碑、古民居等，蕴含着劳动人民智慧的传统技艺以及村民们世代居住的房屋、街巷……而对消失的村落，通过这些散发着浓浓乡土风味的印记，可以帮助人们寻找乡土文化的“轨迹”，寄托乡愁乡思，不忘乡土之根。

冷水沟村

乡土调查树样板　尊师重教成楷模

东北乡闵孝三：冷水沟。

——清乾隆《历城县志》

张马乡闵孝三：冷水沟。

——民国《续修历城县志》

冷水沟东邻鲍山街道裴家营、纸房，南望李家庄、杨家屯，西与小张马、水坡接壤，北与沙河、南滩头毗邻。地理坐标为北纬36°44′30″，

村庄原貌

东经117°08′03″。1940年前后，村里有375户，1800余人。到2017年底，有1150户，5280人。

相传，元末明初即有杜、王二姓在此居住，繁衍生息，渐成村落。村南西风口有一眼泉子，沿开挖的水渠，流经村内。泉水常年流淌、清澈见底、寒洌甘甜，人们将其取名“冷溪沟”。明洪武年间，有李氏家族自河北枣强迁来，傍“冷溪沟”，定居于村北，取名“李家庄”；此后又有任氏家族自本地的任家庄迁来，定居于村西南隅，取名“任家庄”。明中后期三村合并，统称冷水沟村。

民国初年，实行县乡制，冷水沟属张马乡，日伪时期属张马区冷水沟乡，后属历城县二区稻田乡。1948年9月17日，冷水沟得解放，归属历城县第一区冷水沟乡管辖，中共历城县委曾驻扎于此。1957年，归属城关区王舍人乡。1958年，成立人民公社时，实行行动军事化、劳动战斗化、生活集体化管理，将冷水沟、水坡、杨家屯、李家村四村按军事编制为冷杨营。1960年，撤销营连建制，又属历城县东郊人民公社。1980年，属济南市郊区东郊人民公社。1987年5月，济南市郊区建制撤

20世纪30年代冷水沟村公所

1964年，冷东大队十三队积极进行良田稻改

20世纪六七十年代冷水沟丰收场景

拆迁前的民居

原村一角

销，历城撤县设区，属历城区王舍人镇。2010年5月，王舍人撤镇设立街道，冷水沟属王舍人街道。

冷水沟村处于泰山余脉北麓的平原地带，村南、村北地势平坦，均为旱田，地下埋藏大量的第四系湖泊沉积物，土壤是黑色淤泥和黏土，富含腐殖质。腐殖质所含的碳、氢、氧、氮、硫、磷等多种营养元素，不但能使黏土疏松、砂土黏结，而且是天然的肥料，十分有利于农作物生长。所以，“金滩头，银坝子，吃不穷的冷水沟”这一俚语，在历城的东北乡流传很久。

冷水沟村东、村西，分别毗邻白泉泉群和张马泉泉群，素有鱼米之乡的美称。20世纪70年代，村里村外，街头巷尾，沟渠纵横，常年流水不断，尤其在村外的稻田里，随处可见股股溪泉从地下冒出，清澈透明，涓涓流淌，形成无数条小溪贯穿整个村庄，又汇聚成数个大小池塘分布在村里村外。大池塘用来种莲藕，小沟渠分隔穿行于一畦畦的稻田。

冷水沟村内民居为北方典型的农村建筑。新中国成立前，村民的住宅都是按照传统四合院模式修建的狭窄矮小的土坯草屋，只有少数富裕人家的住房才是砖瓦结构。新中国成立后，特别是改革开放以来，村民们大都住上了宽敞明亮的大瓦房，有的还建起了二层小楼。

村内知名民居当属村南首的李家门楼。李家门楼是一座四合院，其北厅、西屋为平房，东屋为楼房，门楼正阳，黑油漆，红镶边，高约15米、长10米、宽5米，墙身为“里生外熟”(墙体外层为烧制的青砖，内侧是土坯)结构。据李家后裔介绍，此楼建于明代，距今约有400年历史，但20世纪80年代，李家后人将其拆除。此外，冷水沟的南哨门也颇有名气。在兵荒马乱之时，冷水沟的乡绅为村庄不受散兵游勇、土匪的侵扰，在村南李家大街的南端，修建起了一个大门，俗称南哨门。哨门高约10米，宽6米，非常壮观。门楼上建有一座小屋，供放哨人值班使用，楼梯设在门东村民院中。可惜，哨门于20世纪50年代初被拆除。

冷水沟的庙宇远近闻名。村北有三官庙，据《重修三官庙记》记载，此庙曾于大明天启二年(1622年)重修，文中也出现了关于冷水沟村的最早记载。村北还有一座玉帝庙，村南则有关帝庙。另外，村里还有座城

明代天启年间的重修三官庙记碑

20世纪40年代的玉帝庙

隍庙，城隍庙后建有三圣堂。三圣堂曾在民国二十八年（1939年）重修。三官庙于1958年被拆除。

冷水沟村在海内外有较大知名度，国内外许多学者到此做过实地调查研究，并发表了一些有影响的研究成果。

——社会科学文献出版社《中国百村调查丛书·冷水沟村——一个北方村落的百年变迁》

打开百度，搜索“济南冷水沟村乡土调查”的字样，很快就能显示数篇以“冷水沟”为素材的乡土调查报告、论文、专著等。一个普通村庄，何以成为全国、甚至世界范围内的乡土调查样板？

2013年6月，社会科学文献出版社出版了一本名为《一个北方村落的百年变迁（冷水沟村）》的书籍。该书在历史资料和实地调查的基础上，全面系统分析了冷水沟村近百年来的社会变迁及其发展趋势，翔实描述和展现了村庄的区位与演变、人口与教育卫生事业的发展、家庭关系的变化、社会生活和经济结构的变革、村政和村庄精英的变化、文化和风俗习惯及社会关系演变的特征等内容。它是村庄发展历史的一种整体叙述，也是中国近百年农村变化缩影的展现。

《中国百村调查丛书·冷水沟——一个北方村落的百年变迁》

1990年，韩国汉城（首尔）大学人类学系主任金光亿教授来山东大学做访问交流。他在跟1986年成立的山东大学社会学系首任系主任徐经泽教授交流时说到，他的硕士论文是根据日本人20世纪40年代初在山东济南一个叫冷水沟的村庄调查完成的。金教授正是看到了日本人的这份调查资料（“满铁”调查）才开始研究中国农村问题的，并写了一篇论文获得了英国牛津大学的硕士学位（1977年），论文题目为《华北村落间关系及婚姻纽带》。当时金光亿教授提出要到这个村子实地看看，徐教授答应了他的请求。金教授来到冷水沟村看后说，你们现在的变化这么大，为什么不通过调查研究让更多的人知道呢？特别是城市周边的那些农村，变化很大，值得研究。

“满铁”是“南满洲铁路株式会社”的简称，成立于1906年12月。从名义上看，满铁只是一个“铁路公司”，但经营铁路只是一个幌子，实质是一个担负着政治、经济、文化侵略与掠夺的殖民统治机构。1940年11月至1944年8月间，“满铁”调查员对分属于不同作物种植区的河北、山东的6个县实施了农村调查活动，并在每个县选择一个“标准村庄”进行全方位的详尽调查。由于当时的冷水沟村临近济南市与历城县署（驻地王舍人村），属日本帝国主义军事控制比较强的地区，“治安”维持比较好，可以方便、安全地开展调查。同时冷水沟村是一个以水稻种植为主的村庄，代表了一种作物种植模式。日本人的调查内容涉及村落社会生活的方方面

济南时报　A08 城事

改革东·记录

从众多国内外专家几十年来调查研究，到济南东站、城市“次中心”

一个全球学者追捧的“济南乡村”

村庄见过“国际世面”

村里建起了工业园

“金滩头”上过穷日子

600年以来“未有之大变局”

《济南时报》有关冷水沟村的报道

面，包括村落概况、农业生产与土地制度、金融与商品贩卖、村落组织及运作、家族构成、衣食住行、婚丧嫁娶、神灵信仰、岁时节日等。日本人全部选定村庄的调查结果被编成123份专题调查报告，送到东京，于1958年在东京以《中国农村惯行调查》为题结集出版。与冷水沟村相关的调查资料，被编在了该书的第4卷。

山东大学社会学系首位系主任徐经泽教授明确提出把农村研究作为社会学系重点关注的研究方向之一。他先后承担了“中国农村变迁研究”“中国农村发展综合研究”等课题，组织开展了多项农村社会调查研究。对冷水沟的研究就是其中之一。山东大学社会学系杨善民老师和他的学生曾先后多次前去冷水沟村调查，历时一年最终完成了《现代化乡村的选择》(1994年)一书。该书综合运用社会学和人类学的参与观察法、档案分析法和问卷法，描述了冷水沟村的社区产业人口、组织、教育、日常生活、家庭、风俗信仰等社会现状，并在此基础上对冷水沟的社会现代化发展进行了理论阐释，为改革开放后冷水沟村的新变化留下了丰富而宝贵的资料。近年来，中国农村进入了一个新阶段，也面临着一些问题。山东大学社会科学系的专家学者们，尤其关注随着城市化的快速推进，当前日益显著的村庄合并或合村并居等变迁现象。据此他们又多次组织到冷水沟村调研，出了很多调研成果。

除此之外，自20世纪90年代以来，国内外众多相关机构的学者也纷纷到冷水沟进行了实地调查研究，并发表了一些有影响的研究成果。因而从乡土调查角度来看，冷水沟村在海内外有很大知名度。

1943年，全县日伪县立完小4处：张马屯、裴家营、冷水沟、龙山。民国三十三年(1944年)济南中学分校在冷水沟复课。

——1990年版《历城县志·教育》

建于20世纪20年代的冷水沟小学教室，后历经修缮

20世纪40年代冷水沟小学校门

20世纪60年代冷水沟小学

20世纪80年代冷水沟小学

冷水沟村的小学、中学创办久远且很具特色，在历城教育史上颇有声望。

冷水沟村小学创办于民国二年（1913年），是由村民出资建造的一所完全小学，开设的国文、算术、常识、音乐、劳作、体育等课程及进度完全按照当时的教育部门要求和规定进行。冷水沟小学的体育课特色明显，20世纪三四十年代就有篮球场和哑铃、军棍等体育器械，其哑铃操闻名全县，篮球比赛活动开展得有声有色。1943年，全县县立完小仅4处，冷水沟小学为其中之一。这个时期，冷水沟村还举办过女子短期小学，在当时十分可贵。据不完全统计，从1939年到1948年的10年间，冷水沟小学为本村及周边村培养高级班毕业生100多人，其中教育工作者有30多人。

新中国成立后冷水沟小学得到蓬勃发展。1959年学生曾达到500余人。村“两委”班子十分重视冷水沟小学基础设施建设工作。1994年投资26万元对冷水沟小学进行了危房改造，新建了教学楼。2001年，又投资10万元，购置电脑20台，开当时的王舍人镇农村小学电脑教学之先河。

济中分校校徽

农业补习班校徽

冷水沟村的中学教育也名望不小。1943年春，冷水沟村有识之士集资兴建了20多间教室和一个大型操场，挂牌成立“冷水沟小学附设农业补习班”。1944年夏，在日本早稻田大学学习过，曾参加孙中山先生领导的同盟会的黄县人曲春芳担任校长。他远去安徽阜阳县，找到了流亡在那里的国民党山东省政府教育厅为补习班备案，注册为“济南中学”。在日伪时期，学校对外仍称为“农业补习班”，但学生学的是中学教材，课程表有外语、种植、嫁接、灌溉、养蜂等科目。当日伪军来督察时，老师就将英语课本收起来，换上日语课本。学校除有篮球场、排球场等设施外，还有跳远、跳高、单双杠等，体育成绩也非常突出。如，在1946年至1947年历城县举办的两次中学生田径运动会上，夺得了多数比赛项目的冠亚军。1947年秋，在山东省田径运动会上，该校学生李迎春获得200米、1500米比赛的第一名，5000米第二名；1948年春，他代表山东省参加在上海举办的全国田径运动会，取得了5000米长跑第七名的好成绩。1945年日本投降后，国民党山东省教育厅回迁济南，于第二年将设在冷水沟的济南中学改为济南中学分校，简称“济中分校”。1946年初到1948年春，济中分校招生四届，学生共200余人，冷水沟村的学生占到了四分之一。

1958年秋至1961年6月，1964年夏至1968年7月，冷水沟还两次创办过农业中学，招收学生300余人，实行半工半读。课程既有文化知识又有农业知识，还培训过“赤脚医生”、教师和当时东郊人民公社的生产队会计员，引来苏联、墨西哥、新加坡、坦桑尼亚等多个国家的代表团参观学习。

1983年，冷水沟村提供土地25.5亩，与水坡村联合成立了冷水中学，设小学部、初中部。1995年，学生曾达1200人，设19个教学班，有教师60余人。冷水中学中考成绩曾多次名列全区前茅。

2005年，冷水沟村提供土地205亩，由王舍人镇新建了王舍人实验中学，将冷水沟中学、滩头中学、梁王中学合并至新建中学。至此，前后存续达百年的冷水沟小学、中学先后被合并，从此消失。但是为本村及周边村培养的各级人才却在各行各业大展身手。

由于冷水沟村文化氛围浓厚，尊师重教蔚然成风，村里自新中国成立后培养各类教师200余人，其中不乏三代从教的“教师世家”。他们有的在大学任教，多数则在中、小学教育一线教书育人、甘为人梯。

“乡土”特色浓厚，使冷水沟村有幸成为海内外专家学者进行“乡土调查”的基地。但伴随着济南东站建设，2017年，冷水沟村这个国际国内乡土调查的样板彻底消失。建与拆、怎么建、怎么拆恐怕又是专家学者们探讨的新课题了。

之所以被国内外专家青睐，在于冷水沟乡土特色浓郁、“乡土”要素全面。从农业看，新中国成立之初，冷水沟为省城东郊地区有名的鱼米之乡，土地肥沃、水源充足，且有三分之一的土地种植对农民收入有很大影响的水稻。新中国成立后，经过土地改革，到1986年，曾每年向国家交售公粮60万斤。实行家庭联产承包责任制后，农民的积极性得以充分发挥。从工商业看，新中国成立前，就有酿造、木工等工业作坊，新中国成立后建设了粉坊、草包编制坊、电磨坊、猪鬃加工厂、皮革厂、腐殖酸厂、化工厂等乡村企业，并从1983年开始从事奶牛养殖产业，“冷水沟奶牛示范基地”一度成为济南市最大奶牛基地、全国百强奶牛基地。从文化、教育、卫生等方面看，文化底蕴丰厚，文化遗迹众多，小学教育、中学教育在历城启蒙早、发展快、知名度高，民间艺术、民俗文化特色明显；体育活动起源于新中国成立之前，新中国成立后方兴未艾；卫生设施也稳步发展，能基本满足村民的公共卫生和初级卫生需求；得益于丰厚的文化底蕴，村里培育了一批批英模人物、卫国勇士、优秀机关干部、农民企业家及知名书画家等，使冷水沟村“代有人才出”。另外，靠近济南市，移风易俗比远离城市的农村民俗变迁更快一些。特别是改革开放后，村庄各个

1963年村变电室

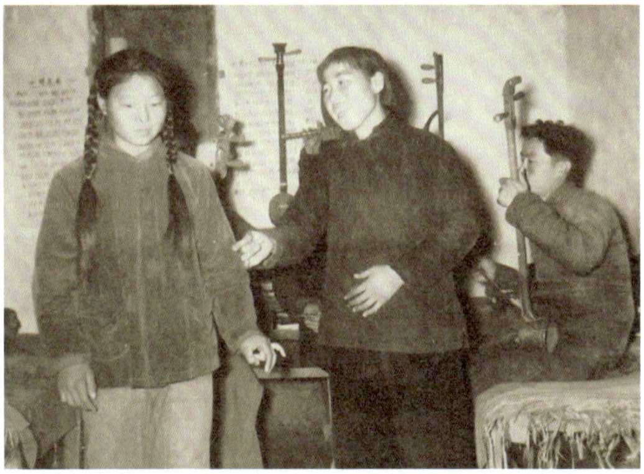

1963年冷东大队俱乐部的社员正在排演节目

1964年冷水沟人民公社的民兵进行训练

冷水沟新居

方面都发生了很大变化，体现了时代特色。

但是，伴随着济南东站的建设，2017年，冷水沟村这个乡土调查的样板村被全部拆除，旧村消失，冷水沟村人也彻底融入车水马龙、五光十色、灯红酒绿、人声鼎沸的城市生活。幸好，作为乡土调查的样板，各种各样的书籍、论文、调查报告等文献资料能够完整展现冷水沟的历史，并借此寄托乡愁、寻找乡俗与乡情。城市化快速推进，是社会发展的必然，但是如何解决在城市化进程中村落的历史文化传承与保护工作，恐怕又是专家学者和社会各界研讨的新课题了。

材料提供：杨建峰

初　　稿：郭光明

修改定稿：王瑞国

陈家张马村

“双龙”“红庙”通东西　陈家楼台揽四方

正东乡闵孝二：大张马庄。

——清乾隆《历城县志》

张马乡闵孝二：大张马庄。

——民国《续修历城县志》

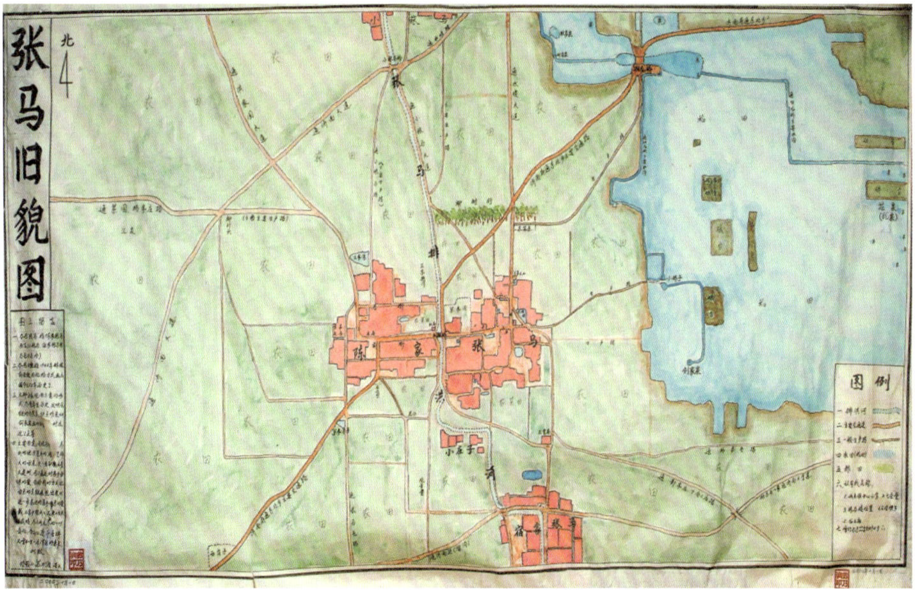

张马旧貌图

村庄原貌

明洪武二年（1369年），张氏家族自河北枣强迁来此地定居，村以柳树命名，称“大柳庄”。马氏家族又迁来，住户增多，遂以张、马二姓命名“大张马庄”。其后，陈、宿二姓也迁来居住，且人丁兴旺。为区分陈、宿二姓居住区域，便在“张马”前分别冠以姓氏，分称陈家张马、宿家张马。1928年，陈家张马以南北走向水渠为界，分出两个区域，渠西称陈家张马西村，渠东称陈家张马东村，简称陈西村、陈东村。二村分治近百年，但实为一自然村。村子居工业北路以北、杨家屯以西、大辛庄以东、水坡以南。2015年，全村有土地2450亩，860余户、2600余人。

陈家张马因靠近张马泊群泉，成为一片水乡。20世纪70年代之前，主要种植一年一季的“红芒”香稻米。相传，康熙年间“红芒”香稻米曾多次入朝进贡，所以又称“贡米”。这种米颗粒大、青白色、略长形，质密耐煮，煮熟再闷，打开锅盖香飘四邻。许多食客常说，到济南不吃张马泊的香米干饭等于白来济南。济南著名的“赵家干饭铺”，也是靠此大米扬名的。

陈东牌坊

陈西牌坊

1929年至新中国成立初，陈家张马村隶属历城县张马区。1950年至1957年隶属历城县第二区大辛乡。1958年隶属东郊人民公社张马营。1960年隶属历城县东郊人民公社。1961年隶属东郊区东郊人民公社。1980年，隶属济南市郊区东郊人民公社。1983年，隶属济南市郊区大辛乡。1984年隶属济南市郊区东郊人民公社大辛管理区。1987年隶属历城区王舍人镇。2010年，隶属历城区王舍人街道。

陈家张马村曾地处水乡张马泊。为便于南北通行，早在明代，先人便建了两座造型各异的小桥。一座，桥上石碑的碑帽上雕有“二龙戏珠”，取名“双龙桥”；一座，借村里的“红庙”之威武，取名“红庙桥”。

双龙桥位于村东北约1里，为平板三孔桥，长条青石铺就。明代时此处东有花泉，西有钊家泉，两泉相汇成河，称柳河，村民遂在两泉相汇

陈家张马村村民根据记忆制作的双龙桥地理环境复原图

1998年双龙桥

双龙桥龙头石碑

处建桥，取名“双龙”。据桥上石碑记载，此桥曾有两次重修，一次是清嘉庆六年（1801年），一次是道光十九年（1839年）。桥上石碑有三，均由碑帽、碑身、碑座构成，呈三角鼎立势。碑帽雕有二龙戏珠，精美生动，20世纪60年代末被毁，现尚存一碑身，嵌于村内学校的墙上。

桥之南端，路的两侧，曾有高大柳树各1棵，直径1米多。此桥曾是济南通往东北之乡的交通要地，往来客商，行人车马，日夜川流不息。

尤其夏天，在此歇脚乘凉者多，故有摊贩在此供应茶水、快餐、零食，为行人提供方便，生意兴隆红火。20世纪末，因泉水断绝，工业北路畅通，此桥此路遂被废弃。

红庙桥，是村里最著名的古迹。据说，明代建庄时，筑高台以建关帝庙，关帝庙坐北朝南，规模不大，后人称“小庙”；由于庙的外墙呈深红色，又称其为“红庙”；因庙台较高，砌有13级台阶，亦称“十三将军台”。立村之初，在庙的东南建石桥时，借庙威而称“红庙桥”。桥西有石碑两通，记载着此庙、此桥的历史，后被毁。

红庙桥下有一条南北水渠，穿桥北去，入小清河。水渠和沿渠道路将村子分割为陈东、陈西两个行政村。水渠的两岸各有一条路，桥以东以西各有一条排水沟，沟的两岸也各有一条路。这样以桥为中心，东西南北共有8条路，在桥边交接形成一个大“十”字形，取名“八岔梅花路”。红庙桥又因是一座东西长5步，南北宽3步的三孔石桥，雅称“五步三孔桥”。

这桥的构建稀奇怪异，非常罕见。不知是什么原因，竟将它建在水渠两岸的半腰上，平时流水从桥下流过，水大时则从桥面上漫流。

陈家张马村村民根据记忆制作的红庙桥地理环境复原图

陈家张马村人文景观分布示意图

桥虽小，却也是济南去东北乡村的重要通道，行人车马，日夜来往不断，与“双龙桥”一路相通。最热闹的时候是春节时，正月十五闹花灯，桥周边点香明烛，火光一片，龙灯飞舞，锣鼓喧天，鞭炮炸响，熙熙攘攘的人群前来踏桥，有“高香烧，蜡烛明，踏桥三遍不脚疼”的民间信仰，人声沸腾，热闹非凡。平时有重大活动，如唱戏、看电影、老人送别等等，往往都到这里集结。“八岔梅花路”“五步三孔桥”“十三将军台”，成了这方百姓心目中的一处神圣之地。

20世纪80年代，渠、路、桥统统被整平、拆除，修成了张马公路，红庙桥也从此淡出了人们的视野。

陈家张马村古迹甚多，有与众不同的三教堂、七圣堂及堂前古槐等，最为著名的当数有300多年历史的“陈家楼”。

陈家楼，建于清康熙年间，是为纪念陈氏先祖陈成新而建，距今已有300多年的历史了。它坐落于村东首一家大院内，坐北朝南，孤傲矗立，是当时周边最高的建筑，十里八乡都能清晰看见，也为陈家张马村的标志性建筑。

从外表看，整楼通体青砖砌成，共三层。东西长约8米，南北宽约

6米，高约20米，仅底座就有3米之高；楼顶四周中空，边缘筑女儿墙、砖垛，高1米有余，像古城堡。

陈家楼原貌（手绘）

楼前有一平台与底座同高，台面有五六平方米，进入小楼需顺阶梯登上平台再前行数步。楼门半圆、拱形，发券；楼层由木质梁架和木板构成，每层的前面正中和东西两侧，各有一个不大的拱形券窗；楼的墙体内是土坯，外用青砖，砖坯相接，平铺砌垒，白灰砌缝，厚度达80厘米，相当结实。楼内除一具高高的楼梯外别无他物，显得空荡寂静。“土改”和“合作化”时期，此楼曾当作村办公室，村里要发布消息时，便登上楼顶，用纸筒传声，全村人都听得清晰明白，这座楼成了当时得力的“广播台”。

陈家楼平日关门上锁，只有春节开放三天，人们可以登上楼顶，居高临下浏览远近风光。向北可眺望黄河水粼粼泛光，晚上往西可以看到济南市里的万家灯火，因而成了难得的观光台。楼顶为野鸽子的美好栖息地，每天一群群鸽子在楼顶上飞来飞去，或振翅欲飞，或盘旋降落，少则几十只，多则数百只，发出嗡嗡的哨响，成了陈家张马村的一个独特景观。

此楼最后一位主人，生活上虽然衣食无忧，但晚年膝下无人，有两次过继，都因待人刻薄，先后退继，之后遭到退继人扒楼卖砖的后果。

可惜，陈氏祖先留给后人的这份宝贵遗产，经历百年沧桑岁月丝毫无损，却在一念之差下，颓废、倒塌，于1963年彻底毁灭，给人留下无尽的痛惜和遗憾。

除了陈家楼，陈家张马村的三教堂也与众不同，别有特色。一般的三教堂供奉的都是孔子、老子、释迦牟尼，但陈家张马村的三教堂供奉的是孔子、老子、墨子。

三教堂的西北角，有一古槐，虬根入土，苍劲有力。该树虽然中空，但生机勃勃，能够荫庇四方，粗大的躯干，需四五人方能合抱，是为陈家张马的先人为寻根而植，意在让子子孙孙以此追溯血脉乡愁。但20世纪80年代，因自然灾害，古槐消失。

陈家祠堂是陈氏家族为祭祀先祖陈成新所建。据陈氏家谱载，陈氏先祖于洪武二年（1369年）由河北枣强迁来，其第十代孙陈成新，急公好义，乐善好施，先后出资建造陈家楼，捐资重修洪家园的永平寺。当时的陈家，拥有很多土地，是当地有名的大户人家，但他生活很简朴，供奉佛事，绝大部分钱财都做了善事，村人送他雅号陈善人。陈成新喜欢热闹，每年都在麦收之后出资请人来唱大戏，使陈家张马每年唱大戏成为延续多年的传统，直到抗战爆发才被迫停止。如今村里的老年人依然还记得早年村中唱大戏的情景。陈氏家族至今还保存着陈成新的巨幅复制画像。

陈成新画像

与陈家祠堂同院的，还有一座古庙，名“七圣堂”，村人俗称“其圣庙”，祀菩萨、土地、城隍、风神、雨神、雷神和电神，建于清同治年间，占地5亩余，房子15间，大殿3间，画栋雕梁，宏伟壮观。内塑佛像7尊，面容庄严，金光闪闪，栩栩如生，古壁画琳琅满目，五彩缤纷。西南侧建有土地庙，有老人去世就到这里烧纸送终。庙内高雅幽静，苍松翠柏，遮天蔽日。

七圣堂（手绘）

七圣堂门前有1棵古槐。据说，此古槐植于清同治年间创建七圣堂时，树龄约200年。树身粗的地方，两个成年人接手无法合拢。树干有5米高，它的形态是中间粗两端稍细，中间粗2米左右，根部和上部粗1米左右，树冠面积有百余平方米。早春之季，槐豆挂满树枝，远远望去，一片金黄色，像一把黄色大伞遮住树身。初秋时，古槐的枝梢长满深绿色槐豆，形成一道绿色屏障，孩子们在树下玩耍、摘豆，拉着树枝荡秋千，其乐无穷。每逢年节，大人小孩都来这里凑热闹。有的打扑克、下棋，也有的掂三门、溜撩窝、打鞋排、弹玻璃球等。收获时节，锣鼓敲打的震天响，庙内一片欢乐的景象。可惜的是，这棵古槐随着2016年村子的拆迁而消失了。

文庙，自唐以来，各地州府县学多有建筑，但作为乡村，能建或有资格建文庙的，并不多。而陈家张马村就有一座文庙，可见陈家张马村的经济实力及陈家张马村人对儒家文化的重视。

文庙（手绘）

陈家张马村的文庙，村人又称为孔子庙、夫子庙、先师庙、文宣庙，始建于清同治年间，占地约5亩，前殿3间，后殿3间，配房6间。主殿为单檐歇山式，是文庙家族为数不多的建筑样式。虽不华丽，却也飞檐斗拱、画栋雕梁，算得上精美、细致。院内几棵松柏参天蔽日，石板路曲径通幽，院落优雅静谧，古朴中略显雅静。民国时期，乡绅王乾先生曾出资予以重修，20世纪60年代不复存在。

借力于文庙的影响，陈家张马村的文化教育，在十里八乡很有名气。20世纪40年代，陈家张马村的孩子上学，基本上都是念私塾，当附近有的村庄开办了洋学堂，虽只设一、二、三年级复式教学班，他们才意识到现代教育的重要性，遂投资9900元，于1943年兴建了“历城县城关镇陈宿张马中心小学”。

春节扮玩

1945年春季，学校开学。聘任曾担任过县教育局局长的陈志显任校长，教师亦是师范毕业生、大学毕业生或富有教学经验的老教师。当年开设了七个班，近

400名学生，包括宿家张马、小张马、大辛庄、小辛庄、张马屯、周靳郭、水坡、八涧堡、杨家屯等周边村庄的学生，在此接受新式小学教育。

1946年，历城县秋季运动会，陈家张马小学获得多项冠军，总分排名第三，堪称奇迹。与此同时，还创办了幼儿园，这在当时农村实属罕见。新中国成立后，这所小学仍作为村办小学使用。

2000年，在教育布局调整中，这所历史悠久、颇具特色、历经辉煌的学校，并入他村小学，从此陈家张马小学消失。

随着济南城市建设步伐加快，济南东站的崛起，陈家张马东、西两村于2016年底全部拆迁，村落消失，开源路西片区的回迁新居正在建设中。

“双龙”“红庙”双桥、“三教”“七圣”古庙、“陈家楼”“陈家祠堂”两处陈氏标志性建筑及古槐名树，连同曾经培育十里八村人才的“文

陈家张马新居

庙”“小学”均陆续被拆除而销声匿迹。当人们置身于风格一致的高楼大厦之中时，可否能回忆起这些承载着本村根脉的历史文化遗迹？

材料提供：陈贵德　陈吉铭　苏传斌

初　　稿：郭光明

修改定稿：王瑞国

山头村

远古虞山佑乡民　晚清名楼得新生

龙山路，山头。

——明崇祯《历城县志》

正东乡北保泉一：山头店。

——清乾隆《历城县志》

董家乡北保全一：山头店。

——民国《续修历城县志》

山头村位于温梁路、工业北路之间，东邻东方家庄、徐家庄，南邻曹家馆村，西南依虞山，西、北与董家庄接壤。

村庄原貌

山头村，亦名山头店。明代前因有一位管理油务的官员居住于此，称“油官庄”，后村庄被大水所淹。洪武年间重建，因住户刘霸最早居住于此，以姓氏得村名刘官庄。其后因村庄地处鱼山（今虞山）之首，改名为山头村。新中国成立初至1956年，山头村属历城县董家区虞山东乡。1958年，属平原人民公社山前营。1962年，属董家区耿家人民公社。1985年，属郭店镇。1987年，属历城区郭店镇。2010年5月，属历城区郭店街道。山头村共有14个姓氏，段姓300余户，其他以杨、李、刘、王、董等诸氏居多。截至2018年9月，全村共有463户、近2000人。

山头村地势南高北低、西高东低，总体较为平缓。地广田多，耕地面积5000余亩，其中有1000多亩的山坡地。平原地主要种植玉米、小麦等粮食作物，山坡地主要种植苹果、梨、地瓜等经济作物。山头村的地瓜在周边颇为知名，1951年引入试种，因土地肥沃、气候适宜，发展到很大规模，其所在管区曾被称为“地瓜管区”。由于当地的地瓜产量高且

20世纪五六十年代晾晒粉条的场景

富含淀粉，山头村村集体曾在村内陆续建起了5个粉坊，所生产的粉条是当时的“知名品牌”，外销河北省和山东其他地（市），当时的小商贩也多以“山头村粉条”作为卖点来推销。20世纪80年代末期，粉坊逐渐衰落直至消失，“山头村粉条”随之成为记忆。20世纪90年代，山头村还曾引进芦笋，种植面积达1000亩，所种的芦笋出口韩国、日本等国家。

村中古槐

山头村街巷呈放射性井字布局。村内有南北向干道2条，即位东的南北街（旧称“芙蓉街”）和位西的西街。东西向干道5条，从北至南依次为后街（南北街以西）、杨家街（南北街以东）、前街、筢子街（街道形似筢子）和南街。西街西侧有一李家胡同，通过筢子街与西街相连。后街中有一“老胡同”，山头村段氏最早便居住于此。后街与芙蓉街的交会处曾有石狮子，此处称为“狮子口”。前街是山头村最重要的街道，村中每逢节日庆典、放电影、唱戏、开大会时村民都会聚集于此。新中国成立前，在前街附近居住的村民也是山头村最富裕的住户。南街南侧建有山头村文化广场，是2012年建成投用的。1951年，山头村在后街建了妇产院，设有三四个床位，可以同时接纳多位产妇在此生产。建院初期的接生员是山头村的媳妇曹文秀，她还培养了数名徒弟，并一直坚守岗位直到20世纪90年代，后来随着越来越多的村民选择到医院生产，妇产院也就消失了。山头村的前街南面，有一个建于1976年，南北长约35米、东

宏济桥

西宽约25米、石头搭建的戏台子，每逢腊月村民们自发组织戏班子，排练《红灯记》《奇袭白虎团》等京剧剧目，并在戏台子上演出。

村东南、西南各有一处遗址。东南处为战国遗址，东西约200米、南北约30米，采集有豆、罐、壶等。西南处为汉代遗址，东西两侧有古河道。山头村与东方家村交界处，有西巨野河穿过，河上有建于清光绪六年（1880年）的一座石拱桥，主要出资人是在济南经商的山头村人段鸿飞，因名宏济桥。当时，此桥为便利平陵城、济南两大贸易中心交通，以及服务虞山庙会所建，也极大方便了山头村民去桥东耕种。宏济桥为块石砌筑的东西向单孔桥，长35.6米、宽5.64米，桥拱如桃子的纵切面。桥面原

宏济桥下的石狮子

由长条形青石板铺就，后由于磨损严重，重修为水泥桥面。桥两侧有石制护栏，上面原雕有4个鼓、4个狮子和4个虎，后被破坏殆尽。桥孔上部南北两侧各浮雕有一水兽，桥洞北侧东西两边各浮雕石兽1个。桥西南侧原有3通功德碑，现仅剩碑座。目前这座有100多年历史的古桥仍然屹立在西巨野河上。

水塔

1921年民国政府在山头村建立初级小学，供山头以及周边村里的孩子在此接受教育。1971年县教育局在老村委大院创建了山头中学，1972年又出资在虞山东南麓建设山头联中，直到1990年被合并到郭店中学，之后被租给村民开办电镀厂，于2018年上半年全部拆除。山头中学和小学，是虞山周边几代人的记忆，特别是改革开放后，曾是历城师范学校学生的实习基地。

山头村曾有一座基督教堂（宗教局注册为：历城区基督教会山头集会点），民国时期由村人段百恒创建。教堂最初建于前街的老胡同内，“文革”后期搬迁至十字街北路西，后又搬至山头小学院内，2017年在旧村改造中被拆除。山头集会点暂时迁往郭店商业街一处民宅。

虞山，城东北五十里，上有圣母祠，石皆紫沙，作碓硙尤胜章北女郎。

——明崇祯《历城县志》

和山之东北十里，曰嵛山，盖分於章丘之武家山而在县境者也。

——清乾隆《历城县志》

虞山，在县东北五十里，郭店之北山头庄。

——民国《历城县乡土调查录》

虞山“山水俱美，富有仙气，风水俱佳”，古往今来始终是人们心目中的“神山”。据中共济南市委讲师团原团长、现山东中华家谱学学会副会长兼秘书长杨宗佑教授等考证，虞山的命名是为了纪念舜帝的千秋功德。“山川丘陵之名，既是远古先人识别地理坐标方位的重要标志，又是当地拓荒部族引以为荣、感到自豪的文化符号。”在《中华家谱学刊》2016年第1期上，杨宗佑、李怀港两位先生写的《济南上古史探：虞山·虞氏·虞朝》，印证了明崇祯《历城县志》中记载的虞山命运的不平凡。

远古时代（1.1万年前），冰川消融，洪水泛滥，女娲伏羲一支裔被迫沿黄河东迁，在东夷之地逐渐繁衍为太昊、少昊部族。7000多年前的第三次大洪水，导致渤海、黄海回潮倒灌，济南周边包括虞山、标山、华山在内的诸山成为海中之山。这些海中之山，便成了先民观测天象、设置日晷台的最佳位置。他们在山上立通天表木或测天华表柱，精确分度天穹历度，划分日月星辰运行轨迹，以顺应气候，方便农耕与生活。蚩尤时代，将司天观日出的工作分配给少昊白虎部水伯天吴氏一位名叫“虞”的人来承担，其部族自此就在虞山之巅世代观测日出，后人为纪念他，以其名命名此山。吴者，人抬头望日之意，“吴”字加“虍”头则为“虞”，表明是少昊白虎部支裔，其后裔均以“虞”为姓，包括后来的舜帝。“九黎乱德”时期，地域文化繁荣，社会文明多元，各部族不再执行黄帝时期统一的天文历法，而是自行观测天象、制定历法。一时间，济南周边的历山、标山、华山、南灵台山、五顶茂陵山上表木高矗，挺木牙交、灵台游表，各归其位；四时八节、天文风向，咸入于心；图腾祭祀、耕作收获，皆从其

虞山局部

时。有人把灵台山、历山、虞山用线连接，居然是一个直角三角形，虞山为三角之尖，可以看出，那个时期已发明了勾股纪年法。而历山（今千佛山）、标山之名，则无疑说明它们曾是观天纪历坐标的所在。虞山自然也是当时人们心中具有标志性意义的“神山”了。国内之所以有多座山名“历”者，即是远古时代于山顶观测天象以成历法的证明；而亦有多座山名“虞”者，则与天吴氏虞的支裔、后裔不断迁徙有关（包括我们所知的舜帝南巡）。杨宗佑、李怀港指出：“济南地区是‘象耕鸟耘’之地，是有虞氏世世代代拓荒开垦之处。”“虞山、舜井是虞氏得姓之始、所司之职，这同时也是全国各地其他以‘虞’命名的山无法与之比拟与替代的。”这就使矗立于济南东部的虞山脱颖于其他虞山，而成为虞氏肇始发祥的核心坐标点。

虞山海拔110.5米，山虽不高，却山势雄浑，不论从哪个方向看，都如一条大鱼横卧，乡人也称鱼山。虞山是济南地区罕见的火山熔岩山，山体由黄褐色砂岩构成，由于岩石内含石英类、云母类物质，每逢日落时分，霞光映照下的虞山西山崖金光闪闪，耀眼夺目，有如佛光一般，颇具风采，20世纪80年代末被当地人称作“鱼山夕照”，位列“董家八景”之一。

盛时的虞山，山脚下有“仙人桥”，山坡有“开山庙”“珍珠泉”，山顶有“玉皇台”“奶奶庙”“天齐庙”“文昌阁”“阎王殿”“白云洞”“南天门”等景观。珍珠泉位于虞山的东坡、原山头中学西北角外50米。清乾隆《历城县志》载：“康熙四十四年大雨，有泉出于山巅，至今不涸，土人名之曰神应泉。”后来，因此泉位于白龙石、黑龙石之间而衍称为“双龙泉”。民国《续修历城县志》载：“双龙泉，在虞山白龙石、黑龙石之间，一泓澄澈，岁亢旱不涸，祷雨辄应。前志载神应泉，疑即此泉。”今之珍珠泉即昔日之神应泉、双龙泉。旧时的珍珠泉掩映于参天古柏之中，泉水喷涌，或似一线贯珠，或似沸水喷玉，泉源非常旺盛，泉眼一侧的巨石上刻有“珍珠泉”三个大字。现石刻已不复存在，泉池仅剩直径20米、深5米左右的水坑，不过泉水依旧终年不涸。

虞山的旧时建筑中，山顶中心偏北的奶奶庙大抵最为出名，因为庙里供奉着碧霞元君，虞山也就有了“小泰山”之称。泰山奶奶庙建于南北朝，有1500多年的历史，历经多次重修，最后一次整修是在清代中叶。此庙建筑精巧，气势不凡，是虞山上规模最大的建筑。庙门是老式门楼，一间屋大小，上方小灰瓦覆盖，滴水勾檐排列匀称，能工巧匠还在屋脊上方叠垒了花脊，四角嵌有飞鸟走兽，门下青砖铺地。庙门朝东北方向开，有4米多宽，内置三层台阶，门槛高约45厘米，两侧各有一只高大石狮子。门前有古柏两株，胸径约半米，郁郁葱葱，直插晴空，蔚为壮观。庙宇四周古柏众多，粗的需两人合搂才能抱过来，院内古碑林立。紧邻泰山奶奶庙有一个“老牛湾”，相传秦琼曾在此养马。附近还有水草丰美的石窝头子、巨石组成的天然石桥——“仙人桥”。新中国成立前每逢农历三月二十八日是虞山泰山奶奶庙会，为期4天，这也是虞山一年中最热闹的几天。十里八乡的善男信女成群结队赶来，给泰山奶奶敬香磕头，祈求幸福顺遂，并带来各种农副产品和手工业产品进行交易。庙会从狮子口开始，到南北街牌坊处开始售卖香火，一直绵延到山顶，每天进山者有上万人之多。

虞山全貌

虞山的衰落，始于解放战争时国民党的破坏。1947年，国民党重点进攻山东解放区，国民党73师一部及保安4团一部驻守虞山，周围村庄的民房门板、虞山上的树木被守军用来修筑工事，泰山奶奶庙也没能逃脱浩劫，片刻之间便化为断壁残垣。新中国成立后庙会停办，虞山也慢慢地淡出了人们的视野。1949年黄河洪灾，泰山奶奶庙的石头、木材被拆除用以治理洪灾。山头村村民将泰山奶奶塑像置于西街北头家庙中，新中国成立初破除迷信时被砸毁。

虞山虽盛景不再，但作为风水宝地，依然是附近乡民心中的神山。近年来，为了让虞山重新焕发生机，郭店街道以东部中心城区建设为契机，动员社会力量大手笔打造山体公园。民营企业家郭东村的赵国义积极响应号召，2010年起承包下虞山的部分土地，数年来投资上亿元对虞山高标准、高质量地进行美化绿化，建设了虞山书院，2019年占地480亩的虞山文体公园正式对民众开放。历尽沧桑、满目疮痍又铅华褪尽的虞山，如今漫山翠微，在一片“崭新”的蜕变中逐渐恢复着元气。封山植绿、退耕还林，似乎正在接续时间深处的葳蕤与盎然。

旧村难觅其踪，乡愁无处可寄，搬入新居的山头村民每每身不由己地来到虞山，只为看望位于虞山书院东侧的山头村旧居，找寻曾经的记忆。

虞山文体公园内，虞山书院东侧有一处古香古色的两进院落，院内有古楼2座，大门1座，倒座房1座，南厢房1座，北厢房一段墙体。建筑用料坚实，施工工艺较高，建筑体量较大，在建筑的各个部位都展现着精美的砖石雕刻艺术，如挑檐石、盘头、博缝头、砖雕披檐等，是重要的历史文化载体，这些都对研究旧时济南地区的建筑特色具有一定意义。两座古楼分别为来自山头村的227号民居、127号绣楼。

227号民居原址位于山头村村中心、前街北侧，村民俗称“核桃院”，是清代晚期段氏家族居所。该民居坐西向东，面阔三间，进深一间，砖木石瓦结构，硬山顶。内部两层，中间木制地板，房屋南北长7.6

迁建于虞山文体公园的山头村227号民居（听月楼）

迁移前的山头村127号绣楼

迁建于虞山文体公园的山头村127号绣楼（枕霞阁）

米，东西宽4.74米，建筑占地面积36平方米。硬山顶屋房脊上覆小灰瓦，石头房基，其主体用灰砖砌成，一层东墙有一门，门前台阶向北，用青石铺设，门两侧各有1个小窗，二层东墙有3个窗户，南北山墙各有1个雕花窗户。2012年5月16日，区文物局将山头村227号民居列入历城区第三批文物名录。

山头村227号民居是历城区保存较好的两层民居建筑，具有北方建筑的庄重，也有南方建筑的灵巧，具有一定的历史研究价值，为研究济南近代民居建筑的发展提供了很好的实物资料。2017年12月，文物保护专家对山头村227号民居迁移保护工程设计方案进行了论证，随后迁移至虞山文体公园。

山头村127号绣楼原址位于山头村南北街中部位东，坐落于127号院西北角，是南北街（芙蓉街）富户段玉春所建老宅，始建于中华民国时期。127号绣楼是近现代重要史迹及代表性建筑，绣楼整体结构为砖石瓦结构，单檐硬山顶，坐西朝东，面阔一间，进深一间，两端山墙高于屋面，门向东，二层南北两侧山墙各开一扇窗户。绣楼南北宽5.6米，东西长4.48米，占地面积25.1平方米。新中国成立初期，127号绣楼及其附属建筑属于段姓人家所有占地，“文革”期间曾用作山头村小学，后期房屋归还段家。1990年，同村村民杨富友老人购买了这座民居，老人去世后房屋由其小儿子居住，直至其小儿子去世。

岁月悠悠，两座历经百年风雨的古楼虽已人去楼空，当年的风光不再，但迁入虞山文体公园，能够得到妥善保护，也算是对百年前小楼主人的一种慰藉吧。

根据区旧村改造统一规划，山头村村址因作为董家街道村庄整合安置点用地而于2017年8月前将村庄全部拆除。山头村村民则于2020年6月被安置在位于山前村的郭店街道十村集中安置区。

山头村新居

山头村村落荡然无存，村民心中难免有惆怅之情。但在村头矗立几千年的虞山却无法抹去，这座山头村村民心目中的“神山”，将永远成为众乡亲心中的“圣山”，亘古不变，源远流长。

材料提供：段群山

初　　稿：赵　鹏

修改定稿：张　晓

赵家庄

新中国成立之初县治地　大王山耸慰英灵

龙山路：赵家庄。

——明崇祯《历城县志》

正东乡南保泉二：赵家庄。

——清乾隆《历城县志》

张马乡南保全二：赵家庄。

——民国《续修历城县志》

赵家庄位于胶济铁路历城站南侧，东邻殷陈庄，南依大王山，西邻济南铁厂宿舍。全村土地面积1300亩，共2400人。赵家庄曾名张碧庄，

村庄原貌

因唐末诗人张碧居住于此而得名。明洪武年间，瘟疫流行，张碧庄几近灭失，仅有一户王姓做豆腐的幸免。明初移民，河北枣强、山东高唐等地陆续迁来一些住户。后来，万历年间户部尚书赵世卿的后裔迁居此地，赵氏住户渐多，改称赵家庄。

1948年解放初，赵家庄属历城县张马区鲍西乡。1950年，属历城县第一区赵家乡。1956年12月，属历城县城关区王舍人乡。1957年，撤区并乡，属历城县王舍人乡。1958年9月，属历城县东郊人民公社。1960年6月，属济南市东郊人民公社。1961年，属历城县东郊区王舍人人民公社。1963年5月，属王舍人人民公社。1968年7月，属历城县东郊人民公社。1980年，济南市重建郊区，赵家庄属济南市郊区东郊人民公社。1983年5月，建立济南市郊区王舍人镇，赵家庄属济南市郊区王舍人镇。1987年，济南市撤销郊区建制，王舍人镇回归历城，赵家庄属历城区王舍人镇。2010年5月，撤销王舍人镇，设王舍人街道、鲍山街道，赵家庄属历城区鲍山街道。

赵家庄东西长、南北窄，地势东南高、西北低。村南大王山周边为黄土地、阶梯状地形，村北、村西是平原地形。村东有一条雨季排洪的山水沟。新中国成立前，村民住宅多为土坯墙体草屋顶，青砖瓦房极少。村中有一条贯通东西的主街，是古官道。街道中段曾有两座石桥连接南北，两桥相隔20余米。桥宽4米、长10米，皆为单孔桥，桥面青石板铺成。1987年村里修路，两桥被埋于地下。

赵家庄古迹颇多，特别是庙宇、古墓见证了村落的历史。赵家庄在新中国成立之初还曾是历城县人民政府所在地，济南钢铁厂、济南化肥厂“筹建处”，但随着经济社会发展，渐渐淹没于岁月深处。

赵家庄的村中央有一座玉皇庙，始建年代不详，坐北朝南，庙内正殿塑有玉皇大帝坐像。玉皇庙西侧有土地庙。1942年日伪时期，玉皇庙用作赵家庄小学的一个教学班。1956年，辟为昇升高级农业生产合作社的办公室。1959年安置为复员军人武锡堃的住宅。

赵家庄村虽不大，却有4座关帝庙，分别坐落于村子的东、西、南、北段。村东段的位于东西大街的北侧，面积约4平方米，石砌，坐北朝南，门匾上书“亘古一人”，1958年拆除。村南段的规模不大，坐南朝北，砖砌门，碑记镶嵌在墙上，1985年拆除，在原址保留有当年修建关帝庙的石碑，碑文已漫漶不清。村西段的在东西大街的南侧，坐南朝北，道光年间重修，墙上嵌有碑记，2016年因修建凤凰路被拆除。村北段的为石砌，面积约6平方米，坐北朝南，门匾上书“文武圣人”，“文革”时被拆除。

赵家庄西南角有北极庙，石砌墙体，坐北朝南，占地约3亩，始建年代不详。庙内有苍柏数株，正北大殿是真武殿，此殿约在1922年时因两幼童玩火不幸引燃焚毁。西侧是地藏王菩萨宝殿，据大殿东山墙上的碑文记载，此殿于顺治十四年（1657年）重修，当时叫三官殿。东侧是白衣殿，据殿前左侧石碑碑文载，此殿于乾隆四十八年（1783年）重修。白衣殿三间，前出厦后落筋，高耸殿脊，两端龙头高挑，四梁八柱，木门木窗。殿内青砖铺地，石刻莲花宝座上端坐白衣神。1942年，地藏王菩萨殿、白衣殿改成了学校。1945年，在庙内最北边新建教室3座、办公室2间，新建了学校大门、南院墙、影壁墙，称为赵家庄小学校。1970年学校搬入新校址，古庙被村里用作仓库。

观音庙

赵家庄152号有一座二层小楼，是清代中期韩氏家族的居所，俗称韩家楼。这座小楼坐西朝东，东西宽4.9米、南北长15.4米，占地面积约75平方米，一层3间，二层5间，进深1间。石砌基础，青砖墙体，砖木结构。一层是青砖铺地，二层铺厚木板，木质楼梯。韩家楼拆除前无人居住，门窗小部分损坏，顶瓦局部掉落，门楼人为损毁严重，主体结构基本保持原貌。因凤凰路建设施工，韩家楼现已拆除，构件已编号存放，留待日后异地迁建复原。

地藏王菩萨庙

韩家楼

2015年3月至4月，凤凰路建设施工时，在赵家庄发现了古墓群。经济南市考古研究所考古勘探和发掘，共发现小型墓葬9座，其形制有圆形砖雕壁画墓4座、舟形墓1座、土坑洞室墓3座、竖穴土坑墓1座，均为宋元时期济南地区常见的墓葬形制。发掘表明赵家庄一带存在一个相对集中的墓地，丰富了济南地区宋元、清代墓葬资料，尤其是济南首次发现保存基本完整的舟形墓，为宋元、清代的葬制葬俗以及社会、历史研

古墓

究提供了新材料。

新中国成立后至1958年5月迁入洪家楼之前，历城县人民政府曾经数次迁移，驻地先后为仲宫、冷水沟、王舍人庄、董家庄、滩头、祝甸、赵家庄，时间或长或短，唯有在赵家庄的3年时光留下许多印记。

1955年，因靠近市区的祝辛乡划归济南市，而当时的历城县隶属于泰安专区，县政府需要从祝甸村迁出。3月，县委、县政府机关迁至赵家庄的东部新址。为了解决稳固的办公场所，完善为群众服务的配套机构，县委、县政府在赵家庄新建了办公大院。当时大王山以北156亩的土地划为政府机关及其他单位用地，县政府办公大院坐落在群众称为“五叶斜子”的地块。大院坐南朝北，东西长600多米，南北长1000多米，房子为砖瓦平房。院中有可容纳500多人的会议礼堂，礼堂将大院分为东、西两部分，东部为公检法部门，西边是政府机关办公场所。县政府机关一溜北屋，前后6排，每排9间。当时大院里没有职工宿舍，机关工作人员大部分住在村中群众的房子里。当年的县长陈子明、秘书吕振东及王善廷等干部就居住在赵家庄村民寇三生家中。县政府北边和西边，建有银行、邮电局、新华书店、供销合作社、药材公司、粮所、文化馆等单位。

历城县人民政府驻赵家庄时期的邮政局

1955年历城县人民政府机关旧址（现山东省胸科医院）

县政府本有常驻之计，不过因为要给重点工程让路，搬离了赵家庄。1957年前，山东没有钢铁工业。随着“一五”计划的顺利实施，山东省的轻工、纺织、机械、手工业等产业有了较大的发展。工业的发展，对钢铁的需求日益增加。1957年7月，国家计委、国家经委、冶金部、化工部在北京召开的地方工业会议上，决定投资1.5亿元，在山东省境内建设一座年产铁35万吨、钢30万吨、钢材25万吨的钢铁联合企业。为利用钢铁厂煤气，同时建一座年产10万吨的化肥厂。会议要求山东省于当年10月提出设计任务书，1959年开始建设，1962年建成并投产。

山东省人民委员会为达到早建厂、早受益的目的，力争提前动工。1957年8月，成立了山东省钢铁、氮肥厂联合筹备处（简称筹备处），开始了厂址选择、建厂设计等工作。1958年2月4日，国务院批准在济钢现厂址建设钢铁厂。山东省人民委员会立即于3月成立了济南钢铁厂筹备处，为方便起见，将历城在赵家庄的县政府办公大院及所有房屋建筑改

历城县人民政府驻赵家庄时期的银行

为“筹备处”。为解决县政府让位于“筹建处”而无处办公问题，省政府动员洪楼天主教堂，将教堂西侧、西南侧闲置院落交给历城县人民政府作为机关办公场所。1958年5月，历城县委、县政府搬迁至此处。

济钢、化肥厂建成后，筹备处完成使命被撤销，原历城县人民政府的土地上建起了武警山东省总队医院（现为山东省胸科医院东院区）。

先烈伟名垂青史，英雄遗志化宏图。

——2003年中央军委原副主席、原国务委员、国防部原部长迟浩田题历城革命烈士陵园

位于赵家庄地域内的大王山，高不过百尺，方圆300余亩。名字源于“青蛇的传说”。相传，山的东麓有一处长长的青蛇化身的草坪，四季常青，从不枯萎。青蛇身长7尺，碗口粗细，头上有“王”字花纹。每逢恶劣天气，青蛇便现出身形，绕山盘旋，保护万物生灵，直到风暴止息方隐入草坪。人们感念青蛇就把此山叫作“大王山”。

“国之大事，在祀与戎。”新中国成立初期，大王山辟建为纪念革命先贤的烈士陵园。陵园于1950年开始筹建，1954年破土动工，1955年正式落成，总面积约3000平方米，名为“大王山革命烈士陵园”。1984年公布为历城县文物保护单位。2003年，为适应新形势下爱国主义教育和烈士褒扬工作的需要，历城区先后投资2000多万元，按照省级烈士陵园的标准对历城革命烈士陵园进行改造建设。拆除各类违章建筑4300平方米，拓宽了烈士山东路、烈士山北路，新建了2400平方米的停车场、3300平方米的悼念广场和壮观的汉白玉牌坊，新建了无名烈士墓、有名烈士墓、“前仆后继”主题雕塑、“无坚不摧”“鱼水情深”巨型花岗石浮雕，新建了高15米的革命烈士纪念碑。园

历城革命烈士陵园（1959年）

内1500平方米的健身运动区、数万平方米的园林绿地等全部景观均按园林化、公园式的要求进行绿化美化。当年10月12日，曾任中央军委副主席、国务委员、国防部部长的迟浩田上将，亲临陵园视察，题写了“历城革命烈士陵园”园名，并书写了“先烈伟名垂青史，英雄遗志化宏图”的题词。迟浩田上将动情地说，历城区委、区政府办了件大好事，这对弘扬革命英雄主义精神和开展爱国主义教育都具有重要意义。

革命烈士陵园，像镶嵌在济南东部新区的一颗明灯吸引着成千上万的党员干部、人民群众前来缅怀英烈，成为济南市重要的爱国主义教育基地和东部新区的“红色公园”。园内共安放烈士1788名，其中有名烈士975名，无名烈士813名，大多是济南战役中英勇牺牲的华东野战军第九纵队解放军指战员（有1302名），是济南市第二大烈士陵园。2015年1月被山东省人民政府列为省级烈士纪念设施保护单位。

陵园坐南朝北，大门宽4米，门外东侧20米处有一宽约10米、高约2米的影壁，上写“死难烈士万岁”。影壁前有长方形高台和广场，为摆放花圈和举行悼念仪式的场所。大门至山顶有条宽约4.65米、长262米的大青石台阶通道。山顶矗立着革命烈士纪念碑。碑的东侧面书写着“为国牺牲，永垂不朽”，西侧面书写着“为民而死，虽死犹荣”。陵园东侧是陵园管理所，设有烈士纪念堂、干部骨灰堂、接待室等，整组建筑包括生活区占地约1000平方米。

从大门至山顶通道两侧是青石砌成的统一规格的烈士墓群，每个墓前都立着长方形的石碑，上面镌刻着烈士的姓名、籍贯、职务、所在部队番号和牺牲的时间与地点，有的还记载着烈士的生平事迹。在墓群南端通道的东侧有两座引人注目的墓碑，这里安葬着两位老红军。他们转战南北、屡立战功，朝鲜停战后，被安置在历城工作。一位是魏湖南，原籍江西省石城县库车港村，1931年参加工农红军，1932年入党，参加了举世闻名的二万五千里长征和抗日战争、解放战争、抗美援朝等，于

历城革命烈士陵园

1990年2月病故。另一位是王世和，1933年参加工农红军，同年入党，原籍是四川省巴中县，1965年8月病故。整个陵园被苍松翠柏覆盖着，使人们感到更加庄严肃穆。

在烈士纪念堂东西两侧靠墙处，安放着140余名烈士的骨灰盒，他们大都是在解放济南、抗美援朝和对越自卫反击战中牺牲的官兵。烈士纪念堂的正面摆放着社会各界为先烈敬献的花圈，花圈上方的墙上，悬挂着7位烈士遗像，中间是“特等功臣”“一级战斗英雄”孔庆三的遗像。孔庆三，1926年出生于历城县王舍人庄一个贫农家庭里。1948年4月参加中国人民解放军，1951年11月加入中国共产党，先后参加过济南、淮海、渡江、解放上海等战役。1950年，孔庆三同志光荣地参加了中国人民志愿军，奔赴朝鲜前线。在攻打新兴里的战斗中，他带领炮班的同志摧毁了敌人的暗堡，为夺取新兴里战斗的胜利做出了重大贡献。在这次战斗中，这位人民的好儿子，为祖国、为朝鲜人民献出了他宝贵的生命。

在重新规划烈士陵园的同时，新建了历城革命烈士纪念馆。馆内陈列着燎原烈火、抗日烽火、解放历城、支援解放战争、保家卫国、毛泽东三次来历城、缅怀与继承、魅力历城等八大板块的图片及文字资料，展现了历城的光辉历程和党员群众前仆后继、不怕牺牲的英雄业绩。历城革命烈士陵园先后被山东省军区、济南市文明办命名为“省级爱国主义教育基地”“青少年爱国主义教育基地”。

每逢清明节、“七一”“八一”“十一”等重大节日，区内外广大党员、干部、部队官兵、师生和群众都到烈士陵园悼念烈士，举行入党、入团宣誓仪式，进行革命传统教育。许多在历城工作过、战斗过的老同志，回历城走访时，也大都到烈士陵园献上花圈以表达缅怀之情。

乡土印记

2016年10月赵家庄列入城中村改造重点项目，2017年3月24日，赵家庄城中村改造动员大会召开，5月启动改造，签订拆迁安置补偿协议，

新居面貌

6月17日全村全部拆迁完毕，拆迁面积22.9万平方米。赵家庄村安置房项目9月19日开工建设，2019年12月建筑面积约17万平方米，总投资4.4亿元，7栋27层的楼房建成。2020年上半年赵家庄村民回迁新居，开启了新的生活。

如今，在城市化大潮中，赵家庄旧村落连同历城县人民政府旧址、“筹备处”及各种古迹已荡然无存，而大王山依旧巍巍耸立，成为人们缅怀先烈、铭记历史、砥砺前行的最坚实基石。

材料提供：刘汝振
初　　稿：王桂平
修改定稿：张　晓

纸房村

白泉泽被鱼米利　土垄护佑乡民安

营城路：纸房。

——明崇祯《历城县志》

正东乡闵孝五：纸房。

——清乾隆《历城县志》

董家乡闵孝五：纸房。

——民国《续修历城县志》

拆迁中的村落

村庄原貌

纸房村位于济南72名泉之一的白泉水畔，东邻西梁王村，南接路家村，西南与裴家营村相连，北隔济青高速公路与孙家卫村、滩头村相望。

明朝洪武年间一些住户由遥墙、王舍人庄、滩头先后迁居于此。据村碑记载，因有于姓夫妻建房居住，并经营一个造纸作坊，故得名纸房。纸房村主要有程、张、王、李、孙五大姓氏，160多户、680多人，可耕地300多亩。纸房村地势南高北低，周边诸多泉源，水量丰富，植被茂盛，具有典型的平原湿地特点。

1929年7月，纸房村属历城县第六区梁土乡。1945年底，属历城县董家区。1946年下半年至历城县解放，属历城县路北区杏园乡。1949年10月，纸房村建立村公所，属历城县第一区梁王乡。1950年，裴家营、路家庄、纸房三个村合为一个小乡，称裴家营乡，属历城县第一区。1958年9月，纸房村属历城县东郊人民公社。1961年7月，属历城县东郊区王舍人人民公社。1963年5月，属历城县城关区王舍人人民公社，后又隶属东郊人民公社。1968年，属历城县东郊人民公社。1980年4月，属济南市郊区东郊人民公社。1983年5月，王舍人镇建立，属济南市郊区王舍人镇。1987年4月，济南市郊区撤销，属历城区王舍人镇。2010年5月，属历城区鲍山街道。

纸房村东西长、南北窄，村南紧靠“白菜路”。村中有两条东西大街，俗称南大街、北大街；村东、西各有一条南北大街，向南直通“白菜路”。纸房村中有一条小河，从村南草沟子涯穿村而过流向白泉，过去的造纸作坊就建于小河边，作坊旁边建有一座双孔石拱桥，名为“双龙桥”。村西北曾有文昌阁，始建年代无考，1932年3月间重修，坐北朝南，形似扇面影壁，高约5米，宽约8米，小瓦覆顶，红色船形木斗拱挑脊，两端各塑有一顶文官官帽，扇面影壁中间凹入1米左右设有神龛，供奉文昌帝君，阁前有青石板铺就的台阶。文昌阁往南50米曾有关帝庙，嘉庆十四年（1809年）4月重修，坐西朝东，面积约十几平方米，村里人俗称小庙子，内塑关公立像。村东南曾有三官庙，与关帝庙、文昌阁在一条对角线上，始建年代无考，占地面积约500平方米，坐北朝南，前殿后院。大殿供奉天、地、水三官，四周墙上绘有壁画，每年的正月初九日

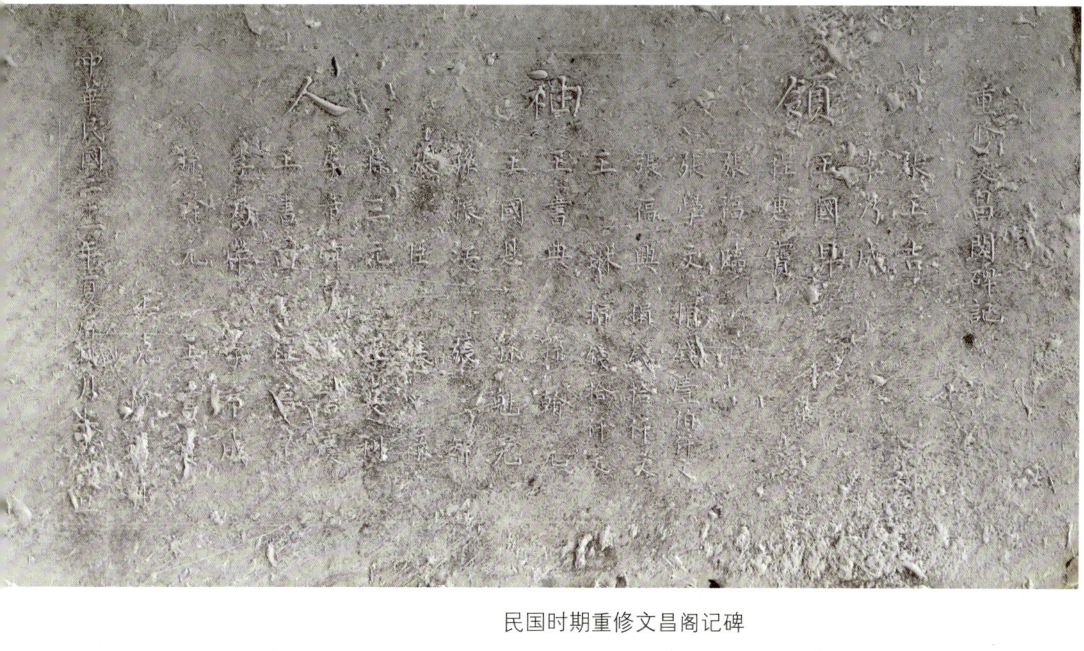

民国时期重修文昌阁记碑

村里人会来祈福迎新。文昌阁、关帝庙、三官庙均毁于20世纪六七十年代，双龙桥也已不见踪迹。

槐庭秋水色泓澄，体孕金天玉雪清。月夜看来疑素练，纤尘不染胜瑶琼。

——明·晏壁《七十二泉诗·白泉》

白泉，古称白野河，又称白泉河，金名泉碑称白泉，明《七十二泉诗》、清《七十二泉记》亦收录。因白泉周围有众多的小泉，如唐家泉、张家泉、李家泉等等，当地百姓又将白泉称为“百泉”。白泉为众泉之首，也是泉群中唯一有着济南“七十二泉”四朝元老殊荣的泉池。清乾隆《历城县志》载：白泉，出纸房庄北，方十亩，中有大泉，间数刻一发，声如隐雷，多涌白沙，故名。

白泉“源广数亩，下灌稻田数十顷，由曲家庄入坝子河”，北流，经遥墙河入小清河，水质优且量丰，素有鱼米之利，老百姓亲切地称这里是“小江南”。清朝诗人陈永修在他的《过白泉即景有感》中这样写道：“不见沧溟精舍开，名泉依旧水潆洄。一行鸥鹭冲烟起，两点鹊华浮黛来。惆怅营城无剩迹，伤怀粮冢有余哀。稻畦荷荡湖田阔，独立苍茫残照催。”鹊华烟雨，杨柳依依，粮冢突兀，炊烟袅袅，再加上有这样一泓清泉漫流，早就把人们陶醉了。“踏过绿溪阴，芳郊春正深。夕阳流远野，归鸟度疏林。登陇闲翘首，听泉静会心。相逢樵牧子，畴侣自招寻。”稻畦、荷荡、湖田、鸥鹭，名泉、绿溪、樵夫、牧童，陈永修的老师马国翰也为眼前这幅北国江南田园生活的图画心动不已，挥毫写就《白泉晚眺》。纸房的村民世代享用着这份馈赠，纵横交错的水渠使这里成了旱涝保收的万亩良田，每年捕鱼万余公斤，螃蟹近千公斤。白泉

白泉泉池

历史上还曾在军事上发挥过作用，当年南朝宋将檀道济在梁王庄一带用“唱筹量沙”妙计退魏军，所用的道具就是白泉涌出的白沙。

“纸房庄，两头洼，大人孩子会捞虾。”泉水清澈，溪流荡漾，河鲜自不会少，几乎每个纸房人都有捕鱼捉虾的技能，每家都有捞鱼“戳网”。“戳网”都是村民自己制作而成，形状类似奶嘴，上口呈半圆形，由一根横梁和一根弯曲如弓的竹片构成，连接横梁和竹片，安插着一根五六米长的网杆。方圆几十里，只要是扛着这种“戳网”的人，必是纸房的。白泉区域捕捞河鲜也有相对集中的时间。农历的七月，是白泉特产的“毛螃蟹”活跃的时节，周边的村民带着马提灯、水桶以及秫秸箔来到白泉河坝上，把秫秸箔展开并竖立起来，将马提灯高悬其上，利用螃蟹趋光的习性进行诱捕，一晚上最多时能捉几十只。农历八月十五日前后，白泉流域迎来一年一度的集中捕鱼季，前后约十几天，类似赶海，百十号人一字排开，仿若人墙，渔网、鱼叉等工具齐上阵，往返围剿，紧捞密扣，声势浩大，场面壮观。

白泉在给人们提供大米、莲藕、蒲菜等农产品，鱼、虾、蟹等美味的同时，也为工业的发展做出了贡献。1955年，白泉河上装了一台17.7千瓦的发电机发电，供附近村民照明。1964年地质队调查济南泉水，依据泉水的大致分布、数量、泉水汇流途径将济南划分趵突泉、珍珠泉、黑虎泉、五龙潭、白泉五大泉群。随着东郊工业区地下水开采量的增加，白泉停止喷涌，淡出视野，仅剩“四大泉群”。至20世纪80年代中期，白泉周边稻田、藕池、鱼塘逐渐消失。不过白泉依然为周边企业和居民提供着地下水源，除济钢用水外，建在纸房村的白泉水厂一度供应着周边遥墙、董家、王舍人等6个镇的生活用水。20世纪90年代中期对白泉进行开发，挖成一个长约100米、宽20米左右的水塘，尚有泉水出露，经年不涸，但水势已远不如前。2003年12月31日，白泉终于扬眉吐气，在新界定的济南“十大泉群”中榜上有名。白泉泉域也成为济南四大泉域之一。更值得一提的是一鸣惊人的白泉日涌量高达19立方米，连同趵突泉、黑虎泉、珍珠泉、五龙潭四大名泉成为泉城新景观。

白泉湿地

2013年新春伊始，山东省地矿工程勘察院的工作人员到白泉泉群进行地质勘探，经勘探确定白泉为七十二泉中唯一一个以面状形式喷涌的泉池。白泉改造方案和白泉湿地公园建设方案随即出台。据规划，白泉湿地公园占地3000亩，核心区域1000亩，有望申请为省级湿地公园，形成

俯瞰白泉

“西济西，东白泉”的格局。2014年，济南园林景区建设十大工程中，白泉湿地公园建设提上日程。在确定济南东站核心片区位置时，白泉正好位于片区内部，为了避免工程对白泉造成影响，济南市勘察测绘研究院的工作人员累计打桩4000余米，全面掌握泉脉，为保护好白泉提供科学依据。本着“鱼和熊掌兼得”的原则，世界著名规划大师彼得·卡尔索普在济南东站TOD规划研究中，将低碳、生态作为其特色，

使车站与公园相融合。相信在不久的将来，白泉“纤尘不染胜瑶琼”的美景定将再现。

纸房村北，白泉以南，有一条东西走向的土垄，黄黏土堆积而成，它是纸房村的地理标志。得益于土垄护佑，纸房村从未遭过水灾。

土垄子是一条脊状田埂，形同堰坝，全长近200米，东高西低。垄头位东，衔接纸房河至白泉，两侧各生长着一棵参天大树。垄尾位西，至文昌阁。

在村民的口中，土垄子并非人工所筑，而是妙然天成。传说，在一个月黑风高之夜，突然间一道亮光划过，紧接着，狂风突起，骤雨来袭，飞沙走石，泉水暴涨，人们胆战心惊，锁门闭户，夜不能寐，待到五更时分，天色将晓，一切归于平静。清晨，旭日东升，阳光洒满大地，心有余悸的人们惊奇地发现，一夜之间，一条“土垄”凸起，自西往东，横卧在村北庄边。“土垄”安身不久，人们又有了新的发现：每逢半夜子时，土垄上便金光闪烁，耀眼炫目，有胆大的人偷偷来此一探究竟，原来是一只金色靓丽、周身闪着金光的雄鸡在土垄上翩翩起舞，身后簇拥着一

纸房新居

群母鸡，它们或由东往西，或由西往东，或舒展金翅，或金鸡独立，走走停停，寻寻觅觅，令人眼花缭乱，目不暇接。此等奇异之事不胫而走，一传十,十传百，竟让一个南方人知道了，他虽聪敏机灵，却又心怀叵测，对金鸡动了歪念，带上捉鸡的工具，趁夜黑人静，于半夜之前，悄无声息地埋伏在金鸡出没的地方。他心中盘算，即使捉不到金鸡，只是弄几根金鸡毛，也够享用几年的。然而，人算不如天算，偏偏事与愿违，本村一张姓小伙，因为闹肚子而频频如厕，无法入睡，好奇心使然，索性也来此一睹金鸡真容。如此一来，歪打正着，正好把试图偷鸡的人给吓跑了。

村民以朴素的感情赋予土垄子神奇的色彩，不过现实中土垄子确实发挥了重要作用，得益于妙然天成的土垄子，地势低洼的纸房村始终安然无恙。因村里于姓人家修缮房屋，需用房梁木料，垄头象征“龙眼”的两棵大树被砍伐。20世纪50年代初，封沙育林，土垄子两侧种植了很多杨柳树和紫穗槐，到60年代末树大成林，像一道自然屏障，为纸房村遮挡风沙。炎炎夏季，村民们便会带着凉席和小板杌来土垄子消暑纳凉。以后，为开垦农田，土垄子毁于一旦，了无痕迹，取而代之的是一条蜿蜒小路。

根据济南东站的建设规划，纸房村需整体搬迁。2018年8月，村民们陆续搬进梁王新城小区。纸房村拆除，纸房村的“地理标志”土垄遗痕及在土垄上形成的蜿蜒小路已无处寻觅，人们对乡愁的寄托莫过于白泉再现的愿景了。

材料提供：张增良

初　　稿：王桂平

修改定稿：张　晓

田　庄

凤凰山下骈集盛　“三五”惨案血恨铭

神武路，田家庄。

——明崇祯《历城县志》

正东乡南保泉二：田家庄。

——清乾隆《历城县志》

东庑乡南保全二：田家庄。

——民国《续修历城县志》

原村街巷

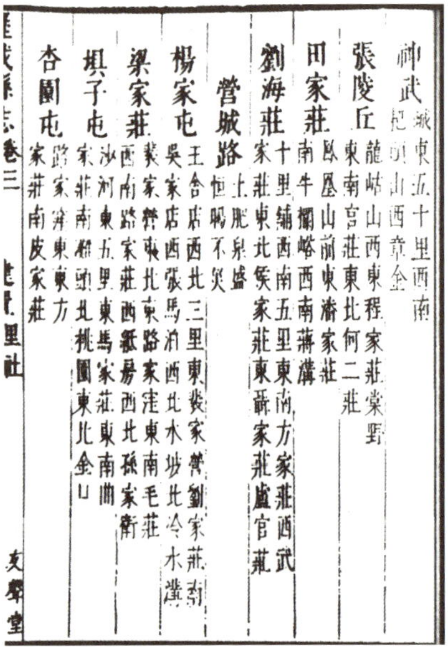
神武 城東五十里西南杞明山西章金
張陵丘 龍峪山西東程家莊棠野 東南宮莊東北何二莊
田家莊 臥墨山前東濟家莊 南牛欄峪西南蔣溝
劉海莊 十里鋪西南五里東南方家莊西武 家莊東北侯家莊東薛家莊盧官莊
營城路 土肥泉盛 恒嘅不哭
楊家屯 王舍店西北三里東裴家營劉家莊南 吳家店西張馬泊西北水坊北冷水溝
梁家莊 裴家營東北東路家窪東南毛莊 西南路家莊西紙房西北孫家衛
堰子屯 沙河東五里東馬家莊東南曲 家莊南柳頭北桃園東北金山
杏園屯 路家窪東東方 家莊南皮家莊
歷城縣志卷三 鄉里社 友聲堂

明崇祯《历城县志》中关于田庄的记载

田庄位于凤凰山、雪山以南，莲花山以北，东隔龙须河与潘庄、小田庄相望，西北与林家庄接壤，北与安家村毗邻。村庄东西长1.5公里，南北宽1公里，村庄占地600亩，耕地4400亩，山林面积1756亩，全村3400余人。

明永乐年间，田氏从直隶枣强迁来居住，逐渐形成村庄，因姓氏取名田家庄。田庄地处南部山区和北部平原过渡地带，属低山丘陵地形，域内西高东低、南高北低。村内自东向西道路高低不平，崎岖难行，素有“石巴拉子田庄，七十二崖头”之称。北沟、下沟、窑头沟把村庄分为几块，村里的两条主街道以下沟为界，沟南为前街，沟北为后街。新中国成立前交通不便，半山岭半平原的地势，造成田庄湾多、沟多、崖头多、石头多，村民戏称“一脚踩不着石头不叫田庄”。为了方便村民出行，村里1987年修建了后沟桥，1990年修建了下沟桥，贯通了村庄西北。1996年春，全村6条主干道共计3000余米铺成沥青路，彻底改变了“石

原村一角

石拱桥

巴拉子”“七十二崖头”行路艰难的状况。

新中国成立后，田庄属历城县东梧区。以后隶属港沟人民公社、港沟镇管辖。2010年撤镇设街道，田庄隶属于港沟街道。

凤凰山，城东四十里，有玉皇宫、玉女祠，每当三月二十八，仕女骈集。

——明崇祯《历城县志》

凤凰山位于田庄北百米处，新中国成立前山顶有一无梁殿，被称作泰山奶奶庙，旁侧建有土地庙、关帝庙及钟楼。当年多有僧侣结伴来此云游，香火不断。20世纪80年代初在原址复建了三皇殿，在其左侧立有捐资复建的石碑。山顶附近可见残损的明清古碑和支离破碎的柱础等。现有人工修成的上山石道，直通山顶平台。

凤凰山形似凤凰，其头向田庄，两翅分别朝向潘庄、安家，凤尾朝向章灵丘。每年农历三月二十八日为凤凰山庙会。该庙会由来已久，由于山上寺庙香火兴盛，所以庙会规模及影响逐年扩展。庙会的前一天是凤凰山下“大殿奶奶”出嫁纪念日，参加完庆典的善男信女会聚到第二天赶会的人流，场面颇为壮观，更使凤凰山庙会蜚声八方。

田庄昔日有座远近出了名的庙称为“玉女祠”，传说祠中供奉的就是“大殿奶奶”，她是泰山奶奶碧霞元君的亲妹妹。大殿奶奶塑像原型取自民间，其名温大姑，为历城埠东人氏。当年温大姑的父亲是闻名八方的雕塑工匠，因自己的两位女儿长得出众，其父就按其模样分别为四乡新建寺庙塑像。田庄庙里的神像是按大女儿温大姑面相所塑，而田庄新庙大殿即将落成之际，温大姑突然去世。由于她尚未出嫁，人们就将大庙落成的农历三月二十七日当作她的出嫁之日。此后，每到这一天，众人举旗打扇，抬着凤冠霞帔的大殿奶奶在潘、田两庄巡游。当时这两地人山人海、热闹非凡，实为民间一大盛事。据说，庙会这天假如大殿奶奶愿意出席，塑像就能被抬动，否则就表明她想家了，这就需要先抬着她去埠东娘家，返回后再赶赴山会，塑像也就能被众人抬起来了。在大殿奶奶巡游及凤凰山庙会期间，潘、田两村置轿、章灵丘管戏台、官庄（小田庄）负责供水。凤凰山庙会自始至终由潘庄、田庄、章灵丘三个村来经营管理。

位于原村委院中的古槐

如今，凤凰山庙会早已渺无踪迹，只有玉女祠、大殿奶奶及庙会的故事流传了下来。

田庄拆迁前，在村委办公楼前有一株古槐，据村中70多岁老人杨继厚回忆，其祖父曾说他小时古槐就这么大。古槐虽老但仍枝繁叶茂，粗壮的树干高5米左右，苍老的树皮留着岁月的痕迹，弯弯曲曲的树枝相互交错，每到夏季，墨绿色的叶子，一串串白里透黄的花朵，遮掩住半座办公楼。在旧村改造中，古槐被保留了下来，成为田庄村民寄托念想的地标。

在田庄后街东头，龙须河西岸有一口古井，井口直径60厘米左右，用青石砌成，人们取水用的井绳把井口磨出了30多道深深的沟痕，记载着古井的岁月。这口井的年代已无从考证，村里老人称之为“官井”。自20世纪60年代初，田庄钻了第一眼机井后，就少有人再到古井挑水。古井随着村庄拆迁而消失。

龙须河西岸的官井

位于田庄村东北部，北胡同北端东侧的651号是村民杨世勇的房屋。该民居约建于150年前，系村里的秀才杨思滨所建。此建筑为五间住房，三间为厅房，两边为配房，东西18米，南北10米，屋山后墙青砖砌垒，中厅砖镶门口，四梁八柱，屋顶小瓦子下铺平砖，椽木方做檩，前出厦，后落厅，木柱下设石础，五级石台阶，石狮一对立门旁，中厅四面青瓦挑沿，颇具北方中式建筑特色。旧村改造时前院落仅剩北屋，其余建筑均改建为现代民居。北屋面阔三间，进深一间，占地面积约65.6平方米，前出抱厦，顶瓦及门窗改建，抱厦改为水泥平顶，梁架及房屋基础保存较好，抱厦立柱下部腐朽。院内只存石狮2

651号民居

尊、抱鼓石2方，雕刻精美。2016年因旧村改造工程需要，651号民居被拆除，拆下来的各种建筑构件被完好地保留下来，存放在粮所博物馆内，以备将来重建。

七七事变后，日本侵略者渡过黄河。日军在历城境内制造了一系列骇人听闻的惨案，犯下了滔天罪行。田庄惨案，称“三五”惨案，发生于1938年农历三月初五。

——济南出版社《济南革命历史丛书·历城革命斗争史话》

1938年3月25日，驻扎在郭店据点的日本侵略军和便衣特务数人到历城县邢村“查集”，闹得集上人心惶惶。这天，田庄的杨兴旺也来赶集，碰上这伙日本特务。一个日本特务搜他的口袋，里面装有30元钱，是准备买瓦盖屋用的。特务要抢他的钱，他狠狠地捣了那个特务一拳，其他特务一拥而上，将杨兴旺踢打一顿，要将其捆送郭店据点。在押送途中，被杨兴旺的同族杨万一看见了，杨万一当即找来3个会武术的人，抄小路赶到去郭店据点的必经之地房家坟中埋伏。当敌人押着杨兴旺来到房家坟时，他们突然跃起，打翻了日本特务，救出了杨兴旺。后来，日本特务探知杨兴旺是田庄人，于是便策划了对田庄的袭击。

1938年4月5日（农历三月初五日）凌晨3点，郭店、龙山据点的二三百名日伪军，在日军队长小林的指挥下，包围了田庄村。日伪军把大炮架在凤凰山上朝村里猛轰，一连打了28炮。听到“轰轰”的炮声，吓得孩子哭大人叫，男女老幼到处乱跑。向村外逃命的人，也被日军逼了回来。凶恶的日军冲进村内，将村民赶到大街上。日军一边杀人，一边将煤油泼到房屋上，放火焚烧。村西头张永圣的奶奶被烈火活活烧死，后街的杨九祥刚出大门就被日军一枪打死，杨万会父子刚跑出村，就被乱枪打死。村里火光冲天，乱作一团，惨叫声不绝。许多未跑出门的人葬身火海。在魏家门口，日本士兵一连用刺刀挑死了3个人。

敌人把600多名村民赶到村子当中的一个场院里。这个场院两面环墙，北临高崖。敌人在高崖上，枪口对准了手无寸铁的村民，场院里的狼狗吐着舌头贪婪地望着村民。当时的村长杨万禄不忍看着父老乡亲们

“三五”惨案纪念地

惨遭杀害，走到日军头子面前说：“放火不好。”他怕日本人听不懂，便在地上写道：不要放火，杀人放火大大的不好。日军头子“嗷”的一声，刺刀便从杨万禄的后背穿到前胸，杨万禄倒在了血泊之中。日军队长小林挥舞着明晃晃的大刀吼叫着：“交不出来八路，统统死掉。”正在这时，前街有一家存放的爆竹被火烧着了，乒乓乱响。敌人连叫“八路大大的有”，日本士兵从人群中抓出卖茶水的杨万明，用猪毛绳抽打他的脸。杨万明疼痛难忍，鲜血直流，但仍咬着牙说：“没有，打死我也不知道。”日本军官向东南角一指，发出开枪的命令。几个日本士兵七手八脚把杨万明拖到那里枪杀了。日本军官又指着杨富祥，说他就是八路。“砰砰”两枪，日本士兵把杨富祥打死了。接着，日军又拖出杨万荣，向他要人。杨万荣被他们用枪杆和酸枣棍打得昏死过去，眼珠也淌了出来，最后被日军用刺刀捅死了，肠子流了一地。杀人不眨眼的刽子手仍不罢休，把昏倒的人拖出来，让狼狗撕咬，然后开枪打死。日军仅在这处场院里就杀害了20多人。

在村外，日军把从农田里、苇地里、石崖下搜捕出来的70多人带到

铭恨碑（旧村改造前）

村西南角小石桥以西的山坡里，强令他们跪下，用枪托、木棍、猪毛绳毒打，一个日本士兵伸手抓住70多岁的老人张向顺的胡子，向前猛一拉，疼得老人趴在地上，他的老伴上前去扶，又被日军揪住头发向前拖，也把她摔倒在地。有4位老人上前为大伙说情，被敌人的排枪打死。随后，万恶的日军把李石头、张立庭、马兴泉等6人推到一个山坡下，叫他们从西向东，一个挨一个朝南跪下。这时，从西边走过来一个身材矮小、满脸横肉的日本士兵，站在这6个人的面前，用皮靴擦了擦带血的军刀，用生硬的中国话说："你们都睡觉去吧。"突然，排在最西头的李石头发出一声惨叫，原来是几个日本士兵同时用刺刀插进他的脊梁，又一下子把他举起来摔在地上。那个满脸横肉的家伙跑过去一刀，李石头的头被砍了下来。第二个被杀的是张碌礴；第三个是在田庄学石匠的外村人；第四个姓杨，小名叫代仔；第五个是张立庭，张立庭被砍了两刀，当场昏死过去；第六个就要轮到马兴泉。当敌人砍张立庭时，马兴泉心想："下一个就是我了，绝不能等死！"他心一横，顺势滚下了土崖子，敌人见他逃跑了，慌忙开枪。马兴泉顺着地堰飞跑，终于死里逃生。下午敌人走后，张立庭苏醒过来，保住了性命。但他脖子上留下了二指多宽的一道伤疤。为了治疗刀伤，他卖掉了几亩地，花了420多元钱。

村里的妇女们被日军拖到了一边，受尽了百般蹂躏。一些年轻的妇女，尽管蒙上头巾，脸上抹满锅底灰，仍未能逃脱灾难。日军强行撕掉她们的衣服，推来推去，围观取乐。一个日本士兵指着一个怀孕的妇女，说她肚子里藏有子弹，把刺刀捅进她腹中，孕妇惨叫一声，倒在地上断了气，未出世的婴儿血淋淋地流了出来。一个姓刘的姑娘见此惨状，气愤极了，便站出来大骂："日本鬼子、汉奸，毫无人性！"七八个日本士兵兽性大发，抓住姑娘的头发拖到一旁强行轮奸。姑娘竭力反抗，挣扎着和敌人厮打，日军竟扯着她的双腿，将她活活劈死。一些老年妇女见此惨状，哀号着昏倒在地上。临走时，一个日本军官又掏出手枪打死两个人：一个是杨

铭恨碑（旧村改造后）

世太，一个是刘修身。日军还抓走了3个人，后来，勒索了很多钱才放回。日军在田庄村奸淫烧杀，一直到中午才罢休。

据田庄纪念“三五”惨案铭恨碑碑文记载，在这次惨案中，有56名（也有记载是44名或74名）田庄村民被杀害，烧毁房屋1515间，烧死大牲畜46头，毁坏家具4500余件、生产工具2500余件、树木1600余棵，烧坏衣服5000余件、粮食2500余公斤。被血洗后的田庄，剩下一片废墟，两个月后，田庄才重见人烟。

恶有恶报。当年12月24日，作恶多端的日军队长小林在锦绣川大佛寺被红枪会成员砸死在山坳里。

田庄人民永远也不会忘记这刻骨铭心的仇恨，于1995年8月，镌刻了田庄“三五”惨案铭恨碑，矢志不忘，以警后人。

“窜巷七十二崖头，石扒拉子满田庄。名山似凤依旧在，城区难觅旧石崖。”这是田庄人写的打油诗，也是田庄迈入城市化后的真实写照。

田庄是传统的农业村庄，新中国成立后，开始走集体化道路。1952年成立互助组，1957年由初级农业合作社发展为高级农业合作社。实行生产队为基础的三级核算，由大队统一领导，生产队独立安排生产，社员统一生产核算，走集体主义道路。翻身得解放的田庄人焕发了新的生机和活力，他们整修土地，兴修水利，改良耕作方式。1961年村民用上电灯，在村北钻了第一眼机井，解决了村民照明及吃水困难。1970年前后，全村共打旱井100多眼，整修池塘、水湾20余处，种植的主要农作物有小麦、玉米、地瓜、谷子等，社员人均口粮达400余斤，每年向国家交售公粮40多万斤，集体储备粮20多万斤。

自20世纪70年代始，田庄村开始大抓副业生产，村集体建立了莲花山等采石场，大队统一管理经营，生产队派劳力去生产，打出的石料石子，由各队马车、人力地排车运往铁厂、电厂、济钢及火车站（发车皮运往外地），收入归集体，社员挣工分。各生产队也建起了粉房、挂面房、豆腐房等，当时全村有运输车辆共计263部。副业生产增加了农民收入，好的生产队年终分红每个劳动日1元左右。

20世纪80年代，田庄村利用当地资源搞经济，先后成立了建筑队、石灰厂、石料厂等村办企业，开始是集体经营，在体制改革后承包给了个人。1984年至1990年，个体经济得到飞速发展，村民利用当地丰富的石料资源，先后建立石料厂20多处，还建起了3座石灰窑，每天产出石子、石灰2000余立方米。伴随着个体石料业的发展，带动了个体运输业，运输工具主要

坐落于莲花山上的历城有线电视差转台

田庄馨苑

田庄新居

是12马力拖拉机，每车装六七吨石子，每天都有40多辆拖拉机开往黄河以北，销售石子、石灰，这时村里出现了万元户。第三产业也得到发展。村民自建饭店、超市、餐饮业等20余处，增加了人均收入。

20世纪90年代，田庄村在上级政策扶持下，进行招商引资，向城镇化建设迈进。临港南区、山东建筑大学、山东公安消防总队等落户田庄；2016年万达集团选址潘、田两村建文旅城，开始进行旧村拆迁工作，共计拆迁1100户，面积35万平方米。当年年底，旧村房屋全部拆除。至此，有着600余年建村史的田庄村消失。新居选址在原村的东南方向。2020年上半年，村民住进了新建成的田庄小区，田庄人新的生活从此起步，而那块纪念“三五”惨案的铭恨碑也被安置在现村委会前面的小广场上，与田庄人荣辱与共，激励田庄人不忘国耻家恨，砥砺前行，开创新的未来。

材料提供：杨文生

初　　稿：刘恕恩

修改定稿：岳淑茗

董家村

胜果佛寺迹无影　福顺酱园循有声

虞山路：董家庄，虞山西北三里。东韩家庄、徐家庄，西邢家洼，北靳家庄、荀家庄，东北新屋头。

——明崇祯《历城县志》

东北乡北保泉二：董家庄，三、八日集。

——清乾隆《历城县志》

董家乡北保泉二：董家庄。

——民国《续修历城县志》

董家村一带历史悠久，文化底蕴丰厚。早在新石器时代，就有先人生活在董家这片土地上。2010年10月，全国第三次文物普查时，在董家村东北发现了一处古文化遗址。遗址为一高台地，中部隆起，四周平缓，东西长约440米，南北宽约360米，遗址上可见灰坑等文化遗迹，地表采集到鼎足、鬲沿、簋沿、鬲足等陶器残片。据专家考证，为大汶口文化遗址范围，证明董家村及其周边地区早在奴隶制度时代，经济社会就已发展到较高水平。

明洪武年间，董氏由河北枣强迁此建村，以姓氏得名董家村。自设

村庄原貌

村始，明、清、民国年间先后属巨冶河路、东北乡、老僧口乡等。1948年历城解放后，隶属董家区。1950年，隶属第四区董家乡。1951年5月至9月，历城县委、县政府曾借租于村内祠堂、庙宇和民宅临时办公。此后历经乡、公社、区、镇等多次隶属变更，但上一级机构均冠“董家”之名，且一直将机关设置于该村。2016年，省政府决定撤销董家镇，成立董家街道，董家村又成为该街道办事处驻地村。

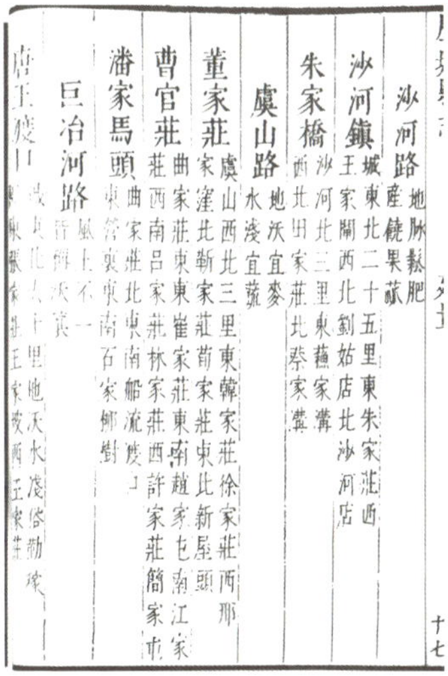
沙河路 地脉鬆肥 產饒果蔬
沙河鎮 城東北二十五里東朱家莊西 王家閘西北劉姑店北沙河店
朱家橋 沙河北三里東藕家溝 西北田家莊北蔡家溝
虞山路 地沃宜麥 水淺宜蔬
董家莊 虞山西北三里東韓家莊徐家莊西那 家窪北靳家莊荀家莊東北新屋頭
曹官莊 曲家莊東東崔家莊東南趙家屯南江家 莊西南呂家莊林家莊西許家莊簡家市
潘家馬頭 曲家莊北東南船流渡口 [illegible]
巨冶河路 風土不一 [illegible]
唐王渡口 [illegible]
十七

明崇祯《历城县志》中关于董家庄的记载

董家村有东北乡特有的习俗，特别是扎纱灯技艺远近闻名。民国初期，为庆祝推翻清政府和中华民国成立，村里的孙氏族人在族长孙学风带领下，置办了1套8对纱灯。从那时起，每年的正月十一日到十八日，村里都要扎纱灯。他们把两块一组灯石在街面上对称摆开，分别在石洞内插上高达3米左右的圆木，每块灯石上挂两扇纱灯。纱灯高约2米，为长方形造型，纱灯画面绘制的多是西游记、封神榜、八仙过海等民间故事，晚上蜡烛一亮，非常好看，吸引着十里八乡的村民前来观灯。可惜的是，纱灯在“文革”中被毁，只剩下几块灯石还散落在村中孙家街上，由此见证董家扎纱灯的辉煌。

董家村有尊师重教的良好传统和光辉的革命历史。1935年，历城县行政第六区被国民党山东省政府教育厅选定为山东省义务教育第一试验区，进行奴化教育的试验。试验区办事处和历城第六区的区机关均设在董家村。中共历城特别支部成立后，派“特支”宣传委员沈秉铃（鲁西南人）于1937年初在董家村南门里路东成立了一个消费合作社，对外名义上经营书籍、文具、日常用品，实则掩护“特支”开展地下工作。以后又组织进步青年成立了“读书会”。“特支”利用“合作社”“读书会”作掩

董家村街景

护，在国民党的眼皮底下建立了党的外围组织“抗日救国会”“抗日民族解放先锋队”，培养了一大批爱国积极分子，并从中发展共产党员。先后发展小学教员程海洲、王心崇等为中共党员。王心崇入党后毅然脱下长衫，组建了抗日武装队伍，加入党领导的抗击日本侵略者的铁血事业中。

董家村东西南北分别与杨家村、姚家村、李东村、荀于村接壤，地势平坦、土壤肥沃、四季温和、物产丰富，民风淳朴，群众生活充裕。2017年拆迁前有1024户、3500人，住宅面积1153亩，耕地面积3650亩，是方圆几十里的大村、名村。

升果院，在董家庄。至元重修。

——清乾隆《历城县志》

董家村最有名气的，当属历史文化遗产“胜果寺”了。

清乾隆《历城县志》之王炤《胜果院僧明通勒绩碑记略》：济南雄藩，甲於河朔。路治之东五十里无影山，其下有院，曰胜果院。兴自荣公山主，残金灭时，由河南行脚至此卓锡，功德王大檀那、县尉孙福、巡检曹诚、张都统、马千户众等同发善心创建。后数十年，殿舍崩摧，孙显、曹政与当时嗣院事僧文辉重修。厥后数十年，至知院僧明通，睹殿宇倾圮，辄发虔心，乡村耆老，悉欣然响应。经营之始，逮於落成，不阅岁而毕，约费楮币万缗有奇。

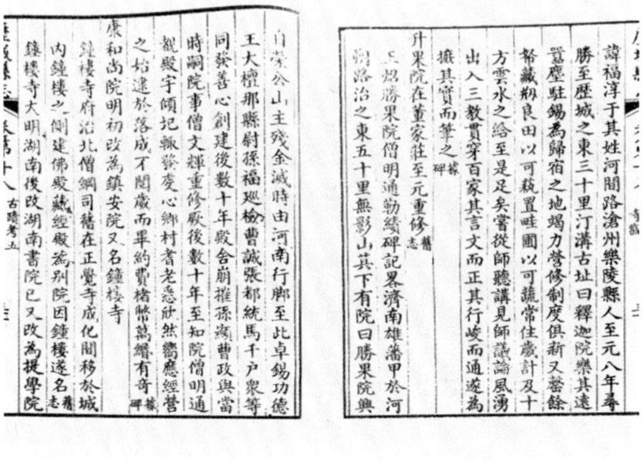
諱福淳于其姓河間路滄州樂陵縣人至元八年尋
勝至歷城之東三十里汀溝古址曰釋迦院樂其遠
囂塵駐錫為歸宿之地竭力營修制度俱新又罄餘
帑藏粥良田以可稼置畦圃以可蔬常住歲計及十
方雲水之給至是足矣嘗從師聽講見師議論風湧
出入三教貫穿百家其言文而正其行峻而通遂為
撫其實而筆之據碑
升果院在董家莊至元重修舊志
王炤勝果院僧明通勒績碑記畧濟南雄藩甲於河
朔路治之東五十里無影山其下有院曰勝果院興
自榮公山主殘金滅時由河南行脚至此卓錫功德
王大檀那縣尉孫福巡檢曹誠張都統馬千户衆等
同發善心創建後數十年殿舍崩摧孫㬎曹政與當
時嗣院事僧文輝重修厥後數十年至知院僧明通
覩殿宇傾圮輒發虔心鄉村耆老悉欣然響應經營
之始逮於落成不閱歲而畢約費楮幣萬緡有奇據碑
康和尚院明初改為鎮安院又名鐘樓寺
鐘樓寺府治北僧綱司舊在正覺寺成化間移於城
內鐘樓之側建佛殿藏經殿為別院因鐘樓遂名舊志
鐘樓寺大明湖南後改湖南書院已又改為提學院

清乾隆《历城县志》中关于升果院的记载

无影山

据上述记载，胜果院在路治之东五十里无影山下。无影山因山太低，日光能照到山北脚下，故称无影山。无影山是熔岩山，远看如同平地里扣上了一面大锣。无影山上植被茂盛，从春到秋郁郁葱葱，风景怡人。每到秋末万物凋零时节，整个无影山“山花烂漫”，数不清的野菊花迎着秋风摇曳、怒放。阳光下的无影山被漫山遍野的黄花装点的丰姿绰约，山坡上青灰色的胜果古刹掩映在一片灿烂的鹅黄之中，犹如仙境。人称“无影秋色”，为董家八景之一。

如今无影山“青山依旧在”，但山下的胜果寺却荡然无存了。经考证，升果院，后称胜果寺，遗址在今董家卫生院院内。始建年代不详，元代重修。胜果寺山门朝南，为八字粉墙，门前有古柏两株，胸径约半米，郁郁葱葱，直插青空，蔚然壮观。山门内有“四大天王”泥胎彩塑，庄严威武，颇具气势。进门迎面大殿供有观音菩萨，穿过此殿为寺院主建筑“大雄宝殿”，内供佛祖释迦牟尼。在大雄宝殿前东侧，立有两块龟趺碑，为元代重修寺庙时所立。碑文字迹模糊，较难辨认。但碑背面的“施财善人”尚能辨认，而且独具特色。捐钱人的姓名与众不同，一律都是第一个字为姓，末一个字为“仔”，姓与“仔”之间全是数字。如

“李四仔”“王六仔”“张十三仔”“吕二十四仔”等。

胜果寺遗存——石桃

胜果寺门前稍偏东南，有一个水塘叫“老龙湾”，遗址在今董家卫生院门诊楼东端。每到正月十五日前后，附近几十个村子的龙灯队都要到胜果寺前参加灯会，拜佛求福保平安，到老龙湾“龙取水”以求风调雨顺、五谷丰登。

胜果寺东邻为一场院，栅门里面是寺院僧人的打麦场。场北面有门，进门迎面是和尚的禅房。正南方约二三十米处，立有一座青石牌坊，面向正南，总高3米开外，气势雄伟。横梁上刻有“万国道德会筹备本处”，字高近15厘米，落款为“康有为题”。横梁正中上方，竖刻“龙门”二字。另外还有3块康有为题字刻石，分别为胜果寺庙门东侧墙上的“老龙湾”，牌坊正北的“鱼山”，庙门西侧的“无影山”，3块刻石长约90厘米，宽约40厘米，字径约25厘米。康有为题字略带魏意，行而不放，颇具功力。

当年，爱好书法的村民吕素水等人曾将康有为题字一一拓下来欣赏、临摹。可惜拓下来的题字也已无从查找了。1948年秋，胜果寺被拆除，连同牌坊石料，都运往黄河修了堤坝。至此胜果古刹变成了一堆废墟，“无影秋色”之景也不复存在了。

济南市第三批市级非物质文化遗产名录传统手工技艺：“福顺酱园”的酱菜制作技艺。

——济南市人民政府“济政字〔2010〕46号”

制作酱菜

董家人引以为豪的胜果寺历经兴建、破落、重修、旺盛，终被拆除，变成了无形的“物质文化遗产”。但是董家人同样引以为豪的“福顺酱园”却于2010年幸运地被列入济南市第三批非物质文化遗产名录。

济南市第三批非物质文化遗产，对福顺酱园的酱菜制作技艺有如下描述：福顺酱园的酱菜制作技艺是历城境内久负盛名的民间手工技艺，福顺酱园所产酱菜享有盛誉的是“五香疙瘩”，因其制作技艺独到，又物美价廉，民间便有“就福顺疙瘩，饼子多吃仨”的美誉。

早在500多年前的明代宣德年间，董家村村民吕守业因子女众多，家计艰难，于是在村南虞山北坡开荒种菜。果腹之余，将剩余蔬菜腌制成酱菜赶集出售，因酱菜口味独特，声名鹊起。后其四子吕成敬承传父业，于宣德九年（1434年）临街开办“吕记杂货铺”，主营酱菜。自此，吕氏后人皆以酱菜为主业，代代延续，声名远播。清咸丰二年（1852年），吕氏后人由吕安然、吕安禄两兄弟分家，将“吕记杂货铺”一分为二，字号分别为“公顺”“福顺”。其中，福顺杂货店位于村南北大街

福顺酱菜

中北段路东，前店后厂，颇具规模，沿街三大间门面，另有两间柜屋。店铺后面是一独立大院，计有作坊12间、敞棚12间、库房3间。

福顺杂货店经营项目繁多，有日用杂货、什锦糕点、酱菜调料等，大部分是自产自销。其中，闻名东北乡的特产主要有百籽糕和酱菜。酱菜最有名的是五香疙瘩。酱菜的原料皆来自董家村南虞山一带。虞山是济南地区罕见的火山熔岩山，山坡土壤养分充足，透气性强，所产的芥菜疙瘩、青萝卜、胡萝卜等质地细密、含水量小，是腌制酱菜的极好原料。其制作方法是，将洗净晾干的芥菜疙瘩层层撒盐码入大缸，按比例加入上好茴香、花椒、桂皮等十几种天然香料，加盖封缸，闷腌几天后进行倒缸、封缸。然后根据天气变化，不断进行倒缸、曝晒、更换香料等，历经一年十多次倒缸方可启缸销售。腌出的芥菜疙瘩色泽红润，口感筋道，回味悠长。有“东有同源酱瓜，西有福顺疙瘩”之民谣。

福顺杂货店以货真价实取信于民，买卖公平，在东北乡一带享有很高的声誉。并采取了股份分红制，东家出资兼经理，为财股，其余为人股，年终结算，出现经营亏损由东家承担，如有盈利按股分红，较好地处理了劳资关系，全店经理伙计上下拧成一股绳，杂货店干得红红火火。新中国成立后，福顺杂货店腌制酱菜技艺由吕安禄后人吕多文带入董家供销社实行公私合营，后来酱菜成为董家供销社门市部的独特产品，远销省内外。可惜的是，在2017年的旧村改造中，董家供销社成为一片瓦砾，早已改制成个人所有的供销社产权人也已远走他乡，因而久负盛名的非物质文化遗产“福顺酱菜”至此不复存在，成为董家人的又一个苦涩记忆。

新中国成立后，特别是党的十一届三中全会以来，古老的董家村发生了翻天覆地的变化。“一集一校一企”又成为董家村的新标志，董家村也因“三个一”而闻名于历城。

由于董家村一直为乡镇级政府驻地，因而交通、教育、医疗、商贸等基础设施完善，街区繁荣兴旺。当然，远近闻名的当属村域内的“一集一校一企”了。“一集”为董家大集，“一校”为历城二中，“一企”为齐鲁制药有限公司。

董家大集被清乾隆《历城县志》记载，不仅因其之久远，而且因其之规模。董家大集农历三、八日为集日，是历城东北乡一带最大的集市之一，有11个市口，集市面积达14240平方米，可容纳摊位3500个。在20世纪八九十年代，董家大集日上市达30000余人，是历城东北乡最大的集贸中心与物流中心之一。历城二中，于1958年由董家村出地100亩兴建。历经60年的薪火相传，该校从一所普通农村中学发展成为享有较高社会美誉度的齐鲁名校，跃入“山东省最具综合实力高级中学”“全国十佳创

20世纪60年代的历城二中

21世纪初的历城二中

齐鲁制药厂

董家大集

1962年董家大队民兵连冬训合影

新型学校”的先进行列。1995年，齐鲁制药安替比奥公司落户董家村，是当时山东省医药行业中最大的中外合资项目。董家村“近水楼台”，一部分村民经过培训，由“农民”变为“工人”，成为齐鲁制药的员工。2018年，齐鲁制药董家基地制剂园开工建设，该项目位于董家村西，用地面积800余亩，总投资55亿元，建筑面积50万平方米，项目建成后将成为现代化的药品研发、生产、经营中心。

董家村不仅顾全大局，在宝贵的土地资源上为企事业单位的发展做出了巨大贡献，更重要的是秉承了艰苦创业、开拓创新的优良传统，在新中国成立后各个时期不断进取，取得了一个个新的业绩。在土地改革、农业合作社初期的1952年2月，村民吕素贵办起全县第一个互助组。人民公社时期，村里在抓好农业生产的基础上，大办集体企业，兴办了远近闻名的董家砖厂。改革开放时代，又拿出珍贵的土地，支持县乡工业的发展，并引进引办，促进了全村经济社会事业的发展。村里还多方筹

新居内景

措资金，大力改善村容村貌，两次对村里的南北大街进行拓宽改造，并硬化路面，实现了户户通，小城镇面貌焕然一新。村民也各尽其能，勤劳致富，由贫困奔向小康。

在城市化进程中，董家村也和全区其他村庄一样，经历了由村落到社区“痛并快乐”的巨大变迁。2017年、2018年是董家村这个有着600多年历史的传统古村落难以割舍的转折点：2017年，历城区实施郭董片区城中村改造项目，村内建筑连同古老的董家大集一同拆除，传统村落消失；2018年，全村引以为豪的齐鲁名校——历城二中搬迁至唐冶片区。至此，古老的董家村落只能留在人们的记忆中了。尽管传统村落消失了，但是原来的村庄所在地将成为现代化二三产业园区。2019年底，3500多名村民将集中迁入位于郭董片区10村整合安置区。届时，村民们将搬入功能齐全、环境优美、交通便利、管理完善的新型社区，享受富裕繁华的城市生活。

如今胜果佛寺迹无影，福顺酱园难传承。董家大集不复在，历城二中校园空。乡愁也许成为村民们永远难以割舍、挥之不去而又无处寄托的独特情感。

材料提供：吕　军

初　　稿：徐宗亮

修改定稿：王瑞国

李家庄

深宅大院踞南北　传统技艺誉乡里

正东乡北保泉一，李家庄。

——清乾隆《历城县志》

董家乡明贤十三，李家庄。

——民国《续修历城县志》

李家庄是由李家西村和李家东村两个行政村组成的自然村。位于郭店街道办事处驻地北部，东依虞山，西与相公庄村隔刘公河相望，南为锦平，北接齐鲁制药公司。截至2018年，李家庄共有540余户、2180人，其中李家西村200户、1030人。

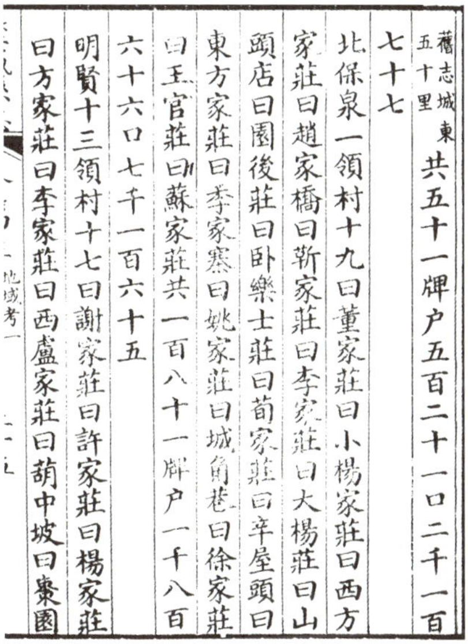

舊志城東五十里 共五十一牌户五百二十一口二千一百七十七

北保泉一領村十九曰董家莊曰小楊家莊曰西方家莊曰趙家橋曰靳家莊曰李家莊曰大楊莊曰山頭店曰園後莊曰卧樂士莊曰荀家莊曰辛屋頭曰東方家莊曰李家寨曰姚家莊曰城角巷曰徐家莊曰王官莊曰蘇家莊共一百八十一牌户一千八百六十六口七千一百六十五

明賢十三領村十七曰謝家莊曰許家莊曰楊家莊曰方家莊曰李家莊曰西盧家莊曰葫中坡曰棗園

地域考一

清乾隆《历城县志》中关于李家庄的记载

明洪武初年，李家庄先祖李仲德同其兄李仲贤、弟李仲由三人从直隶枣强县迁移至此。李仲德见此地环境优美，土壤肥沃，便定居下来，他的兄弟则迁到了附近的两个村定居。此时，已有杨、李、张诸氏定居建村，村子名叫南留庄。李氏定居后人丁兴旺，便扩村建庙，遂将村子改称李家大庙，以后沿称李家庄。由于李家庄位于虞山以西，人们又以李家庄相较于虞山的方位命名，将李家庄称为“山西头李家庄”。民国以后，李家庄以村中间一条南北大街为界划分为李家庄东村、李家庄西村，又多有分合。1958年被分设为李家庄东村、李家庄西村两个行政村至今。

李家庄村地势南高北低，东高西低，属平原地貌。东西较长，南北狭窄，呈不规则四方形。早先有两条主要街道，皆为东西走向，位于村南侧的街道为前街，位于村北侧的街道为后街。后来，又铺建了两条新街，四街成“井字形”，使村庄处处相通。李家庄多良田，村南为黑土土质，村北为纯黄土土质，主要农作物有粮食作物和蔬菜。

李家庄水资源十分丰富。村东鸿沟下面有非常丰富的地下水资源。20世纪60年代，省里的勘探队在李家庄东村勘探出了一个大的铁矿，在开采过程中发现了一条地下河。不仅能满足李家庄村民日常的生产和生活需要，还解决了附近几个村庄的用水问题。另外，村内水系完善，由多个塘湾组成。这些塘湾是为蓄水、抗涝、防火所需由人工挖凿而成，且湾湾相连。

李家庄村东，有一处独特地貌，有“石虎石龙八叉沟”之称。该地貌其实是由许多鹅卵石组成的“鹅卵石滩”，在鹅卵石滩东边，有一处形态像龙，而在西边，则有一处形态像虎，因为堆放十分不规则，形状同当地方言“四仰八叉”所描述的一般杂乱，因此，村民又称这处地貌为“东龙西虎八叉沟”。

1929年7月1日，历城县辖12个区，李家庄属历城四区。1950年，属历城县董家四区。1958年9月，撤销乡建制成立人民公社，李家庄分设为李家西村和李家东村两个行政村，属历城县平原人民公社。1961年7月，属东郊区韩仓人民公社。1963年5月，属董家区谢家人民公社。1964

年，属董家人民公社。1976年，属董家区。1984年，属董家镇。1985年，划归郭店镇。2011年3月，属郭店街道。

李家庄内有两处有名的院落，分别为西南院和西北院。这两座深藏村里的大宅院，如同历史印鉴，不仅留住了记忆，也见证了一段历史。

清嘉庆年间，李家庄出了一位四品大员，名为李继汤，曾在德州府任管粮道台一职。李继汤发迹后，在老家为自己的八个儿子建了一座大宅院，因位于李家庄的西南方，故称西南院。由于李继汤阅历丰富，西南院的整体建筑风格便模仿皇宫建筑，并体现庄园式建筑风格。西南院南北长约300米，东西长约200米，占地面积约为90亩。西南院整体是坐西朝东，有北门、中门和南门三个大车门，皆朝向东方，为复合式建筑，层门叠院，共有院落14处，大小房屋百间有余。据说李家庄西南院是皇帝特意恩准所建，是为迎接皇家人去泰山上香时预备下的行宫。相传县官路过西南院处，也要下马走过。

从北门进入，在一条东西方向的胡同内，有坐北朝南的院落4处。院落前有一条小路，原本没有名字，在20世纪七八十年代，因住在此街上

芙蓉街

人家生活较富裕，被称作芙蓉街。街前是一条东西走向的排水沟，名叫天桥沟，主要是用于夏季泄洪。旱季沟里没水时，是韩仓、刘家等附近村民去赶董家集的一条交通便道。沟的西南头上建有一座石拱桥，宽约7米，造型十分美观，名为广胜桥。通过此桥，从北门进入后不必进出另外两个车门，就能通往西南院的各处院落。该桥建于清朝年间，1976年，村中修建水塔因缺少石料，而把它拆除获取石材。

从中门进入，一条东西胡同内也坐落着4处坐北朝南的院落，从东往西第二座被称为厅房院，此院落是西南院中规模最大、规格最高的一处院落。厅房院门前有一对石狮子，院门两侧有楹联一对：诗书门第，孝悌力田。进入庭院，有一影壁矗立。院内有厅房三座，北屋、西屋、南屋，都是“道士帽”式的结构，前短后长。其中坐落于院落中间的北屋厅房为会客厅，是为主房，为“前出厦后落金”式，落金就是指屏风。北屋厅房为三间，12扇门，8梁16柱，廊柱下面有圆形柱础，上面虎踞龙盘，技艺非凡。厅房东、西两头各一座厢房，俗称东、西小北屋。屋内，迎面是一高大屏风，上面有红底金字匾额一块，这块匾的一小部分至今还保留在李继汤后人李法青家中，可惜上面的字迹都已模糊不清，无法推断匾额上的具体内容。两旁有抱柱联两对，一对为红漆金字，一对为黑漆金字，上有楹联两幅，究竟刻的什么字现已经无从考究。这两副楹联在破“四旧”时均被毁。

北屋厅房对面是南屋厅房，有12扇门，12根立柱，也是会客用的。两房之间是坐西朝东的西屋厅房，是有4扇门、4扇窗、12立柱构成的三间房屋。它的对面是带有隔栅的三间东屋，用作账房，掌管西南院钱财、账目，李家巨额金银的存放、进出皆在此屋。紧靠着东屋的南侧是小东屋，被称作“私塾房”，是李氏家族的孩子们读书学习接受教育的地方。

厅房院的房屋高大美观，青砖灰瓦，在它的大门、影壁、二门、北屋、西屋、南屋屋脊上都有龙头、神兽、哈巴狗等雕件，一溜排列，气势逼人，是为驱邪镇灾之用。还有精雕细刻的砖雕，上刻龙、兽，有闭口的，亦有张口的。木格绫雕花窗子，上部雕花纹，下部刻方格，檐下对称雕刻着镂空雕花木刻。屋两侧有许多缠枝牡丹、蝙蝠、如意祥云等吉祥寓意的深浅浮雕，象征风调雨顺、四季平安。整体既庄重又活泼，皆为精品。厅房院西侧的另一处院子，门口也有石狮一对，院内有一座二层小楼，是藏书楼。

从南车门进入，迎面是一个十米宽的大影壁，沿着一条东西走向的小路向前，里面有四条小胡同，胡同内有坐北朝南的院落6座。里面还有许多大门和房屋，一般都是前院小后院大，一个套一个，每个庭院都布局严密，呈四四方方的中式四合院式。西南院内各个院落的建筑风格和整体布局相似，都是明清时期的四合院和同字形建筑。

西南院建成后，三个车门中的各进院落被李继汤分配给八个儿子中的六个居住。西南院不仅占地面积广，且居住人数众多，院中李氏族人更是人才辈出。但从20世纪30年代开始，李家渐渐衰落，李氏子孙们为生活

拆迁前西南院遗存建筑

拆迁前西南院遗存建筑

遗存建筑构件

所迫陆续变卖土地和房产，已无法再现当年的风光。新中国成立后土改时又有部分房屋分给贫下中农。三年困难时期，部分房屋被拆除变卖。2010年前，西南院北门内尚有3处院落大致还保持原貌，但院内房屋大都翻盖或改建。中门中的第一家曾用作李西村村委办公室的厅房、厅房院中的北屋厅房，还有南门第二家的一座厅房，是西南院所剩最后的房屋，在2014年李家西村旧村拆迁时先后被拆除。曾为村委办公室的厅房、厅房院中的北屋厅房所拆建筑构件被郭东村赵国义购买并一一编号保留了下来，以待日后复原重建。南门厅房所拆建筑构件被济钢的一个人买下，不知所终。

西北院位于李家庄的西北角，建于清代，由李家庄富户李侍建造。西北院南北长约60米，东西长约120米，是李家庄的建筑中规模仅次于西南院的院落，在附近几个村庄中也十分有名。与西南院不同，西北院不仅仅是一座可供人居住的院落，还是一座酒厂，由李侍后人李梦九开办经营。酒厂占地一顷，有工人十数个，蒸酒用的大铁锅有三口，另外还有若干牲口和其他设施。西北院酒厂酿出来的酒香、纯、甘、洌，由舌尖入喉，真实原味、清香恣意散发。因此，李家庄的高粱酒在当时十分闻名。李梦九又十分善于打理生意，经常与长工一起干活。在他的经营管理下，酒厂的生意蒸蒸日上，规模也越做越大，在济南开了一家名为广生站的门店，专门售卖西北院中酿出的高粱酒。在解放战争时期，广生站被炸毁，随后，高粱酒厂也关闭，西北院的前院因此丧失了生产功能，与后院一样，用于居住。再后来，前院和后院又被分为很多个不同的小院，主要由李梦九这一支的李氏族人居住。李梦九于20世纪60年代初去世。

李家庄拥有古庙、古碑、古树、古堰、古桥等众多古迹，还有“十个将军换一个产业”的传说，以及阵容强大、颇有影响的龙灯表演。随着村落的消失这些都已成为村民们永久的记忆和挥之不去的乡愁。

关帝庙

在李家庄有明清时期所建的文昌阁，土地庙，东、西关帝庙，金星老爷庙等众多庙宇。其中金星老爷庙是李家庄中第一大庙，在周边村落十分闻名。它是一座道观，位于李家庄村北，在李家庄东村和西村分界处。金星老爷庙庙门朝南，大门由木头制成，门口有两座石狮子，高约2米，宽约半米。金星老爷庙两侧皆有圆形侧门，直径在2.2米左右。道观占地面积大，建筑风格稳重，院内墙上皆有壁画。从大门进入，有一个前廊，廊约5米长，两侧分列钟楼、鼓楼。位于西边的是鼓楼，位于东边的是钟楼。钟楼、鼓楼3米多高，钟楼上挂有一大铜钟，鼓楼上挂有一面大鼓，钟鼓楼皆造型古朴、庄重严肃。经过钟鼓楼，往庙内走有一影壁，形状为一字形。影壁后有一大殿，名为金星殿，供奉着金星老爷。金星老爷实为道家的创始人老子。在金星老爷两侧分别供奉着四大天王。金星殿后有玉皇殿，是金星老爷庙的主殿，供奉着玉皇大帝。在金星殿和玉皇殿之间有一小院，院中有一两米见方的韦陀殿。韦陀殿由青石修建而成，正位于玉皇殿前方，金星殿后方。

刘孺人节孝坊

玉皇殿后有一义学。此义学为1915年时，李家庄的一大户人家捐地30大亩建成，专门供庄内子弟读书。

1965年李家庄小学毕业师生合影

刚开始的义学仅有复式班，教室共三排，一个班有三个年级的学生，分作三排座上课。义学中仅有一位教师，由谢建侯担任，后来吕兴武、段义春、董西周接任教师。新中国成立后，金星老爷庙的义学和后院皆被改建为小学。1971年，学校设小学部、初中部两个部分。到1975年时，学校内已有五六百名学生，此时，金星老爷庙的金星殿和玉皇殿皆被改为教室，加上原有的义学，共有三个教学场地。金星老爷庙的东侧建有一排办公室，为学校教工办公、备课所用。1988年，学校的初中部合到郭店镇中学，仅剩小学部。2003年，学校的小学部也合并到郭店镇小学，由义学发展而来的学校被废弃。2013年，金星老爷庙被拆除。

李家庄西村靠近刘公河的一侧，有一处龟驼碑，于清朝年间建立，高5米，为青石碑。立碑处正是刘公河更改流向的地方。刘公河在此由南北走向改变为东西走向，这样一来极易发生洪灾，因此，李家庄西南院人出资在此处树立一座龟驼碑和一条石坝，用以镇压水患。石坝就是在刘公河北岸、李家庄南侧的一条大堰，为石头筑成，底部有5米多宽，顶部宽约1米，高3米多，长约几百米。大堰犹如一条百米长龙，横亘于村南，既可以阻挡河水泛滥危害村庄良田房舍，又可以改善风水为村庄带来祥瑞之气。村西刘公河上有青石搭建的三孔石桥三座，分称西桥、北桥和南桥，总称刘公桥，用以方便东西交通。

在李家庄东村和李家庄西村交界的地方，有一棵老槐树。此树栽种于明洪武年间，近4米高，3人合抱粗，树干已然中空，其中空部分可容纳一名成年人进入。此槐树地处于街巷当中，故而树枝生长受限，树冠较小。相传此树能够保佑顺利产子，周边村民经常在槐树下烧纸祈福，许愿多子多福、四季平安。2016年，因村庄整体拆迁改造，槐树被移植到唐冶公园中。

相传，在清朝中期，李家庄李氏人口剧增，产业发达，家族中出了很多官员，运势极佳。有一位知名的风水先生来李家庄后，说此庄将出

李家庄东村国槐

十大将军。不久，几个南方人来到李家庄，在这里做泥瓦盆生意。当时，泥瓦盆生意利润可观，村民便跟南方人学习制作工艺，但烧制泥瓦的关键工艺始终没有学到，因此，也就一直离不开南方人。一年后某天，南方人突然十分热情地传授手艺，很快当地人便能独立制作泥瓦盆，南方人便携带赚得的大量财富返回了家乡。当年秋天，李氏族人祭祖时突然发现李仲德墓碑右下角缺了一块，便找人去询问当年的风水先生。先生告知，缺的一块里面原来有金蝈蝈，被那些南方人拿走了，依靠金蝈蝈，南方人赚得钵满盆满，但李家庄出十大将军的运势却没有了。从此，李家庄制作泥瓦盆技艺名扬四方，随之烧窑成了李家庄的一个重要产业。因此，村中便有了“十个将军换了一个产业”的说法。

水塔

李家庄烧窑的历史已无从追溯，其原料为虞山盛产的红土。匠人将红土从虞山上运下来，晒干后用水和成泥，塑成器件泥坯，放到自制的土窑中烧制，产品有盆、罐等农家常用的器皿，做工较为粗糙，以实用为主。后来，坯子窑也烧制屋脊瓦。新中国成立前，李家庄内共有八个坯子窑，同时，村中还有十二位善于烧窑的匠人，被称作“十二窑匠”。新中国成立后，大多数坯子窑被拆除。

龙灯是李家庄村民每年正月里都会表演的节目，大约开始于清朝，逐渐流行，至今已经有数百年的历史。龙灯又称龙舞，是一种古

舞龙灯

元宵节龙灯会

老的中国民俗舞蹈，反映了古代中国人对龙的崇拜。龙是吉祥的象征，因此李家庄每逢过年，都举行舞龙灯的活动。李家庄的龙灯身长10余米，直径60多厘米，一般为九节，内用铁丝做成圆形，安上灯泡或蜡烛，外用纱布包裹涂色而成。舞龙者由约10人组成，一人举绣球在前斗龙，一人舞龙头，其余人舞龙身，表演“二龙戏珠”“双龙出水”“火龙腾飞”“蟠龙闹海”等动作。由于舞龙头对体力消耗较大，因此，一般轮换进行。李家庄舞龙灯的时间在每年的正月十三日到十六日，持续四天的时间，每天都有不同的寓意。正月十三日，玩灯取水，杨公祭。村民们舞龙至村中水井处，打井水，然后前往村中庙宇，将打上来的井水放在庙里，以祈求来年风调雨顺。正月十四日，麦子灯。龙灯会转遍村中每一个角落。当龙灯转到一户村民的门口，这户村民就会在家门口烧几张纸。另外，每条街都会在龙灯路过时燃放鞭炮，用以镇灾趋吉。正月十五日，白天进行会灯，晚上举行五谷杂粮灯。所谓“会灯”，就是李家庄和附近几个村庄共同表演龙灯，除了追求热闹外，还颇有竞赛的性质。这一天，不同村庄的龙灯聚在一起，群龙盘踞，五颜六色，场面热闹。而在晚上的杂粮灯，体现了村民们对来年粮食丰收的期盼。正月十六日晚上，也就是舞龙灯的最后一天，是果本灯主题，与李家庄内种植的各种果树有关，期盼来年瓜果丰收、果香四溢。这天晚上还举行“拜财神”的活动，村民们借助龙灯仪式祭拜财神爷，祈求生活富裕，衣食无忧。拜完财神就收灯。

李家庄于2014年4月8日正式开始拆迁，2018年拆迁完毕。2018年8月，村民们搬入位于郭店社区卫生服务中心北侧的李东、李西两村集中安置地——李家庄园。曾经精雕细琢的气势非凡的西南院、酒香四溢的西北院、“十个将军换一个产业”的传说以及喜气洋洋的龙灯会等都深深印刻在一代代李家庄人的记忆深处。岁月更迭，精美的古建筑，香气四溢的美酒连同古老的村落，一起湮灭在了历史的尘埃之中。

材料提供：李法青
初　　稿：赵　鹏
修改定稿：岳淑茗

李家庄园

东河崖头

日军血债铭心记　乡村舞台庆新天

正北乡鹊华四：邓家庄、汝家楼、赵家庄、彭家庄。

——清乾隆《历城县志》

洛口乡鹊华四：汝家楼、赵家庄、邓家庄、彭家庄。

——民国《续修历城县志》

东河崖头村简称东河，是一个行政村，位于济青高速公路以北、黄河大坝以南，荷花路街道西3.5公里处，东与马家桥村接壤，西与西河

原村一角

崖头村相邻。至2017年3月，有116户、535人。

村民旧居

明洪武年间，邓、汝、赵、彭四姓由直隶枣强迁至济水（大清河）南岸一处俗称“河崖头”的高地居住建村，并以各自姓氏命名村名，分别为邓家庄、汝家楼、赵家庄、彭家庄。清咸丰五年（1855年）六月，黄河决口，夺济水入海，四村成为黄河南岸村庄。因有一繁荣码头在村北河崖处，民国二十九年（1940年）前后，四村合并，统称河崖头村。其间也有其他姓氏迁来此地定居，并形成了小自然村。1958年，以村中的水湾为界，河崖头分为东河崖头、西河崖头两个行政村，隶属历城县东郊人民公社。东河村由彭家庄、高家庄、赵家庄、汝家楼、小辛庄等几个自然村组成。历经郊区、历城所属的华山人民公社、华山镇管辖后，东河村于2010年划归荷花路街道。

在咸丰年间黄河改道之前，村北码头常年堆放着盐、麻、苇、席等

原村道路

货物。码头南侧有3棵直径1米多的大柳树，拔地参天，浓浓树荫下是一座俗称“红庙”的小庙，周围旅馆、饭馆林立，车马云集，人来船往，热闹非凡。自黄河夺济水河道入海后，沿河修筑了黄河大堤，码头及红庙从此消失。

除了红庙，旧时村中还有多处庙宇。高姓家族和庞姓家族聚居地分别有一座土地庙。村东三皇庙占地10亩，庙内供奉着天皇、地皇、人皇。清朝末年这座三皇庙陆续断了香火，因常年失修，只剩下几道破壁残墙。

日本侵略军占领历城后，以法西斯手段践踏蹂躏历城人民，四处烧杀抢掠，在历城境内制造了一起又一起骇人听闻的惨案。

——济南出版社《历城革命斗争》

日军侵华，神州大地深陷水火，远在黄河岸边、地处大坝深处的东河村也未能幸免于日军的暴行。村里的私塾先生赵长庚为保护学生被日军炸死、日军奸淫妇女两大血债至今铭刻在河崖头人的心中。

1942年7月的一天中午，骄阳似火，驻扎在卧牛山的日军小分队日本兵，难耐炎阳的炙烤，有七八个日本兵下山，来到山西边的马家桥村，村北的一片水塘吸引了他们。他们便跑到水边放下长短枪，脱光了衣服，毫无顾忌地洗起澡来。

正当这群日本兵嬉嬉闹闹时，一阵排枪劈头盖顶扫来，把光着屁股的日本兵打得哇哇乱叫，鬼哭狼嚎，一个劲地往水里钻。卧牛山的日军听到枪声立即下山支援，霎时迫击炮、三八大盖、歪把子机枪一路扫来，水里的日本兵趁机爬上岸，抓起武器进行还击，当山上的日军冲到出事地点时，却不见打枪者的踪影了。日军小队长瞪着血红的眼珠子，挥着战刀哇啦哇啦地吼叫了一阵，便缩回据点。

原来，日军下山洗澡时，就被我八路军黄河支队的一个侦察班（有的说是杨国夫将军路过此处）发现了，他们从青纱帐里移动到黄河大坝顶上，居高临下向正在洗澡的日本兵开了火，打了日军一个措手不及。之后，他们便悄悄地撤走了。

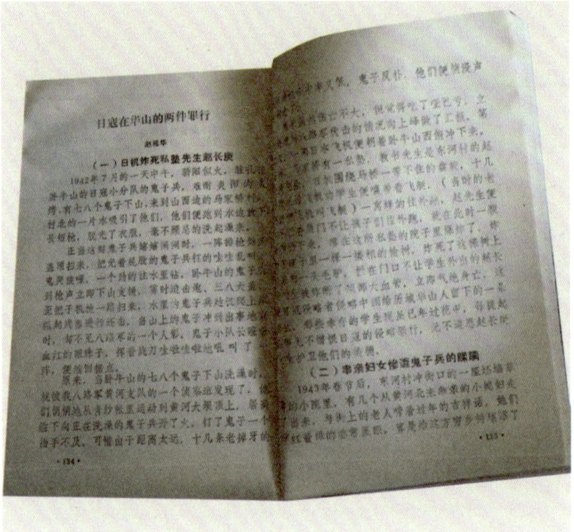
日寇在华山的两件罪行

（一）日机炸死私塾先生赵长庚

（二）串亲妇女惨遭鬼子兵的蹂躏

·134·

·135·

历城文史资料《纪念抗日战争胜利50周年》专辑中关于日军在东河崖头所犯罪行的记载

日军吃了哑巴亏，立即将遭到八路军伏击的情况向上峰做了汇报。第二天，一架日本飞机朝着卧牛山西面俯冲下来。当时，马家桥有一私塾，教书先生是东河村的赵长庚先生。日机围绕马家桥一带不停地盘旋，十几个没见过飞机的学生叫嚷着要看飞艇（当时的老百姓把飞机叫飞艇），并一窝蜂地从教室往外跑。赵长庚便拦着屋门不让孩子们往外跑，就在此时一颗炸弹扔下来，落在私塾的院子里爆炸了。炸弹炸断了院子里一棵一搂粗的榆树，拦在门口不让学生外出的赵长庚先生被炸断了颈部大血管，当场气绝身亡。如今还有幸存于世的学生，他们虽年事已高，但每提起此事无不憎恨日军暴行、懊悔当年的年幼无知、感恩恩师舍身相护的壮举。

日军欠东河村人的另一笔血债是串亲妇女惨遭日本兵的蹂躏。1943年春节后，东河村街口的一座坯墙小院里，有几个从黄河北来串亲戚的年轻妇女走进村中，与街上的老人唠着过年的吉祥话。由于是过节她们穿红着绿，给这方穷乡僻壤添了一点色彩。

东河村虽是个不足百户的小村子，可有一条直通济南的官道从村南通过。这时有一辆三轮挂斗摩托车载着三个日本兵从村头路过，他们看见了这几个穿红挂绿的妇女，便调转车头朝村里驶来。这几个年轻妇女，见日本兵朝她们冲来，便朝院子里跑去，但被三个日本兵全堵在了赵三甲长的屋里。赵三甲长赶忙敬茶敬烟想解救这几个妇女，日军毫不理睬，一枪托子把他砸昏了过去。三个日军哇啦哇啦叫着把男人、孩子用枪拨拉到另一屋里，留一个持枪看门，然后轮流将这几个妇女全部蹂躏。

如今70多年过去了，但是日军欠下的血债，东河人代代铭刻在心。

东河村的百姓不仅有自发的社戏、扮玩和戏曲活动传统，同时也涌现了一些爱好民间文艺的人才。他们在自己的舞台上演出了吕剧《李二嫂改嫁》，演出时间比山东吕剧团还早一年。

新中国成立前，每逢春节村民便自发组织一些文艺活动。新中国成立后，由于不再受外敌的欺凌，东河人翻身做了主人，过上了幸福生活。他们在乡村舞台上排演戏剧、载歌载舞，欢庆新天地、新生活。吕剧是东河人喜闻乐见的戏，也是他们演出的拿手好戏。最早演出的剧目是《李二嫂改嫁》。因为演出脚本是村民汝良从泰安师范带回的手抄本，村里的业余剧团演出的时间比1954年山东吕剧团首演还早一年。

吕剧《李二嫂改嫁》宣传海报

《李二嫂改嫁》受到了村民的称赞和热烈欢迎，业余剧团大受鼓舞，在

1953年至1956年期间相继演出了《小姑贤》《王定保借当》《借年》《墙头记》等剧目，极大丰富了当地乡村的精神文化生活。在1955年县里的农村戏剧会演时，东河村表演的《小姑贤》荣获金奖。

除了吕剧，东河村及周边沿黄一带村庄，还曾流行过一种叫作“迷戏”的地方小戏。有人认为，迷戏是吕剧的前身。但是这种小戏演唱难度较大。

丰富的戏曲、曲艺活动，也催生了东河村几位颇具才华的文艺人才。比如20世纪50年代的村党支部书记赵延斌，后来到济钢工作，曾担任济钢艺术团团长。他创作的山东琴书《牛发和》荣获1960年全省曲艺创作一等奖。又如笔耕不辍的赵延华，1981年被聘为《济南日报》撰稿员，在《济南日报》《济南农民报》上发表诗歌、小戏作品若干。他在1983年创作的吕剧《上梁之前》获得了山东省文化厅优秀创作奖，短篇小说《夜歌》发表在《当代小说》上。村里还有一位名叫汝昌的木匠，写得一手好字，善

扮玩

社戏

刻印章，木雕手艺尤其出色。他雕刻的天安门城楼和黄河铁路大桥，曾获木雕艺术优秀奖。汝昌曾设计雕刻了一只小巧玲珑的木鼎，摆在桌案上，只要客人落座，用手指一按顶部机关，便“啪”的一声跳出一支香烟来，令人称奇。这些才子巧匠一直为东河村乡亲们津津乐道。

东河村紧靠黄河，村民生活也与黄河息息相关。为了整修河堤防止水患，村民几度搬迁。2017年的拆迁，让村民们彻底告别村落融入城市生活，而东河村也从此消失在了历史的长河中。

东河村地处黄河下游平原区，地势呈南高北低状态，残留有坑塘涝洼的地势特征。

全村呈东西狭长地势，以族姓聚居特征明显。村庄东起是以高姓为主的自然高地，顺延往西则以赵姓、汝姓、刘姓、庞姓、谢姓等聚集，形成了大小不一的土台建筑风貌。高姓以东是一片坑洼，赵姓与汝姓间隔湾塘，汝姓与庞姓、谢姓则处于低洼地带。

村庄建在沿黄涝洼地带，零星分布着许多坑洼地，由于常年积水成湾，因而芦苇婆娑，莲叶接天，野鸟成群栖息，自然形成了一片湿地景观。

尽管湿地风光独特，但自然条件恶劣。新中国成立前的东河村是个贫穷的小村子，全村大多数人以担货物、熬盐卤、卖豆腐等小本生意为生。村里房屋多是土坯房、草房，偶有几家富户住的是砖瓦结构的四合院。新中国成立后，土坯房、草房逐渐被瓦房代替，但村内地势坑洼不平，整体面貌还是比较陈旧。

1989年后，由于黄河大堤拓宽，东河村整体南移。村“两委”对新村建设统一规划，每户建筑面积控制在250平方米内，墙体建筑高度3.6米。街道整齐，花木葱茏，新村面貌焕然一新。

村庄北邻的黄河大坝，宽150米。为了增强防洪能力，同时也为了美

捕鱼

黄河大堤

接天荷叶

黄金梨

插秧

化环境，2001年黄河水利部门对黄河大坝进行了加固加高，并对大坝两侧进行了绿化，临河种植了30米柳树防护林，还建设了约100亩黄金梨种植区。该梨是从韩国引进的新品种，形似苹果，味道甘甜，颜色金黄。每到深秋时节，便有众多游客慕名而来旅游和采摘。村庄面貌变化极大。村民从1994年开始安装固定电话，以后电脑、宽带也进入寻常百姓家，拉近了村民与外界的距离，开阔了村民的视野。2001年，为增加群众收入，村里从湖北武汉引种了莲藕的新品种“鄂莲五号”。该品种口味好，肉肥无渣，一上市便深受消费者欢迎。

2005年村“两委”根据农业严重缺水状况，为了确保水稻种植用水，村集体投资修建小型水库1座。2005年6月村里完成户户通自来水工程，家家户户都用上了甘甜的自来水，结束了祖祖辈辈长期饮用苦咸水的历史。2005年由集体投资30万元，对村内道路进行了硬化，家家都通上水泥路。同时对路旁进行绿化美化，栽植了法桐、紫叶李、冬青、迎春花等花草树木，被评为全区生态文明村。2008年村里又对进村道路进行拓宽改造，路面由原来的4.5米宽，增加到8米宽，两侧还栽种了法桐，村容村貌提升到了新水平。

荷景苑

2016年11月，上级对荷花路街道四村（东河、西河、前张、蒋家沟）进行拆迁改造。旧村从2017年4月21日开始，历时28天，至5月29日全部拆除完毕。共拆除231户、总面积（包括非住宅）达222188平方米，完成了拆迁任务。2020年底，村民们将回迁到在蒋家沟村原址上建造的安置小区——荷景苑居住。从此这片在黄河沿岸繁衍生息了600多年的村落，带着无尽的乡愁和眷恋，消失在历史长河中。

材料提供：赵延华　汝少胜
初　　稿：陈　芳
修改定稿：王瑞国

港沟村

马家厅房喜迁建　港沟粮所幸保存

神武路：蒋沟。

——明崇祯《历城县志》

正东乡南保泉二：蒋沟。

——乾隆《历城县志》

东庑乡南保全二：蒋沟。

——民国《续修历城县志》

原村街巷

港沟村，明清时称“蒋沟”村，或因村中大姓蒋姓而得名。相传，宋代名为杨家台子和王家台子，皆因杨、王二氏最早在高台之上定居建村而得名。《田氏家谱》记载，田氏于明万历元年（1573年）由田家庄迁入。据本村土地庙内立于万历四十八年（1620年）碑文所记，当时的村名为“蒋家沟”。其后，因村庄西南峪

村庄拆迁前港九路与旅游路十字路口

原村委大院后方塘

为山洪流经之处，常年冲刷使得地势高低不平，形成了若干土岗、台地和深沟，而村中也早已不再有蒋姓，故演化称“港沟”，改称时间不详。据莲花山碧霞宫重修纪念碑（1924年）碑文所载，民国时已称“港沟村”。

民国初年，港沟村隶属历城县东梧乡；1950年，隶属港沟乡；1958年9月成立港沟人民公社，港沟村为公社驻地；1987年9月撤区并乡，隶属港沟镇；2010年撤镇设港沟街道，隶属港沟街道。

新中国成立初期，港沟村有500余户，1000余人；20世纪80年代，港沟村有800余户，2600余人；截至2018年3月，港沟村有1570余户，5500余人。

中心湾大柳树

港沟村北面是莲花山，村西延绵山脉称西山（又称围子山），东面3公里外是章锦村，东南处为有兰峪村。

早年间，港沟村主街为石头路面，有“穿三湾”之说。村东有一湾因湾后有座大庙，称“庙湾”。大庙在新中国成立后至1969年曾被改为学校。位于村中心的湾叫“中心湾”，湾前原有一棵古柳，被砍伐后，又冒出枝叶长成一棵新柳树。因柳树一带地势宽阔，20世纪曾在此放映电影、演出戏剧，一时热闹非凡。中心湾以西有一湾则称“小湾子”。

港沟村人记忆最深的当属

有200多年历史，位于村中心的古井了。古井为圆筒形，直径约为1.3米，深30米，口小肚大。当时，为解决全村400余户人家的吃水问题，由村民捐款请石匠凿石砌井。方石井口经长年累月井绳摩擦，被勒出道道深痕。村里打了机井后，老井被填埋。但村里人对老井还是念念不忘，因为老井滋润了无数港沟人的心田。为留住乡愁，2018年村里出动机械，挖开被埋老井，使其重见天日。

港沟水坝

20世纪50年代，为解决村民生产生活用水问题，村里在村东韩仓河上兴建了“港沟水坝”。坝高2.1米，宽2.8米，水坝两端用条石砌壁，坝体为梯形，坝面之上墩座高1.2米。多年之后，在此坝下数10米处，建起一座两墩的石桥。石桥桥墩为箭头状，南窄北阔，桥墩长4.4米，宽1.2米，桥座间距15米。目前，水坝依然在每年雨季时，发挥着蓄水泄洪的功能。

王家台子古槐

在村里王家台子上有一棵国槐，据说已有300多年的树龄。古槐树径1.2米，外侧树皮脱落，树干中空。因国槐古韵沧桑，因而被列入济南市古树名木。

2019年2月27日，中国招标与采购网发布“济南市历城区港沟街道马家厅房文物迁建工程施工竞争性磋商公告”。

马家厅房是一处远近闻名的古宅院落，它是清代官宦马希文返乡后，为接待来客和族人议事而出资兴建。马希文，港沟村人，在清末考中榜眼，官至二品。厅房坐北朝南，三进三出。为便于族人出行，当时收购了16户村民地基，开辟伙巷。残存的马家厅房，布局大气、建造精美，堂柱、窗棂装饰精美，木雕、石刻颇为讲究，是近代历城极具代表性建筑。历经沧桑的马家厅房，见证了港沟村100多年来的风雨兴衰。

2011年6月，在全国第三次文物普查时，马家厅房被认定为新发现文物而被保护了起来。在港沟村城中村改造时，为保护这一精美民居，项目实施单位彩港片区指挥中心决定把马家厅房从原址往东北方向整体迁移100米，指挥中心发布招标公告，选择有资质的古建筑施工单位进行迁建。迁建工程于2019年4月开始动工，历时1年完成。

迁建前的马家厅房

迁建后的马家厅房外景

迁建后的马家厅房东院

迁建后的马家厅房西院

经过迁建修复的马家厅房恢复了它原有的富丽气派。它坐落于村北部中层台地上，东西27.93米，南北22.14米，占地610余平方米。大门建在院子正中，为过房门楼，其楹柱和台阶突出在外，有五级石阶，古朴庄重。以大门为中心，左右均分为两个院落。走进大门，与门廊相对的是中间厢房的山墙，砌有青砖灰瓦的精致影壁。近两米宽的门廊两旁各有房屋四间。

马家厅房影壁

马家厅房局部

东侧院落，建有东屋三间，面阔8.7米，进深4.3米。北屋四间，面阔11.8米，进深5.6米。地基均用条石垒砌，青砖灰瓦，一门双窗，双石房檐，屋顶为挑脊花饰灰瓦及瓦当。屋内房梁、方木檩条、苇箔等选材优质。门前有三级石阶，东侧一间为露天马厩，有拴马石。

西侧院落有西屋三间，面阔8.6米，进深4.3米，北屋四间，面阔13.45米，进深6米，稍显华丽。北屋为会客厅，门前出厦，立柱上方有画檐绘屏，最西间是套房，供主客使用。

大门里有过道连接两院，建有便门。两院之间有厢房三间，面阔8.6米，进深4.3米，东西门窗对开，两边都能使用。两院的主房、客厅与厢房呈对称布局，与院前门房形成互通互联的整体。马家厅房因其明显的晚清官用民居建筑特色，而成为拆迁后的港沟村的一大“景观”。

2013年12月20日，济南市人民政府以“济政字〔2013〕81号”文件公布，港沟粮所为第四批市级文物保护单位。

港沟村拆迁后，幸存的较大建筑物当属现改为“粮所博物馆”的港沟粮所了。1958年历城县港沟人民公社成立，社址定于港沟村。自1958年成立公社到1984年改称镇政府办公场所，其间基层政府在港沟村建设了多处设施。人民公社、镇政府坐落在村西侧路北；在村东南建有粮所、港沟中学；在村北莲花山前、现港九路西侧建有拖拉机站、排灌站、供销社饭店、文化站、被服厂；东侧建有供销社、农业银行支行、邮局；现旅游路路南建有农具修配厂，路北有历城县人民医院港沟分院。在众多的镇级建筑物中，港沟粮所因改建为粮所博物馆被幸运完好地保存了下来。

坐落于港沟村的粮所被当地人称作“老粮所”，全称是济南市历城县（区）港沟粮食管理所，始建于20世纪50年代。粮所是新中国成立后县级人民政府粮食管理职能部门设在农村人民公社的基层综合机构，负责收购公粮、统购粮（主食、副食）及油料等物资，负责非农业人口的粮油供应等。在计划经济年代，粮所发挥了极大的作用。随着市场经济的建立和发展，到20世纪末乡镇粮所遂被取消而成为历史，粮仓也被国家大型

粮所博物馆大门

粮所博物馆外景

现代化储备粮食库取代。粮所勾连着一段独特的历史，与当时农村的生产队、公社等农村社会结构和粮食生产组织密切相关，是刚刚过去的那段历史的见证。

2008年，山东智邦文物保护科技有限公司将已经废弃的粮所房屋购买了下来，之后就持续修缮整理并发掘能体现粮所历史的老物件，力图建成一座以粮所文化为背景的博物馆。为此他们先后投入了300多万元，希望能原汁原味地呈现粮所的历史面貌，展现新中国成立后计划经济时代的粮食管理特色。经过多年不断修缮和保护，港沟粮所已成为“济南智邦粮食文化博物馆”。2013年12月20日，这一特色博物馆被济南市人民政府公布为第四批文物保护单位。

“老粮所”的建筑本身就很有特色。粮仓是典型的石砌墙体、木结构屋架和瓦屋面。院子东西两侧，两排长长的房子紧密排列、南北延伸，形成长长的房前檐廊。建筑物墙体的厚度达到50厘米，墙体内侧以糠泥抹灰，使整个粮仓既保温又防潮，仓门口有仓储粮食容量的刻度线。

改造后的“粮所博物馆”坐南朝北，院子保存完整，占地4620平方米，房屋面积3600平方米，共有54间粮仓。长长的檐廊下，放置的是“老粮所”当年曾经用过的粮食收购设备物资、器械和生产工具，比如脱粒机和独轮车、运粮食的翻斗车等。院子东侧有一间大房子，集中展现了一批当年老粮所用过的小型老物品，极具时代和行业特色。

除了收粮、验粮的工具，博物馆内还保存了众多当年“老粮所”的办公和生活用品，如简易的木头桌子、用来计量粮食的斗、煤油灯、搪瓷茶缸等等。有意思的是，在一块挂起来的镜框里，用毛笔写着以下内容：“敬告：外来人员使用电话，请自觉交纳电话费，每16秒交0.22元，拿起电话计时。”落款是“粮所，93.3”。这一老物件，让人非常直观地了解到了20世纪90年代初，电话在农村还是如此“金贵”。

“粮所博物馆”内还展示了一批独特年代的文件，这些文件都和粮食管理有关，从中央到区（县）的都有，这是“粮所博物馆”收藏的1200余份档案中的一小部分。

“粮所博物馆”内陈列的老物品，绝大部分都是老粮所原来用过的。全馆分为主展厅、连廊、临时展厅三部分。第一部分：主展厅内展出了160多件展品，分为设备类、工具类、生产类、生活类、办公类、文件书籍等；第二部分：连廊内将七八十年代人民生产生活的场景以图片展示，并将生产中使用的大型设备、工具分类整理摆放；第三部分：临时展区，展示关于粮所留存的通知、文件、粮本、粮卡、书籍等档案物件。该博物馆以保留原始面貌、场景布置、图片和实物并行为特点，使展览更具生产生活化，更具时代感和真实性，为人们提供了农业生产时代、计划经济时期，粮食征购和统一分配经济方式

粮所博物馆局部

最真切的文化场景。

经过改造提升之后，“粮所博物馆”已对社会公众开放。2014年，“粮所博物馆”被列入济南市“百座博物馆”名录。相关文物专家指出，在原来老粮所建筑的基础上，陈列如此多粮所用过的物品，原汁原味记录那段岁月的历史，这样的博物馆，在全国都很少见。

由于自2017年7月起，港沟村实施城中村改造，“粮所博物馆”周边建筑全部被拆除，而“粮所博物馆”地处低洼区域，造成安全隐患，经上级主管部门同意，智邦文物保护公司决定对博物馆进行抢救性落架修缮保护。工程于2019年开始施工，工期两年，重建后的“粮所博物馆”将以全新的面貌呈现给世人。

在革命战争年代，从港沟村走出许多热血青年。他们为了新中国的解放和人民的安居乐业，抛头颅、洒热血。近年来，伴随着城市化发展的步伐，港沟村为城市建设贡献了大量土地，古村落也在城市化进程中消失。

港沟村“红色传承”特色明显。1948年10月10日，山东兵团在港沟村举行了济南解放庆功会。革命战争年代港沟村许多优秀儿女舍生忘死，成为港沟人的骄傲。

崔西祥，1926年出生于港沟村，19岁参军，在18集团军12团8营服役。在解放战争中，他作战顽强、奋勇杀敌，多次受到部队嘉奖。1947年，解放埠村时，崔西祥舍身炸碉堡，壮烈牺牲。

在抗日战争、解放战争和抗美援朝战争中，从港沟村走出许多热血青年，为了抵御外侮、捍卫和平而抛头颅、洒热血，成为港沟村人的骄傲。

李心智、李心田兄弟二人于1946年携手参加中国人民解放军，1947年同时牺牲在莱芜战役中，成为港沟“双杰”。王朝伦，参加过解放战争“三大战役”，在战斗中负伤，成为二级残废军人。在抗美援朝战争中，港沟村有上百人参军。崔子钦，任志愿军181团工兵主任，参加战斗近百次，四次负伤，多次荣立二、三等功。刘德宝、田柏令、马京城、田绍芬、刘汉臣、王廷华、刘家顺、刘文成、王朝兴、李品仁、李圣孔、田忠德、傅树春、傅玉昌等，1951年2月入朝作战，参加过上甘岭战役，经历过战争史上最惨烈的战斗。他们同战友们在极其恶劣的战争环境中无所畏惧、奋勇杀敌。隆冬时节，战士们手脚冻烂，没有吃的，挖野草、吃树皮，但是心中的信仰从未动摇过。战后，他们和战友们又留下来帮助朝鲜人民从事战后恢复和建设工作。1954年4月，田柏令复员返回老家，这名老党员踏实在村里务农，并处处发挥着党员的先锋模范作用，淡泊名利，初心不改。直到2018年11月老人去世前，老伴才发现他始终珍藏着一个泛黄的小布袋，在里面有军功章、和平鸽纪念章、党员证等物件，这些物件一直承载着老人的战争记忆和峥嵘岁月。

港沟村以拥有大量土地而闻名，同时港沟村又处于交通要道，因而为重点道路建设贡献了大量土地。2000年时，港沟村土地总面积8042亩，其中耕地4582亩，非耕地3460亩。此后济南绕城高速、港九路、济莱高速公路、旅游路等道路建设、拓宽先后征用港沟村土地660亩。

港沟村城中村改造工程自2017年7月初开始实施，于当年8月20日前全部完成拆迁任务。总拆迁量达1580户、5821人、60万平方米。新居安置工程于2019年4月开工，位于原村庄北、旅游路南、港九路以东区域。规划建设用地面积11.9万平方米，总投资约26亿元，总建筑面积40万平方米，将于2021年4月竣工，可容纳2396户，安置5074人。

如今，即使是港沟村人也难以寻找到几百年来他们世代居住的庭

建设中的新居

院原址，唯有马家厅房、“粮所博物馆”和古槐、古井维系着他们对消失了的村庄的记忆，寄托着他们挥之不去的乡愁。村里英烈们奋不顾身、舍生取义的英雄气概也将激励一代代港沟人在新时代、新征程中继续奋斗。

材料提供：张立生

初　　稿：刘恕恩

修改定稿：岳淑茗

民间传说

民间传说由历史事件、历史人物及地方风物有关的故事组成，是劳动人民智慧的结晶和乡土民间文化的精华。历城是文化之乡，也是民间文学创作之乡，千百年来，形成了若干脍炙人口的民间故事、传说。尽管这些传说不是真实人物的传记，也不是历史事件的记录，但是其中可能包含着真实历史的某些元素，成为历史因素与文学创作的有机融合。本板块收录的8个村庄的民间传说都是在当地乃至历城富有影响的故事、传说。这其中包括梁王庄的“唱筹量沙”、唐冶村的“唐王冶铁”、甸柳庄的“闵子崇孝”、驴山的“果老坐骑”、卧牛山的“王敕得仙”、章灵丘的“章灵相卜”、潘庄村的“八缸藏银”、西枣园的“红枣故事”。当然，本书其他村庄中也穿插了众多民间传说。将它们展现出来，可以进一步凝聚失去故园人们的乡土情结，增强热爱故园的自豪感，同时也可以弥补正史资料对历城历史文化传统的记载，展现历城多元的乡土文化。

梁王庄

数点粮家无觅处　唱筹量沙传道济

营城路：梁家庄。

——明崇祯《历城县志》

正东乡闵孝五：东梁家庄，西梁家庄（四、九日集）。

——清乾隆《历城县志》

董家乡闵孝五：东梁王庄，西梁王庄（四、九日集）。

——民国《续修历城县志》

梁王庄位于历史文化名山——鲍山北约3公里处，南邻山东塑料实验厂、济南化工二厂、济南钢铁厂，村西是纸房村，村西北几百米处便是济南七十二名泉之一的白泉，西南是路家村，东南邻裴家村，东北接壤路家洼村，村北隔济青高速公路与孙家卫、曲家村相望。全村有1912户，近9000人。村中有姓氏116个，其中祖居户姓氏37个，其他姓氏79个。

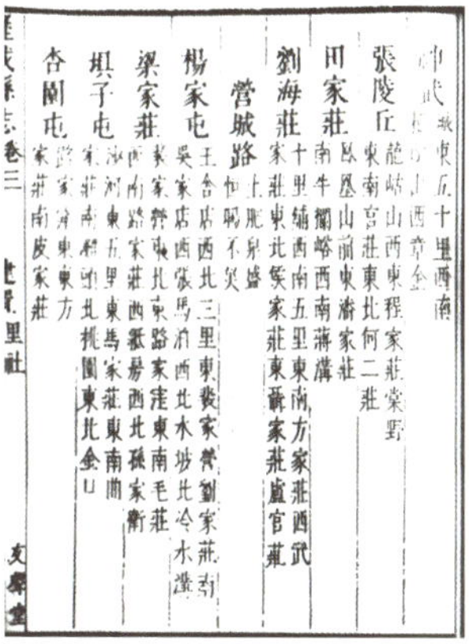
張陵丘
田家莊
劉海莊
營城路
楊家屯
梁家莊
埧子屯
杏園屯

明崇祯《历城县志》中关于梁家庄的记载

村庄原貌

梁王庄历史悠久，据考古发现在东周时期这一带就建有古城。2020年7月，山东省文物考古研究所在梁王城遗址发现战国时期古城遗址，为济南城区古城的历史大约提前了1700年。梁王城城南遍布土冢，南北朝时期即有村落，曾名梁家庄。明洪武年间，又有住户由直隶枣强迁入。清末为纪念檀道济在此处“唱筹量沙”妙计退敌，更村名为“梁王庄”。后以石河为界分成东梁王、西梁王两村。

1948年，梁王庄属历城县董家乡。1950年，属历城县第一区梁王乡，西梁王庄为乡公所所在地。1956年12月，属历城县城关区王舍人乡。1957年，撤区并乡，属历城县王舍人乡。依照成立农业生产合作社高级社的先后顺序，梁王庄分成了东梁王庄一村、西梁王庄二村、东梁王庄三村、西梁王庄四村4个行政村，东梁王庄南侧的自然村毛庄划归东梁王庄一村管理。毛庄，隋朝时就有人居住，相传有一位毛姓知县在此建了一个别墅，沿称毛庄。明洪武年间，曹、李两姓从河北枣强迁此定居，逐步形成村落。1958年9月，历城县撤销乡建制，成立政社合一的人民公社，实行营连制，梁王庄属历

新出土的战国陶罐

城县东郊人民公社裴梁营。1960年6月，历城县东郊、西郊、北园人民公社及南郊人民公社的一部分划入济南市，梁王庄属济南市东郊人民公社。1961年6月，由济南市管辖的东郊、西郊、北园人民公社和南郊、平原、港沟人民公社的一部分划归历城县。7月，历城县全县划为四个区，10个公社改为54个，梁王庄属历城县东郊区韩仓人民公社。1962年3月，改54处公社为61处，梁王庄属历城县东郊区王舍人人民公社。1968年7月撤区，全县合并为17处公社，梁王庄属历城县东郊人民公社。1980年，济南市重建郊区，梁王庄属济南市郊区。1983年5月7日，撤销济南市东郊人民公社，建立济南市郊区王舍人镇，梁王庄属济南市郊区王舍人镇。1987年5月，济南市撤销郊区建制，洪家楼、华山、王舍人3个镇回归历城，梁王庄属历城区王舍人镇。2010年5月撤销王舍人镇，设王舍人街道、鲍山街道，梁王庄属鲍山街道。

战国古城遗址

梁王庄的塘湾众多，大小有十几处。西梁王庄村中有唐家湾、李家湾、侯家湾、张家湾，村东北有东大塘。东梁

梁王河

梁王河清淤场景

王庄有“四大湾三小湾”，有庙湾、苇子湾、刘家湾、赵家湾。这些塘湾既可防洪蓄水、防火救灾，又可供人们日常洗涤，也能养殖鸭、鹅、鱼、虾，秋季取湾泥作肥料施于庄稼，冬季取冰块用以储存蔬菜，为村民的生产生活提供了诸多便利。毛庄的大湾颇具传奇色彩，民国《续修历城县志·杂缀》记载，毛庄北首有土地祠，祠的后面有一个大湾，水深数丈。据说，清嘉庆十五年（1810年）农历六月间，大旱，村里人组织起来，在大湾边上烧香磕头，诚心祈雨。到了二十七日中午，烈日炎炎，酷热难耐，忽然发现一个身穿青衣的儿童，八九岁的样子，从北面走来，到了大湾前，二话不说，纵身跃入水中。在场的人们都吓傻了，有会水的赶紧跳入水中抢救，持续好长时间，也没找到这个儿童。正当大家不知所措之际，突然乌云密布，电闪雷鸣，大雨倾盆而下，雨中一道黑气从湾中暴起。大雨下了足足3个小时，再看大湾之中的水下去了大半，人们恍然大悟，原来这童子竟是一条青龙化身。从此，这个大湾便被称为“飞龙潭”。不过此湾消失较早，遗迹难寻。

西梁王庄村北曾有福圣寺，清乾隆《历城县志》记载：“福圣寺，在梁家庄。”村民称为“大北庙”“大观庙”“真武庙”。福圣寺占地十几亩，坐北朝南，朱红院墙。寺内有左右并排的两个大殿，东为真武殿，西为天王殿，两殿中间以墙隔开，有小门连通。院中古柏参天，树影斑驳。梁王及周边村民多来此进香祈福，福圣寺一度僧众云集，香火旺盛，至20世纪初日渐萧条。1947年，国民党历城县县长岳伯芬拆除福圣寺，用所拆砖石木料修建防御工事。剩余的材料，梁王人用其修建了小学的南二层小楼。

东梁王庄的赵家车门和楼子胡同在周边非常有名气。清朝末期，赵氏一族人丁兴旺，到第十二世时，赵姓族人已住满了南北绵延二三百米的整整一条街。因那时社会动荡，兵荒马乱，为了防御匪盗，赵氏家族在街北口建造了一座大门。建造此门，赵氏雇用当时最有名的石匠、瓦匠、木匠、铁匠进行施工，采用了最好的石料，砍伐了3棵人榆树，用了近一个月的时间，方才建成。大门宽约2.4米，高约3米，门板很厚，仅门上的大铁钉就有108个、200多斤重，每扇门重达几百斤，需十几个人方能搬动。这道雄伟壮观的大门甫一建成，即引来众多参观者，知名度随之越来越高，人们干脆把这条街称为赵家车门，成为东梁王一个标志性的建筑。后来，族人越来越多，

赵家车门

这条街住不下了，就紧挨着这条街往东又辟地建房。不久，便又形成了一条新街，因新街北口两侧盖的是二层楼，所以这条新街又叫楼子胡同。1964年农业学大寨时，有人把大门架出来，拉到田里踩在脚下打井，随着机井一眼又一眼地打出，赵家车门满目疮痍、遍体鳞伤，最后变成了烧饭的柴火，消失殆尽。2003年，赵氏族人集资在旧址上建起铁质赵家车门牌坊。

梁王庄大集历史悠久，远近闻名。明崇祯《历城县志》便有“西梁家庄，四、九日集”的记载，这说明梁王庄大集至少有400多年的历史。集市之所多为人口众多、交通便利、经济发达之地，由此可见梁王庄曾经的繁荣富庶。民国时期至新中国成立后的1987年前后，梁王庄大集设在梁王四村的南街上，由村东的南北仇家沟向西延至油坊桥，总长三四百米。当时的梁王四村南街街道宽阔，临街而居的住户借地利之

梁王大集戏曲展演

势，开起各种店铺。每逢集日，四邻八乡来赶集的人熙熙攘攘，络绎不绝。集市上的商品更是杂七杂八，琳琅满目，大到牲畜交易，小到针头线脑，无所不有。

粮冢，城东梁家庄。世传檀道济军至历城，乏食，乃唱筹量砂，而以余米覆其上。今数冢如故。

——明崇祯《历乘》

檀公庙，祀檀道济，在城东北梁家庄后。

——清乾隆《历城县志》

檀道济与梁王庄有很深的渊源，其著名的“唱筹量沙”战例就发生于梁王庄。

檀道济（？—436年），南朝宋将领。汉族，祖籍高平金乡，出生于京口。身出寒门，从军20余年。东晋末，从刘裕攻后秦，屡立战功，官至征南大将军。后文帝以其为前朝重臣，诸子皆善战，忌而杀之。檀道济戎马倥偬，战绩卓著。根据他多年的战争经验，总结出三十六计，为后世留下了宝贵的军事著作遗产，被载入史册。檀道济先后担任安远护军、武陵内史、太尉参军、中书侍郎、宁朔将军、太尉军事、封作唐县男，食邑四百户并补太尉主簿、咨议参军。又为临淮太守，梁国内史，冠军将军等职。

檀道济像

“唱筹量沙”讲的是檀道济与北魏作战中发生的一个以智退敌的故事。公元431年，刘宋进军北魏，攻占河南后，又被北魏收复。檀道济遂率军北征，与北魏军队交战30余次，多获胜利。这一年的二月，转战至历城

粮冢遗址近景

粮冢遗址远景

梁家庄时，由于魏军力量雄厚，刘宋军资匮乏，檀道济打算撤退。此时有投降北魏的人告密说檀军粮草已用尽，于是檀军内部人心惶惶，皆惧魏军趁势来攻。久经沙场的檀道济聪智多慧，便趁夜间拿沙子当作粮食，边让人来称量，边高声呼筹计数，把量过的沙子堆成一堆一堆的，又在沙堆上面撒上一层薄薄的粮食。第二天，成堆的“粮食”便出现在檀军面前，来探风声的魏军回去便报告说檀军仍有成堆的粮食，檀军无粮的消息是假的。魏军将领听后惧怕，不敢追击，还将告密的人斩首示众。檀军借此安全撤退。这些土堆就是现在的粮冢，梁王庄的“梁”就是沿用“粮”字而来。当时的梁家庄凭借“唱筹量沙”的典故迎来诸多文人雅士凭吊怀古。唐代刘禹锡的《经檀道济故垒》：“万里长城坏，荒营野草秋，秣陵多士女，犹唱白符鸠。”清代马国翰的《过檀道济粮冢》：“沙印肖兜鍪，南军此唱筹。年年苔蔓绿，不忍说江州。”董芸的《粮冢》：“萧萧故垒暮云平，食尽量沙剧战争。可惜弓藏高鸟在，公然万里坏长城。”文人们感事伤怀之余，为梁王庄留下了珍贵的文化记忆。

后人为纪念檀道济，在西梁王庄西北首建了檀公庙。檀公庙坐西面东，外竖两杆旗。因疏于维护修缮，清末民初檀公庙在一场暴风骤雨中倾圮，庙内泥塑檀公像也毁于一旦。1921年，梁王庄的李明武、李明贵、李殿栋等人牵头，筹资修复，并将扶乩所得檀公鸾语，记叙于石碑上。20世纪60年代中期，重修檀公庙碑迷失踪迹。2016年10月1日，济南东站铁路建设项目施工中，石碑重见天日，但已经断为数块。

檀公祠

梁庄春草绿纤纤，粮冢依稀数点尖。

风俗尚传檀道济，只无祠庙可观瞻。

——清·王初桐《梁庄》

梁王庄早先有众多土丘，当地人称为“冢子”，由于数量众多，因此有72冢之称。这些“冢子”分布在梁王庄的东南四五里的一个范围内，有的是一个冢子单独矗立，有的是两个并立。最大的土冢在西梁王庄东南首，高约40米，东西长近百米，南北宽约80米，呈梯形，东南高，西北偏低，冢顶平坦，冢底坡度较大，由层土叠堆而成。20世纪50年代，国家测绘局在土冢顶部设有测绘标志。随着岁月变迁，大部分土冢已无踪迹，至20世纪五六十年代仅剩下五六个。后来随着农田建设、取土建房等，这些冢子渐渐消失。

梁王地区流传一首民谣：“梁王土冢藏金驹，除夕子时现身迹。套上笼头能牵走，少许惊吓化影去。”这首民谣说的是一个有关“冢子”的民间故事。传说梁王庄最大的那个“冢子”中藏有“金马驹”，但世人并不

衍正牌坊

知晓。某年，一个南方术士云游至梁王庄，见土冢雄伟，便手持罗盘绕土冢左三圈右三圈，感知内有一匹宝驹。遂闭目凝神，掐算一番，得知金马驹每年除夕之夜会现身冢外，饮水食草，当其时可得之。于是，这位术士便以打工为名在张财主家待了下来。到了年底，其他仆人都纷纷回家探亲，唯独术士要留下。年关渐近，术士请求财主，不要薪水，只求马笼头一套。财主应允之余，不免怀疑。时至除夕，财主悄悄跟踪术士至土冢处，隐伏于草丛之中。夜入子时，忽见土冢动摇，金光一闪，一匹威武雄骏金马驹出现在眼前。术

民居

士窃喜，手持笼头奔向金马驹。财主顿然醒悟，找处宝马岂能为术士所获，于是大呼一声“住手”！受了惊吓的金马驹眨眼没了踪迹。术士万分埋怨张财主，但已无济于事。

梁王小学

金马驹虽然再也没有出现，但在这个土冢下却发掘出了东周大墓。2016年8月，梁王庄回迁安置房的施工过程中，在西梁王庄二村东南首位置、最大的土冢下发现了战国墓葬和两眼周代木构水井。2017年7月，考古人员对三座战国大墓进行了抢救性发掘。三座墓葬虽破坏严重，但结构相对完整，随葬品较为丰富。其中的一座墓葬是济南乃至山东地区近年来发现的规模最大的战国墓，根据其形制和出土的大批青铜器物推测墓主人当为大夫一级的贵族，时代大致为战国晚期。大墓的发现为研究齐国葬俗、齐国边邑、齐文化变迁、齐国历史等提供了重要资料。保存相对完整的周代木构水井在山东地区也较为罕见，对研究当地的环境变迁、聚落形态等有重要意义。这些发现也

梁一村古槐

从另一个侧面印证了当地流传的所谓“先有梁王城，后有平陵城，再有济南府”的传说。

梁王庄丰厚的历史文化，养育出一批杰出人物。特别是在中国革命战争时期，从梁王庄走出了一批英模人物，有的享誉全国。

唐敬德

唐敬德（原名唐立功），中共党员，1948年参加中国人民解放军，历任班长、排长、连指导员、副营长、团政委等职务，参加过济南战役、淮海战役、渡江战役、解放上海战役等，后又赴云南剿匪。每次战役，他都英勇顽强、冲锋在前，荣立二等功及其他表彰奖励多次。在云南剿匪中，他不幸被敌人炮弹炸去左腿，成为一级甲等残疾军人。

从梁王庄还走出了一位曾受到毛主席多次接见、被誉为“全面英雄”的将军——赵兴元。

赵兴元，1939年7月参加八路军，1940年6月入党。抗日战争时期任班长、排长、指导员。参加了泰山区、沂蒙山、古城、杨家横、口镇、冶原、葛庄、大石桥、蒙阴、淄博、周村、章丘、临沂等战役战斗以及三次“讨吴”、多次反顽斗争；解放战争时期任40军118师营长、副团长，参加了辽南、辽西、辽东、四平、四保临江、辽沈、平津、汉口、两广、海南岛等重要战役战斗；抗美援朝时任40军118师团长，率部参加了开城前线大德山的守备作战。战争年代9次负伤，荣立特等功2次、大功6次、小功7次，被授予“模范朱德青年队长”“模范党员”“文武双全的全面英雄”等十几个荣誉称号。1950年参加了全国第一次英模代表大会，受到毛主席多次接

赵兴元

梁王新居

见，并作为战斗英雄代表出访了苏联。此后，任40军118师副师长、师长，副军长，黑龙江省军区政委、黑龙江省委常委，旅大警备区副司令员、政治委员等职，是中共第九届、十届、十一届中央候补委员，第十二届中央委员，第十三届中纪委委员，第二届、三届全国人大代表，政协第八届全国委员会委员。1955年荣获独立自由勋章、解放勋章，荣获朝鲜二级国旗勋章。1988年9月被授予中将军衔，1998年10月被授予中国人民解放军独立功勋荣誉章。

进入21世纪，济南城市化进程加速推进，历城这片热土成为现代化都市建设的主战场，梁王庄在城建大潮中绘出了新的画卷。2015年9月，省会济南规划建设济南客运新东站。根据规划，梁王庄属于安置三区，先行拆迁。2018年8月，31栋住宅楼在梁王庄故地拔地而起，梁王庄村民陆续搬进梁王新城小区，开始了新的生活。如今，随着新东站的建成，梁王庄村民迁入新居，不管是粮冢、塘湾、福圣寺、赵家车门，还是“唱筹量沙”、梁王大集，都已融入梁王庄人的记忆深处。

材料提供：李心贞　高荣松

初　　稿：王桂平

修改定稿：张　晓

唐冶村

唐王东征冶金地　乾隆敕造孝子坊

神武路：棠野。

——明崇祯《历城县志》

正东乡明贤九：唐冶庄。

——清乾隆《历城县志》

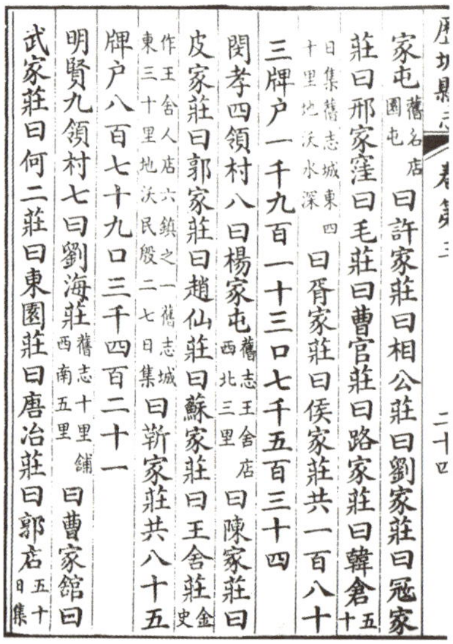
歷城縣志　卷第三　二十四

家屯舊名店圍屯曰許家莊曰相公莊曰劉家莊曰冠家莊曰邢家窪曰毛莊曰曹官莊曰路家莊曰韓倉五十日集舊志城東四十里地沃水深曰胥家莊曰侯家莊共一百八十三牌户一千九百一十三口七千五百三十四

閔孝四領村八曰楊家屯舊志王舍店西北三里曰陳家莊曰皮家莊曰郭家莊曰趙仙莊曰蘇家莊曰王舍莊金史作王舍人店六鎮之一舊志城東三十里地沃民殷二七日集曰靳家莊共八十五牌户八百七十九口三千四百二十一

明賢九領村七曰劉海莊舊志十里鋪西南五里曰曹家館曰武家莊曰何二莊曰東園莊曰唐冶莊曰郭店五十日集

清乾隆《历城县志》中关于唐冶的记载

唐冶村坐落在冶山之下，地处丘陵地带，地势南高北低。村西紧依冶山（又称“塔山”“孝山”），东有郎茂山、围子山等系列山脉。村西有刘公河，村东有土河，自南向北流向境外，注入小清河，现为季节河。村四周是肥沃的农田。东跨郎茂山与高二村、西顿邱村、西沙沟村接壤；东北隔山与武家村相邻，南邻东邢村、西邢村、灵鹫寺；西与大官村、小官村、程庄村、彭庄村隔刘公河而相望，北接合二村、西枣

村庄原貌

胜利桥

唐南古道

开发前的唐冶地貌

园村、郭店火车站。辖域面积约为9.9平方公里。据《宋氏族谱》碑文记载："宋氏原籍枣强，自前明正统以后迁于历邑城东唐冶庄聚焉。"

唐冶村历史悠久。2003年，考古人员在村南发现有大量周、汉时期的陶器和古生物及人的遗骨，表明早在2000多年之前就有先人在此活动，且陶器的出现证明当时经济社会发展程度是较高的。

唐冶因唐王李世民东征时在此采矿、冶铁而得村名。唐冶历史上先属章丘县又归历城县，以后又多属两县及章历县交替管辖。1956年10月划归历城县。1958年9月隶属港沟人民公社、港沟区。1986年隶属郭店

清末老宅

镇后，于1990年被划分为唐南、唐北、唐西三个行政村。2010年，划归唐冶街道管辖。新中国成立初，唐冶村有384户、1733人。2013年拆迁时，有1000余户、3600余人。

唐冶古村，唐风冶韵，名不虚传。明末建三官庙，占地5600平方米之多，供奉着刘、关、张“三官”神像。另建有关帝庙、文昌庙，表明唐

原村小巷

芙蓉街

唐南古井

幸福桥

冶人崇儒学、尊义气。村里的古井、古槐也传承了唐冶的古村风貌。村里有古井9眼，其中3眼为唐代开凿，无论旱涝，井水清澈见底，且甘甜可口，闻名四乡。村子里近代曾有古槐10株，现仅存两株，一株高10米，另一株高15米，直径都在七八十厘米以上，依然枝繁叶茂，苍劲傲然。村里的建筑风格不俗，道路设置功能完善。尚存的清代老宅古朴典雅，民国建筑庄重大气，现代四合院落通透方便，具有典型的北方庭院风格。拆迁前，村里有7条纵横交错的主干道，南北大街3条，东西大街4条，有赵家胡同、王家胡同、芙蓉街、南北胡同等大小胡同若干，村民出行非常方便。

民间传说

济南多铁，历城多铁官。

——《汉书·地理志》

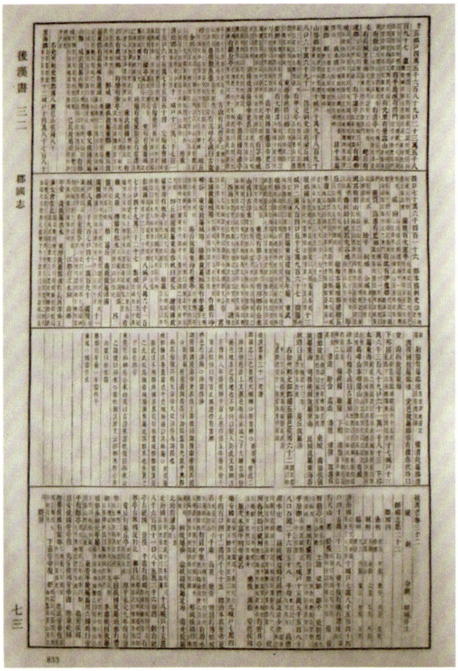
後漢書 三二 郡國志

七三

《后汉书·郡国志》关于历城冶铁业的记载

相传唐贞观年间，太宗李世民东征路过历城，在唐冶这个地方安营扎寨，招兵买马，筹备粮草，操练兵勇，以图战而胜之。李世民在观察地形时，无意间捡到了几块像铁一样乌黑透亮的石头，他知道这是打造兵器的宝贝，对军事有着重要的作用，就派人勘查，结果发现矿石漫山遍野，储量丰富，含铁量高、杂质少，便于开采提炼。于是李世民下令在此设置官署，招募工匠，组织大批劳力开采矿石。来自四

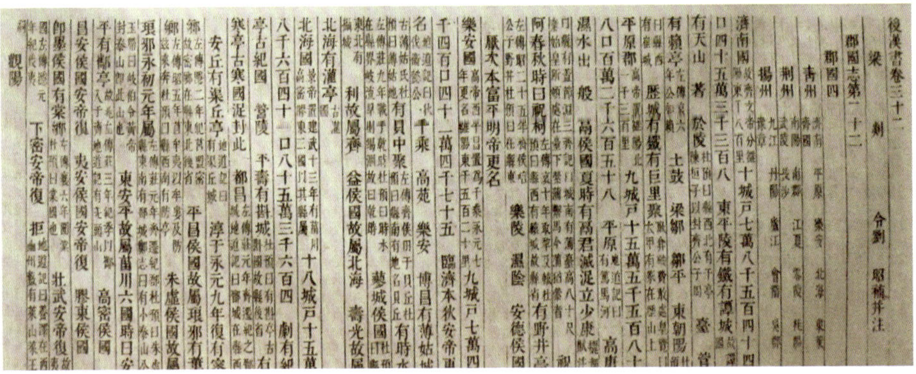

後漢書卷三十二
梁 剡 令劉 昭補并注
郡國志第二十二
郡國四
青州 荊州 揚州
濟南國 十城戶七萬八千五百四十四
口四十五萬三千三百八 東平陵有鐵有譚城
有天山 著 於陵 土鼓 梁鄒 鄒平 東朝陽 臺 菅
有賴亭 歷城有鐵有巨里聚
平原郡 九城戶十五萬五千五百八十
八口百萬二千六百五十八 平原 高唐
濕水出 般 鬲侯國夏時有鬲君滅浞立少康
阿 春秋時曰祝柯 有野井亭
厭次本富平明帝更名 樂陵 濕陰 安德侯國
樂安國 九城戶七萬四
千四百口四十一萬四千七十五 臨濟本狄安帝更

《后汉书·郡国志》关于历城冶铁业的记载

面八方的矿工、冶炼工、锻造工及家眷便聚集到这里，有的盘炉砌窑冶炼制铁，有的打造铠甲、制造各种兵器以装备队伍。唐冶很快成为军队冶炼铸造的重镇，并因此而得名。也有人说唐冶是李世民亲自命名的，但这一说法无文字记载。但毋庸置疑，唐冶村名的由来与开矿炼铁是分不开的。

唐冶的命名是否与李世民有关已无从考证，但唐冶为冶炼之地却有物证。1957年，省里在村东和村南建铁矿进行开采。1958年，村子里先后出土过唐代开采铁矿石的遗物，如铁锤、铁锹、矿灯等。

历城为产铁之地，汉时便有记载：“济南多铁，历城多铁官。”（《汉书·地理志》）历城为济南首县，济南多铁，自然包含历城。而历城既设“铁官”，可见铁矿之富、产铁之多、冶炼之甚。从已知状况来看，历城有多处铁矿，尤以孙村以西、郭店以南、港沟以北这一带最为丰富，唐冶处于这一区域的中心地位。所以，1958年大炼钢铁时，历城县由县长挂帅，浩浩荡荡的采矿大军，在唐冶、邢村、章灵等处开挖铁矿，继而就近在郭店建设历城县冶炼基地（时称小铁联），运营多年。1971年，历城铁矿筹建时，矿部就设在唐冶村。如今景色美丽的唐冶公园，地下便是铁矿采空区。其实，从唐冶出土的文物中有矿灯这一点来看，也证实在历史上这一带早就是采铁基地。有了矿石，就近冶炼便顺理成章，唐冶之“冶”，显然由此而来。《济南通史》第二册谈到魏晋南北朝隋唐五代的“采矿、冶铁”时指出：“历城也是盛唐时期的1处冶铁基地。”这其中的“冶铁基地”，说的大概就是唐冶了。

纯德勒简编百年勿替　孝行铭金石千载常新

——乾隆皇帝圣旨钦准建孝子牌坊对联

谁曾想到，在远离城郭的荒郊之地唐冶村，竟有一座乾隆皇帝降旨并钦准拨款建造的孝子牌坊。此牌坊存世187年，毁于20世纪60年代。

牌坊是为一位秉承孝德的农民专门兴建的。这个人名叫宋日章，字美中，生于清康熙六年（1667年）正月十九日，寿终于乾隆九年（1744年）正月十一日，享年七十八岁。宋日章早年丧母，继母视他如亲生，将其抚养成人。因此，他对继母非常孝顺，除细心照料日常饮食起居外，严冬时还要为她暖床，炎夏为她撑起蚊帐和打扇驱蚊等。继母生前害怕打雷打闪，每当电闪雷鸣时，他都陪伴在继母身边。继母有什么想法，他都心领神会，积极去做，不让继母有一点儿不如意。继母去世后，宋日章在她坟前盖起窝棚守孝，吃住都在那里。一旦刮风下雨，电闪雷鸣时，他就趴在坟头上，像继母生前那样保护她，家人劝他都劝不到棚子里去。

孝子牌坊

宋日章的孝贤事迹感动了族人和街坊，一时传为美谈。当时的山东巡抚杨景素、部堂都学院黄登贤，将其事迹

孝子牌坊构件“八仙图碑体”

奏明朝廷。乾隆四十一年（1776年）十二月初六日，圣旨钦准拨白银三十两，令宋氏家族自行建造牌坊，以表彰宋日章孝贤事迹。

乾隆四十二年（1777年）初春，宋氏家族在村西北首宋氏墓地开工建坊。牌坊坐南朝北，高8米多，宽约6.6米，三门四柱，中间大门净宽为2.2米，东西两边小门净宽0.7米。

牌坊底座为四块长方形巨石，中间两块较东西两块偏大些，每块底石大约长2米、宽0.75米、高1.2米，都在3.5吨以上。底座上的四根青石方柱支撑起整个牌坊，带荷叶边的大石鼓镶嵌在四根石柱的南北。石柱2米之上，东西两边分别由横石梁相连接，中间部分因跨度大，由长3米、厚0.3米的正方形生铁铸件连接两石柱。

牌坊上部由前后出檐的碑帽压顶，东西两边挑起两层飞檐，上层檐下各悬挂风铃两个，中央碑帽上有一圆形石窝，有高0.5米的石葫芦插入其中，可以晃动但拔不出来。

牌坊的正面上方立石刻有“圣旨”二字，两侧对联：纯德勒简编百年勿替，孝行铭金石千载常新。横批：皇恩褒孝。

牌坊背面上方刻有“敕令”二字，两侧对联：六年风雨传奇行，千古恩荣永孝思。横批：伦纪完人。牌坊四周刻有花草、飞禽走兽等纹样，布局和谐，做工精细。尤其是碑面底部，是一块长方形碑面构件，刻有八仙过海图，雕刻手法细腻，主次分明，人物形态潇洒。

据说当年建造牌坊的工匠们是采用土囤法，从乾隆四十二年（1777年）初春动工，到乾隆四十四年（1779年）孝子牌坊落成，整整用了3年的时间。可惜的是它只存世187年，“文革”之初惨遭破坏。

孝子牌坊被破坏后，石料散落各处，有的被生产队拉去建了粮仓、牲口棚和猪羊圈，有的被村民拉去筑了房基。时过境迁，大部分构件不知去向。后来村民宋兴之家里翻盖房屋时，从地基里抢救出了八仙过海图构件，捐给了唐冶街道办事处。

孝子牌坊虽然倒下了，但孝文化却在唐冶村代代传承。村里孝星层出不穷，尊老敬老蔚然成风。受孝文化的影响，孝子牌坊正南方的唐冶山（亦称塔山），也被后人尊称为孝山。在唐冶村南还有一座石碑，刻有“三世节孝”四个大字，立于民国二十年（1931年）。石碑是为村民赵氏所立。赵氏一门中，有三代妇女均因其丈夫去世后，守贞节、重孝道、育儿女、尊长辈而闻名于乡邻。

孝子牌坊、节孝碑，一个小村竟有两处旌表建筑，剔除封建糟粕，也足以证明唐冶孝文化的积淀与传承。

受孝文化深远影响，唐冶村人为了让后人更加知礼明事，非常重视教育，这也造就了一个文化大村，出了不少人才。明朝时杨氏家族出了个战功卓著的大将军——杨太仓，在收复台湾时任征台先锋官，立下了汗马功劳。民间中医大夫宋有林“无欲无求，志存救济”，在本村开设益德堂药铺，坐堂行医，擅长中医妇科，享誉省内外。民国时期，北京大学毕业的赵殿诰学术造诣深厚，毕业后执教山东大学，参加过“文革”结束后首次高考命题。抗战时期入党的赵金三，持身端谨，把毕生精力奉献给了教育事业，桃李满天下。

青山依旧，眷恋绵长。昔日的古井古树、牌坊老街等传统村落的标志，在唐冶新城开发建设中已经成为唐冶人恒久的乡愁。俱往矣，数幸福生活，还看今朝。

2003年，为适应济南东扩的发展趋势，历城区委、区政府将唐冶片区作为全区城市化进程的重要举措，从此拉开了建设唐冶新城的大幕。由于唐冶片区地理位置优越、交通便捷畅通、自然环境优美，因而这块古老的冶炼之地焕发出了新的生机与活力。随着规划建设的推进，世纪大道、凤凰路等一批重点基础设施建设项目相继施工，唐城小区等一批安置区陆续兴建。随着新区建设步伐的推进，2003年4月至6月唐冶旧村改造步入高潮。眼见居住了千百年的老屋即将拆迁，村民们自发在自己的宅院内外拍照、录像，以寄托乡愁。伴着推土机、挖掘机“轰隆隆”的作业声，千年古村落被夷为平地。

不破不立。唐冶人随之搬入唐城小区，一夜迈入都市新城中。小区环境优美，设施完善，建有综合办公楼、老年活动中心、社区卫生服务中心、超市、休闲广场等，村民们过上了向往的城市生活。

但是，渐渐地，人们又开始回忆起以前的慢生活和老环境了。逢年

唐城小区

唐冶新城局部（2017年）

过节，人们总是一遍遍地翻看旧日影像中的老街、老宅，思念着古树古井。老人们时常回故宅所在地看看，久久不愿离去。

是啊，乡愁难却啊！

材料提供：李厚海

初　　稿：陈　芳

修改定稿：王瑞国

甸柳庄

百花芬芳枝叶茂　闵子孝贤千古传

甸柳庄，闵子骞墓南三里。东姚家庄，南窑头庄，西南来家庄，北七里河。

——明崇祯《历城县志》

南保泉一：边柳庄。

——清乾隆《历城县志》

张马乡南保全一：甸柳庄。

——民国《续修历城县志》

甸柳庄位于洪家楼以南2公里，辖区面积1.4平方公里，东至二环东路，西至闵子骞路，南至解放路，北与殷家小庄接壤。

甸柳庄原称“闪子密前甸”，明洪武年间边、柳二氏由河北枣强迁此，亦名“边柳庄”，后沿称“甸柳庄”。甸柳庄的形成，民间流传“先有柳家店，后有闵子骞；先有闵子骞，后有甸柳庄”的说法。据说此地最早是一柳姓人家落脚开店，称“柳家店”。后来住户增多，渐成村落，人们把“柳家店”顺序倒换了一下用于庄名，也就是“店柳庄”，并慢慢用“甸”字代替了“店”，成为现在的“甸柳庄”。

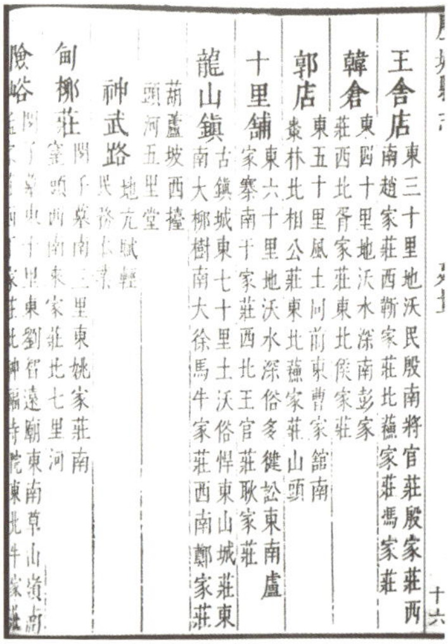
王舍店 東三十里地沃民殷南將官莊殷家莊西南趙家莊西靳家莊北蘊家莊馮家莊
韓倉 東四十里地沃水深南彭家莊西北晉家莊東北侯家莊
郭店 東五十里風土同前東曹家舘南棗林北相公莊東北蘊家莊山頭
十里舖 東六十里地沃水深俗多健訟東南盧家寨南于家莊西北王官莊耿家莊
龍山鎮 古鎮城東七十里土沃俗悍東山城莊東南大柳樹南大徐馬牛家莊西南鄭家莊
葫蘆坡西擡頭河五里堂
神武路 地亢賦輕
甸柳莊
險峪

明崇祯《历城县志》中关于甸柳庄的记载

1948年济南解放，甸柳庄属历城县张马乡。1950年，属历城县第二区祝辛乡。1955年11月，属济南市郊区。1957年12月回归历城县，1958年9月属东郊人民公社。1961年7月，属东郊区东郊人民公社。1963年5月，属东郊区祝甸人民公社。1968年7月，属东郊人民公社。1980年4月，重建济南市郊区，属济南市东郊人民公社祝甸管理区。1983年5月，属济南市郊区洪家楼镇。1987年5月，属济南市历城区洪家楼镇。2001年2月，洪家楼镇撤销，成立山大路、全福、洪家楼、东风4个街道，甸柳庄属山大路街道，改称甸柳社区。

甸柳庄北侧有以植物花卉景观为主、以喷泉为特色的百花公园。公

百花公园西门

百花公园中的碧桃

园由百花泉景区、草坪景区、山水园、疏林草地、竹园、金色盆景园与牡丹园、芦花区、游乐场等景点组成，园内花木扶疏，植物花卉景观与园林建筑相映成趣。白玉兰、碧桃、大叶女贞、雪松等遍植园内，绿地覆盖率达到82%，名贵树木规模在济南知名度较高。春天的百花公园最美的要数碧桃花和玉兰花。这里的玉兰树高花大，以白玉兰为主。每到三月中下旬，500多株玉兰花相继盛开，吸引无数赏花人。

百花公园占地277亩，由济南市人民政府从甸柳庄征用，1989年建成开放，最初的名字是芦花公园，源于二十四孝子之一的闵子骞“鞭打芦花”的典故。百花公园的建成开放，改变了当时济南市东部没有公园的历史，为人们提供了理想的休憩娱乐场所。2010年3月，百花公园进行改造提升，主要对百花公园内的道路、广场布局进行梳理，更换破损道路和广场铺装材料，完善管线等基础设施，改造提升公厕、管理房等服务设施；完善园内照明系统和绿地围护系统。改造后的百花公园新建3个景区、改造3个景区，分别是美德文化区、音乐喷泉休闲娱乐区、

百花公园——健身广场

健身区、西门入口区、生态文化区和听泉区（音乐喷泉）。改造提升工程于9月底竣工。2010年10月1日，百花公园正式免费向市民及八方来客开放。

闵子骞墓，城东五里。宋熙宁七年，济南太守李肃之即墓前置祠立碑，苏辙记，苏轼书。

闵子书院：闵子墓前，刘敕改为讲孝堂。

——明崇祯《历城县志》

百花公园西门北侧，闵子骞路——济南市唯一一条以历史文化名人命名的道路的东侧，有一组青砖灰瓦的仿古老建筑，朱红色大门门楣上刻有欧阳中石所题“崇孝苑”三个大字，这里便是闵子骞墓所在地。当然闵子骞墓也在甸柳庄的老“地盘”上。

崇孝苑

20世纪二三十年代的闵子骞祠堂

20世纪60年代的闵子骞祠堂

闵子骞祠堂现状

进入大门，正对着的就是闵子骞祠堂，里面供奉着闵子骞的塑像，周围墙壁上是描绘闵子骞传说故事的壁画。20世纪60年代前，闵子骞墓规模还很大，当时墓区占地约35亩，墓堆封土直径有七八米，高约20米，周围还有合抱粗的古树30余棵，历代碑刻十余通。但后来整个墓区遭到严重破坏，祠堂被拆掉，碑刻被毁，古树被砍，封土被挖去烧砖瓦，墓区面积大范围缩小。近年来，政府投入大量资金对墓园进行了修缮，并免费对社会开放。

闵子骞，名损，字子骞，春秋时期鲁国人，孔子得意门生，以德行与颜回并称，为孔门“七十二贤”之一。闵子骞被世人立为“孝”的楷模，孔子曾赞曰：“孝哉，闵子骞！人不间于其父母昆弟之言。”有关闵子骞传说故事，众多典籍中都有记载。司马迁《史记·仲尼弟子列传》记载：闵子骞少为后母所苦，冬月，后母衣子骞芦花，衣二子以絮。父知，欲出妻。子骞告曰：母在一子寒，母去三子单。遂止。母感悟，待三子如一。元代《二十四孝》中《单衣顺母》记载更为详细：周闵损，字子骞。早年丧母，父娶后母，生二子，衣以锦絮。妒损，衣以芦花。一日，父令损御车，体寒失鞭。父察其故，欲出后母，损曰：母在一子单，母去三子寒。后母闻之，卒悔改。有诗颂之：闵氏有贤郎，何曾怨后娘。车前留母在，三子免风霜。这个故事，民间也称其为“芦衣顺母”“鞭打芦花”。

闵子骞不仅至孝，而且至贤。据说，他很重视道德修养，淡泊仕途名利。鲁国权臣季桓子想请他出仕，担任费邑宰，他先是因不齿于与季氏同列而拒绝，后经孔子劝告才去上任。他在费邑行仁政、施德治，不出一年，费邑就有了很大变化，不过终因看不惯季氏所为，最后还是毅然辞官，追随孔子游学列国而终。

闵子骞病卒于今济南市境内，至于为何葬于此处，还有一则传奇的故事：传说，闵子骞年迈时曾嘱咐儿子闵沃盈：我死之后，需用石匣（石棺材），葬于高山。闵子骞死后，闵沃盈请人凿制了石匣，让人抬着寻找高山的地方。这一日黄昏来到济南柳家店（今甸柳庄），在此住店歇息。夜间狂风大作，飞沙走石，第二天清晨发现，放石匣的地方堆起了一个高大的土丘，土丘即为昨晚风旋所致。再一打听，原来放石匣的地方就叫“高山”。闵沃盈认为这就是父亲说的穴地，于是建祠祭祀。

闵子骞墓历经朝代更迭，闵氏后人屡次募捐善款修缮。至北宋熙宁七年（1074年），时任济南太守的李肃之在墓前建祠祭祀，由苏辙撰文、苏轼书写齐州闵子祠记石碑。元代天历年间，又在此处建起济南地区最早的书院——闵子书院。到明代，历城大儒刘敕发起，捐资重修了闵子骞墓和祠，并在殿后建设了“讲孝堂”“书斋”和“芦花馆”等，讲孝谈经，兴办教育，刘敕辞官返乡自任“山长”。如今，闵子骞墓已被列为济南市第一批重点文物保护单位，经济南市文物局多次修缮，闵子骞墓

闵子骞墓

的坟冢高约3米，封土直径约5米，呈圆形，墓前有多尊石羊、石马、石狮、石龟等石像。

闵子骞不仅在庙堂之上广受赞誉，在民间更是备受推崇，口耳相传的传说故事家喻户晓，喜闻乐见的戏剧、曲艺等多种形式的演艺更让闵子骞的美德深入人心，传为千古佳话。

闵子骞作为孝文化的代表人物，其教育意义非比寻常。闵子骞墓经多次修缮，被打造成为“济南孝文化博物馆”。孝文化博物馆以闵子骞墓苑为依托，包括闵子骞墓、闵子骞祠等文物，陈列有闵子骞塑像、二十四孝故事碑刻、墓志铭等，已成为济南市乃至山东省弘扬、传承孝文化的教育基地与重要场所。如今，闵子骞传说以闵子骞墓为重要载体与文化空间，在系列纪念活动的推动下，社会影响力与知名度逐步扩大，孝贤文化的践行者和传播者越来越多。

崇孝苑内还放置了征集收藏的历代碑刻，包括石碑、墓志、石匾、画像石、碑首、碑座、经幢、柱础、石椁以及建筑构件等。分门别类摆放，形成了济南历代石刻展览景观。这些石刻涵盖了元、明、清、民国等多个年代，其中年代最早的是元代至元十五年（1278年）的《重修山东路督转廉使司廨宇之记》，历史价值、文献价值都非常高。还有颜真卿的《东方朔画像赞并序》、柳公权的玄秘塔碑以及记载有明代兵部尚书铁铉（大明湖有铁公祠专门供奉）反抗朱棣篡权的七忠公赞碑等价值连城的碑刻。石碑区东侧紧挨着的是石匾区，净居寺、鸿祥永、裕鲁当等近20块古代和近代石匾排列整齐。另外，墓园在东部24孝故事碑廊中还陈列着不少墓志和汉画像石。在墓园的北侧，考古人员复原了几座有保存价值的古墓，其中有明代太守墓、清代壁画墓及两座元代墓等。

2017年1月19日济南市公布第六批市级非物质文化遗产代表性项目名录，历城区山大路街道甸柳社区居委会申报的济南少林拳位列传统体育、游艺与杂技项目。

少林拳发源于河南省嵩山少林寺，至今已有1500多年历史。少林拳刚劲有力，朴实无华，不尚花架，讲究实功，一招一式，非打即防，攻防兼备，以攻为主。此拳不受场地限制，所谓“拳打卧牛之地”，有利于近身搏击；少林器械中的九节鞭、绳镖等软器械，软中带硬、可长可短、缩放并用，收回是一团，放出是一片，在手中像条虫，腾空放出赛条龙。收放自如，妙趣横生；拳和器械长短兼备，刚柔一体，勇猛快捷，内容丰富，招招式式利落惊人，功架端正，动作和谐，技击实用，是中国传统武术文化的优秀代表。

济南少林拳包括少林十二路弹腿、少林十路弹腿、少林六合拳、罗汉拳、罗汉神打、黑虎拳、燕青拳、少林棍、梢子棍、梅花枪、青龙剑、大刀、朴刀、九节鞭、三节棍、流星锤、绳镖、梢子棍进枪、梅花枪对棍等各种套路。济南少林拳套路以技击动作为素材，按攻守进退的运动变化规律变成整套练习形式。练习方法上要求内外相合、精神贯注、形神合一。外练手、眼、身、法、步，内练精、神、气、力、功。故有“眼到手到，手似流星眼似电，腰似蛇形步赛粘”之说。祖师训“手到哪里眼到哪，手到眼到；手到眼不到，必定投师不明，学艺不高”，讲求动静分明、劲力饱满、套路清晰流畅、手眼身法步协调。济南少林拳器械包括长、短、软、双及单器械套路和双器械套路，有少林单刀、燕青小花刀、青龙剑、八仙剑、春秋大刀、少林棍、达摩杖等。

李淑华，女，1951年生，甸柳庄人，现在是少林拳第五代传人。在习武健身的男人堆中，李淑华是一道别样的风景。她自幼酷爱武术，20世纪70年代末拜于王立诚门下，刻苦习练少林拳和少林软器械。2000年，李淑华随师父一同参加山东省首届传统武术武协杯大赛，获得九节鞭第

李淑华传授少林拳

李淑华参加武林大会

一名、女子全能第二名，晋升中国武术六段段位。此后她多次参加全国、省、市乃至国际大赛，并获得若干大奖。李淑华同时还担任山东省武术培训基地兴鲁武校教练，并多次担任济南市武术比赛裁判员，受到了武术界一致好评。她在百花公园、洪楼广场、山东大学校园、泉城广场、南部山区等地义务传授少林拳，还经常到东营、滨州、烟台、青岛等地授徒传艺，成为济南少林拳的女掌门。

新中国成立以来，特别是改革开放以来，甸柳庄依托优越的地理位置，乘借城市发展的东风，实现了由传统农业为主的近郊村向现代化城市社区的转变。

新中国成立前后的甸柳庄大概有300户，1000多人，大部分以种地为生。直到改革开放初期，甸柳庄也主要是承担蔬菜、粮食生产，用以供应城市居民。进入改革开放时代，济南市城市建设步伐加快，甸柳新村、百花公园、二环东路建设、工业南路改造，陆续占去甸柳庄800余亩土地。甸柳庄人口增多、土地减少，壮大集体经济、致富村民、改善居住环境迫在眉睫，创办企业、增加收入、安排就业成为村里的首要选项，在这个目标指引下首先催生出了村办的甸柳综合服务公司，此后开办了28家企业，其中合资企业13家。甸柳综合百货、医疗器械厂、振华机械厂、香料厂、甸柳预制厂、甸柳木材厂、甸柳塑料厂、甸柳运输车队、忠诚建筑公司、玩具厂、甸柳土产商店、甸柳五金商店、甸柳第一饭店和第二饭店及7个加油站，甸柳庄逐渐由务农向经商转变，成为全区乃至济南市最早的探索者和实践者。20世纪80年代末90年代初，甸柳庄结合改革开放的政策和劳服企业的特点，制定出了当时比较超前的、实用的集体经济企业责任制，把企业推向了市场。

1991年，随着济南市区的不断东扩，甸柳及其周边居民区、学校、

甸柳新居

甸柳新居孝文化广场

医院等公共设施大量增加，二环东路、解放路穿境而过，便利的交通、优越的地理位置，为甸柳庄发展二三产业提供了千载难逢的良机。甸柳庄果断关停所有村办企业，将原有企业厂房全部推倒，分别在二环东路、山大南路建起了沿街商业区和写字楼，实现了从村办企业到现代物业管理的大转变。

1992年，甸柳庄成立了山东甸柳集团总公司，由集体经济向市场经济转型。1996年更名为“山东甸柳集团有限责任公司”。投资400万元兴建了冷水沟工业园、董家镇“甸柳工业园”，腾龙换业、招商引资，先后引进了山东省城建钢结构有限公司、中美合资兴达塑胶阀门有限公司、中外合资君合木业有限公司等项目近10个，工业产值达到了2亿元。

经济发展需要土地、村民期待改善居住环境，甸柳社区以此为契机，1989年着手筹划旧村改造，以原社区幼儿园为试点。1993年至1996年，社区拆迁工作全面展开，共建设完成了29栋、约1200套楼房，甸柳庄村民全部迁入新建的小区。如今的甸柳庄是休闲娱乐、宜居生活的城市社区。居民生活水平不断提高，60岁以上老人按国家标准每月发放工资；

建立专款专户“幸福基金”，为居民的生日、重阳节、春节等重大节日发放福利；重阳节组织50岁以上老年人外出旅游或发放旅游补助；为社区青少年发放升学贺礼；为社区居民发放5000元的丧葬补助；社区社会保障制度不断完善，为居民统一交纳城镇职工社保、居民社保、意外保险（60—80岁），并制定住院费报销制度及每月发放医疗补助对社会保险进行补充。2016年，甸柳社区聘请山东明英物业公司为社区提供专业、优质的物业服务。2018年，甸柳以打造“邻里和善，温馨宜居”品牌为契机，投资建设了社区老年人日间照料中心，为老年居民提供优质的服务。社区邀请专业老师指导，组建了甸柳舞蹈队、甸柳腰鼓队等文体队伍。社区居民们过上了殷实富足的幸福生活。

材料提供：李　建

初　　稿：王玲玲

修改定稿：张　晓

驴山村

华山东望小清畔　果老坐骑落人间

驴山，在华不注山北。

——民国《续修历城县志·山水考》

驴山村位于荷花路西段、驴山南侧，东濒小清河，西依华山，北邻东杨家庄，南接还乡店村。明崇祯年间，住户由直隶枣强迁此，因建村在驴山山脚下，得名驴山庄。早期驴山村仅有20多户人家。1937年小清河涨水漫溢，居住在还乡店村低洼处的赵、薛二姓10多户迁到驴山脚下。经数十载繁衍，现有村民200多户、700多人，土地600多亩。

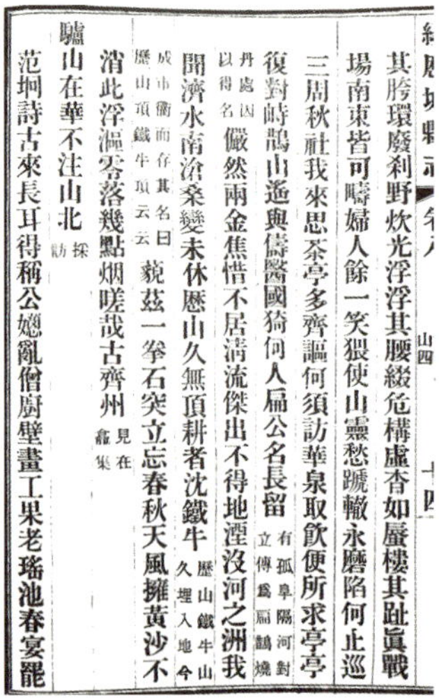
其膀環廢刹野炊光浮浮其腰綴危構虛沓如蜃樓其趾眞戰場南東皆可疇婦人餘一笑猥使山靈愁蹶輸永磨陷何止巡三周秋社我來思茶亭多齊謳何須訪華泉取飲便所求亭亭復對峙鵲山遙輿儔醫國猗何人扁公名長留（有孤阜隔河對立傳爲扁鵲燒丹處因以得名）儼然兩金焦惜不居清流傑出不得地湮沒河之洲我開濟水南滄桑變未休歷山久無頂耕者沈鐵牛（歷山鐵牛山久埋入地今成市衢而存其名曰歷山頂鐵牛項云云）藐茲一拳石突立忘春秋天風擁黃沙不消此浮漚零落幾點烟嗟哉古齊州（見在鑫集）

驢山在華不注山北（採訪）

范坰詩古來長耳得稱公嫐亂僧廚壁畫工果老瑤池春宴罷

民国《续修历城县志》中关于驴山的记载

新中国成立前后，驴山村作为一个自然村隶属于还乡店。之后，属于华山大队所辖的自然村，1957年驴山村属历城县华山乡，1958年9月属东郊人民公社，1960年6月属济南市东郊人民公社，1961年6月属历城县东郊人民公社，1961年7月属历城县东郊区华山人民公社，1968年7月属历城县华山人民公社。1980年4月重建济南市郊区，驴山村属郊区华山人民公社。1984年6月12日，建立驴山大队，驴山村成为一个行政村。1985年9月，撤区并乡，济南市郊区撤销华山办事处，成立济南市郊区华山镇人民政府，驴山村属华山镇。1987年5月，属济南市历城区华山镇。2010年5月撤销华山镇人民政府，成立华山街道、荷花路街道，驴山村属华山街道。

驴山村中的主街是“T”形，村子中心位置人们叫它影壁墙，据说很早以前确有其墙，因风水所建，后来不知发生了什么事，如今只剩下了“影壁墙”的名字。这里空间很大，是个小广场，凡有变戏法、要杂技的，放电影、演戏的都以这里为舞台，是村民健身休闲娱乐的主要场所，也是村里大事小情的议事场所、通知公告发布中心。

村南的驴山河上有座水闸，位于穿越驴山河的荷花路公路桥西侧，能防洪排涝，远看像座龙王庙，因在村西南，当时死了人都向西南方向送浆水，所以村民称为浆水庙子。后来这座闸年久失修，又在桥东修了一座闸，更壮观实用。村南有处提水站，把小清河水引入一条宽高各2米的大水渠，这条水渠用当地石材砌成，供附近几个村庄灌溉用水，水渠两旁种植白蜡树，郁郁葱葱，蜿蜒数里，也是驴山村的一道风景线。

驴山村虽说村小人少，但文化活动开展得有声有色。驴山村的业余剧团在四邻八乡有较高的知名度，剧团于新中国成立后村民自发成立，演出剧目包括《落仙山》《苏三起解》《全本玉堂春》《铡美案》《狮子洞》等。当时驴山村的女婿、鲁菜大师颜景祥曾经牵线搭桥，邀请著名京剧大师方荣翔来剧团进行指导。周边村庄逢年过节或是济南肉联厂、济南制药厂等附近企业的礼仪庆典，驴山剧团都会受邀参加，所演剧目也是很受欢迎的。1958年毛主席视察大辛庄，驴山村参加了欢迎仪式，演出的高跷、秧歌、舞狮子等节目受到省政府嘉奖。1997年7月1日香港回归，驴山村参加在百花公园举办的济南市会演，荣获一等奖。

古来长耳得称公，恼乱僧厨壁画工。

果老瑶池春宴罢，空山留影月明中。

——清·范坰《驴山》

范坰，字伯野，自号品泉生，山东历城人，诗人，刘大观弟子，著有《如好色斋稿》十册，现藏于山东省图书馆。范坰所作《驴山》一诗生动活泼，诙谐有趣，把张果老所骑之驴春宴归来留影山壁写得活灵活现，驴山之景瞬间跃然纸上。

驴山之名，源于山上有一块大石头，上面有一个影像，站在远处看很像一头驴。范坰在其著作《风沦集》中记载：华不注山北二里许，有山不甚高，壁上凸出一驴，色微白，长湫短辔，矫耳鸣风，极生动之致，土人名之曰驴山。

驴山，也叫落仙山、咣咣山。传说很久以前，村里有个小伙儿叫刘成，年轻力壮，为人厚道，是个干农活的好手。有一天，他去山坡耕地，累了在大树下休息。树下有两个老者在下棋，刘成恭恭敬敬打完招呼，就在一旁观棋，一位老者递给刘成一个桃子，让刘成解渴，刘成谦让再三终于吃下。奇怪的事发生了，刘成就觉周围景色忽黄忽绿，天光忽明忽暗，不住变化。不久之后，刘成想到地里的活，辞别老者回到耕地处。眼前所见让他大惊，耕牛犁杖不见了，地面也不再是早上景象。刘成百思不得其

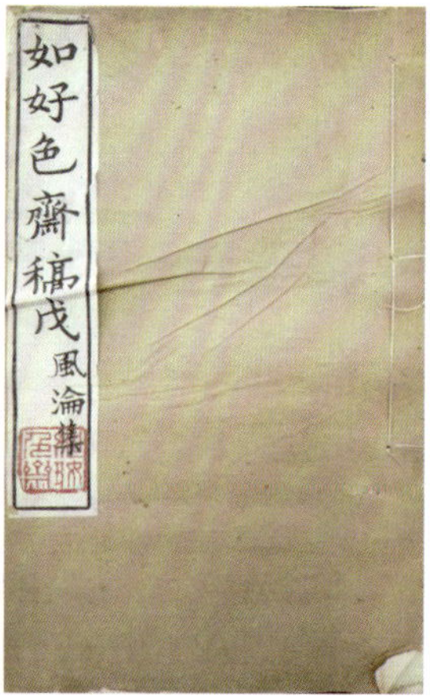

《如好色斋稿·风沦集》书影

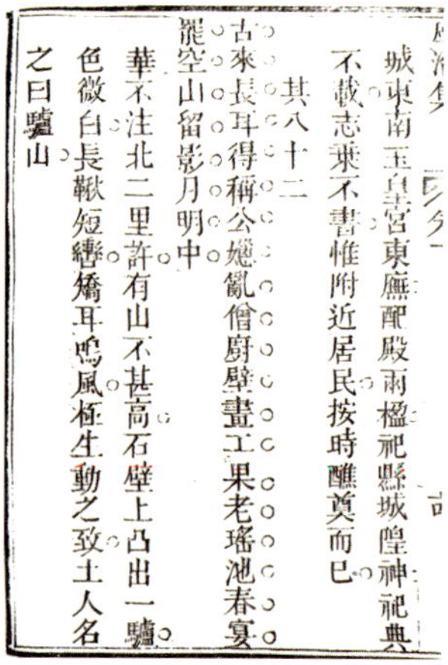
城東南玉皇宮東廡配殿兩楹祀縣城隍神祀典
不載志乘不書惟附近居民按時醮奠而已
其八十二
古來長耳得稱公嬲亂僧廚壁畫工果老瑤池春宴
罷空山留影月明中
華不注北二里許有山不甚高石壁上凸出一驢
色微白長鬣短蹬矯耳鳴風極生動之致土人名
之曰驢山

《如好色斋稿·风沦集》中范坰《驴山》诗

解，只能孤身回家，却像迷路一般找不到家在何处。见到几位老人，经过悉心询问，并讲述了发生的一切，才明白已经过了上百年，与自己对话的竟然是自己的重孙子。刘成无奈，回到下棋处，老者正等他来，带他云游四海成仙去了。此前刘成回村所遇的几位老人将信将疑，到刘成说的下棋处，遍寻不见一人，只有一块儿状似棋盘的大石头，上面有字"下棋只为度刘成，此处落仙山有名"。老人们回家一说此事，唏嘘感叹之余，在众人口中落仙山也就成了驴山的俗名。

驴山原本有七八十米高，盛产优质辉长岩石材"济南青"。早期，周边村民筑基建房所用石材大多来自驴山，驴山的村民也多从事石材开采业，驴山可以说是村民生活的主要经济来源。因为长期开山采石，驴山村不乏手艺精湛的石匠。新中国成立初期，驴山村响应国家支援西部建设的号召，在上级安排部署下，20多名优秀石匠跋涉千里奔赴甘肃，舍小家顾大家，流血流汗苦干2年，为新建和扩建国家级重点工业项目，初步打下兰州工业基础做出了贡献，得到山东省、兰州市嘉奖。1976年10月，党中央作出了关于建造毛主席纪念堂的决定，济南花岗石厂承揽了水晶棺底座的加工任务，石材采用的是"济南青"花岗石。驴山村的赵海、赵学贵等7名优秀石匠被选中参与石材的加工。他们怀着悲痛感恩的心情，胸前佩戴着小白花，加班加点，严谨细致，严格按照要求，精益求精，做出的济南青花岗石棺座板面的光泽度超过国家规定标准的两倍，看上去明亮如镜，连人的眼睫毛也照得清清楚楚。

驴山所产石材因硬度高、抗腐蚀性强、耐高温等优点，是精密仪器平台的不二之选，国家航天局精密仪器平台就产自驴山。济南青不仅在国内，在日、韩、欧美也颇为畅销。从1958年开始小范围开采花岗岩，因为花岗岩质地非常好，后来开采规模越来越大，自1964年开始出口料石到日本，开采的料石，全部装上火车运到青岛，然后从青岛再海运到日本。2007年开山采石被叫停，不过陆续还有人来挖石料，一直到2012

年上半年才真正停下来。不过驴山也被挖没了，只剩下几个大矿坑，还有几块大石头。

后来驴山村申请旧村改造，打算把几个矿坑平整后，开发建造新楼房。从2007年开始，一系列手续都办好了，8栋楼房建设开工。到2009年8月，因为华山湖计划，驴山村的改造被冻结。2011年，又被滨河新区项目接手，继续冻结。2014年，驴山山体修复工程启动。经过恢复治理和山体覆绿，驴山开辟为省级地质公园，但原生地貌形态难以再现。

受近在咫尺的“济南巨观”华阳宫的影响，道教文化在驴山村随处可见可闻，尤以八仙的传说故事让村民所钟爱，充塞街巷。

在驴山村老百姓的口中，“驴山”源于张果老的坐骑。驴山有两个山头，相传北山有个猫妖，两米多高，直立行走，有妖术，统领着一群猫子猫孙，所居的山头叫猫山。南山有个狐狸精，当地人叫它貔狐子，会邪法。两妖狼狈为奸、无恶不作，所到之处，人畜通吃。百姓人心惶惶、苦不堪言，年轻的背井离乡逃到外地，至今当地人哄孩子还说：“别哭，

北望驴山

驴山全貌

再哭猫妖来吃你；别闹，再闹貔狐子背了你去。”地方上报到济南府，官府派兵围剿，猫妖、狐狸精施出妖术邪法，顿时狂风大作，飞沙走石，天昏地暗，难辨东西，官兵死伤过半，哭爹喊娘，大败而归。时逢八仙经过此地，吕洞宾率众仙与妖精打斗三天三夜，终于诛灭了猫妖和狐狸精，清除余孽，捣毁妖巢，还百姓以太平。在众仙与群妖打斗期间，张果老的仙驴在东山坡吃草，被猫妖施法变成石驴，保留至今，为此人们叫此山为驴山。

驴山古槐

驴山古榆

驴山新居所在华山安置二区全景

清乾隆年间，老百姓在驴山东麓修建了一座吕祖庙。庙里供奉八仙之一的吕洞宾，四面墙上的壁画是八仙过海的故事。此庙依山而造，坐北朝南，青石筑台，砖木结构，占地500多平方米。庙台周边是用青砖砌成的1米高十字孔围墙。10米高的平台北端又筑起3米台基，盖了大殿。吕祖庙飞檐斗拱，雕梁画栋，雄伟壮观，庄严肃穆。庙脊立起，琉璃瓷砖，正中二龙戏珠，竖起一条避雷针，高起的檐上立有各种小瓷兽。檐头四角挂着风铃，因庙远高于村落，村民在家看铃便知风向，听铃声就知风大小。

大殿门前3米宽的平台，走廊与下面大平台之间。有5米宽的石台阶上下相连，台阶两旁各有半米宽石坡，经孩子们当作滑梯玩耍锃明瓦亮。殿前两旁各有一块大石碑，东边的石碑正面刻着“降妖镇魔”四个大字，背面刻着建庙捐款人的姓名。大殿后有一个石洞，是孩子们喜爱的捉迷藏所在。庙东石壁上有块驴的影像，据说八仙曾到此。吕祖庙有两道山门，东山门沿蜿蜒台阶直通山下公路，西山门直通村里。

驴山东山顶上有五音石。传说，八仙曾在此处演练给王母娘娘贺寿的节目，韩湘子吹箫，张果老拍箭筒，铁拐李敲拐杖，吕洞宾、曹国舅、

何仙姑、汉钟离、蓝采和各用手掌或拳头击打一块大石板，仿若锣、鼓、钹、钟、琴声，奏出和谐美妙的仙乐。五音石北边有块3米多高的剑形石，据说吕洞宾在上面施了法术，能自动斩妖除魔，保一方平安，这就是镇妖石。吕祖庙西有一块直立的大光石梁，有人刻了一头驴，高1.5米，长2米，驴腰搭着大布袋，旁边刻着“仙驴送福”，造型逼真，活灵活现。

2014年，根据济南市华山片区规划，华山片区拆迁正式启动，包括驴山村在内的19个村整体拆迁。驴山村按照《济南市土地征收管理办法》文件精神，顺利完成

驴山新居

拆迁任务。2019年2月村民回迁到华山东北侧的安置二区。

驴山村不复存在，山体山貌复原的驴山俊秀婉丽，驴山桥改建一新，驴山、驴山村落旧址已成为华山历史文化湿地公园的一部分。如今，驴山上既没有了庙，也没有了驴，仅余的两棵直径40多厘米山槐尚能勾起驴山村民的旧时记忆。

材料提供：毕贵生

撰写定稿：张　晓

卧牛山村

王敕读书得仙术　涅槃重生卧牛山

卧牛山，城东北一十五里，王云芝读书于此山，得仙术。

——明崇祯《历乘》

华不注之东里许，曰卧牛山，泺水之分流经两山间而东北注於大清河。

——清乾隆《历城县志》

卧牛山为一自然村，卧牛山东村、中村、西村从东往西依偎于卧牛山北侧的山脚下。村北是横贯齐鲁东西的济青高速，村东、村北是蜿蜒曲折东流入海的小清河、黄河。或许与背山而居的传统习俗有关，早期的卧牛山山阳人丁兴旺，山阴只有三三两两数户人家，与村落的概念相去甚远。清末至新中国成立初期，由于社会动荡，战乱频仍，黄河疏于防护治理，导致决口泛滥频发，黄河沿岸的堰头、张庄、黄庄、付家、新开店、刘姑店、霍家流等村部分村民不堪水患肆虐、生计艰难，举家搬迁至地势较高的卧牛山北麓避险定居下来，迁徙人口尤其以光绪十一年（1885年）的黄河决口为多。陆续迁徙到卧牛山的住户聚落成村，规模渐大，因所处地理位置命名为卧牛山庄。

村庄原貌

旧村面貌

卧牛山庄1950年隶属历城县第二区卧牛乡，1956年7月16日隶属济南市郊区华山乡，1957年12月25日隶属历城县华山乡，1958年9月隶属历城县东郊人民公社卧牛管理区。1960年为便于生产管理，相关部门按照所处方位把卧牛山庄划分为东、中、西3个村。虽然是3个行政村，但它们的隶属始终是统一步调、共同进退的。卧牛山3个村1961年7月隶属历城县东郊区卧牛人民公社，1968年7月隶属历城县华山人民公社。这期间，卧牛山中村有一段短暂的公社驻地经历，华山人民公社由华山、卧牛、坝子人民公社合并而来，初名历城县卧牛人民公社，办公地址就设在卧牛山中村，同年8月才更改为后来的名称，直到10月底才迁至洪家园。1980年隶属济南市郊区华山人民公社，1984年1月隶属济南市郊区华山镇，1987年5月隶属历城区华山镇，2010年隶属历城区华山街道。

卧牛山3个村村民近千户、4000余人，土地面积近4000亩。在卧牛山的东面与洪家园接壤，北面与小洼村、荷花路街道的北辛店、堰头相邻，西面与南北小街村、马家桥村相连，南面在山的西侧与山头店村相接。

卧牛山，海拔81.8米，占地1000余亩，远望如同一头卧着的牛。山的东南麓有“牛角石”直插苍穹，而牛的尾部则在山的西侧，另外还有金牛洞等传说……相传，卧牛山有两件宝，其中一个是金牛洞中的金牛。说的

古槐

是很久以前，有一头金牛，白天时常混迹于山坡上吃草的村民豢养的牛群中，被精明机巧的“南方蛮子”所发现。“南方蛮子”欲贪为己有，于是多方观察并请教高人，得到了“需要用历经九九八十一天成熟的梢瓜击打金牛”的妙方。精心培育的梢瓜渐渐长成，至第八十天上，“南方蛮子”急不可耐，摘瓜打金牛，金牛的一只角被打下后，负痛逃入山中，不复现身。另一个是西山头的一套石鼓、石锣，巨石错落堆积，捡石而击，铿锵有声。

清道光《济南府志》记载，嘉庆二十一年（1816年）夏，村民于卧牛山下发现一石，上镌刻着唐代武后（武则天）时期马举的墓志铭。墓主人马举，字肆仁，齐州历城人，大周上柱国。“上柱国”是唐代勋官的一种，没有权力，但有待遇，好比现在的英模称号。马举虽然战场上立过大功，却没有进入仕途，“自得丘园之逸，方遗簪笏之荣”。696年马举病逝，享年67岁。该墓志铭铭文多为武则天创造的文字，内有“与其夫人合葬流山”之语。有关专家据此推测，“牛”“流”二字读音相近，现称之“牛”山，抑或为“流”山之讹传。

卧牛山颇有仙气。清乾隆《历城县志·列传十一·仙释》记载，卧牛山为明代王敕读书处。王敕，字嘉谕，号云芝，历城人，明成化二十年（1484年）探花，赐进士及第，著有《漫游稿》《云芝稿》。他自幼聪颖过人，敏学好道，因此传出一些神异故事。《历城县志》记述说，王敕“尝读书卧牛山寺，与友人赵璧晚眺，见山麓火光，璧疑为磷，敕以石识其处。夜潜发得石函，有书二册。携归，中夜焚香展诵，一年后，能知休咎，御风出神”。据说王阳明十分信服王敕，尚书张鹤鸣曾为其作传，还为其小像题赞。

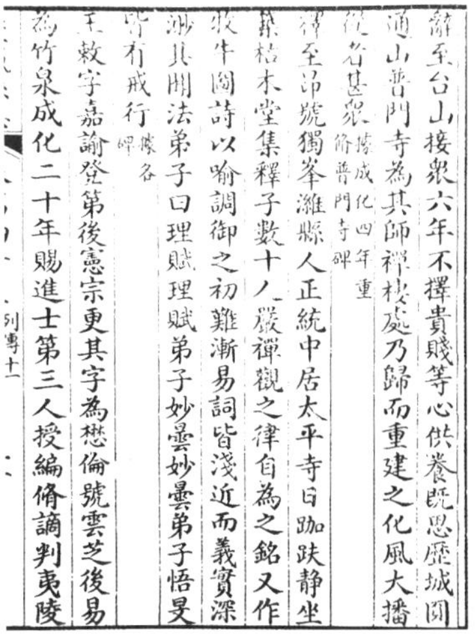
辭至台山接衆六年不擇貴賤等心供養旣思歷城國
通山普門寺為其師禪棲處乃歸而重建之化風大播
從者甚衆 據成化四年重脩普門寺碑
禪至節號獨峯濰縣人正統中居太平寺日跏趺靜坐
翻枯木堂集釋子數十人叢禪觀之律自為之銘又作
牧牛圖詩以喻調御之初難漸易詞皆淺近而義實深
涉其删法弟子曰理賦理賦弟子妙曇妙曇弟子悟旻
皆有戒行 據各碑
王敕字嘉諭登第後憲宗更其字為懋倫號雲芝後易
為竹泉成化二十年賜進士第三人授編脩謫判夷陵
列傳十一

明崇祯《历乘》中关于王敕的记载

卧牛山，山势回环，别有韵致，清代济南名士朱照在《锦秋老屋笔记》中记述道“卧牛山在齐州，九点烟之一，虽不及鹊华高峻，然回环有势，则非鹊华所及也……”文人墨客多游览吟诵于此。朱照写《城东村景物》对卧牛山赞美有加：柳杏行间门径幽，短桥浅水小清流。没鸦麦野青无际，十里春山见卧牛。徐子威也曾留诗《望卧牛山》：驴背望微茫，悠然古道旁。青牛高卧处，云水淡斜阳。李沧瀛《与侯百里、刘廉颇登卧牛山》诗云：卧牛高耸碧崔嵬，蜡屐同登望眼开。入海河流于曲折，近城山势并迂回。旧时仙迹何人访？此日骚坛几辈来。杰阁凭临吟未就，松清岚影助诗材。刘伍宽《登卧牛山诗》云：如此春光有几回，相将蜡屐陟崔嵬。林中河水萦衣带，天外华峰落酒杯。仙迹茫茫遗故垒，文星耿耿傍层台。老怀未竟输红杏，还可当风笑口开。

缘于形势险要、景色秀丽，道、佛二教先后来山上建寺观。道教首先在山上建玉皇庙、文昌阁、娘娘庙。唐代，佛教于山南麓建永平寺，并有明成化、嘉靖和清道光重修碑数通。济南解放前夕，负隅顽抗的国民党军队曾在山上修筑防御工事。由于历经沧桑，卧牛山上的寺观庙舍早已烟消云散、荡然无存。

昔日，每逢农历的三月初三，是卧牛山山会。一直持续到新中国成立初期，山会的规模还很大。周围数县之人都携家带口、赶来参会，一边交易货物，一边赏景看戏。这种盛况传说有数百年之久，是济南周边最大的山会。因卧牛山东面是山会的通衢之路，早先店铺林立，繁华扰闹，至今还有芙蓉街、月亮地、石崖坝子、小集等地名留存在村民记忆深处。

“遥望齐州九点烟，一泓海水杯中泻。”在唐代李贺《梦天》所描绘的“齐烟九点”中，卧牛山地处最东面。卧牛山之美景因李贺的诗句名扬全国。殊不知，闻名世界、用于精密仪器平台的“济南青”花岗石原料竟然也产于卧牛山。卧牛山这座文化名山，经历了从私采乱挖到山体恢复的凤凰涅槃。

靠山吃山、靠水吃水，卧牛山人也不例外。那时为追求经济利益而几近疯狂的人们，哪里还管什么历史名山、文化名山这些看不见的财富，所追求的自然是眼前的利益。学术界将主要矿物质由辉石和基性斜长石组成，呈灰、黑灰、暗绿色，源于卧牛山的一种石料称为“济南青”。“济南青”高硬度、高精度、高耐磨，因而主要用于精密仪器的平台，“济南青”于是享誉世界，深受各地加工厂商青睐。不知何时知道了“济南青”花岗石的市场卖点，卧牛山周边村民首先把致富的捷径放在了“吃”山上，对石料资源进行了掠夺式开采，卧牛山逐渐变成一个大矿山。自1985年开始的济南青石料开采加工，在鼎盛时期，有个体户352家，公司18家。随着市场经济大潮袭来，现代化开采工具普遍应用，山体更是

卧牛山局部

卧牛山地质公园

加速消失，被世人传颂、拥有美丽景色的卧牛山被开采得满目疮痍、残破不堪，七零八落的小山堆，遍地碎石、大坑，不复昔日风采，也造成“济南青”这一珍贵资源的严重浪费。

面对日益恶化的生态环境，各级党政部门在经济发展与民生福祉上多了些理性思考和选择，“宁要绿水青山，不要金山银山”成为共识。2006年10月，国家正式出台相关政策法规，要求高速、外环路可视范围内关停矿山，依规定，卧牛山被列入禁采范围，虽然非法盗采仍屡禁不止，但毕竟难成气候。2009年，配合小清河综合治理工程，利用挖出的淤泥填埋矿坑，同年下半年，市政府批准设立免费渣土填埋场，每年填埋五六百万立方米渣土，回填量总计约2000万立方米，卧牛山山体恢复看到了直观效果。2012年4月，市委、市政府研究决定，建设卧牛山地质公园。2013年4月，卧牛山地质公园项目破土动工，卧牛山开始了华丽蜕变。经过3年的生态修复，这个昔日的采石场实现了凤凰涅槃，摇身变成集景观游览、娱乐休憩、休闲健身、科普教育等功能于一体的地质公园。生态修复不仅改善了卧牛山的自然环境和人居环境，还为周边的经济建设及华山历史文化公园的建设发挥了重要作用，展现出济南不同的城市景观形象和气质。如今的卧牛山，在点点峰峦之间，形成了湖泊、洼地、幽谷、峭壁、草地、山林等多样化的景致。整个公园就像一个被放大的翠绿色的盆景，山崖陡峭，树木成林，采石后自然形成的水潭碧绿清澈。园内建的休闲步道随山就势，蜿蜒于山麓、山谷、山坡和垭口之间。步道边更是花木成荫，银杏、侧柏、鸢尾、山楂、木槿等蓊蓊郁郁，一派生机，让人赏心悦目。

卧牛山村有悠久的教育传统，从清末至今已有一百多年的历史，是华山地区的教育中心。如今承载教育事业辉煌成就的学校及卧牛山3个行政村已经在华山片区改造的隆隆推土机、铲车的前进声中化为平地，村民也随之迁入济南市最大的城中村改造项目华山安置区。

卧牛山东北侧山脚下的卧牛山小学旧址遗有民国四年（1915年）石碑一通，碑文记载，清朝中叶黄河水患频发，一潘姓江浙绅士奉旨赈济灾民，周边数里有识之士慷慨解囊捐资襄助，在卧牛山东侧兴建了义赈局。义赈局占地300多亩，四合庭院，房屋数十间。赈济灾民之余，义赈局兴办了学塾，以教化儿童。到民国时期学塾进行了扩建，并改称卧牛山公立学堂。20世纪80年代初已改为华山镇卧牛山小学的校门北侧尚留有学堂遗迹：宽大的朝东校门，门前有宽3米余的52级石铺台阶，进门有一大影壁。学堂在新中国成立后更名为卧牛山学校。其后，卧牛山学校改称华山镇卧牛山小学，紧邻东南新建了华山镇卧牛联中。21世纪初，卧牛山小学合并至卧牛山前华山街道办事处西面的历城区华山实验小学。卧牛联中搬迁至山下荷花路西侧的新建历城区华山中学。旧日校园中挂有铜铃的古槐、猪耳朵树，卧牛山上的战备防空洞、充满雨水后的矿坑、高低错落的梯田，山坡上的酸枣、玉米、地瓜……犹能让周边曾经的学子回忆起青葱岁月。

文化沃土的滋养熏陶，造就出诸多文化艺术界的翘楚。1949年出生

曾毅摄影作品《条条致富路》

于卧牛山村的曾毅，中国著名摄影家、策展人和社会活动家，山东工艺美术学院墨子国际影像研究院院长、资深二级教授、研究生导师、享受国务院特殊津贴专家、东方国际摄影艺术促进会主席、丝路国家摄影组织国际联盟执行主席，曾担任中国摄影家协会策展委员会委员、北京国际摄影周（文化和旅游部主办）策划总监、济南国际摄影双年展总策展人、艺术总监和FIAP第五届世界摄影大会总策划。自20世纪80年代开始，多次在国际、国内荣获金、银、铜等多项大奖，个人作品被意大利都灵国家博物馆、美国卡特总统博物馆、阿尔巴尼亚国家博物馆等各国艺术机构收藏。先后编著出版了《大哉孔子》《世纪巨匠——毕加索》《当代国际优秀摄影作品集》《国际职业摄影师经典作品集》《微微安·密码》《优素福·卡什世界名人肖像集》等20余部文献图书画册和《天命集》《故乡》等个人作品集。2017年8月主持“第五届世界摄影大会”在中国（山东）成功举办，并发起成立了由“一带一路”39个国家组成的“丝路国家摄影组织国际联盟”，在世界各国产生了广泛影响。

张振武，1952年生于卧牛山村。山东省美术家协会会员，山东画院高级画师，济南市稼轩诗书画研究院院长，济南市美术家协会副秘书长，山东羲之书画研究院副院长，山东诗词学会诗书画研究院副院长，山东当代书画摄影交流中心副主任、山东国际文化交流中心书画院副院长，山东历城书画院原院长，山东当代花鸟画画院副院长。

2013年7月，历城区华山片区开发建设项目正式启动。2014年14.69平方公里规划范围内的地上物拆迁全面铺开。卧牛山村村民识大体、顾大局，2016年底全部拆迁完毕。

拆迁中的卧东村

拆迁中的卧西村

卧牛新居

2019年2月25日，济南市最大城中村改造项目——华山片区城中村改造项目交房仪式启动，卧牛山村村民迁入华山北侧的安置二区。安置区楼间距大，采光充足，玉兰、大叶女贞、樱花、松树、冬青等乔灌木应有尽有，错落有致，还搭配了乡土果树，春季开花，秋结硕果，儿童娱乐设施和健身器械一应俱全。随着社区服务中心建设等周边配套设施的相继完善，医疗卫生、文化体育、社区服务、金融邮电、市政公用等公共服务设施将全部配齐，沿街底层配备有商业保障用房，大型商业综合体也将落户于此，未来生活充满希望。

今天，村落的原址上，一座座高楼拔地而起、雄伟壮观，一个超大型商住小区——御山首府渐成规模，一所现代化的充满朝气的华山二中矗立在卧牛山东侧。畅通的公路丝带般起舞于楼群之间，一幅美丽、祥和、温馨的画卷展现在世人面前。

但乡愁在何处？唯有卧牛山了！

材料提供：卧西：李继功

卧东：刘　川　马兴建

卧中：杨广生　洪延寿

撰写定稿：张　晓

章灵丘村

“济南王”显赫一时　三义阁至今犹在

神武路：张陵丘，龙岵山西。东程家庄、棠野，东南官庄，东北何二庄。

——明崇祯《历城县志》

正东乡南保泉二：张陵丘。

——清乾隆《历城县志》

东庑乡南保全二：张灵丘。

——民国《续修历城县志》

章灵丘村地处济南东部丘陵地带，东与官庄、程庄、彭庄为邻，西与安家庄隔龙须河相望，南以凤凰山为界与潘庄、田庄接壤，北以小官道为线与韩仓村相连，村域总面积约10平方公里。周边有大小九座山，互不相连，形态各异：或突起如崮，或依地为丘，或蜿蜒如带，或展翅若飞。它们像天然屏障，护卫着近万亩山野良田。千百年来，多少名人术士，都对这块风水宝地赞不绝口，其中流传最广的说法是：“前有凤凰引路，后有八吒跟随，左有骏马侍坐，右有勇将护卫，东倚金锅龙骨山，西临水脉龙须河。”其中，凤凰、骏马、勇将分别是指凤凰山、马

村庄原貌

山坡、将山坡，八吒则是指村北的八个小山头。

章灵丘村名的由来说法不一，有“张陵丘”“张林丘”“张灵丘”之说，而古迹碑刻则有“章灵丘”“章灵邱”等写法，散落于民间的家谱、地契中还记载了“杏园屯”和“兴元屯”这两个名称。

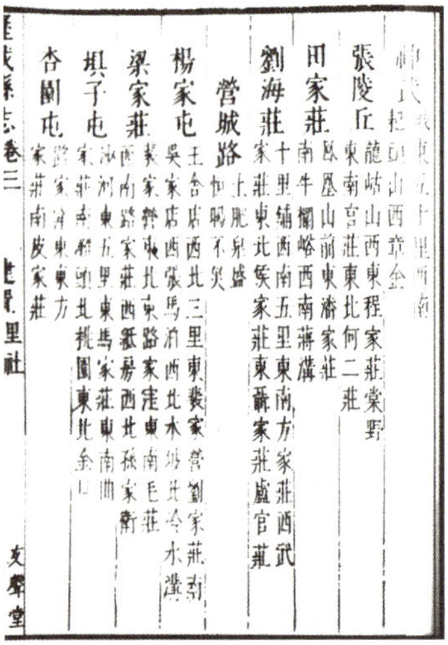

張陵丘 龍峪山西東程家莊棠野 東南宮莊東北何二莊
田家莊 臥凰山前東濟家莊 南牛欄峪西南蔣溝
劉海莊 十里鋪西南五里東南方家莊西武 家莊東北侯家莊東薛家莊盧官莊
營城路
楊家屯 王舍店西北三里東裴家營劉家莊 吳家店西張馬泊西北
梁家莊 西南路家莊西紙房西北孫家衕
棋子屯
杏園屯

明崇祯《历城县志》中关于张陵丘的记载

汉代，章灵丘村的先民们就在龙骨山下定居生活，他们用沙沟道里的清澈泉水灌溉着茂盛的杏园和庄稼。后来村庄规模越来越大，先民们便用赖以生存的杏园命名了自己的村庄——杏园屯。

南宋时期，中国北方正值金元更替，战乱不断。该村村民张荣骁勇善战，率村民屯聚，抗金自保，后来攻城掠地，占领了济南至淄川的广大地区。1226年张荣归顺成吉思汗，被元朝授山东行尚书省兼兵马都元帅，知济南府事。忽必烈即位后，封其为济南公。张荣感激元朝知遇之恩，遂将老家杏园屯更名为“兴元屯”。

张氏家族上得朝廷信任，下受百姓拥戴。传说村中与张荣同时代的风水先生章灵，曾亲自为张氏家族选定村北和山之阳作为墓地。张氏祖茔丰碑林立，翁仲有序，显赫一时。为永志张氏家族之荣耀，其后人遂将兴元屯更名为“张陵丘”。

双孔桥

后来，朱元璋灭元登基，建立大明王朝。此时以汉人身份降元而尽享尊荣的张氏家族风光不再，备受冷落排挤。村庄如果仍以“张陵丘”名之，恐为当朝不悦。因此，机智的村民们便以村内德高望重的已故风水先生章灵之墓丘作为村名，叫作“章灵丘”。

三孔桥（双龙桥）

传说章灵自幼聪慧，喜欢探究，尤其对测易相卜之术情有独钟。父母见状，便送他去博山跟一位著名的风水先生学习。三年的求学生涯中，章灵勤奋学习、潜心钻研，对师父师母也非常孝顺，深得师父垂爱。临别之时，章灵哭拜于地，愿两位老人多多

六孔桥

保重。师父拿出一对瓷枕交于章灵，并如此这般嘱咐一番，望章灵切记在心。章灵回到家乡，热心服务乡里。他相术高超，不管达官贵人还是布衣平民，不论婚丧嫁娶、算命取名，还是建房动土、筑墓修坟，只要乡亲们有请，从不推辞，一时间门庭若市，享誉四方。章灵一生，不忘师训，慈悲在心。他不仅帮元朝重臣张荣的家族墓地选址，也非常同情下层平民。村里有一个父母双亡的孩子，无依无靠，章灵尽管已有三子，仍将该孤儿收为义子，且视同己出，倍加疼爱。从此，人们对章灵更加敬重，章灵也名扬十里八乡。

新中国成立后，章灵丘先后隶属港沟人民公社、港沟镇。1982年，为便于管理，章灵丘划分为章灵一村、章灵二村、章灵三村3个行政村。2010年5月，章灵丘3个村划归唐冶街道。

张荣，字世辉，济南历城人，状貌奇伟。授金紫光禄大夫、山东行尚书省兼兵马都元帅，知济南府事。

——《元史·张荣传》

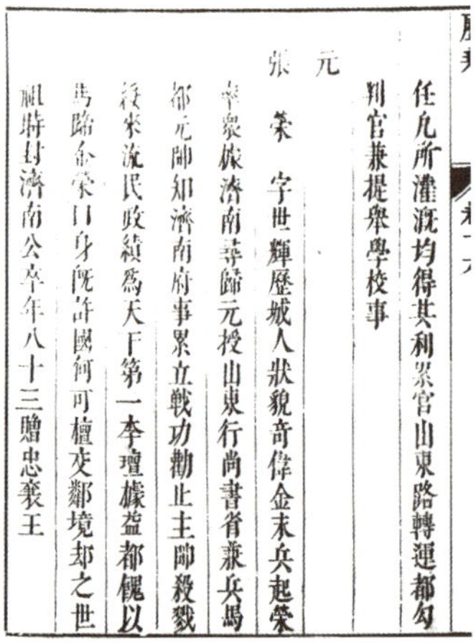
任凡所灌溉均得其利累官山東路轉運都勾
判官兼提舉學校事
元
張榮　字世輝歷城人狀貌奇偉金末兵起榮
率衆據濟南尋歸元授山東行尚書省兼兵馬
都元帥知濟南府事累立戰功勸止主帥殺戮
招來流民政績爲天下第一李璮據益都僞以
馬臨榮榮曰身既許國何可擅交鄰境却之世
祖時封濟南公卒年八十三贈忠襄王

明崇祯《历乘》中关于张荣的记载

短命的元朝虽只存在了九十八年，但金蒙之际济南三大世侯之一的张家却长盛不衰几十年。自张荣始，子孙三代蝉联“济南王”。

金朝统治末年，赋役越来越沉重，自然灾害频频发生。北方的蒙古族雄起于草原，不断南下侵扰金朝边境，金兵节节败退。金朝内外交困，到了崩溃的边缘。金朝统治者在中原地区大肆扩地以讨好女真贵族，狭隘的民族政策最终在阶级矛盾和民族矛盾都很尖锐的山东地区燃起了人民起义的熊熊火焰。张荣乘机率乡民占据了黉堂岭（今章丘、邹平交界的长白山上），以图自保。周围民众踊跃参加，张荣队伍日益壮大，又陆续攻占了章丘、邹平、济阳、长山、辛市、蒲台、淄州等地，实力大增，所辖民众近50万人，成为济南一带拥兵自重的地方割据势力。

从蒙古太祖八年（1213年）起，蒙古铁骑不断深入山东，掠夺财产，杀戮无辜。每当蒙古军至，张荣则率军“清野入山”，如此抵抗蒙古军队数载。太祖二十一年（1226年），山东各方势力几乎都投靠蒙古，大部分地区尽为蒙古所有，抗蒙形势变得异常严峻。张荣审时度势，于同年率领手下军队及所统辖地区民众共50万人，向蒙古将领按赤台那衍请降。成吉思汗许之，并召见张荣，责问他何以多年孤军抵抗蒙古大军。张荣回答说：“山东地广人稠，已皆为帝所有。臣但凡有所倚恃，也不会款服。”成吉思汗为张荣的豪气所感，授他为金紫光禄大夫、山东行尚书省兼兵马都元帅，知济南府事。

张荣勇武过人，有一次在随军出征时，眼睛被流矢射中，难以拔出，便令他人用脚抵住额头，用力将箭拔出，围观者大惊失色，而张荣却神色自若。

蒙古太宗二年（1230年），朝廷召集各路诸侯商议攻取汴京（今开封），张荣自请担当开路先锋，太祖赐衣三袭（三身衣服），下诏令张荣位列诸侯上，以表嘉许。翌年，蒙古大军抵达汴京黄河对岸，张荣率死士乘夜渡河，金朝守城军队一触即溃。翌日清晨，金兵整阵再至，张荣率军驰入敌阵，金兵望风披靡。张荣率军乘胜夺取对方战船50艘，划抵北岸渡士兵过河，乘胜攻下张、盘二山寨。

蒙古军在张荣带领下一举攻破汴京，俘敌万余人。蒙古大将阿术鲁恐降军生变，欲将其全部斩杀，张荣极力谏止。太宗五年（1233年），张荣又从阿术鲁攻打归德（河南商丘）。按蒙古制度，攻城不降者，双方一旦开战，城破则必屠城。归德守城金军拒不投降，阿术鲁乃与诸将商议，城破将烹俘虏以其油灌城，张荣据理力争，又将这一野蛮的做法谏止。归德城陷之日，张荣单骑入城安抚，数万百姓免遭杀戮之灾。

太宗十三年（1241年），张荣61岁，请求辞官归家，未获允。中统元年（1260年）世祖忽必烈授张荣为济南路万户，并封济南公，准予辞官归养。中统四年（1263年），张荣以83岁高龄去世，赐推忠宣力正义佐命功臣、太师、开府仪同三司、上柱国，追封济南王，谥“忠襄”。

张荣子孙40余人，多数成就不俗。从张荣始，其长子张邦杰、长孙张宏，一门蝉联三代济南王，成为济南的豪门华宗，其势力一直延续到元世祖后期。

清乾隆《历城县志》载：“张荣墓，城东张陵丘，学生张起岩碑铭。”之后，张荣之孙张宓等也随葬于此，遂成家族墓。在张宓墓前，有李国凤撰写的近2000字张宓神道碑碑文，记述了张荣、张邦杰、张宓为国为民的丰功伟绩及“历城之东，和山崔崔，勒词贞珉，昭示后来”等情由。可惜此碑在“文革”中被毁。

观张氏族墓，处和山之阳，墓前地段平整开阔，有龙脊河环绕，墓地东西有马山、将山护恃，确是风水宝地。

张荣墓

古建筑·明·三义阁

历城区唐冶街道章灵三村

——济南市第四批文物保护单位

章灵丘村的五大哨门，是战乱年代护村保家的重要屏障。因为明代三义阁和清代黄家武进士的光环效应，三义阁西哨门在村民心目中还具有不同寻常的神秘力量。

章灵丘村内东西方向的大街主要有两条：靠南，笔直的一条街，叫“前街”；靠北，东端拐弯向北的一条，叫“后街”。前街的东端建有东哨门，门外北侧就是三官庙，西端是建在阁子崖上的三义阁西哨门。后街的东端拐弯向北处建有北哨门，门东紧邻俗称“人庙”的几圣堂，西端建有西哨门，因门外有一石狮，这个地段也称“狮子崖”。庙子沟街（又称傅家胡同）的南端建有南哨门。

据说早前五大哨门墙垣坚实、大门厚重，是防范盗匪贼寇入侵袭扰的重要屏障。20世纪60年代，南哨门坍塌后失去踪影，北哨门还残留着过门石的痕迹，东哨门除了过门石，还存有石墙残垣。保存相对完整的就是居高临下俯视龙须河的三义阁西哨门和狮子崖西哨门。

狮子崖西哨门原址

狮子崖上的西哨门分上下两层，下层门洞长宽均不超3米，高约4米。两壁全由厚重料石垒砌，过道中间

三义阁

镶有一块挡门的门牙，但是门却早已不知去向。上层乃一青砖哨楼，北开一门，可沿四层极陡的石阶入内。脚踏坚实的木质楼板，可从东西两窗眺望村庄内外。哨门之下有长约200米的青石板路，一路西下，越过瓢湾，直插龙须河底。这条青石路虽经数百年风刮雨淋、脚踩车轧，仍基本保持了原貌，足以让如今某些豆腐渣工程制造者汗颜。哨门之东，石板路两边的光滑条石是村民的最爱。尤其是夏季的傍晚，劳累了一天的人们在此消夏乘凉，下棋拉呱，家长里短，道听途说，好不热闹。有一块“椅子石”最卖座，谁最先抢到坐下，这一晚上的舒服劲儿就不用提了。令人遗憾的是，因年久失修，狮子崖上的西哨门于20世纪70年代前损毁，只剩下一人多高的墙基。

得益于“济南市第四批市级文物保护单位”的身份，三义阁西哨门仍巍然屹立于龙须河的东岸。这里地势险要，东连村内主街——前街，西扼龙须河水道，整座建筑高达十几米，是济南地区已知的最高单门洞石阁门。阁分两层，上层是一座青砖黛瓦的庙宇，新中国成立初期庙内神像被毁，并由一户孟姓人家居住。后来村民集资修缮庙宇，重塑了刘备、关羽、张飞神像。庙前女儿墙上还有当地书法家赵吉厚亲笔书写的1米见方的大“福”字。下层阁门由巨大料石垒砌而成，进深约6米，宽约4米，可并行两辆马车。门内北壁镶嵌有明朝的始建碑，还有“万历三十六年二月建”“山东济南府历城县南保泉二章灵丘庄”等字迹清晰可见。门洞顶部中央曾镶有一铜镜，谓“明镜高悬”之意，如今，铜镜已不知去向。阁门也因箍有大量铁活儿，在1958年大炼钢铁时被拆。据年长者说，清雍正年间，因三义阁附近的黄氏家族出了黄成绪、黄振绪两名武进士，并且在福建、台湾等地屡建战功，所以皇上下了圣旨褒奖。后来圣旨就埋在门牙之下，凡路过此门者，“文官落轿，武官下马”，以示敬重。即便是平民百姓，亦应规规矩矩进出此门。据说每逢大旱求雨，仪式上总有一“马子”（类似神巫的角色）伴随锣鼓沿街疯跑，但是一到三义阁哨

白衣殿

门便抬不动腿，只好由壮汉硬抬方能过门。还有人说，抗战期间，驻扎在王舍人和郭店两个火车站的日军经常出来“扫荡”，有一次路过章灵丘村，来到三义阁前，最前面的战马突然停止不前。任凭马背上的日本军官对其鞭打吆喝，四条马腿如钉在地上般纹丝不动。无奈之下，队伍只好另择路而行。这些故事被老百姓口口相传，未必全然属实，但也从一个侧面反映了三义阁哨门在村民心中的分量。

神机妙算的章灵毕竟是传说中的人物，状貌奇伟、战绩卓著的“济南王”张荣也只是显赫一时，唯有三义阁西哨门尽管经历了400多年的风风雨雨，仍然孤独地站立在一派现代气息的龙须河东岸。

2014年，在唐冶新城建设的强力推动下，章灵丘拆迁工作启动。2017年8月，村民整体回迁，入住雪山合苑。与此同时，在章灵丘这片

章灵新居

古老的土地上，中新国际城、锦绣天地、龙湖春江郦城等项目拔地而起。如今，即使是章灵丘人也很难找到自己的故居原址了。几代下去，儿孙们若问故土在哪里？答案是，龙须河岸三义阁。但愿多年后三义阁还能安在。

材料提供：赵中平

初　　稿：陈　芳

修改定稿：王瑞国

潘　庄

遗迹传说往事悠　抗日勇士志未酬

神武路：潘家庄。

——明崇祯《历城县志》

正东乡南保泉二：潘家庄。

——清乾隆《历城县志》

东庑乡南保全二：潘家庄。

——民国《续修历城县志》

潘庄村位于凤凰山脚下、龙须河（现称韩仓河）东岸，经十东路以南，邢村立交桥西南侧，东邻邢村，东北为大官庄，西为田庄，南边是章锦、有兰峪，北边靠章灵丘、安家，交通便利，地理位置优越。整体走势为南高北低、东西平缓，属中低

经十东路改造前的潘庄桥

村庄原貌

山丘陵地带，地表主要为裸露的石灰岩。2017年村庄拆迁前，全村1018户、3200人，土地3400余亩。

据记载，潘庄始于明朝初年建村，以姓氏得名。潘氏由直隶枣强迁此建村。后潘姓人家逐步没落而消失。目前主要姓氏为：杨、张、王、刘、李、崔、田、马，村民以汉族为主，有少量回族、满族、朝鲜族等。

1929年7月济南市成立时，潘庄村隶属历城县东梧区，此后至1956年，隶属潘田乡。1958年9月成立人民公社，潘庄大队隶属港沟人民公社。1961年6月，全县划为4个区、54个公社，潘庄大队隶属东郊区章灵丘人民公社。1968年，全县合并为17处公社，潘庄大队隶属港沟人民公社。1984年1月实行政社分开，建立乡镇政府，隶属港沟区章灵丘乡。1985年9月撤区并乡，历城县划为11个镇、3个乡，隶属港沟镇。1987年5月，隶属历城区港沟镇。2010年，港沟撤镇设立港沟街道，隶属港沟街道。

古老的遗存、悠久的传说述说着潘庄村深厚的历史文化底蕴，镌刻着纯朴而弥远的历史记忆。

潘庄村由潘庄、小田庄2个自然村组成。在小田庄十字路口有一棵槐抱榆的古树，不知何年何月何人栽种。在潘庄人的最早记忆中，它就是高大粗壮的，周围有三四处圆疤突起，树皮撮合，均若瓮口。树冠青葱繁密，蓬蓬勃勃。虬枝有的长达30多米，参差交错，遮天蔽日，覆盖四五亩地。尤其春夏时节，浓荫如盖，百鸟翔集，树上是鸟儿的乐园，树下是村民乘凉、闲聊的好去处。1938年4月5日，日军血洗田庄。这棵古槐像田庄老百姓一样也遭了殃，树冠都被日军、汉奸砍下做了烧柴，只剩下2米多高的树干和几条细枝，古槐几乎被摧残致死。可让人意想不到是，它却以顽强的生命力活了下来，当年弯曲的残枝逐渐扩展开来，青枝嫩叶，欣欣向荣。更让人吃惊的是，在1942年，一棵挺拔健壮的榆树从槐树基部的空腹中生出，根深叶茂。半个多世纪以后，树冠呈平顶形，直径约10.7米，树高约9米，主干高约2.2米，直径1.1米，须三人携手才能合围。上顶枝丫间长着近13米高的榆树，高耸挺拔，枝叶茂盛，郁郁葱葱。村子拆迁时，村里特意将这棵古树保留了下来，现如今古树依然挺立在原处，成为潘庄村民寄托乡愁的唯一所在。

凤凰山残碑

在潘庄后街北边有一座三官庙，坐北朝南，是一座两进的院子。一进大门，正殿有三间屋，殿里供奉着三官大帝：上元天官、中元地官、下元水官。他们姿态

古槐抱榆

村庄北侧古官道

各异，神情祥和。大殿前面，有四棵古柏树，高大粗壮，枝叶茂盛。大殿后一进院里有五间房，东南角是一座钟楼。钟楼坐西朝东，用青石垒砌，墙的四面各留有一个小窗户。顶部有一横木梁，挂着一顶大铁钟。直径约1米，高约1.2米，重约1000斤。当村里发生盗窃、失火等大事时，就会有人敲起此钟。20世纪20年代，三官庙被学校占用。1949年，钟楼被毁。

在小田庄西南有一座毗卢寺。庙宇坐北朝南，是一个三进的独院。南北长约260米，东西长约110米。前排有东房三间，南房三间，西房二间。中间、后排各有六间房。院子东南有三间北房，是正殿。庙中供奉的毗卢遮那佛。20世纪30年代，寺庙被小田庄完小占用。

新中国成立前，潘庄村北侧有条官道，东西走向，分为上、下道，宽3米，硬土压实路，是村民通往济南以及耕种、收割农作物的要道。上道从潘庄开始，途经田庄、林家庄、北胡、草山岭、甸柳庄、姚家到达济南的老南门；下道从潘庄启程，途经田庄、刘智远、贤文村、谷家坟、黄楼到达济南的老东门。1978年修建经十路后，这条官道就渐渐消失了。

潘庄村除了众多的古迹承载村民的记忆，还有许多传说故事在一辈辈乡人中口口相传。

传的最响的当属刘八缸的故事。据说，潘庄村有个村民叫刘好武，绰号刘八缸。因先辈积德行善荫及子孙后人，他出生后，在埋衣身（胎盘）的时候，刨出了八缸白花花的银子，因此得名。他生性聪颖、勤奋好学，又善于经营。种地则庄稼丰收，养殖能六畜兴旺，将粮食与牲畜远途贩卖，每每盈利丰厚，因此不断置地、修房盖屋，从此家族兴旺，瓜瓞绵延。刘八缸绰号的由来还有另外一种说法。说是章锦村有潘家湾，是刘家饮牲口的湾。有兰峪村原来叫牛栏峪，是刘家放牛的地方。据说刘家的土地有上千亩之多，有人估算他的存银足有八缸之多，所以就有了“刘八缸”的绰号。

据刘家族谱记载，刘八缸膝下有五子，繁衍至今已有二十三代人了。刘家后人至今还保留着传说中的一口大缸，至于真假，因为年代久远，已无从追究，后人们只把它当作对祖先的一种美好纪念了。

刘振东，1918年生，历城县港沟镇潘庄人。国民党山东保安13旅3团团长。刘振东抗日坚决，作战勇敢。

——1990年版《历城县志》

刘振东，1918年出生在潘庄村，性格刚直，有强烈的爱国热情。日军侵占历城后，他召集周围村庄的青年，于1940年组建了100多人的抗日武装，在胶济铁路沿线打击日军。同年7月，他的武装接受国民党历城县县长岳伯芬的整编，编为保安16团3营，刘振东任营长。他抗日坚决，作战勇敢，并练就了一手百发百中的打枪绝技。他指挥的3营，多次给日伪军以沉重打击。1943年，保安16团扩编为保安13旅，他任3团团长。

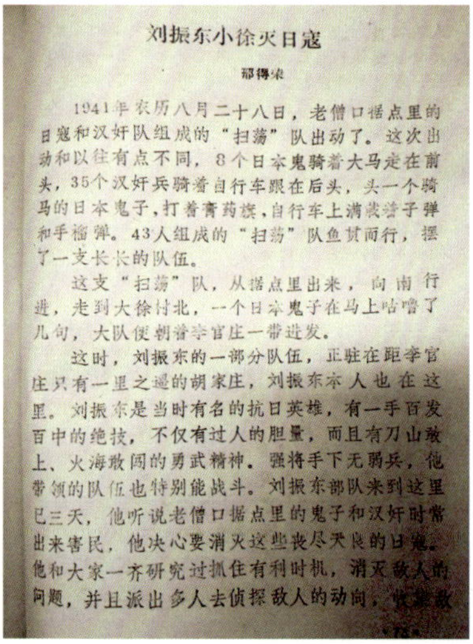

刘振东小徐灭日寇

邢得荣

1941年农历八月二十八日，老僧口据点里的日寇和汉奸队组成的“扫荡”队出动了。这次出动和以往有点不同，8个日本鬼骑着大马走在前头，35个汉奸兵骑着自行车跟在后头，头一个骑马的日本鬼子，打着膏药旗，自行车上满装着子弹和手榴弹。43人组成的“扫荡”队鱼贯而行，摆了一支长长的队伍。

这支“扫荡”队，从据点里出来，向南行进，走到大徐村北，一个日本鬼子在马上咕噜了几句，大队便朝着李官庄一带进发。

这时，刘振东的一部分队伍，正驻在距李官庄只有一里之遥的胡家庄，刘振东本人也在这里。刘振东是当时有名的抗日英雄，有一手百发百中的绝技，不仅有过人的胆量，而且有刀山敢上、火海敢闯的勇武精神。强将手下无弱兵，他带领的队伍也特别能战斗。刘振东部队来到这里已三天，他听说老僧口据点里的鬼子和汉奸时常出来害民，他决心要消灭这些丧尽天良的日寇。他和大家一齐研究过抓住有利时机，消灭敌人的问题，并且派出多人去侦探敌人的动向，收集敌

《历城文史资料》中关于刘振东事迹的记载

1941年7月，刘振东听说老僧口据点里的日军和汉奸组成的“扫荡”队时常出来祸害百姓，便决心要消灭这些丧尽天良的日伪军。于是，他带领一部分队伍，提前三天来到这里，研究作战计划，并且派出多人搜集情报，以期寻找行动的有利时机。8月27日这天，日军和汉奸组成的“扫荡”队又出来行动，途经胡家庙时，“扫荡”队抓住了出来探听消息的刘振东的传令兵孟庆昌。当刘振东得知孟庆昌被抓的消息，立即做出了消灭“扫荡”队的决定，提前进行了严密的部署。

上午十一点左右，“扫荡”队到达小徐家村，在观音堂前小学门口停下来，准备在这里吃午饭。他们把孟庆昌吊绑起来，派两个汉奸兵持枪看守。日军到小学里去吃饭，伪军在观音堂前的街上散乱地站着，但都随身带着武器。

刘振东得知“扫荡”队在小徐家村停下吃午饭的消息后，立即派人火速通知驻扎在附近的兄弟抗日部队，从小徐家村西面和北面围击敌人，自己则率领部队部署在小徐家的南面和东面，将整个村子包围了起来。他亲率精干小分队，潜入村内小学附近，趁“扫荡”队正在吃饭时，先派人去解救孟庆昌，其余都跟着他投入战斗。

开始攻击的枪声一响，四面的枪声便响成一片。街上的汉奸乱作一团，扔掉大枪，四散逃命。日军听到枪声后，拿起枪从教室后窗向外射击。枪声一阵紧过一阵，喊杀声在空中回荡。由于抗日队伍作战勇敢，伪军全部被俘，并将10名日军压在一间民房里，全部歼灭，还活捉了一名日军。战斗进行了一个小时左右就胜利结束。这之后很长一段时间，

老僧口据点里的日军和汉奸不敢再轻易出来“扫荡”。

刘振东的抗日活动，极大地震慑了敌人，日军悬重金捉拿他。一次，刘振东将自己假捆起来，带2个传令兵，把他“押往”日军黄台据点，声称拿住了刘振东。日军信以为真，纷纷走出炮楼。刘振东趁机拔出双枪，打死打伤日军多名。

刘振东的抗日活动，受到群众拥护，影响越来越大。岳伯芬怕刘振东的势力影响到自己，便怀一己之私，于1943年9月，利用汉奸李子元将刘振东暗枪杀害。可惜这位智勇双全、浑身是胆的抗日勇士壮志未酬，没有死在日军的屠刀下，却死在了国民党军队尔虞我诈的暗枪中，年仅25岁。

让潘庄村引以为荣的不仅有刘振东这样的抗日英豪，而且还涌现出了以杨贵东为代表的一批共产党培养的革命英才。

杨贵东，1930年出生在潘庄村一个贫农家庭，幼年时父母被日军杀害，从小就立志参军报效祖国。18岁加入中国共产党，1947年8月光荣参加中国人民解放军，相继参加了淮海战役、渡江战役。在硝烟弥漫的战场上，他冲锋在前，英勇杀敌。1951年参加抗美援朝，历经数次战斗并屡次负伤，左眼致残（二等乙级）。1952年复员后历任潘庄大队民兵连连长、潘庄大队党支部书记、潘田乡党支部书记兼乡长、港沟人民公社治安办主任和安全办主任。

杨贵东

20世纪50年代初，他从农村最基层工作干起，由互助组、初级合作社、高级合作社到人民公社，一直担任农村最基层不吃“俸禄”的干部。在任大队党支部书记、潘田乡乡长期间，他成立了扫盲队、识字班。当时大队不富裕，他多方筹集资金购买柴油发电机，修建磨坊，千方百计为全村通上了电。为丰富社员的业余生活，调动大家劳动积极性，在极其艰苦的条

杨贵东所获荣誉证章

件下修建篮球场，成立篮球队、秧歌队、龙灯、高跷、杂耍队。1965年至1993年，杨贵东在任港沟人民公社治安办主任和安全办主任期间，针对邪恶势力，他敢抓、深打、严办，实心实意地为群众主持公道，除恶扬善。面对违法分子的恶语威胁和各种恐吓，他毫不退缩，为百姓撑起了安居乐业的保护伞。

从革命战争年代至对越自卫反击战中，潘庄村还先后涌现出多位保家卫国的勇士。例如抗日战争时期的刘树福、李俊贤、崔士成，解放战争时期的刘培全、田恩沛、崔士志、刘玉山，抗美援朝时期的刘树胜、闫启祥、马芳仁、杨贺亭、刘玉明，对越自卫反击战时的刘正保、杨文新等，他们用自己的血肉之躯换来今天的和平年代和富足生活。

潘庄人紧跟时代步伐，用勤劳和智慧书写了潘庄人的新生活。

党的十一届三中全会召开后，潘庄村是推行家庭联产承包责任制较早的村。尝到改革的甜头后，潘庄人大力发展村办企业，先后建起了粉坊、石子厂、石灰厂等15家集体企业，安置村民就业500多人。1993年，潘庄村成立了龙凤实业总公司，将13家企业纳入公司管理。

20世纪八九十年代的村办企业

20世纪90年代末，区委、区政府提出了小城镇建设的“三个一工程”，即要求建设一条商业街，兴办一个农贸市场，兴建一个工业小区。潘庄村响应号召，建成了长1.5公里、建筑面积20万平方米的商业街，在废弃的砖厂上建设了占地15亩的农资市场，并建成了能容纳多家村办和个体企业的工业小区。

地处城郊接合部、地理位置优越的潘庄村为重点工程和重点项目建设贡献了大量的土地。309国道建设，被征土地100亩；三联集团开发，被征土地1000亩；济南绕城高速公路建设，被征土地80亩；济南出口加工区建设，被征土地4000亩；2016年10月，万达文旅城建设项目将村里剩余

拆迁后的潘庄

施工中的万达文旅城

潘庄新居

的土地全部征用。

2017年4月，潘庄村拆迁全部完成，结束了以往农业生产的历史。回迁居民楼在原村南侧选址，当年9月12日，安置房建设项目开工，村民们于2020年上半年住进了楼房，开启了城镇化新生活。

往事悠悠，乡愁绵绵。昔日的村落已荡然无存，唯有历经沧桑的“槐抱榆”古树，孤傲地矗立着，成为潘庄人寻觅村庄、慰藉乡愁的寄托。

材料提供：党光峰

初　　稿：刘恕恩

修改定稿：岳淑茗

西枣园

枣树红枣成记忆　乡土工艺难传承

龙山路：郭店南枣林。

——明崇祯《历城县志》

正东乡明贤十三：枣园庄。

——清乾隆《历城县志》

董家乡明贤九：枣林。

——民国《续修历城县志》

村庄原貌

村庄原貌

西枣园村南依唐北村，北接郭西村，东邻合二村，西隔刘公河与彭家庄相望，胶济铁路横贯村北，刘公河从南至北经村西蜿蜒绕过。地势南高北低。

西枣园村属于北温带半湿润气候，年平均降雨量在650毫米以下，年平均气温13.4℃，平均相对湿度为64%。四季分明，冬冷少雪，春季干旱，夏秋雨水较集中。村域土壤为褐土类，土层厚、熟化程度高、保水保肥，适合各种农作物及果树尤其是枣树的生长。

枣园村人多为明朝洪武初年至永乐十五年迁来，逐步形成村落，因此地枣树繁多，遂取名枣园。截至2015年旧村拆迁时，全村有300户、1040人，面积4平方公里。村中姓氏有赵、宋、邓、高、杨、尹、时、夏、范、苗、刘、李、怀、陈、马、王、雷、于、张、聂等，姓氏虽繁多，但无隔阂，村民们互尊互让，相处融洽。

西枣园村在新中国成立前隶属历城县董家区虞山乡，1937年曾遭日本侵略者放火烧村。1948年9月济南解放后，隶属章丘县孙村区武家乡，1950年隶属章历县，1953年隶属章丘县，1956年复归历城县，1958年隶属历城县红旗人民公社，1961年撤大公社建小公社，西枣园村隶属孙村区西顿丘人民公社。1968年，历城县撤区并社，原孙村区改为孙村人民公社，原西顿丘人民公社改为联防营，西枣园村属孙村人民公社西顿丘联防营管辖。1984年，撤销公社、大队，设立乡镇、村，西枣园村隶属孙村镇。1985年10月，西枣园划归郭店镇。2010年5月，历城区区划调整，西枣园村划归唐冶街道至今。

20世纪50年代，村子所在的孙村人民公社辖区内有两个枣园村，经常混淆，后来就把村址在西边的枣园村加上“西”字，村址在东边的枣园村加上一个“东”字，这样就出现了西枣园村、东枣园村。

枣园村，俗称枣林，因此处多植枣树成林而得名。

——《历城地名溯源》

西枣园村种植枣树历史悠久，枣园因枣树多而得名，又因枣子甜而出名。

枣园有得天独厚的地理条件，土层厚，土质好，阳光充足，雨水适宜，尤其适合枣树生长，所产枣子个头大，色泽好，皮薄肉厚，糖分多，风味独特，营养丰富，备受青睐。枣园村村民世代种植枣树，村子周围枣树成片，大路旁、地头上、河滩上，沟沟坎坎到处是枣树。大的小的、高的矮的、粗的细的，数也数不清，整个村庄掩隐在郁郁葱葱的枣树中，几百年来枣园人民和枣树结下了深厚情感。

初夏，枣花盛开，黄绿色的小花开满枝头，在阳光照耀下一片金黄。

枣树

枣花有蜜，散发着清香，沁人心脾，令人神清气爽，枣园是名副其实的天然氧吧。花开时，四面八方的养蜂人涌入枣园放蜂，抢收枣花蜜，成千上万只蜜蜂在枣树中穿梭飞舞，绿叶、黄花、蜜蜂构成一幅赏心悦目的画卷。

花落后，绿豆粒似的小枣慢慢长大，由青变红，直到八月末成熟，满树就像挂上了红灯笼，火红一片。成熟的枣子又脆又甜，吃上几个，回味无穷。八月十五日中秋节前后，家家忙于打枣、晒枣，大人小孩齐上阵，还有的请亲戚朋友来帮忙。

枣子养肝健脾，吃法多样，深受人们的喜爱。盛产大枣的枣园村，更是以枣为食材创造出多种多样、别具特色的美食小吃。枣园人擅长制作“酒枣”，精选无伤、无虫蛀、个大的枣洗净晾干，用烧酒浸润，密封于瓷坛之中。到春节时开坛，酒都浸入枣子中，使枣子变得软软的，还带有酒香，用来招待亲朋好友，确属风味美食。

8月黍谷收获后，把新黍米蒸熟，放上枣一起糗，糗出的糕又甜又黏又滑，用筷子挑起来还带丝，美味可口，被枣园人称之为“糗糕”。

黏糕，是每年春节前枣园人推着小车到集市上卖的一种食物。外村人卖的黏糕是用糖或糖精和面，上面按上几个枣，这样的黏糕徒有红枣点缀，并无枣味。枣园人做黏糕是把枣去核煮熟，再把枣嵌入枣水和就的黄米面中，这样蒸出的黏糕是红的，又软又甜，枣香浓郁，被当作礼品赠送给亲朋好友。

枣山，是枣园人春节时制作的一种面食。在一个大馒头的四周从下往上按红枣，最顶上按一个大枣，然后上锅蒸熟，之后盛放在大盘子里，正月初一摆上供桌，象征步步走鸿运、一年发大财。

枣坨，是20世纪50年代举办婚礼时用到的一种食物。枣坨是圆形的，直径50厘米、厚10厘米，原料为艾米和大枣，蒸熟后用红布严严实实地裹起来，拜天地时新娘踩在“枣坨”上，寓意高高兴兴、红红火火。拜完天地后，新郎新娘用刀把枣坨切成小块，送给前来贺喜的亲朋好友及街坊邻居品尝。

除了各种红枣制作的美食外，还有因枣结缘的“红枣夫妇”的故事在枣园村流传至今。故事发生在100多年前的一个秋天，一位邻村姑娘路

打枣

晒枣

收枣

过枣园，红彤彤的枣子吸引姑娘驻足仰视，但不敢摘，只捡了地上几个落枣。这情景被不远处一位正在打枣的刘姓小伙儿看见了，小伙儿来到姑娘面前朝枣树打了几杆子，枣子落了一地，小伙儿对姑娘说枣树是自己家的，让姑娘捡起枣子带走。半年后，互有好感的两人经由媒人提亲结为夫妻，结婚时人们把红枣和栗子洒在婚床上，祝他们早生贵子。

枣树、红枣，曾是西枣园的骄傲和自豪，也是村民收入的重要来源，因而村子周边、村民的房前屋后和院落中都种满了枣树，少说也有上千棵，那时仅一户村民就能拥有七八十棵。但后来随着村里人口的增多，村民用地不得不占用枣林。从20世纪80年代开始，村里为增加宅基地开始砍伐成片的枣林，至2015年旧村拆迁时，村里的枣树已所剩无几，零零星星地散落于村庄的各个角落。枣树、红枣，渐渐地从村民们视野中消失，成为美好的记忆。

枣树、红枣已成为西枣园人的记忆，同样，作为物质文化遗产的行善寺，作为非物质文化遗产的木雕、纸扎等民间手工艺，亦荡然无存。

西枣园村东100米原有一座千年古刹——行善寺，传说建于唐朝，与港沟的淌豆寺、邢村的灵鹫寺、董家的胜果寺是同时期修建的，巧合的是这4座寺院在一条南北中轴线上。行善寺南北长80米，东西宽30米。寺庙规模之大，建筑艺术之高超，寺内佛像之精美，为历城东部地区所罕见。

寺庙大门朝南，门内塑有两神把守，名曰“哼哈”二将。大青石铺成的甬道，直通佛祖大殿。院内古柏参天，幽静肃穆。寺庙最北边居中位置是佛祖大殿，东西长约20米，南北宽约10米，砖木结构。屋顶青瓦覆盖，殿脊突起，上有精致玲珑的飞禽走兽造型——凌空俯视大地。大殿内供奉如来佛祖，佛像高3米，端坐在蒲团上，双手结禅定印平放在膝盖上，慈眉善目，注视远方。佛像前有一条大青石供桌，长约2米，宽0.8米，供善男信女进庙烧香摆供祈福所用。殿内东西两边还塑有十八罗汉像。

大殿西边是观音堂，东侧有一钟楼，上方挂一口1米多高的大钟，每月初一、十五日，寺内僧人便撞钟三下，一声为众生祈福，二声为众生祈寿，三声为众生祈喜。当年寺庙香火旺盛，每年正月初一，村民都会到庙中朝拜，祈求阖家平安、人寿年丰。

寺庙主持为方便村民，购置了十几张桌子和几十条凳子。村民有办理婚事和丧事的可到寺庙无偿借用，用后归还即可。“文革”中，行善寺被破坏，如今遗迹、遗物皆无。

西枣园村还有一个从事木刻、纸扎制作名叫赵万明的人，因为技术高超，在十里八村留下了美名。

赵万明少时家贫，为生计所迫，15岁到济南城区做学徒。他聪明好学，又有悟性，深受师父喜爱。济南战役时，为躲避战乱，就回老家干起了木刻、纸扎的营生。

枣园及周边村庄农村妇女都善于纺线织布，织成的布要拿到染坊去染色、印花，才能做被子面和褥子面。赵万明将染坊的印花版多次设计更新。这种印花版长0.8米，宽0.3米，赵万明精心设计出梅、兰、竹、菊等花卉图案和“福”“寿”等字样，用刻刀一丝不苟地刻满整张木板。他设计的图案美观大方，再加上好刀工，印出来的花样清晰漂亮，街坊喜欢，染坊工人也觉得好用，所以周围染坊都找他刻印花版。

扎彩是一种传统工艺品，用竹篾扎成骨架，再用彩纸、丝绢裱糊成金童玉女、金山银山、聚宝盆、摇钱树、老黄牛和桌椅板凳等造型，一般用于殡葬。赵万明心灵手巧，从城里学来了纸扎技艺，就一直为乡亲们制作扎彩。

除了传统样式，赵万明还顺应时代潮流设计了汽车、冰箱、电视机等生活交通用具，延续着国人千百年来的“事死如事生，事亡如事存”的丧葬传统。他扎制的物件非常逼真，给予逝者家属以心灵慰藉。

当赵万明感知自己将不久于人世时，为了给自己从事了一辈子的行当留个纪念，生前花了一个月的时间，在自己的墓穴四壁上雕刻了梅、兰、竹、菊等纹样。他去世后，子女把他平时使用的木刻和纸扎工具都陪葬在了墓中。这些传统技艺也伴随着他的去世而无法传承了。

在唐冶新区建设中，西枣园村被夷为平地。村里的老人们还时常回到原址，围着那棵特意保留下来的老槐树踟蹰久久不愿离去。

土地是西枣园村的主要资源。新中国成立初期全村土地有1000多亩。1958年后社会主义事业蓬勃发展，因国家建设需要，西枣园村大量土地被占用。截至2015年村子拆迁时，耕地仅有400亩，人均约0.6亩。

在漫长的历史时期，西枣园村民的生活来源主要是农业生产，产量低、收入少，农民生活困难。1976年至1978年，村里大搞农田基本建设，把七高八低的零星小地块整成五大块。经过几年的努力，耕地、播种、收割都实现了机械化。打机井、修水渠，灌溉面积达90%，做到了旱涝保收。同时选良种、施化肥、科学种田，亩产达到千斤以上。

据地质部门勘测，西枣园村地下资源丰富，贮藏量最多的是无烟煤，并具有开采价值。历城县人民政府曾在村北建矿采煤，历时8年采煤5万吨。1987年，济南市煤炭局在村南建矿采煤，历时7年采煤4万吨。

改革开放后，党的政策调动了广大农民的积极性，点燃了发家致富的智慧火花。村民们解放思想，大显身手，企业、商业、运输业、养殖业得到了长足发展。村里相继建起了水泥厂、选矿场、商店、饭店、苗木种植场、家庭养鸡场、蔬菜种植大棚等，村民收入猛增，生活水平有了翻天覆地的变化。人们拆掉了土坯房，建起了砖瓦房，家用电器应有尽有，吃穿不愁。村庄道路硬化，新校舍拔地而起，村容村貌焕然一新。

2015年7月，为唐冶新区建设的需要，西枣园村拆迁工作正式启动，广大群众积极响应，与周边的唐南村、唐北村、唐西村、彭庄村、程庄村、合二村一起喜迁唐城小区，村民们过上了像城里人一样的幸福生活。

古槐

拆迁前，在西枣园村东28号院中有一棵古槐，直径2米多，主干高8米，连同树冠高达18米，中空的树干更显

古银杏树

古榆

西枣园新居

示出古槐的沧桑。尽管古槐饱经风霜，但依然枝繁叶茂、苍劲挺拔。夏日，庞大的树冠能遮住大半个院子，成了天然空调。秋日，整棵树上挂满了金黄的槐米，成了西枣园一道独特的风景。村子拆迁时，人们将古树保留了下来。现在，这棵古槐依然顽强地矗立着，它成了西枣园村曾经存在过的唯一物证，也成了西枣园人乡愁的唯一寄托。

材料提供：王栋林

初　　稿：陈　芳

修改定稿：王瑞国

消失的村落记忆

——城市化进程中的历城

《历城文史资料》第二十七辑

消失的村落记忆

——城市化进程中的历城

（下）

济南市历城区政协文化文史和学习委员会　编

山东人民出版社·济南
国家一级出版社　全国百佳图书出版单位

目　录

英俊辈出

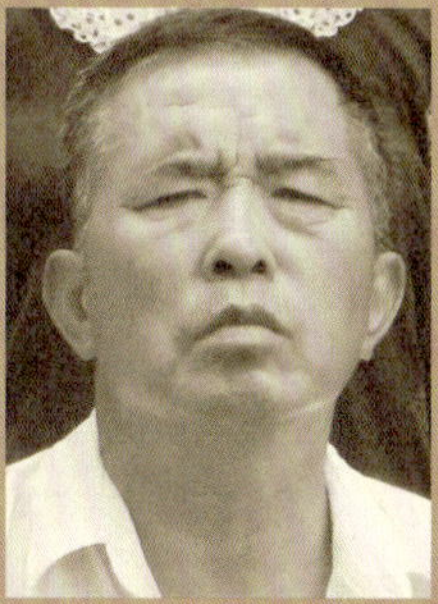

历城居山水之胜，故物华天宝、钟灵毓秀，也孕育了代代英杰。本板块介绍了所列9个村庄的特殊风貌、经典地理人文，在灵秀之地产生的杰出人物及杰出人物群体。尽管历史上历城英俊辈出，终军、秦琼、辛弃疾、张养浩、边贡、李攀龙、殷士儋、马国翰等名人雅士不胜枚举，但为了突出时代特色，本书所列人物时间节点为中国共产党成立至改革开放新时代。他们中既有革命战争时期、抗美援朝时期冒着枪林弹雨出生入死、英勇顽强的革命志士，也有新中国成立后为了党和国家建设事业呕心沥血甚至光荣牺牲的英模人物，还有在改革开放时代中涌现出的时代楷模。刘家庄，历城特支，传播火种；大官庄，地下情报，屡建奇功；洪家园，侯氏家族，一门英烈；裴家营，胜迹斑斑，英模迭出；相公庄，翰墨之乡，将军故里；十里堡，驿铺驻所，俊彦频出；姚家庄，乡愁悠悠，勇士忠烈；菜园村，沃土田畦，英雄凌空；神武村，遗存丰厚，模范挺起。村庄不在了，但经受几千年孕育的天地灵气犹存，一草一木皆欣欣然。特别是各类杰出人物的英名及其传递的优秀品德和崇高精神将始终引领家乡父老开拓进取、积极向上。

刘家庄

历城特支播火种　英烈光辉照桑梓

营城路：刘家庄。

——明崇祯《历城县志》

正东乡闵孝五：刘家庄。

——清乾隆《历城县志》

董家乡闵孝五：刘家庄。

——民国《续修历城县志》

刘家庄位于胶济铁路以北、绕城高速与工业北路交会处。东邻锦平村，西南邻韩仓村，西北邻侯家村。明洪武年间，一位叫刘河甫的人由直隶枣强迁此建村，以姓氏得名刘家庄。嘉靖年间，梁、孙、王诸氏又先后迁入。2019年底，全村450户、1350人。

1950年，刘家庄属历城县第一区韩仓乡。1958年，属平原人民公社。1961年，属董家区董家人民公社。1963年，属董家区谢家人民公社。1968年，属董家人民公社。1984年属董家区董家镇。1985年，属郭店镇。2010年5月撤镇建街道，属鲍山街道。

刘家庄整体地形南高北低、东高西低，土地小平大不平。在村民的

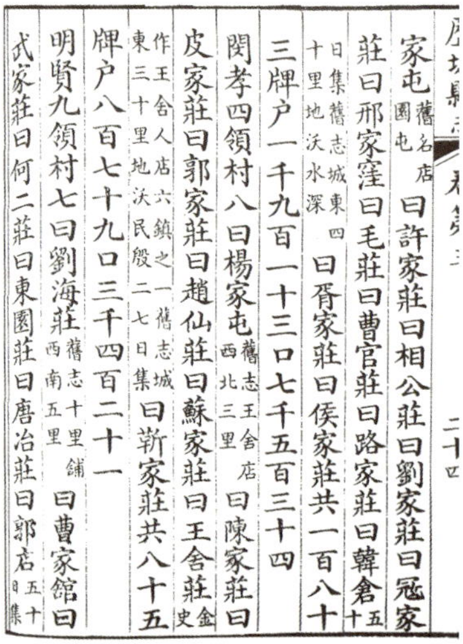
歷城縣志 卷 二十四
家屯舊名店園屯曰許家莊曰相公莊曰劉家莊曰冦家
莊曰邢家窪曰毛莊曰曹官莊曰路家莊曰韓倉五十
日集舊志城東四十里地沃水深曰胥家莊曰侯家莊共一百八十
三牌户一千九百一十三口七千五百三十四
閔孝四領村八曰楊家屯舊志王舍店西北三里曰陳家莊曰
皮家莊曰郭家莊曰趙仙莊曰蘇家莊曰王舍莊金史
作王舍人店六鎮之一舊志城東三十里地沃民殷二七日集曰靳家莊共八十五
牌户八百七十九口三千四百二十一
明賢九領村七曰劉海莊舊志十里鋪西南五里曰曹家館曰
武家莊曰何二莊曰東園莊曰唐冶莊曰郭店五十日集

清乾隆《历城县志》中关于刘家庄的记载

心目中，刘家庄有两条“龙”常年护佑：一条位于村东，是条头南尾北，长2500米、宽50米的千年石岗龙；一条是村西的山水沟，南北长数百米、宽30米，村民称之为“水龙”。新中国成立前村子东面有一座观音庙，坐北朝南，三间大殿，石鼓托起四根明柱，殿前植有多棵松树，新中国成立后改为学校。村西也有一座观音庙，庙前种有一棵大槐树，枝杈茂盛，跨街道、进户院，据说有几百年的历史了。

英俊辈出

1937年创建于刘家庄的中共历城特别支部，是历城历史上开天辟地的大事。她的诞生对于宣传发动群众，扩大党的影响，配合济南地区及全省的革命斗争形势，发挥了一定的作用。这里播下的革命火种，让处在水深火热中的历城人民看到了光明和希望。

——济南出版社《历城革命斗争史》

1935年，历城县第六区被国民党山东省政府教育厅选定为山东省义务教育第一试验区，对群众进行奴化教育。试验区办事处和历城第六区的区机关均设在董家庄，试验区的主任是刘镜洲。这个区共有大小村庄80余个，学校85处，其中，区属小学83处，县属完小2处，共有教师100多人。

1936年，为粉碎国民党奴化教育阴谋，中共山东省委组织部部长赵健民派王健民利用与刘镜洲的同乡关系来到“试验区”的刘家庄，以小学教员身份开展党的工作，进行抗日宣传活动。为更加有力地开展工作，上级决定在义务教育试验区建立党的组织。同年秋，趁试验区招考教员的机会，又派共产党员陈尧贤、沈秉铃前来报考。录取后，两人分别被分配到姚家庄小学、王辛小学任教。根据上级指示，1937年春，在刘家庄建立了中共历城特别支部，陈尧贤任书记，沈秉铃任宣传委员，王健民任组织委员。

陈尧贤

沈秉铃

中共历城特别支部建立后，急需解决的一个突出问题是如何广泛接触教师，开展党的工作。当时全区教员居住分散，教学任务重，外出机会少，再加上刘镜洲控制很严格，大家平时互相接触很少，耳目闭塞。针对这些情况，特支研究决定，除利用晚上和星期日到各校结交朋友，深入教员中了解思想情况，进行抗日宣传教育外，建立合法的、公开的群众组织来联系、团结教师。不久特支领导的“消费合作社”便成立了，社址设在董家庄南门里路东，沈秉铃为负责人。“消费合作社”对外以经营教科书、文具、日常生活用品等为公开业务，对内则掩护特支开展地下工作。这样，合作社便成了党组织在试验区联系群众、购销进步书刊的活动中心。合作社的成立，打破了敌人企图控制教员，让大家埋头教学不问国事的沉默局面。教师们多数走出了校门，把合作社当成了自己的家。

通过多次接触，加上抗日形势的影响，教员们已不满足于教死书的状况，要求根据形势教育学生。特支抓住这个有利时机，又成立了“读书会”，并推选积极分子史耀洲为负责人。“读书会”的主要任务是研究农村小学教育，交流读书心得，组织教师学习、讨论时事，要求会员多读书、读好书。当时，“读书会”订阅和推荐给大家阅读的书刊主要有

《青年自学丛书》《世界知识》《大众哲学》《读书与生活》，以及鲁迅、茅盾、邹韬奋等人的著作，并规定每星期日上午在董家庄女校集合，进行学习讨论。会员很快发展到60余人，通过“读书会”组织的活动，广大教师、特别是青年教师开阔了视野，激发了抗日救国的革命热情。

西安事变后，抗日热潮席卷全国，但刘镜洲把持下的试验区直到1937年春还没有多大反应。为了扭转这种局面，特支利用“读书会”这个合法组织发动广大教员，同刘镜洲开展了一次公开的斗争。经过一段时间的准备，在董家庄女校召开了一次读书讨论会，刘镜洲应邀参加。这次讨论的题目是“如何办好乡村教育”，问题的核心及焦点是：大敌当前，是全国人民团结起来组成广泛的统一战线进行抗日，还是“攘外必先安内”坐等灭亡？教员在全国轰轰烈烈的抗日救亡中怎么办？在研究农村小学教育问题时，刘镜洲还能听得进去，但当大家讲到何应钦、汪精卫、张群都是汉奸，特别以《何梅协定》为例加以有力地揭露时，刘大发雷霆，多次为蒋介石的反动政策辩护。经过一番争辩，刘被大家驳得哑口无言，最后拂袖而去。通过这次讨论会，大家对刘镜洲的反动本质有了进一步的认识。

在“合作社”“读书会”的活动中，特支先后发现和培养了一批积极分子，建立了党的外围组织——“抗日救国会”，由李士衡负责，并与济南“抗日救国会”取得了联系，成员很快发展到20多人。程海舟、王心崇、孙建民（孙莲成）等是其中的积极分子。在“抗日救国会”的基础上，又建立了“抗日民族解放先锋队”（简称“民先”）。经过一段实际工作的锻炼，程海舟、王心崇被发展为共产党员，扩大了党的组织，推动了特支工作的开展。通过参加“民先”“抗日救国会”“读书会”“合作社”组织的活动和形势的影响，教员们的抗日热情愈来愈高，要求开展抗日活动的心情越来越迫切。特支抓住这个有利时机，利用“读书会”又开展了“目前小学教育的任务”的专题讨论。大家纷纷表示“国家兴亡，匹夫有责”，要积极宣传、组织广大群众团结抗日，反对国民党政府的不抵抗主义和“攘外必先安内”的反动政策。王健民在刘家庄小学办起了有80多名成年人参加的农民夜校。经过特支一年多的工作，全试验区从教员、学生到农民群众的抗日热情日益高涨，引起了刘镜洲及国民党特务机关的注意。

环境恶化后，特支决定大部分人员转移，留下王心崇继续坚持党的工作，并报告了济南市委。市委做了如下指示：一是依靠积极分子继续坚持“读书会”的活动，二是面向群众办好夜校，三是继续开展抗日救亡工作。根据市委的指示，王心崇积极谨慎地开展工作，1938年初，又发展尹天佑、刘化忠为共产党员。

中共历城特别支部领导和发动的上述斗争，虽然规模较小，但它是历城劳苦大众为自己命运勇敢抗争而迈出的第一步，处在水深火热中的历城人民看到了光明和希望，此后，他们在中国共产党的领导下，前赴后继，英勇奋斗，为夺取新民主主义革命的胜利进行了英勇的斗争。

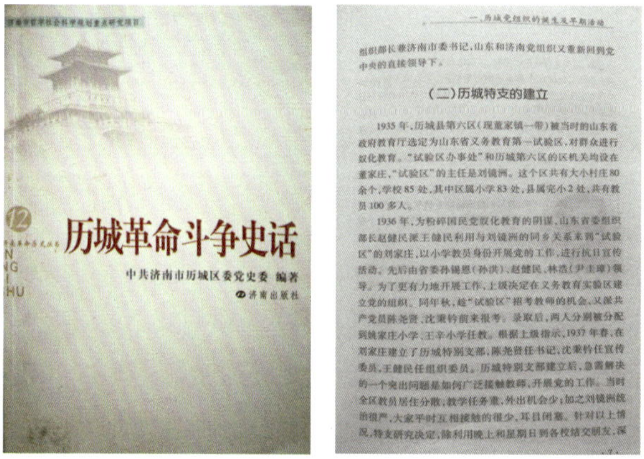

一、历城党组织的诞生及早期活动

组织部长兼济南市委书记，山东和济南党组织又重新回到党中央的直接领导下。

（二）历城特支的建立

1935年，历城县第六区（现董家镇一带）被当时的山东省政府教育厅选定为山东省义务教育第一试验区，对群众进行奴化教育。“试验区办事处”和历城第六区的区机关均设在董家庄，“试验区”的主任是刘镜洲。这个区共有大小村庄80余个，学校85处，其中区属小学83处，县属完小2处，共有教员100多人。

1936年，为粉碎国民党奴化教育的阴谋，山东省委组织部长赵健民派王健民利用与刘镜洲的同乡关系来到“试验区”的刘家庄，以小学教员身份开展党的工作，进行抗日宣传活动。先后由省委孙锡恩（孙洪）、赵健民、林浩（尹主璋）领导。为了更有力地开展工作，上级决定在义务教育实验区建立党的组织。同年秋，趁“试验区”招考教师的机会，又派共产党员陈尧贤、沈秉钤前来报考。录取后，两人分别被分配到姚家庄小学、王辛小学任教。根据上级指示，1937年春，在刘家庄建立了历城特别支部，陈尧贤任书记，沈秉钤任宣传委员，王健民任组织委员。历城特别支部建立后，急需解决的一个突出问题是如何广泛接触教师，开展党的工作。当时全区教员居住分散，教学任务重，外出机会少；加之刘镜洲统治很严，大家平时互相接触的很少，耳目闭塞。针对以上情况，特支研究决定，除利用晚上和星期日到各校结交朋友，深

·7·

《历城革命斗争史话》关于历城特支的记载

刘化忠同志在龙山区工作期间，对党忠心耿耿，对敌斗争立场坚定，对革命事业有高度的责任感，对同志有深厚的无产阶级感情。他作风正派，工作踏实，与群众有广泛的联系，为人谦虚谨慎，他的牺牲使我党失去了一个好同志。

——原龙山区委书记崔光玉、宣传委员孙伯奎回忆刘化忠

刘化忠，又名刘振卿、刘民清，刘家庄人，1912年生。他出身贫寒，曾干过木工，贩过窑货，还在轮船上（烟台）干过一段时间杂工。艰难贫困的生活使刘化忠倍受磨难，走南闯北的求生经历也让他眼界大开，懂得了不少革命道理。抗日战争爆发后，不少人打着抗日的旗号招兵买马，扩充势力，抢占地盘。刘化忠怀着强烈的爱国热情，动员了本村二三十名青年一心想参加救国救民的部队。他们先是在江部（江兆明、江兆德的部队）干便衣，但在江部干了一个来月，发现江的部队并不是想象的那样打日军、保家乡、爱护老百姓，便在一天晚上与同村的刘化雨一道离开了江部。

1938年初，刘化忠结识了本地以当小学教员为掩护的中共地下党员王心崇。在王心崇的启发教育下，刘化忠的思想觉悟得到很大提高，懂得了“只有共产党才能救中国”的革命道理。从那时起，他就努力做好王心崇安排的事情。同年2月，经王心崇介绍，刘化忠和尹天佑一起光荣地加入了中国共产党。1938年3月，根据上级的指示，中共历城县支部委员会在李官庄（现属章丘区）建立，王心崇任书记，刘化忠、尹天佑任委员。至此，共同的理想和革命事业把刘化忠和尹天佑紧紧连在一起。他们在支部的统一领导下，分别在郭店附近铁路南北的村庄，向群众宣传抗日救国的革命道理，并着手组建共产党领导的抗日武装。经过一段时间的紧张活动，他们先是在武家庄一带拉起了七八个人的小队伍，后来很快发展到六七十人。山东人民抗日救国军第五军马耀南

王心崇同志在董家区任家庄从事革命活动的场所

部来历城后，这支抗日武装被编为第五军十一支队三十七中队。1939年，三十七中队大部分东去寻找我主力部队，刘化忠、尹天佑等少数同志仍留在历城坚持党的地下活动。

1940年初，根据革命的需要，章历齐（齐东）工委成立。为提高党员素质，加强党员对党的基础知识的理解，工委书记刘博泉在武家庄尹天佑家中举办了党员训练班。经过培训，刘化忠受教育很深，革命的意志更加坚定。1941年初，历城东部地下党组织划归鲁中地委领导，地委派何曙光来领导这一地区的工作。何曙光到来后，全面了解了东部地区党的活动概况，于正月十五日在西沙沟村南玉皇山顶的山神庙里，以祭山为名召开了支部联席会议。这次会议实际上是建立章历边区地下党的领导核心，尹天佑任书记，刘化忠、陈达为委员。从此，刘化忠分工负责胶济铁路以北党的活动。为了便于开展工作，刘化忠重操旧业，以卖窑货作掩护进行活动，还在西邢村集上设了窑货摊，以此为联络点，传递铁路南、北两侧党的秘密文件和情报。

在艰苦的斗争环境中，刘化忠深知民心向背是能否开展革命活动的重要前提，因而他对党的工作兢兢业业，对人民群众倍加爱护，深受人民群众的喜爱。那时，日军气势汹汹，经常跑到村里祸害老百姓，闹得村里鸡飞狗跳。村里人又恨又怕，人心惶惶，只要一听说日军进村了，人们就吓得跑的跑、藏的藏。为了保护群众的利益，刘化忠把自己的生死置之度外，用他在轮船上干活时所学的几句简单的日本话与日军周旋。就这样，他多次掩护群众，保全了村庄。当时离刘家庄不远处设有日军据点，刘化忠为激发人民的抗日热情，不怕危险，多次组织村里的青年、学生学传唱陕北民歌。他教青年学生们唱进步歌曲，鼓舞抗击外来侵略斗志，坚定争取民族解放决心。

1943年，人民群众的抗日热情不断高涨，要求参加尹天佑、刘化忠所领导的抗日武装的人越来越多，可是武器有限，增强抗日武装实力，扩充枪支弹药已成了迫在眉睫的问题。为此，尹天佑和刘化忠商量，偷袭伪军驻守的曹家馆据点，解决武器短缺难题。由于事先准备充分，又有内线徐生、张希文暗中接应，这一仗打得很漂亮，没费多大劲便解除了据点守军的武装，俘虏了33个伪军，缴获了33支枪和部分子弹。尹天佑、刘化忠就这样带领着抗日武装神出鬼没地打击敌人，他俩的名字传遍了郭店附近的铁路南北。

尹天佑和刘化忠的革命活动不但有力地打击了日军，也使国民党伪军汉奸感到了威胁。因此，敌人设下阴谋诡计，要暗害我革命同志。1944年2月，历城六区伪区长李少毅暗设陷阱，借与尹天佑谈判的机会，派郭贵清在侯家庄将尹天佑同志杀害。尹天佑牺牲后，刘化忠的处境更困难、更危险了，但他仍然坚持开展党的工作。

1945年8月，为了便于开展工作，泰山地委以历城县东部边沿区域和章丘县的北部、西部边沿区域为基础建立了章历县，成立了县委、县政府，同时建立了马棚、旧军、刁镇、龙山、白云、临济6个区。刘化忠被调到龙山区委任组织委员。他到龙山后，工作勤恳、作风踏实，深受当时区委一班人的好评。那时区委的主要工作是发动群众反奸诉苦、开展减租减息运动。刘化忠根据区委指示，带领赵承恩、吕爱鸿2人下到西沟头村，深入群众，蹲点开展工作。由于刘化忠脾气随和，不摆架子，善于团结人，村内大人、孩子都喜欢他。西沟头村的群众很快发动起来了，工作进展很快，首次建立了村政权，又组织了民兵队。随后又在牛码头村设了点，由吕爱鸿、张曰鲁负责。1946年5月，刘化忠组织成立了民兵联防大队，参加了围歼邹平逃敌的白云湖截击战。在战斗中刘化忠带领民兵配合主力部队十四团英勇作战，全歼逃敌，仅民兵联防队就缴获长短枪100多支、战马2匹、机枪2挺以及部分子弹等物品。

1946年，国民党背信弃义，破坏停战协定，大举进攻解放区。龙山区被敌人占领后，区机关转移到小清河以北活动。为坚持对敌斗争，区委遵照地委指示，组织了近30人的武工队，以小清河沿岸为立足点，就地坚持对敌斗争。刘化忠和其他队员一道，趁着夜色往返一百多华里路，深入龙山区各村联系群众，建立点线关系，收集情报，镇压作恶多端的顽固分子。有时也根据实际情况在敌占区住上几天。这期间，武工队曾抓获了敌历城县党部头子苏子龙，镇压了杀害大李庄农会会长的还乡团成员、保长李振江等反动分子。

西沟头、乔家庄、傅家店、苇陀等村是当时党的根据地，群众基础较好，区委到小清河南开展活动的干部常在这些村子落脚。1946年11月10日，区委书记崔光玉、组织委员刘化忠和工作队员吕爱鸿、苏兆民等5人到龙山一带开展工作，为了利用晚上的时间联系群众，了解情况，没返回小清河以北，5人分别住了下来。崔光玉和苏兆民等3人到了傅家店，刘化忠、吕爱鸿进入西沟头村，当晚就住了下来。由于坏人告密，第二天晚上敌警备中队和乡保队150余人乘夜包围了刘化忠的住处。刘化忠、吕爱鸿发现敌情后，想冲出封锁，但因敌人太过密集没有成功。他们便决心与敌人拼到底，最后子弹打光了。敌人喊话让他俩投降，刘化忠回

刘化忠烈士墓

声怒骂。敌人一拥而上，刘化忠怒目圆睁，拉响最后一颗手榴弹，与周边之敌同归于尽。

时至今日，每说起刘化忠，刘家庄与西沟头人都感慨万千，称颂不已。烈士的英名至今还在传颂着，烈士的事迹已成为革命传统教育的生动教材。

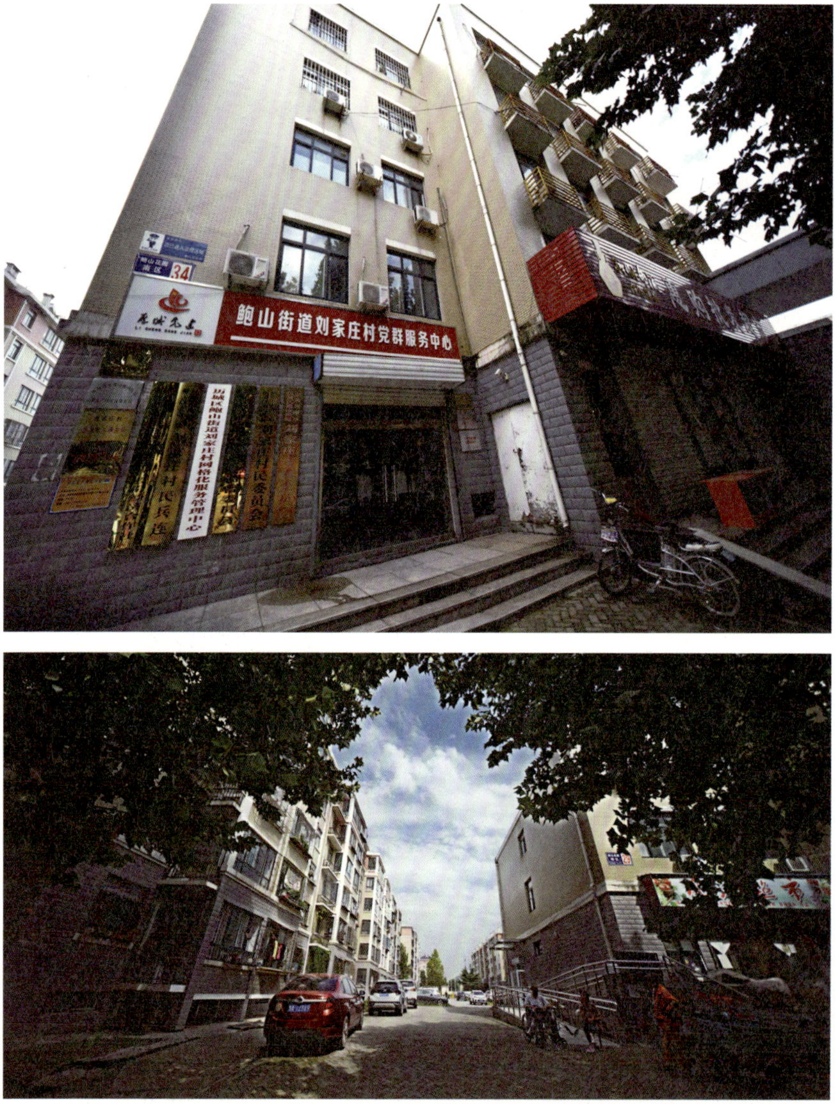

刘家庄新居

2004年12月，刘家庄开始实施旧村改造，至2007年建成18栋、12万平方米的馨园小区。2012年12月，因济钢扩建刘家庄整体搬迁，仅用半个月时间刘家庄即完成全部拆迁任务，村民乔迁至鲍山花园南区。如今村落虽已消失，但中共历城特别支部和刘化忠烈士不畏艰险、勇于担责、爱国奉献的崇高精神将永驻刘家庄，并成为刘家庄人奋勇前进的不竭动力。

材料提供：刘元奇　张仕霞

初　　稿：王桂平

修改定稿：张　晓

大官庄

金元墓葬获墨书　地下情报建奇功

神武路：官庄。

——明崇祯《历城县志》

正东乡南保泉二：官庄。

——清乾隆《历城县志》

东庑乡南保泉二：大官庄。

——民国《续修历城县志》

大官庄东临刘公河、围子山，与邢村一河之隔；西靠凤凰山；南与章锦村、神武村相望；往北是唐冶村、程家庄、彭家庄。

村南牌坊

大官庄是一传统古村落。它最早的历史可以追溯到唐代，当时叫“奇古村”。相传这里原建有一座释迦寺，僧侣500多人，烟火旺盛。据明万历十年（1582年）第三次重修释迦寺碑文记载，当

村北关帝庙

古槐

土地神像

土地庙碑

时村名仍旧叫作奇古村。至于村子缘何称为“奇古”，已无从考证。明末，改名为官庄。

还有一种说法，大官庄在唐代称“奇古村”，明代初期改为“太官庄”。但是地方官员往上呈报材料时，“太”字中间一点字迹不清，就误传为“大”字了，太官庄也就变成了大官庄，到现在民间还有“先有奇古村，后有太官庄”的传说。

民国时，济南城外划分为12个乡，大官庄隶属于历城县东梧乡。新中国成立后，先后隶属于港沟区、港沟人民公社、港沟镇，2010年5月，划归唐冶街道。

大官庄建村虽早，但村民祖先绝大多数是明代移民，由山西洪洞、河北枣强迁入。整个村庄占地面积289亩，南北最长3800余米，东西最宽1800余米。地势整体而言南高北低，约为千分之二的落差。一条南北路贯穿村中心，另有20余条街巷把家家户户连接在一起。1951年，全村有437户、1766人；2015年拆迁摸底时总人口为2625人。村中姓氏也由新中国成立初期的“张王李赵朱，卢刘代田苏，吴魏乔夏董，郭孙曹从楚”20个姓，发展到114个姓。

历城大官庄宋金元墓葬发掘最重要的收获，在于第一座发掘的墓中有泰和元年墨书题记的发现。它使该墓成为济南市第一座具有确切纪年的金代墓葬，为济南地区过去发现的大量同期墓葬的研究，为今后再发现此类墓葬的断代，起到了一个标尺的作用。

——山东省情网《历城大官庄金代墓葬》

金元墓葬发掘现场

1985年，济南市考古研究所在大官庄发现一座墓葬，判断该墓为金元时期砖雕壁画墓。

当年5月6日至14日，考古人员对该墓进行了清理发掘。经清理，墓葬前为阶梯式墓道，后接砖砌仿木结构单檐歇山顶楼阁式墓门，其后通过一短甬道与墓相连。墓室平面为圆角弧边方形，四壁以砖雕构件砌出倚柱、斗拱及垂檐歇山式阁楼，柱间砌有桌、椅、橱等；顶为穹隆式，以砖雕彩绘莲花藻井装饰。墓壁绘有花卉图案及墓主人与男仆、侍女等的生活场景，并有金泰和元年（1201年）题记一则。墓室南北长3.36米，东西宽2.80米，高3.04米。墓主为男性，头向东，仰身直肢。葬具已朽，

金元墓葬遗址

随葬品仅2件瓷碗。7月中旬，考古人员又对周围的3座墓葬进行了清理。根据发掘情况，判断应是宋金元时期的家族墓地。上述4座墓葬，其中2座墓主的身份，有两种可能，一是当地下层官吏，二是家赀较富裕的地主。这次发掘最重要的收获在于第一座发掘的墓中有泰和元年墨书题记的发现。它使该墓成为济南市第一座具有确切纪年的金代墓葬，为济南

1985年发掘的金元墓葬壁画

地区过去发现的大量同时期墓葬的研究，为今后再发现此类墓葬的断代，起到了一个标尺的作用。

6月10日下午，中共济南市委为遭受林彪、“四人帮”迫害致死的乔潘林等同志，在市公安局礼堂举行骨灰安放仪式。

——1978年6月11日《济南日报》

大官庄大街交接处原有一座石牌坊，据说建于清乾隆十三年（1748年），是皇帝下旨为表彰一位孙氏妇女而建。牌坊高6米，宽3.5米，坐西朝东，临街矗立，雕刻精细，横梁上书有“圣旨”二字，两边各有护卫狮尊。村里还曾有土地庙、关帝庙、哨门、石拱桥等建筑，均陆续被拆除或坍塌，早已淡出了人们的记忆。但唯有1941年村子成立的地下党支部及其领导的“地下情报站”，人们仍然记忆犹新。前辈们的“红色故事”也一直在村里流传着。

《济南日报》报道中提到的乔潘林是大官庄人，1940年5月加入中国共产党，在抗日战争、解放战争时期一直从事党的地下情报工作，生前任山东省少管所副政委。

乔潘林只是大官庄革命战争年代中共地下党员的一个代表。在抗日战争、解放战争时期，大官村是红色文化的阵地。村党支部从1941年在如火如荼的抗日战争中成立，一直到济南解放的8年时间里，作为党的地下情报站，发挥了特殊的作用，同时涌现出赵立达、孙锡汉、孙跃西等一大批中共地下党员。他们深入敌营，机智勇敢，为打击日军和国民党顽固势力做出了巨大贡献。

乔潘林

夏亨忠

孙锡汉

赵立达

1941年，抗日烽火已燃遍历城大地，满怀抗日激情的几位青年党员秘密成立了大官庄党支部。当时支部只有4名党员，上级党组织指定夏亨忠任支部书记，孙锡汉、乔潘林任支部委员，另一名党员是赵立达。村党支部从建立到济南解放，除了发展党的组织，宣传党的政策外，主要任务是根据上级党组织的安排搞情报工作。

1942年夏，夏亨忠因病去世，这时支部已由4名党员发展到7名，新发展的有孙耀西（原名孙长庚）、孙在仁、钱资源3人。同年秋，上级党组织指定孙锡汉任支部书记，乔潘林、孙耀西为支部委员。经过一段时间工作，支部又发展了孙春福、卢锡恩、赵而廉、王新民、孙桂苓5名党员，同时也在贫苦的群众中发展了孙大娘（名不详）、田兆祥、卢庆山等几个外围关系。

由于党的力量不断壮大，支部的任务也不断增加。1945年，济南市委城工部和历城县委决定，在村里建立地下邮站和地下信箱。邮站主要由孙在仁负责，孙桂苓以卖烧饼为掩护负责向北接送信件，卢锡恩以卖馍馍为掩护负责向南（南山革命根据地）接送信件，定为每月的初一、十一、二十一日为固定送情报的时间。他们把10天的情报写好准时放在村南王家坟地或村西南孙家坟地的石碑底下，上级按时派人来取。上级若有紧急情况派人来联系时，在村南以打枪为号，他们就出去接头或直接到孙寿福家联系。他们有紧急情况时就派人直接去找上级。后来支部的情报工作已制度化、常规化了。他们在斗争中不断提高自己，在及时准确地为上级党组织提供、传递情报的同时也加强了保密工作，因而他们传递的情报从未被敌人发现过，对及时有力地打击敌人起了很大作用。

为了将情报工作做准、做细，村党支部遵照上级指示，根据每个党员具备的条件、特点，分别打入一些反动组织。一是打进无极道。当时各村都有封建迷信的无极道组织。这一组织名义上是维持地方治安，实际上是维护地主、士绅阶级利益的反动武装。打进无极道组织的党员不仅很快摸清了本村无极道组织的内部情况，而且摸清了周边村子无极道的活动情况。1944年，历城县部分区道会门搞暴乱时，东梧区的一些无极道头子也酝酿搞全区性的无极道大暴乱，妄图把抗日力量和共产党全部消灭。打入无极道组织的情报人员掌握了这一情况后，立即向上级党组织进行了汇报。上级党组织果断采取有力措施，把有关道会门头子都看管起来，并诱导国民党地方势力同无极道组织发生火拼，从而打散了无极道。二是打入敌伪机关、学校，利用合法身份开展对敌斗争。孙锡汉打入东梧区伪区公所任会计，乔潘林当上了董家区邢家洼小学教师（国民党、三青团活动当时在该校比较猖獗），孙耀西打入伪历城县城围子内的县模范小学任教师，孙在仁在本村伪村公所当会计，卢锡恩打进伪三团当了兵。由于大家都有合法身份作掩护，又分布在历城各个角落，因而情报来路广，又比较准确。他们将搜集到的情报及时向上级汇报，使上级在对敌斗争中掌握了主动权。三是积极开展与伪三团的斗争。国民党山东保安十三旅三团是胶济铁路以南章历边境地区的土匪武装，他们到处敲诈勒索，杀害革命群众，无恶不作。接到上级指示后，大官庄党支部紧密配合打入伪三团的孟昭武、孟昭铨等党员，联合开展与伪三团的斗争。根据村党支部提供的情报，1944年4月27日，鲁中泰山军分区

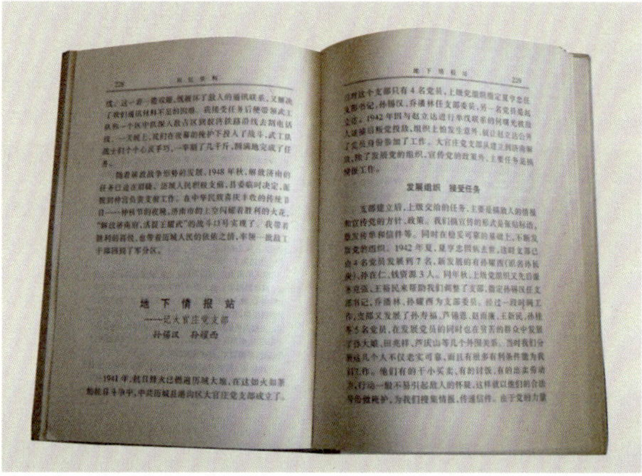

《历城革命斗争史》中关于地下情报站的记载

在邢村灵鹫寺大庙内歼灭伪三团团部，打死团长王其祯。

日军投降后，孙锡汉、乔潘林同志又打入国民党地方武装，为支持部队消灭还乡团、三青团等国民党反动武装做出了贡献。还活捉了化装成教堂神甫、妄图成立“反共救国军”的国民党特务头子。同时他们还利用自己的特殊身份瓦解敌伪势力，争取伪职人员，壮大革命队伍。

1948年，上级指示村党支部为解放济南继续搞情报工作，要求随时掌握济南至郭店一带的国民党驻军番号、人数、武器装备以及调动情况。县委根据济南战役的需要，还把村党支部介绍给解放军第九纵队政治部，让村党支部向第九纵队提供军事情报。支部全体党员尽最大努力，将获得的有关情报如新东门城墙的高度，敌人设防的情况，新东门离气象站（即现在的解放阁处）的距离，新东门离济南一中的地形、房屋等一一做了汇报，同时按第九纵队的要求开展了其他情报工作，均按时完成了任务，为解放济南做了应有的贡献。

济南解放后，支部的同志根据县委的指示又进行了一段时间的清除隐患工作，主要是动员潜伏下来的国民党、三青团员进行自首登记，并动员他们交出隐藏下来的枪支弹药。当时村党支部的同志被分配到郭店、韩仓、滩头、大佛寺一带进行工作，公开身份是小学教师。1949年1月，县委决定让支部的同志全部公开党员身份，并动员青年知识分子到鲁中南行署干训班学习，结业后他们被分配到各地工作。

大官庄党支部情报人员出生入死，为驱逐日本侵略者、清除国民党顽固势力做出了重要贡献。新中国成立后，他们为党和国家建设仍旧不计名利、呕心沥血。

新中国成立后，赵立达同志多年从事化工工作，曾担任河南省郑州市副市长、市人大常委会副主任；孙锡汉同志多年奋战在山东公安战线；乔潘林同志常年在公安、司法战线工作，曾任惠民县公安局局长、淮北地区劳改农场政委、山东省少管所副政委，在“文革”中被迫害致死。1978年中共济南市委为乔潘林同志平反，并将他的骨灰安放在济南革命烈士陵园。

在快速推进的城市化进程中，大官庄的民宅院落连同曾经的“红色标志”——知青大院，在两个月时间里被现代化的拆迁机械铲平。大官庄人搬入了四村整合新建的唐官小区。

过去大官庄以农业生产为主，有耕地5048亩，非耕地387亩，主要种植小麦、谷子、玉米等作物，小部分土地种植小杂粮。大官庄也曾有种类较为丰富的个体手工业，如张家的白铁加工、魏家的棉布染坊、夏家的皮革加工、“夏记”风箱制作、吴家胡同的“滴滴筋儿”制作，还有王家的酿酒作坊、夏吴两姓的木匠铺、王家的铁匠铺、“复盛公”糕点铺、烧饼铺等。因为大官庄地瓜产量高、质量好，全村制作地瓜淀粉、粉条的粉坊曾达8家之多。这些传统技艺和小作坊为村民生活提供了极大便利，也开拓了致富道路。大官庄由于地处丘陵地区，干旱严重，村里人先后人工挖凿了4处塘湾和52眼机井，用辘轳提水一直延续到1979

1975年，村干部和工作组在田间学习

年，随着产业结构的调整和生产生活条件的改善，而陆续消失。

自从电视剧《知青》在2012年播出后，村里人又想起了他们村的“知青大院”。曾经的“知青”们也三三两两地来到他们曾经生活过的地方怀旧。

1975年，山东省地质系统42名知识青年响应毛主席发出的“知识青年到农村去，接受贫下中农的再教育，很有必要”的伟大号召，上山下乡，分批来到了大官庄。到村后，他们被分配到九个生产小队与社员同吃、同住、同劳动。他们整天忙碌在田间地头，种麦、收秋、挖沟、修渠、推车、挑担，早起晚睡，不怕脏、不怕累，虚心接受贫下中农的再教育，在艰苦的岁月中经受着各种考验和锻炼。

经过一段时间的磨炼，他们确有作为：知青丁焕芹，老实忠厚，实干精神强，勇挑重担，不怕劳累，承担起了所在小队的磨坊加工工作，为民服务热情周到，深受村民的欢迎，被推选为大官庄团总支副书记。

知青邢亚萍，在第九生产队样样工作跑在前，被称为女汉子，被推选为妇女队长。团支部宣传委员司崇建组织广大知青积极参加义务劳动，排练文艺节目，宣传党的方针政策，同样受到好评，年年评优都榜上有名。省地质局领导多方面无私支援大官庄的各项工作，为大官庄钻深水井一眼，把深井甜水送到了全村各家各户。这眼水井至今还在新建的供水站为大官庄村村民供水。

大官南砖厂

拆迁前劳动场景

吃水不忘打井人，回忆难忘知青情。大官庄把知青的付出看在眼里、记在心里，积极为知青改善居住条件。1976年春，大队自筹资金，购买建筑材料，从各生产队选调木瓦工，用工3000余个，在较好的地段，建筑住房28间，配套厨房2间，仓库2间，活动室2间，总面积达到600余平方米，并建起了围墙、大门，一座高标准的红砖瓦房——知青大院很快就拔地而起。1980年知青返城后，知青大院先后作为村委办公室、卫生室、教学设备小工厂

20世纪六七十年代村文艺宣传队

所用，但一直沿称“知青大院”。

2003年，区委、区政府将唐冶新区建设提上了日程，第一期基础设施建设就是实施大官、东邢、西邢、北官四村整合，在大官庄村原址上建设居民住宅小区——唐官小区。2006年2月，唐官小区建设工程启动。2006年3月26日，拆迁工程开始，村“两委”干部和党员带头，以点带面逐步形成拆迁高潮。到5月底，历时两个月时间，共拆迁652户，拆迁工作全部结束。2006年7月17日上午10点，四村整合工程暨唐官小区建设奠基开工典礼举行。2007年12月23日至26日，大官庄村及东邢、西邢、北官四村村民领取新房钥匙，住进了唐官小区。

唐官小区

金代古墓的挖掘，昭示着早在宋金时代这片土地上就有先人劳作。在历经800多年的风风雨雨之后，大官庄，这个曾经的“奇古”之地消失了。但，无论时间的车轮如何滚动，“红色基因”已经流入大官庄人血液，他们将在新的发展征程上自强不息、勇于拼搏，让红色文化代代相传，并彰显新的时代价值。

材料提供：夏西庆

初　　稿：陈　芳

修改定稿：王瑞国

洪家园

永平古寺杳无迹　英烈忠魂万世芳

黄台路：洪家园。

——明崇祯《历城县志》

东北乡南会清二：洪家园。

——清乾隆《历城县志》

张马乡南会清二：洪家园。

——民国《续修历城县志》

小清河整治前的洪家园桥

洪家园位于“齐烟九点”之一的卧牛山东南麓，小清河畔。原华山人民公社、华山镇人民政府、华山街道办事处驻地。东与王舍人街道水坡、小张马村相接，西与山头店村交界，南与

华山广场

菜园村相连，北与卧牛山东村、荷花路街道的小洼、孟家村接壤。

洪家园，早有宋、贾两氏定居，明代曾名洪花园，相传堰头村有位洪氏曾在朝为官，在此建有一座花园，因名。后沿称洪家园。洪家园村民以杨、郑、侯、陈、王、赵等姓氏为主。据族谱记载，杨氏明永乐二年（1404年）由河北枣强县迁来，郑氏明万历年间迁此，王氏康熙年间迁来，侯氏康熙晚期迁入。

洪家园1929年属历城县张马区。1948年属张马乡。1950年属第二区卧牛乡。1955年11月历城县的华山等7个乡划归济南市，洪家园属济南市大辛区华山乡。1956年7月，属济南市郊区华山乡。1957年12月，回归历城县，1958年9月，属历城县东郊人民公社。1960年6月，属济南市东郊人民公社。1961年6月，属历城县东郊人民公社。1961年7月，属东郊区华山人民公社。1968年7月，华山、卧牛、坝子3处人民公社合并成立历城县卧牛人民公社，同年8月正式命名为华山人民公社，办公地址初为卧牛山中村，10月底迁至洪家园，洪家园先后属卧牛山人民

拆迁中的村庄

公社、华山人民公社。1980年4月重建济南市郊区，洪家园所属的华山人民公社划归郊区，12月改名为华山管理委员会。1984年1月实行政社分开，撤销华山人民公社管理委员会，成立济南市郊区华山办事处，5个管理区则改为乡政府。1985年9月，撤区并乡，济南市郊区撤销华山办事处，成立济南市郊区华山镇人民政府，洪家园属济南市郊区华山镇。1987年5月撤销济南市郊区和历城县建制，成立济南市历城区，洪家园属济南市历城区华山镇。2010年5月撤销华山镇，设华山街道、荷花路街道，洪家园属历城区华山街道。

永平寺，成化元年陈铨《重修记》：寺建于唐，距济南郡城东北二十里，在卧牛山之阳，释性澄重修。（据碑）

——清乾隆《历城县志·古迹考五·寺观》

侯功超，字迈亭，武城县训导，江西永新知县。

——民国《续修历城县志》

永平寺，洪家园人称大寺，位于卧牛山之阳。明成化元年（1465年）陈铨撰《重修记》碑文称该寺初建于唐代。立于金代的《永平寺祖师塔记》却称其始建于宋金之际："讲僧维本、住持维修以其先师讳慧澄，姓郑氏，济南人。出家依本府开元寺东罗汉院礼智海为师，崇宁二年受戒。后于卧牛山建永平院，皇统二年度弟子五十一人。天德三年终，春秋八十二，僧腊五十五，葬于此山之阳。"由上可知，永平寺原称"永平院"，由"祖师"慧澄创建，时间在北宋崇宁二年（1103年）到金皇统二年（1142年）之间。具体时间可能在金代，明崇祯《历城县志》称该寺"肇于金，毁于元，明成化间重修"。陈铨称其初建于唐，或误。该寺在金代有很大发展，到皇统二年慧澄已收徒51人。金代还建有灌师辈普同塔、诠和尚塔、进公塔等，元代有《永平寺立浮图题名》，题名者"有直岁、典座、监寺、书记、知客等称谓，皆僧侣也"，仅从规范完善的管理者队伍，便可以想见此寺盛时规模宏大、僧人众多的景象。到成化时，明释性澄曾重修。清代逐渐衰落，"茶烟寺断石泉远，香火人稀苔磴闲"。永平寺在济南1948年解放前夕遭到破坏。寺旁早年有塔林，岁月荡涤中仅存的大定三年（1163年）的"祖师之塔"和"灌师辈普同塔"于20世纪70年代被国家文物部门所保护，现存于四门塔景区。

永平寺山门前有一国槐，村民以寺所建年代称之为唐槐。这株国槐栉风沐雨，历经沧桑，多年前曾横遭雷劈，树身几乎被一劈为二，眼看着就要倾倒，被当时的庙僧或村民用塔石顶护，经年累月塔石嵌进树身，与树融为一体。历经劫难，唐槐仍顽强地生长着，形貌奇古，老态龙钟，虽有部分枝干露颓败半枯之像，整体依然呈生机勃发之势，冠盖茂盛，

灌师辈普同塔

祖师之塔

郁郁葱葱，引来远近香客祈福纳祥，烟雾缭绕，颇有几分灵气。2000年卧牛山花岗石被大规模开采，炮声隆隆，车轮滚滚，唐槐正处要道，因整修道路，方便大型车辆通行，抬高了地面，树身一半被掩埋，影响了它的生长，枯枝增加，逐渐失去了生气。2013年洪家园村民的房屋被逐渐拆除，老槐树似有所感，生气渐颓，奄奄一息，虽经园林部门临时性保护，仍不失苍老之态，似乎像一位饱经风霜的老人守护着共度岁月的古村，久久不愿离去，让人伤感落泪。不过让人称奇的是，2016年上半年唐槐的根部生发新芽，如今已一人多高，千年老槐又获新生，似是预示着洪家园将以崭新的姿态走进新时代。

唐槐西侧5米许有一古井，是永平寺内僧人与村民生活饮用水源，传说与趵突泉同一水脉，清冽甘甜。村民为待贵客或过重要节日才来此井汲水，泡茶待客。后因水位下降、污染、不能满足村民需要而废弃，现已被石板掩盖。

得天独厚的地理优势，使洪家园远近闻名，“兄弟叔侄同登科”的书香荣耀更使洪家园声名远播。洪家园有侯功超、侯功震、侯维垣叔侄三人科举功名事迹为十里八乡村民所称道。侯功超于嘉庆二十一年（1816年）中举，侯功震、侯维垣于道光二十九年（1849年）同时中举。侯功超，官至江西永新知县，著有《典制测蠡十六卷》。民国《续修历城县志》记载：侯功震，字百里，世居东北乡洪家园。善为古文，工诗，著有《囊中集》。兼精痘科，刊有《痘科大成》行世。居乡排难解纷，夙孚人望。咸丰间，捻匪扰境，功震充团练长，保护乡里，乡人至今称之。清代诗人李沧瀛有《与侯百里、刘廉颇登卧牛山》诗：卧牛高耸碧崔嵬，蜡屐同登望眼开。入海河流于曲折，近城山势并迂回。旧时仙迹何人访？此日骚坛几辈来。杰阁凭临吟未就，松清岚影助诗材。侯维垣，字次山，曾为“同邑友”解鉴模仿《聊斋》于咸丰同治年间著成的短篇小说集《益智录》作序。

一门双英烈，全家五八路。

——《历城抗战史》

《历城抗战史》中关于侯少章、侯筱章事迹的记载

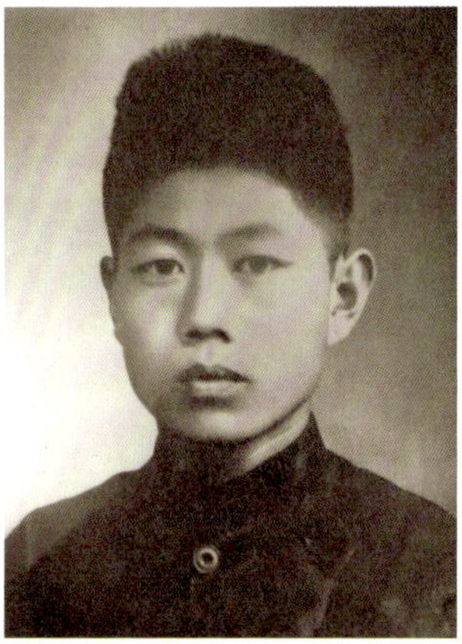
侯少章

侯筱章

“一门双英烈，全家五八路”说的是村中望族侯氏一门在侯筱章的影响下，一家五人参加八路军，两人为国捐躯的故事。侯筱章，原名侯承寿，1921年8月2日出生，先后在洪家园村私塾、卧牛山高等小学学习。1934年考入山东省立第一乡村师范学校，受党组织教育、培养，积极参加革命活动，1936年加入中国共产党。抗日战争爆发后，弃学从军，参加抗日游击队。1939年任八路军第六支队二营六连政治指导员，1940年下半年调长清县独立营任总支书记。1941年底，侯筱章奉命到峰山县担任县大队政委。1942年底至1944年7月，任峰山县委书记兼县大队政委，先后指挥下巴伏击战、庄里村反“扫荡”战斗、大桥遭遇战、巧取七贤庄战斗、奇袭古城据点等著名战斗。1944年8月至1945年7月，侯筱章调任中共茌平县委书记兼县大队政委。1945年8月，侯筱章调任八路军冀鲁豫军区第一军分区第六团政委，12月29日在茌平县城攻击伪顽军蛮子营据点的战斗中壮烈牺牲，年仅24岁。侯少章，又名侯承富，侯筱章之兄，1914年出生，毕业于齐鲁大学。1938年参加革命，生前任八路军鲁西军区教导三旅九团一营一连政治指导员，1941年6月7日，在发生于巨野县大义镇的著名杨楼激战中壮烈殉国，时年27岁。侯信章，侯筱章之弟。1937年侯筱章突然从乡师“消失”，让寡母焦急万分。1941年，年仅15岁的侯信章被一董姓人士带到了大峰山抗日根据地，见到了失踪多年的二哥，并参加了部队的后勤部门工作。1942年，日军大“扫荡”，因腿有残疾、行动不便，领导让侯信章回了家，告诉他等“扫荡”结束后再返回部队。后来因为照顾母亲侯信章一直待在家里。母亲很为侯筱章担心，又让侯筱章的妻子陈芳贤带着小妹侯慧章去了大峰山，这一去姑嫂二人再也没回来，都加入了八路军。陈芳贤成为冀鲁豫边区妇女干部，工作作风泼辣，能力强。1946年因坏人告密，怀孕6个月的陈芳贤在隐蔽的群众家中落入敌手，灭绝人性的敌人用刺刀将母子残杀，侯筱章的小儿子也被提着双腿劈死。侯筱章全家为新中国的诞生献出了宝贵生命。

一方水土养一方人。洪家园村不仅有侯氏一门的热血报国，也有杨万义等甘于为民族解放奉献生命的勇士。杨万义，族谱里又被写成杨万仪、杨万镒、杨万益，又名杨万福，字兴中，小名石头，1915年10月9日出生。1932年至1933年间，在济南新城兵工厂加入中国共产党。1938年在延安抗大第四期毕业后奔赴山东抗日根据地。1939年5月，任八路军山东纵队织女洞兵工厂（山东纵队兵工一厂）政委。1939年6月8日，日军“围剿”，杨万义率队突围，6月10日牺牲于沂水县绳庄，年仅24岁。

杨万义（后排左四）

洪家园桥、花岗石厂，连同坐落在洪家园的华山街道办事处办公大楼等，均在华山片区改造中成为废墟，洪家园人的记忆坐标仅剩当年的储水塔和一株苍老的唐槐了。

洪家园村的耕地被小清河隔为东西两大块，河东是主粮区，跨河耕种只能依靠木船摆渡，夏汛期交通断绝，麦秋两季收获期在小船上拥堵不堪，人畜落水时有发生。“文革”后期，在上级领导支持和帮助下，村“两委”组织村民发扬自力更生、艰苦奋斗精神，经过1年多奋战，1974年建成小清河历史上第一座由村民投资自建桥——洪家园桥。洪家园桥桥名由著名书法家张立朝书写，洪家园村著名石刻老艺人郑嘉儒镌刻。该桥仿河北赵州古桥，单孔拱形，净跨35米，长52米、宽4.8米。2008年小清河综合治理中洪家园桥被一通现代化桥梁所取代。1975年全村埋设了自来水管，村民都喝上了无污染的地下泉水，改写了祖辈肩挑人抬吃水的历史。早在1963年，洪家园村就创办了猪鬃加工厂，从业人员达200多人，从原鬃到成品，从花鬃手工分到染鬃技术，都在全国得到了应用并推广，生意兴隆，走出国门，畅销世界。当时的洪家园已成为猪鬃加工的集散地、销售中心。党的十一届三中全会后，洪家园村又先后建起了机械加工、木材加工、预制件等大小企业10多家，并引进了一个土木建筑队。1981年成立了花岗石加工厂，从粗加工到成品，一条龙生产，产品畅销国内外。1983年又建了洪家园制砖厂，利用黄台发电厂煤灰变废为宝，厂子规模大，从业人员达100多人。1994年荷花路拓宽，洪家园村沿路建起了商业一条街，规划建设的二层楼绵延数百米，饭店、旅馆、粮站、土产、商店、照相馆、综合商店、超市等林立两旁。同年，洪家园村设立了农历五、十日大集，进一步活跃了市场。

2013年6月17日历城区人民政府发布冻结通告，按照济南市部署，自2013年7月起华山片区包括洪家园在内19个行政村整体拆迁，洪家园

唐槐和水塔（拆迁前）

唐槐和水塔（拆迁后）

洪家园新居

在2016年底拆迁完毕。2019年2月25日，洪家园村村民迁入华山北侧的华山片区安置二区。位于小清河两侧的洪家园工业园区2019年4月底拆迁完毕，规划建设小清河景观配套齐烟揽华项目，目前正在办理相关手续，预计2020年开工。

如今，洪家园的村落已经无迹可寻了。村里人为了留住乡愁，特意保留了当年的储水塔和永平寺遗落的唐槐。砖砌的水塔站立在苍老的古槐边，一刚一柔、互相依偎，虽然同周围的高楼大厦极不协调，但却承载着洪家园人的故土情怀。

材料提供：侯秉华

撰写定稿：张　晓

裴家营

胜迹遗韵随风逝　红色基因世代传

营城路：裴家营。

——明崇祯《历城县志》

正东乡闵孝四：皮家营。

——清乾隆《历城县志》

董家乡闵孝五：裴家营。

——民国《续修历城县志》

裴家营东邻路家庄，西连李家庄，北邻白泉泉群，村东南为济南化肥厂，西南即济南市第三人民医院。村庄占地600亩，920余户，4260人，耕地1724亩。

裴家营距鲍山仅有3公里，相传春秋战国时期，鲍邑的一个兵营屯兵于此，因兵营首领姓裴，称裴家营。南北朝时期，裴家营一带属南朝梁王所辖，亦设有兵营。梁灭后，其随军家属落户后渐成村落。还有的说，明洪武年间，裴氏从枣强迁于此，住户增多，遂之建村，得名裴家营。至于何种说法准确，已无从考证。明崇祯《历城县志》称裴家营，但清乾隆《历城县志》却称皮家营，可能是编纂者之误，因而到民国时又改称裴

村南大湾

村庄原貌

家营了。

裴家营在民国之前属城外正东乡12里社。民国成立以后裴家营隶属历城县城外12个乡之一的董家乡。新中国成立前曾先后隶属于董家区、梁王乡、董家区、杏园乡。1949年10月建立村公所。1950年，裴家营、路家庄、纸房三村合为一个小乡，称裴家营乡，隶属历城县第一区。1956年，隶属历城县城关区王舍人乡。1957年隶属历城县王舍人乡。从1958年9月至1980年3月，先后隶属历城县东郊人民公社、王舍人人民公社。1980年4月起，隶属济南市郊区东郊人民公社。1987年4月，隶属历城区王舍人镇。2010年5月，隶属历城区鲍山街道。

裴家营村属典型的平原地貌，村子东南高，西北低，村北为水田。21世纪初之前，村东西各有一条溪渠，常年流水。村西为龙脊河，夏日水流自南顺势汇入小清河。村东小溪，由庄东南到北穿过北湾流入村北稻田，再入白泉湖泊。

改造前的龙脊河

裴家营地处泉脉之上，泉眼遍地、水资源丰富，土地宽广肥沃，为稻麦兼作、果蔬并举的富庶之地。20世纪60年代，村庄北临白泉而建的济南市东郊自来水厂，曾供应方圆几十里工农业用水。裴家营蔬菜生产历史悠久，远近闻名。全村种植蔬菜曾达到57个种类、161个品种，一度成为著名的蔬菜产区。《济南通史（现代卷）》说："济南蔬菜生产历史悠久，资源十分丰富，形成地方品种，如裴家营的小根白菜、小铃铛皮辣椒等。"

裴家营遗址年代为龙山文化、岳石文化、西周遗址。遗址为研究该地区古代早期文化遗存提供了新资料，对研究古代聚落址具有一定的历史价值。

——中国书籍出版社《鲍山文韵》

裴家营文物遗迹众多，尽显古村落之沧桑。较大遗址有三处，分别是南遗址、东遗址和烽火台。裴家营南遗址位于村南，遗址南北约150米，东西约100米，总面积约1.5万平方米，基本呈长椭圆形，为平原地带，菜园。遗址中北部坑内底层中有红陶片，地表曾采集到鬲口沿、豆盘及石斧，年代为周代。裴家营东遗址位于村东，遗址南北约300米，东西约200米，占地面积约6万平方米。遗址现场采集的标本主要有陶鼎口

裴家营遗址

沿、鬶足、器盖、罐口沿等。年代为龙山文化、岳石文化、西周遗址。这两处遗址均为文物普查新发现，也表明早在3000多年前，人类就在此活动，这两处遗址的发现对研究古代聚落址具有一定的历史价值。烽火台遗址位于村南头，东西向古官道南段，与王舍人、西梁王的烽火台处于西南东北的直线上，均相距三四华里。此烽火台印证了裴家营为一村落聚集处，也是兵营所在地。由于年代久远，村民们经常刨土用土，因而烽火台逐渐变小，到新中国成立前夕，还残存一个小土堆，人称“圆圆坟”。

裴家营物质文化遗产颇多。白衣庵坐落于村西南角，庙内供奉的是南海观世音、王母娘娘、送子奶奶等神像，曾经香火旺盛。村中曾有两座三官庙、两座土地庙。两座三官庙分别坐落于邓家湾子西侧和太平街狮子口。一座供奉的是刘备、关羽、张飞，另一座供奉的是关羽、周仓、关

白衣庵残留的建筑构件

清乾隆二十四年（1759年）重修白衣庵碑

清同治五年（1866年）重修上元承先二桥碑记碑

平。两座土地庙，一座在村西龙脊河上元桥西20米，庙门坐西朝东，庙后有戏台，四周松柏成荫。庙门前有南北两棵大杨树，树冠硕大，可供百人纳凉。另一座在村东南角、邓家崖子西侧，是用砖石砌起来的一处高台子，坐北朝南，进庙要拾级而上，俗称“高台子”。

裴家营人记忆最深的恐怕是文昌阁了。文昌阁坐落在裴家营西北首，龙脊河东侧，始建于清乾隆二年（1737年）。文昌阁旁曾有两座石桥，分别为承先桥、上元桥，建于何时已无法考证，但清乾隆四十年（1775年）、四十九年（1784年）及清同治五年（1866年）的三次重修却均有记载。20世纪六七十年代两桥被毁。文昌阁庙宇分为两大部分，

拆迁前的裴家营小学

“工农兵”影壁

前面是文昌阁，为两层建筑，上层供奉着文昌帝君像，底层则是进入大庙的正门。进入庙门，有一坐南朝北的大殿，大殿内正面供奉着三座神像，依次是尧、舜、禹，象征风调雨顺。1939年春天，文昌阁失火，只剩残垣断壁。裴家营小学是历城县建校较早的学校之一。早在1934年，就在文昌阁后建立了小学校，后来曾用文昌阁后院大殿作为教室。1943年学校失火被毁，1945年下半年裴家营人在文昌阁处的旧校址重建，并扩大办学规模，形成了一处完全小学，曾吸引周边十里八乡农家子弟前来求学。

1968年，裴家营曾在太平街南首修建了一座绘有“毛主席去安源”的影壁，称“毛主席像台”。20世纪70年代，又把影壁上的毛主席画像改为了“工农兵”人物画像。如今影壁已经成为裴家营人的一份深深的记忆了。

一方水土养一方人。厚实的土地、丰润的泉水孕育了裴家营村代代相传、淳朴厚道的民风，同时也养育了许多英模人物。他们是裴家营人的骄傲和自豪，也是裴家营人的红色基因。

路俊铎，1944年入历城简易师范学习，1948年考入济南会商职业会计学校，济南1948年解放时参加中国人民解放军，1951年初随军驻徐州、上海，抗美援朝战争爆发后，随即开赴朝鲜，表现突出，多次立功受表彰。回国后在中国军事博物馆工作。

刘福全，1947年加入华东野战军第九纵队，成为一名光荣的解放军战士。随着解放战争的进行，刘福全跟随部队南征北战，不怕流血牺牲、顽强拼搏战斗，参加过潍县战役、周村战役等大小数十次战役。在济南战役中，刘福全所在的第73团承担着主攻济南内城的重任。内城城垣高大，易守难攻，还有护城河拱卫。第73团奉命在济南城东南角实施爆破突击。由于国民党守军负隅顽抗，第73团架设的登城云梯多次被敌人打断，致使登城受挫。为了减少攻城伤亡，杀出一条血路，团长命令组织攻城敢死队。刘福全英勇果敢，不怕牺牲，申请加入了攻城敢死队。敢死队成员顽强战斗，前仆后继，浴血奋战，于24日2时25分，率先突破东南角城垣，用炸药将城墙炸出一条豁口，使后续部队得以向济南城内纵深快速挺进。在攻城的夜战中刘福全不幸中弹牺牲，年仅21岁。他把

革命烈士证明书

刘福全同志在解放济南战役中壮烈牺牲，经批准为革命烈士，特发此证，以资褒扬。

中华人民共和国民政部

一九九〇年 月 九日

刘福全烈士证明

革命軍人犧牲證明書

中國人民志願軍政治部之印

一九五 年 月 日

李登贵烈士证正面

革命烈士证明书

刘继德 同志在抗美援朝战争中 壮烈牺牲，经批准为革命烈士，特发此证，以资褒扬。

中华人民共和国民政部

一九八三年 月 一日

刘继德烈士证

年轻的生命献给了中华民族的解放事业，献给了自己热爱的家乡。为了纪念济南战役，在济南东南角城垣的突破口修建了由陈毅元帅题词的解放阁，缅怀革命先烈。刘福全烈士的名字也永远地镌刻在革命英雄纪念碑上，为世人所铭记。

1950年6月，朝鲜战争爆发，裴家营村村民积极响应国家号召，共有37人踊跃参加中国人民志愿军，1951年春，历城一区授予裴家营“抗美援朝动参模范村”称号。朝鲜战场上，年轻的裴家营人英勇无畏、冲锋在前，刘大业、刘振声、李树水、李修勤、刘继德几位20岁的年轻战士相继壮烈牺牲。刚满18岁的李修诚、李登贵也献出了自己宝贵的生命。革命烈士的英雄事迹深深地印在人们的心里，影响着一代又一代的裴家营人。

胡朝栋

胡朝栋（原名胡朝桐），1946年在历城中学上学期间就参加了县土改工作宣传队，1951年春参加中国人民志愿军，赴朝参战，在团卫生队学习后任团卫生员。1952年至1953年，在东城防御反击战中，因抢救伤员先后三次负伤，获三等功。回国后，从1956年开始，先后在南京军区防化业务集训大队、北京军政大学军事系和南京师范学院化学系学习。在部队历任防化连指导员，团参谋、副团长、团长，南京步校校务部部长，安徽省宿县军分区司令员等职，大校军衔。任军分区司令员期间，被选为安徽省第七届人大代表。他根据自己的从军经验，编写了民兵训练一条龙大纲，制定了民兵4年轮换转业规定，较好地指导了民兵训练工作。

李登昆，1951年春参加中国人民志愿军赴朝鲜参战，多次荣立战功，回国后在第60军某师任团参谋长，后调入北京任团参谋长，转业后在历城西芦煤矿任党委书记。

李登昆

李修臻，1951年2月参军，不久随志愿军第60军入朝作战，参加了五次战役第二阶段战斗，以后又参加了东线反击战、防卫战等20多次战斗。历任警卫员、文书、助理员、师政治部组织干事、股长、处长、师后勤部副部长。1982年转业后，任南京市中山陵管理局党委副书记。

随着济南东部建设的快速推进，裴家营这一古村落彻底消失。但是故土上挺立起的一座座高耸的楼房，一条条宽阔的道路，加之奔腾不息的高铁、地铁，让跨入新时代的裴家营人脱胎换骨，汇入城市化浪潮之中。

昔日的裴家营，经济基础薄弱，在20世纪40年代，村民住房大都是土坯草房，到五六十年代村民们生活仍不富裕，翻建、新建房屋的并不多。进入80年代以后，村民经济条件有了很大改善，出现建房热。几

村内老宅

村庄拆迁中

乎家家户户住上了砖瓦房，有的还住进了二层小楼。村庄规模不断扩大，全村原有五条半街，六条胡同，扩展为拆迁前的十二条街六条胡同，村面积也由原来的0.2平方公里，扩展为0.4平方公里。

村庄基础设施不断完善。1984年后全村的主要街道修成了沥青、混凝土地面，并实现户户通。此后村“两委”又对村内道路进行大规模整修，使村内主要街道形成了三横（东西）六纵（南北）格局。仁和街、太平街、中和街、德胜街、安乐街等主要街道更是焕然一新。村里还建设了排水设施，街道两侧均建设了高标准排水沟，大大方便了村民出行。2010年，村里投资70余万元，建成了大型文化广场，村民们的精神文化需求得到进一步满足和提升。

进入21世纪，济南城建步伐不断加快。2014年，市里征用村中部分土地开始改造流经村西的龙脊河。2015年，地铁R3线建设征用了村中部分土地。2016年，济南东站建设需占用村庄全部用地，全村仅用36天就

建设中的济南东站

在裴家营村址上建设中的省级总部基地

全部拆迁完毕。20世纪五六十年代，裴家营人为支持济南钢铁厂、济南化肥厂、济南东郊水厂等重点工程建设曾经奉献过大量土地，如今为支持济南东站建设裴家营人又奉献出了自己的全部家园。

在裴家营人世代居住和耕种的土地上，济南地铁R3线“裴家营”站已经建成，省级总部基地正在热火朝天地建设中。位于济南市第三人民医院北侧的济南东站安置四区建设工程已接近尾声，2021年上半年可投入使用。这里将成为裴家营人的新家园。

裴家营新居

如今散落居住于四邻八村热切等待回迁新居的裴家营人已经没有多少人知道曾经坐落在他们故园上的胜迹遗韵了，但是能够说出村子里曾经引以为豪的革命先辈英名和业绩的人却越来越多。因为，流淌在村民血液中的红色基因不会断，也不能断。

材料提供：李　刚　刘继才　李登禹

修改定稿：王瑞国

相公庄

翰墨之乡文脉深　将军故里多英豪

正东乡闵孝五：相公庄。

——清乾隆《历城县志》

董家乡闵孝五：相公庄。

——民国《续修历城县志》

相公庄村址在济南以东偏北15公里，虞山以西2公里处，南距胶济铁路、济青公路（102省道）1.5公里，西距济南绕城高速路、机场路500米。东邻刘公河、李家庄，西邻济南重工集团，南邻锦平村，北邻谢家屯。

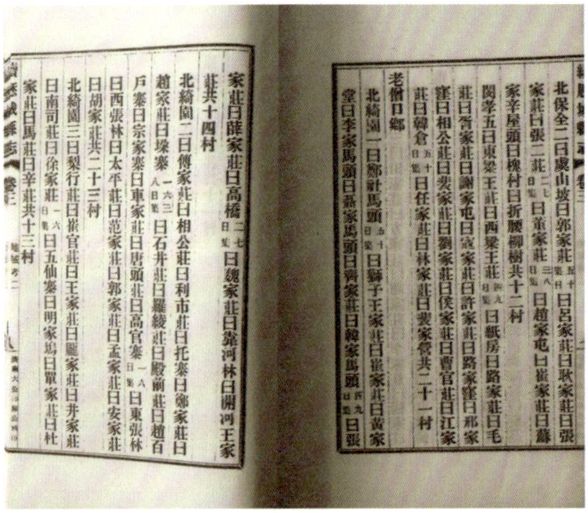
北保全二曰虞山坡曰郭家莊(集期十日)曰呂家莊曰耿家莊曰張
家莊曰張二莊(二七日集)曰董家莊(三八日集)曰趙家屯曰崔家莊曰蘇
家辛屋頭曰槐村曰折腰柳樹共十二村
閔孝五曰東梁王莊(四九日集)曰紙房曰路家莊曰毛
莊曰胥家莊曰謝家屯曰寇家莊曰許家莊曰路家窪曰邢家
窪曰相公莊曰裴家莊曰劉家莊曰侯家莊曰曹官莊曰江家
莊曰韓倉(五十日集)曰任家莊曰林家莊曰裴家營共二十一村
老僧口鄉
北綺園一曰鄭甘馬頭(五十日集)曰獅子王家莊曰崔家莊曰黃家
堂曰李家馬頭曰聶家馬頭曰齊家莊曰韓家馬頭(四九日集)曰張
家莊曰薛家莊曰高橋(二七日集)曰魏家莊曰龔河林曰閘河王家
莊共十四村
北綺園二曰傅家莊曰相公莊曰利市莊曰托寨曰鄭家莊曰
趙家莊曰塚寨(一六三八日集)曰石井莊曰羅綾莊曰殿前莊曰趙百
戶寨曰宗家寨曰車家莊曰唐頭莊曰高官寨(一六日集)曰東張林
曰西張林曰太平莊曰范家莊曰郭家莊曰孟家莊曰安家莊
曰胡家莊共二十三村
北綺園三曰梨行莊曰崔官莊曰王家莊曰龐家莊曰井家莊
曰南司莊曰徐家莊(一六日集)曰五仙寨曰明家塢曰單家莊曰杜
家莊曰馬莊曰辛莊共十三村

民国《续修历城县志》关于相公庄的记载

“相公”最初是对汉献帝时丞相曹操的称谓，唐宋之后成为“士子、贤人、官吏”等的统称。据相公庄村民族谱及祖茔碑文记载，元朝末年即有先民在此定居，因左有百涧河

街巷

民居

（现刘公河）绕村而过，右有西南方向一条石龙从庄南岗子顶蜿蜒盘曲伸向西北方，风水极佳，为祈盼多出贤人，命庄名为“相公”，沿称至今。相公庄族群现有14个姓氏，王、李、殷、马、赵、邢、杨、方等姓人家居多。全村现有216户、665人。

1944年9月，中国共产党领导的历城县政府成立，辖卧龙等6个区，1945年增加董家等3个区，相公庄属董家区。1946年下半年将唐王、董家、遥墙3个区合并为路北区，相公庄属路北区。1948年9月历城全境解放，相公庄属董家区。1950年，属第四区虞山西乡。1958年9月，属平原人民公社。1960年6月，相公庄划入东郊人民公社，属济南市管辖。1961年6月，相公庄划回平原人民公社，属历城县管辖。1961年7月，相公庄属东郊区韩仓人民公社。1963年5月，属董家区谢家人民公社。1968年，属董家人民公社。1984年1月，属董家镇。1985年9月，属历城县郭店镇。1987年5月，属历城区郭店镇。2010年5月，属郭店街道。

相公庄的主要粮食作物是小麦和玉米，间种大豆、谷子、芝麻、棉花、地瓜、高粱、花生等。1999年至2005年，相公庄建有200余个蔬菜大棚，种植辣椒、西红柿、茄子、芸豆、南瓜、白菜等数十种蔬菜。2005年以后，随着村集体经济的发展，村民承包的土地由村委统一调配使用，村民不再耕种。

相公庄及其周边村落均属典型的平原地貌，地势略呈南高北低、东高西低状，辖域地理环境可概括为“一河、一龙、一堰、四岗子、四大沟”。村庄布局规整，形似官轿，村四角原有三官、关帝、土地、龙王庙宇4座。

“一河”即村东的刘公河，原名“百涧河”，发源于港沟街道的长河套村东，流入王舍人街道的石河，后汇入小清河，全长26.7公里，流域面积53平方公里。刘公河相公庄段，村东南是一处名叫“荒滩”的河湾，常年有水，是村民洗澡摸鱼的去处。村东和村东北各有一座可通行马车的三孔石桥，1964年春谢家人民公社组织青壮年劳力，拓宽改造刘公河河道，两座石桥埋于地下。新河道东距相公庄约70米，修建宽阔水泥桥一座。

“一龙”实际是一条由乱石和礓沟石组成的长长的石脉，少部分浮出地面，大部分位于地表以下，极像一条龙。这条石龙自村西北的哑巴岗子起，蜿蜒曲折，绕行至村南岗子顶，又西南经刘家岗子转而直下正南至彭庄山山脚，全长约6公里。现在这条石龙已无踪影，只留一个岗子顶，现已改建成卧龙岗生态公园，成为村民休闲娱乐的地方。

“一堰”即修建在村东用来阻挡刘公河洪水的一条大堰。大堰长约1000米，宽约3.3米，高约2.3米。南北走向，于村东北角处向西延伸一段。堰上种植枣树、榆树、椿树、柳树等，既可防汛，也是盛夏纳凉之所。据乡贤谢家屯村的谢瀛震撰文、谢瀛昱书丹的《新筑土堤碑记》所载，大堰筑于1901年，是村人捐田地、捐钱粮，举全村之力，历经一个多月建成的。大堰现已无存。

“四岗子”是4座隆起的土丘，分别是：位于原相公庄辖域最南端的馍馍顶子，方圆约1平方公里，像老百姓家中蒸的大馍馍，整个岗子覆盖着厚厚的土壤，可种植旱田作物，现已划归锦平村。位于相公庄偏西南方向（现相公庄公墓处）的西南岗子，是石龙的隆起点，西南、东北走向，长约100米、宽约10米，上覆乱石，下有礓沟石，岗子上乱草横生。位于村正南的岗子顶，高出地面6米多，也是石龙的隆起处，占地10余亩，需经过三层梯面才能到岗顶，顶层和底层种植有很多柏树，是小孩子们经常聚集捉迷藏、玩游戏的地方。每年六月连阴天时，此处的草墩上会生出被当地人称为地瓜皮的菌类，形似木耳，很多人来采集食用，犹如山珍。1964年前岗子顶上挖有很多地瓜窨子。1965年，村里在岗子顶二层梯面的周围种植了蟠桃树，春天繁花似锦，秋季硕果累累，风景如画。1969年在“备战备荒为人民”的年代，岗子顶的东西两面开挖了防空洞，洞内能进出马车，主洞有五六十米深，两边还有侧洞。现防空洞完好，洞口已封住。2007年，相公庄旧村改造时，村集体投入巨资将岗子顶建成了卧龙公园。位于村西北方向约80米处的哑巴岗子，也称西北岗子，现在重型技校院内西南角，是石龙最北面的隆起处，高出地面不过2米，面积约300平方米，乱石组成，野草横生。

村庄原貌

“四大沟”是3条雨水排泄冲刷而自然形成的沟和一条人工开凿的水渠。分别是：馍馍顶子西边的南直沟，宽15米、深约4米，总长约500米。南起现锦平村的北沿，北接通往相公庄的南北大车道。1967年锦平建村前，此地人迹罕见，常有野兽出没。现属锦平村。位于村南偏东方向的流沟崖，全长500米，深约2米、平均宽度约10米，此沟南窄北宽呈漏斗样，直到村东南的大湾，已基本与村内地面持平。现在流沟崖已被平掉。位于西南湾正南、岗子顶以西20米的南沟崖，是四大沟中最深的一条沟，人工开凿，全长约300米，南北走向，是南坡雨水下泄的主要通道。西北沟是相公庄村内积水的重要排水沟，平均深度约1米、宽约3米，全长约300米，沟的两边栽种枣树、柳树等。

相公庄村落布局颇为规整，形似官轿，村的四角原有4湾4庙，4座庙宇分别是三官庙、关帝庙、土地庙、龙王庙。

三官庙位于相公庄西南角，坐北朝南，占地面积约400平方米，始建年代不详，据碑文记载重建于明万历二十七年（1599年）。庙门为半圆形，门前有九级台阶，进门有花砖墙影壁，影壁后是约10米长、2米宽的石头路，然后是三级台阶，台阶右边是重修三官庙碑，左边是一棵柏树。台阶上有石砌高台，高台上边建有三间大殿，高台下东西两边建有配殿，院内西南角建有钟鼓楼。钟鼓楼是正方形，边长4.5米，高大约9米，二层小青瓦覆顶。墙厚0.8米，土坯墙体，大青砖覆面，四面墙上各有一个拱形窗户，门向东，楼板为厚重的白松木材质。楼内东南角有楼梯供人上下，二楼有一口生铁铸造大型吊钟，钟高约1.5米、口径约1.2米，上有铭文若干。三官庙主体建筑四梁八柱，青砖砌墙，里边是土坯，二梁托杈起脊，椽子木苣砖覆盖，青色小瓦筑顶，翘檐飞角。殿内雕梁画栋，房檐上画有形态各异的龙凤等神兽。三官庙内彩塑有天官、地官、水官神像。20世纪50年代末，三官庙用作村委会办公室、学校、仓库等。1971年大殿拆除。2008年钟鼓楼拆除，建起了一座六角亭子。

关帝庙位于相公庄的东南角，坐北朝南，庭院式建筑，面积240平方米，建筑年代不详。院内北侧是长10米、宽6米的大殿，正中彩塑关公坐像，右周仓、左关平，四壁有关羽事迹的彩绘。庙内木制雕刻技术精湛。关公塑像于20世纪破四旧时被捣毁，房屋做过车辆修理部、当过生产队的仓库，旧村改造时被彻底拆除。

土地庙位于村子的东北角，新中国成立初已无踪迹，村里平整土地时发现土地庙遗迹。遗址显示，土地庙是青砖结构单体建筑。据说，土地庙建成后，相公庄正南约8里处有一村庄经常无缘无故闹火灾，而该村村北的南北大道两旁的大树也多数死去，该村找风水先生观测，结论是相公庄的土地庙刨了风水所致。于是就组织人夜里把土地庙给扒了，其碎砖烂瓦就填在村东北角的水塘里。相公庄村出于对村庄四庙四湾布局的崇拜，又重新把土地庙建起，清理了水塘。不久那庄的村民又第二次把土地庙扒掉。后来经过两村村民充分协商后，在土地庙原位置建了一个小型的土地庙，扒庙事件才得以平息。

龙王庙位于相公庄的西北角，西北大湾北约6米处，坐落土台上，无台阶，始建年代不详，坐北朝南，长4米、宽3米、高3.5米，单体建筑，石砌地基，青砖墙体，青瓦覆顶，东西两山墙各有一通风小窗。庙外东侧有两通石碑，西北角有一棵大柏树。新中国成立初龙王像被拆除，1961年因修筑黄河大坝急需砖石木料，两块石碑以及大柏树被征用。旧村改造时，在龙王庙原址上建起“憩秀亭”。

相公庄原南街殷家胡同南头有清康熙年间栽种的古槐一株，曾经两次遭受雷击，并烧掉部分，但又奇迹生还。这株

拆迁前古槐

古槐如今位于新建小区的A3号楼西头、九龙壁之后，枝繁叶茂，树高10米，胸径1.2米，树冠有100平方米，老百姓多系红绳，以祈求多福。古槐现已被济南市绿化委员会登记挂牌，列入济南市古树名木。

清乾隆《历城县志》载“东乡之民，习农事，多读书，性聪察”。这一传统在相公庄得到了充分体现，村人尊师重道、崇尚教育，非常重视文化的传承和弘扬。

相公庄的第一所学堂诞生于清末同治年间，据民国二十五年（1936年）相公庄小学改建校舍碑文记载：“前清光绪年间丁体常其父巡视佳城至此出白金百两以创者也。”丁体常是清末名臣丁宝桢的长子。碑文所记是，巡抚丁宝桢因相公庄民风淳朴、风水绝佳而将自己的墓地选在此处，并出资建立义学堂，购置义田60亩，以其收益作为维持教育的费用。学堂不论贫富、男女，适龄儿童皆可入学，且不需缴纳任何费用。丁宝桢去世后，虽安葬在华山之阳的辛、祝两村间的丁字林地，没有葬于相公庄，但丁体常守孝期间，遵父遗嘱捐银150两在义学堂的东侧建了一座全神堂。1935年，相公庄第一所正规的全日制初级小学在“义学堂”成立，学校设一至四年级，学生34人，采取复式教学。1964年，村小学迁至村西南角的老君堂。1967年，迁回义学堂。1968年，因学生人数不断增加，创立村办中学，初小改为完小，学生上学不需出村。1971年，村小学迁至新建的知青房，四、五年级单设教学班，其他年级复式教学。1980年，改为一、二年级就读的教学点，三至五年级合并到李家小学。1995年教学点撤销，全部合并到李家小学。自创设至撤销，历经近百年，学校不仅为提升村民素质起了重要作用，还为国家输送了邢世忠、邢吉祥、马振祥等大量精英。恢复高考以来，相公庄先后走出的大中专毕业生有128

民俗博物馆

人，其中博士生7人、硕士生9人、本科生40余人。

近一个世纪持续的教育滋养，文化传承的基因深植于相公庄人的血脉。为了留住一份乡愁，相公庄在2005年进行旧村改造时，村“两委”为适应传统文化的继承和发展，对村民家中的农具、家具等老物件及老照片进行了收集整理，于2012年建成了公益性的相公庄民俗博物馆。通过收藏、展览、教育等方式，传播民间传统文化精髓和民间文化生态保护理念，使大家了解民俗历史，树立爱护和传承民俗的理念。博物馆所陈列的民俗用品涉及衣食住行用五个方面的十多个品类近百个品种，主要包括服饰、厨饮餐具、建筑构件、起居用品、交通用具、生产用具、手工业用具、民俗活动用品等。每一件物品都具有独特的意义和价值，它的产生、发展及演变都经历了一个漫长的过程，是基层劳动人民集体智慧的结晶，代表着一个社会历史时期的技术水平。

相公庄民俗馆建成后，为进一步丰富村民的文化生活，村里又成立

民俗博物馆中部分展品

了书法协会，建起了美术馆。2017年12月28日，第七届“我们的中国梦”百县千村书法文化下乡暨齐鲁相公文化创意产业园奠基仪式在相公庄村隆重举行。每年的全省科技卫生文化下乡活动启动仪式都在相公庄村美术馆举办启动仪式，国家级、省级、市级书画家纷纷来到这个村级美术馆，挥毫泼墨，热情讴歌新时代新农村的崭新变化。相关报道还登上了央视和省、市电视台的新闻节目。现在，周边十里八村来民俗馆、美术馆参观的村民络绎不绝，济南市的一些市民也闻讯赶来，观民俗、赏书画，享受传统的盛宴。

新中国成立70多年间，相公庄村先后走出了多名师团级以上军官，以邢世忠上将为代表的军中英豪成为相公庄父老乡亲的骄傲。

邢世忠（1937—2019），1953年8月以优异成绩考入南京工程兵学校并入伍，1957年1月加入中国共产党。军校毕业后，邢世忠先后担任陆军第55军219师独立工兵营军士教导排排长，师司令部工兵科、作训科参谋。1969年5月起，历任第55军直属工兵营营长、军司令部作训处副处长、第163师489团团长、军司令部作训处处长等职。1979年对越自卫反击战前，邢世忠被任命为第163师参谋长，作战期间，他所在部队担负东线战场主攻任务。部队撤回后，邢世忠担任该师师长。1983年5月，邢世忠担任第55军军长。1985年6月起，邢世忠先后担任兰州军区参谋长、副司令员，济南军区副司令员等职。1995年7月，邢世忠担

邢世忠

任国防大学校长、党委书记。邢世忠善于总结和理性思考，在部队管理、作战训练、政治工作等方面深有研究，特别在军事战略学、联合战役学、作战指挥学等方面有较深的造诣。曾先后在党和国家著名报刊及军事学术期刊上发表《毛泽东运用唯物辩证法指导中国革命的高超艺术》《邓小平指导新时期军队建设的伟大理论与实践》等几十篇论文。

2003年1月，邢世忠从国防大学校长岗位退下来后，担任第十届全国人民代表大会常务委员会委员、教育科学文化卫生委员会副主任委员，为实现义务教育由国家公共财政承担这一历史性变革做出重要贡献。2008年7月退休。邢世忠是中国共产党第十五届中央委员会委员，第七届、第八届、第十届全国人民代表大会代表，第十届全国人民代表大会常务委员会中拉友好小组主席，中国国际战略学会高级顾问，中国延安精神研究会常务副会长。1988年9月被授予少将军衔，1993年7月晋升为中将军衔，1998年3月晋升为上将军衔。

1974年，邢吉祥（右）与许世友合影

除邢世忠上将外，相公庄村还走出了多位部队师团级军官。殷义盛，早年参军，为国民党部队杨虎城将军部下，西安事变时担任杨虎城将军警卫营营长，当时是中共地下党员。西安事变后，升为团级干部，于陕西省泾阳县任国民党部队某团团长。1946年，回到八路军部队，在河北某军任八路军上校级干部，后在解放战争时期担任解放军某军前线副总指挥。1950年，任中国人民解放军南阳军分区副司令员。1995年去世，享受正师级待遇。邢吉祥，1951年加入中国人民志愿军，奔赴朝鲜前线担任通讯员，在战争中英勇作战。朝鲜战争结束后，邢吉祥随部队回国，任南京军区某部科长。后任南京军区司令员许世友的秘书，协助他处理军政事务。1974年任第118师某团政委。1983年，任第60军后勤部政委，后来第60军撤销，邢吉祥留守原第60军，处理撤编后的相关事宜。马振祥，1972年参军后，在武汉军区某部任空降兵，后升为排长。1984年，参加对越自卫反击战，任某部侦察科科长兼政委。自卫反击战结束后，调武警湖北省总队任副司令员。

新中国成立初，相公庄共有土地1685亩，其中非耕地410亩。1959年济南重型机械厂征用254亩耕地建设厂区；1967年锦平新村建村征用耕地160亩。村西新建公路，后扩建为机场路，征用土地50亩。2003年12月，引进济南钢铁厂冶金建设开发公司、济南钢铁厂鲍德炉料公司，分别征用土地392亩和159亩。新中国成立初期，相公庄旧村址仅占地280亩，21世纪初扩大到360亩。2005年6月5日，相公庄在村东砖厂旧址开

新居牌坊

相公·吉祥苑

始实施旧村改造，第一期工程建楼房11座，建筑面积67032平方米，占地约90亩。村民迁入楼房，全村旧房舍全部拆除。2008年12月31日，村庄原址上建楼房49座，建筑面积38万平方米，占地330亩。

2009年9月25日，相公庄村民楼房置换、经济补偿全面结束，四合院、砖瓦房、比邻而居的旧时生活成为过去。2010年旧村改造完成，一幢幢宽敞明亮的楼房在旧村址上拔地而起，一个环境优雅的新型社区呈现在村民面前，一个崭新的相公庄正在崛起。

材料提供：邢世明

初　　稿：赵　鹏

修改定稿：张　晓

十里堡

驿铺驻所文物盛　风气开化俊彦多

龙山路：十里铺。东六十里，地沃水深，俗多健讼。东南卢家寨，南于家庄，西北王官庄、耿家庄。

——明崇祯《历城县志》

正东乡明贤十三：十里铺（一、六日集）。

——清乾隆《历城县志》

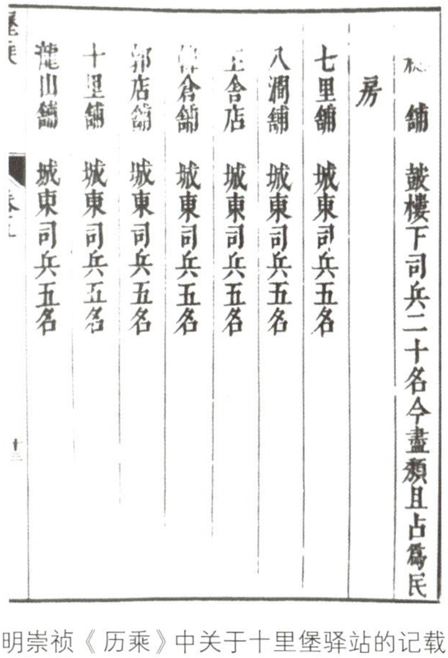

……鋪　鼓樓下司兵二十名今盡頹且占爲民
房
七里鋪　城東司兵五名
八澗鋪　城東司兵五名
王舍店　城東司兵五名
韓倉鋪　城東司兵五名
郭店鋪　城東司兵五名
十里鋪　城東司兵五名
龍山鋪　城東司兵五名

明崇祯《历乘》中关于十里堡驿站的记载

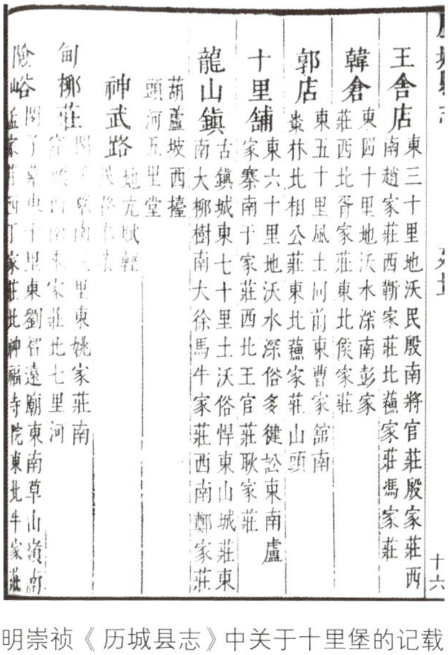

王舍店　東三十里地沃民殷南將官莊殷家莊西南趙家莊西靳家莊北蘊家莊馮家莊
韓倉　東四十里地沃水深南彭家莊西北晉家莊東北侯家莊
郭店　東五十里風土同前東曹家舖南棗林北相公莊東北蘊家莊山頭
十里舖　東六十里地沃水深俗多健訟東南盧家寨南于家莊西北王官莊耿家莊
龍山鎮　古鎮城東七十里土沃俗悍東山城莊東南大榔樹南大徐馬牛家莊西南鄭家莊
葫蘆坡西擡頭河五里堂
神武路　地亢賦輕[illegible]
甸榔莊　[illegible]里東姚家莊南[illegible]家莊北七里河
險峪　[illegible]里東劉智遠廟東南草山[illegible]……家莊北神福寺院東北牛家莊

明崇祯《历城县志》中关于十里堡的记载

董家乡明贤十三：十里铺。

——民国《续修历城县志》

十里铺，路通章丘县，胶济铁路经之。

——《中国古今地名大辞典》

十里堡南靠胶济铁路，东依青石高铁，济青公路从村中穿过。东邻卫东村、五里堂，南邻于家庄，西邻东风新村，北邻王官庄。村落东西长2.51公里、南北宽1.32公里，面积3.31平方公里。全村共有姓氏20个，其中吕、李、王、吴、刘、张姓居多。十里堡是历城区域内闻名的“长寿之村”，村民王玉美2016年以103岁高龄去世，2008年郭长吉家庭成为村里新中国成立后第一个“五世同堂”家庭，截至2017年底，村中有80岁以上老人65名、90岁以上老人6名。

十里堡之名源于官府传递文书、军事情报和供往来官员途中暂时休息、住宿之所，“驿以通往来之便，而铺则行者少憩焉，且兼有传命之

村庄原貌

役”。历史上此地设有驿铺，村东有距今3000多年历史的古堡及砌垒烽火台遗址，村东北有面积约15000平方米的龙山文化、商代至战国遗址，因所设驿铺得名十里铺。明洪武年间，又有住户从直隶枣强迁入，村落渐成规模。“十里铺”位处交通便捷之地，新中国成立前是镇公所所在地，1935年民国政府建有十里铺完全小学。新中国成立后“十里铺”沿称十里堡。

1948年历城县全境解放，十里堡属董家区。1950年，属历城县第四区耿家乡。1956年，属董家区耿家乡。1958年8月，属平原人民公社。1961年，属董家区耿家人民公社。1962年，属董家区山头人民公社。1968年7月，历城县撤区并社，十里堡属董家人民公社山头联防营。1983年，属董家人民公社温家乡。1984年，属董家区山头乡。1985年9月撤区并乡，属郭店镇。1987年5月历城撤县建区，属历城区郭店镇。2010年5月，属郭店街道。

十里堡地势南高北低，高差约6米。村东有宽20米、最深处约5米南北方向的龙尾沟（又叫溜溜沟），村西有宽10米、深约2米的一里河，均为雨水冲刷形成的沟渠。村里的耕地土壤大部分是褐土类，土层深厚，熟化程度高，保水保肥，呈微碱性，通透性佳，适宜各种作物生长，主要种植小麦、玉米、高粱、谷子等。农业合作化时期引入地瓜，并由此催生出粉条加工业，兴盛时村中建有18处粉坊。1967年，历城县建设锦绣川水库，为安置库区移民，县政府以每亩77元的价格征用十里堡550亩土地，作为东风、卫东两个移民新村的建设和农业用地。

农历的一、六日是十里堡的大集，集市坐落在街中心。每逢大集，人山人海、熙熙攘攘。集市上的商品琳琅满目，服装、鞋帽、五金百货、蔬菜、生熟肉食品、粮棉油、农副产品、家禽、牲畜、木货应有尽有。尤其是逢年过节，大集更是车水马龙，成为本区域村民首选的购物平台。新中国成立后，集市上的牲畜、木货渐渐消失。20世纪80年代集市迁至村西头。2017年村庄集体搬迁，十里堡大集随之不存。

十里堡大集

驿铺所设，使十里堡成为方圆几十里的政治、经济、文化中心，悠久历史的沉积中，留下了诸多人文遗迹。

新中国成立前，十里堡有3座庙宇，自东往西分别是三官庙、关帝庙、观音堂。三官庙位于村东头公路北，占地2亩，高大红漆庙门朝南。进庙门右边是一座钟楼，高5米多，里面吊着一个高2米、直径1.5米的大钟。院的正北为大殿，殿内正面供奉高2.5米的天、地、水三官石雕坐像，两侧各塑有两个站立神像，墙壁画有精美图案。关帝庙位于村中十字路口向北200米路西小广场上，规模较小，庙正中塑关羽像，右边是随从周仓塑像，左边是关平塑像。村民多在农历五月十三日关公生日时焚香祈愿。遇到久旱不雨时节，村民会在庙前摆上两张八仙桌，把关老爷请出来，摆供设祭，长跪祈雨。观音庙位于村西头公路北，占地1.5亩，大殿居北，殿内有观音和两个门神塑像。每逢春节、农历的三月三、六月六、九月九，村民会来观音庙求子。三官庙、关帝庙、观音堂消失于20世纪50年代。

十里堡村东北遗址

十里堡有一条老胡同，村民呼之为吕家胡同。胡同东侧紧靠济青公路有一个四合院，拆迁前的主人是吕素恒。四合院为东南门，大门外东侧有一棵树龄近千年的国槐，直径1米有余，树高10多米，树心已空，但枝叶繁茂。门的两侧各有一个石墩子，上面是已磨得光滑圆润的石狮子。四合院的门厅用青砖、青瓦和青石垒成，三出头形制，高大雄伟。门口有50厘米高的门槛，门内两侧放置两条2米长的宽木凳。院子里有用大条子石铺成的十字形走道，北屋是一座建于清朝乾隆年间的厅房，上面挑着大脊，四下流着飞檐。厅房有前出厦，四根圆木撑着，圆木下有石头墩子。厅房用大青砖和石头砌垒，墙厚80厘米，整体为四梁八柱结构，房顶用椽子木搭成，上面铺上大青砖，然后用石灰膏砌上小青瓦。厅房里面用木板隔扇分成东西两室。隔扇门窗雕刻镂空成花卉鸟兽，栩栩如生。屋内地面用大青砖铺成。十里堡吕姓人家有个风俗，每年的春

吕家胡同东侧四合院

节，他们都会到厅房里跪拜吕家老祖宗：一个画得活灵活现、神采奕奕的大脚女人。说起这个大脚媳妇，十里堡还有一个流传多年的故事。近300年前的一个早晨，吕家老胡同东侧的老槐树下锣鼓喧天，鞭炮齐鸣，吕家娶媳妇引来众人观看。花轿落地，新媳妇一下轿便露出一双大脚。当时女人普遍裹足，女人以小脚为美，新媳妇的大脚让人倍感惊奇。更让人惊奇的是，新媳妇迈过门槛的一刹那，脚下的过门石断裂了。娶亲人家看在眼中，认为这个媳妇非同寻常。日后，主人家要换掉断裂的过门石，掀开石板后，神奇的事发生了，石板下居然有两罐子元宝。主人家用这些元宝，盖起了四合院、大厅房。大脚女人的画像“文革”中被烧毁，四合院以及大厅房1993年济青公路拓宽时被拆掉，门前的古槐同时被伐掉。

十里堡有5株古树。村东南有一株平顶柏树，树高11米，树粗直径近1米，树身有4米，长着许多疙瘩，有的往外渗柏油，根深叶茂，夏季村民在田里劳作，常在树下休息乘凉。20世纪60年代平整土地时被砍伐。村东路南吕素忠家有一株松树，树高15米，树围2米多，根深叶茂，树冠像撑开的大伞，树龄有二三百年，1993年102线拓宽被伐掉卖给了造船厂。村西公路南有一株古槐，树高10米左右，树围2米，树干已空，枝叶仍然繁茂。村西公路北郭念武家西侧有一株古槐，树高9米多，树围2米多，树心已空，仍枝叶茂盛，是人们夏天乘凉的好地方。村中还有一株桑树，树高6米多，树身一搂粗，一百多年树龄，枝叶茂盛，所产桑葚很甜，吸引孩子们成群结队地摘桑葚。

古槐

四通八达的交通网络，给十里堡带来丰富的人流物流的同时，也不断影响开化着当地的风气，造就出众多卓尔不凡的十里堡人。

十里堡村如今健在的93岁老人李万长参加过抗日战争、解放战争，1986年于济南食品公司离休。1948年9月16日，济南战役打响后，十里堡村村民热情接待了一批又一批过往的解放军指战员，由十里堡村12辆骡马车组成的运输队积极支援前线，为解放军运送了一批批伤病员和大量的作战物资，为解放济南做出了贡献。抗美援朝期间，十里堡村村先后有36人加入中国人民志愿军，11人牺牲在朝鲜战场上，被誉为“抗美援朝模范村”。十里堡村不仅有英雄群体，还有众多行业杰出代表。

李万长

郭长才

郭长才（1933—2013），1951年7月参加工作，1956年3月加入中国共产党。1991年3月，任山东省副省长、省政府党组成员，1993年4月，任省人大常委会副主任、党组成员。2003年12月退休。郭长才是第七届全国人民代表大会代表，第四届、第五届省委委员。郭长才参加工作50多年来，始终保持坚定的共产主义理想信念和旺盛的工作热情，并为之奋斗终生。担任副省长期间，认真贯彻落实中央和省委、省政府的一系列方针政策和工作部署，结合山东实际，积极探索实践，推动商业管理体制和商贸企业内部体制改革，努力培育和发展商品市场体系，为全省商贸经济健康快速发展做出了很大贡献。在担任省人大常委会副主任期间，坚决贯彻中央和省委的决策部署，牢固树立全局意识、法制意识、责任意识和群众意识，积极协助主要领导工作，认真履行职责，落实依法治国方略，大力推进依法治省。他忠诚党和人民的事业，具有强烈的事业心和实干精神，对工作高度负责，兢兢业业。他牢记党的宗旨，密切联系群众，关心群众疾苦，作风深入扎实。他为人正派，作风民主，顾全大局，宽厚待人，胸襟开阔，群众威信高。他清正廉洁，严格要求自己和家属子女及身边工作人员，充分体现了一名优秀共产党员和领导干部的政治本色。郭长才自幼酷爱书法艺术，真草隶篆无不涉猎，对甲骨文也有一定的造诣。他担任山东老年书画研究会会长期间，坚持“双百”方针和“二为”方向，与时俱进，开拓创新，广泛开展老年书画交流，弘扬传统书画艺术，为山东老年书画工作开创了一个新局面。他身体力行，率先垂范，带头传播祖国的书画艺术，积极参加各种公益性笔会慰问活动。

蜚声全球的中国高铁也有十里堡人的身影。2016年2月13日中央电视台《朝闻天下》和2016年2月15日中央电视台《新闻联播》专题报道了“中国高铁教头吕向阳”的事迹。吕向阳1995年成为济南铁路局的火车司机后，先后驾驶过内燃机车、电动机车、动车组，见证了中国铁路事业的快速发展，也全程参与了中国高铁突飞猛进的十几年。2005年，通过铁道部层层选拔，吕向阳被选送到西南交通大学深造。回单位后，又通过铁道部的理论知识、实际操作能力以及应急答辩三关选拔后，被选送到意大利阿尔斯通参加动车组培训学习。2006年5月22日，中国进入高铁时代的序幕由济南铁路局拉开。作为优秀的动车组司机，吕向阳参与了中国高铁的众多标志性试验任务：济南铁路局牵引试验、京沪高铁首趟开行、青龙城际首趟开行……正

吕向阳

是在吕向阳和同伴们的一次次试验与磨合中，中国高铁原始的数据和流程标准开始逐渐积累。这一年，在铁道部部长坐镇的胶济铁路牵引试验中，吕向阳驾驶的动车突然在行进中失去动力而停车，就在车上的外籍专家一筹莫展之际，吕向阳经检查认为极有可能是保护电路出了故障。他尝试复位键后，动车恢复正常，外籍专家对此连竖大拇指。更为惊险的一幕发生在2007年4月18日胶济客专开通首日，一列动车组驶入北京后，在距离车站三四百米时突然因故障停车。这里作为全国性站点枢纽，接发车密度大，稍有耽搁，将影响成千上万人的行程安排。紧急情况下，吕向阳尝试重启系统，3分钟内将故障顺利排除，该特殊操作被写入高铁司机的教科书。2011年6月，吕向阳从一名司机转变成高铁信息工程师，负责指挥行车和司机培训。他先后为全国多个铁路局培训了600多名高铁司机。2014年，吕向阳成立了自己的创新工作室。作为高铁司机，他留下了十几万字的工作日记。吕向阳已完全掌握了中国铁路动车组全部18种上线运行车型操作技能，并参与了中国自主研发动车组CRH380CL上线运行40万公里的验收评审。他提出的“脚踏警惕装置延长报警周期”等6项建议被采纳应用。他编写的CHR2型动车组培训教材成为全路高铁司机的教科书，被广大司机誉为“行车宝典”。2006年，吕向阳获铁道部通令嘉奖。多次被济南铁路局评为技术能手、拔尖人才，连年被铁路局评为优秀共产党员。

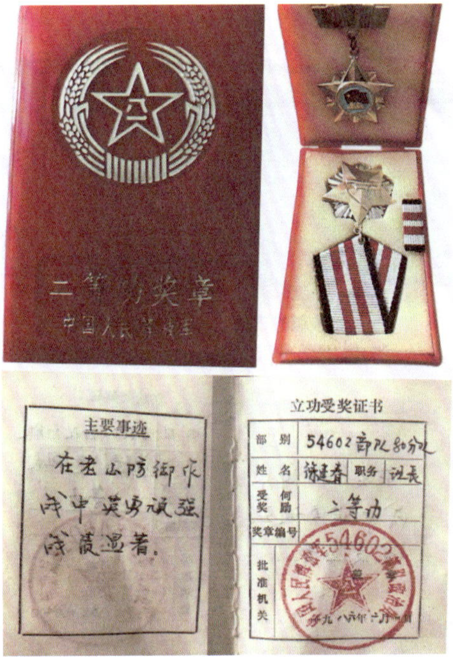

徐建春在对越自卫反击战中所获荣誉证章

王鹏飞

十里堡村还涌现出了对越自卫反击战荣立二等功的徐建春，农民企业家、致富带头人、入选“济南好人榜”的吕多福，联合国维和荣誉勋章获得者吴利等行业翘楚。自新中国成立以来，十里堡村先后走出了科级以上干部65人、工程师19人（其中高级工程师5人），考取研究生17人（含博士4人）、本科生125人、专科生130人、中专生148人、高中生100人，包括留学生3人和现就读于清华大学的王鹏飞。

2017年5月，历城区郭董片区城中村改造，郭店片区十村整合启

十里堡新居

动，6月底十里堡村顺利完成了拆迁任务，原村不复存在。2020年6月，十里堡村村民迁入位于虞山南麓的城中村改造郭店十村整合安置小区。随着城市化建设步伐的不断加快，十里堡村的父老乡亲搭乘上时代发展的高速列车，向着全面建成小康社会的康庄大道迈进。

材料提供：吕仁德

初　　稿：赵　鹏

修改定稿：张　晓

姚家庄

“姚家八景”忆乡愁 “勇士五人”铭后世

正东乡北保泉一：姚家庄。

——清乾隆《历城县志》

董家乡北保泉一：姚家庄。

——民国《续修历城县志》

姚家庄位于济南东北30公里处，北与邢家洼村、南与赵家桥村、东与董家村、西与谢家屯村相邻，石济客运专线、济青高铁穿村而过。全村总面积2300余亩，共有1800人。

明洪武二年（1369年），姚姓始祖姚士能与父成甫、弟士宁由河北枣强迁居历城县黄河沿岸东侧的姚家庄（今济南市历城区遥墙街道姚家庄）。洪武八年（1375年），姚士能又从黄河岸边迁居于此，其后子孙繁衍，村落渐成规模，因姓氏得名姚家庄，至今已历640余年。姚家庄除姚姓以外，尚有刘、孙、寇、程、杨等姓，其中，刘姓于洪武末年迁自枣强，孙姓于清末迁自遥墙大孙家村，寇姓迁自村西5里寇家村。

1944年9月，中国共产党领导的历城县政府成立，辖卧龙等6个区，1945年增加董家等3个区，姚家庄属历城县董家区。1946年下半年将唐

原村牌坊

土、董家、遥墙3个区合并为路北区，姚家庄属路北区。1948年9月历城全境解放，姚家庄属历城县董家区。1950年，姚家庄属第四区董家乡。1958年9月，属平原人民公社。1961年7月，属董家区董家人民公社。1984年建镇，姚家庄属历城县董家镇。1987年5月历城撤县建区，姚家庄属历城区董家镇。2016年11月撤镇建街道，姚家庄属历城区董家街道。

姚家庄地处泰山余脉北麓的北部平原，地势平坦，辖域略呈南高北低、东高西低。土壤保肥保水，熟化程度高，适宜农耕，历代主要种植小麦、玉米，间作棉花、高粱、大豆等。

姚家庄村南曾建有土地庙，村民称之为“南庙”。民国年间，村人姚学诗、姚学信等以此庙作学堂，教习新文化知识、新生活观念，学生除本村子弟外，也有来自附近赵家桥村、方家村、西杨家村等村不少学员。后因修路，土地庙被拆除。村西北曾经有一处规模较大的四合院落，是姚氏祖宅，村民称之为“厅房”，有南北两厅房和东西两厢房，重檐叠脊，古朴典雅。此院是姚氏十一始祖姚崔所建，姚崔号“天雷”，清乾隆年间山西太原府文水县典史，后乾隆皇帝赐字“兴”，后又改号为“天

村庄原貌

兴”。“文革”期间院落被毁。

姚家庄村子中间有一片60余亩的洼地，洼地中间有20余亩人工挖掘而成的1米多深的大坑，村民称之为“下涯湾坑”。传说，这是清初村内大户人家做的“响场”：在挖好的大坑内，排满大缸，缸上严丝合缝地盖上厚木板，木板下挂有铜铃，麦收秋收时，用来“打场”。其时，拉碌碡的骡马脖子上的铜铃声，与木板下的铜铃声交相辉映，人欢马叫，蔚为壮观。随着时代变迁，“响场”不存，洼坑犹在。因北邻邢家洼村盛产白菜，乡间便有了“白菜茬子邢家洼，空空堂子姚家庄（音同抓）”的说法。

昔日，姚家庄人根据本村地形地貌和风土人情，总结出了“姚家八景”，在周围村庄广为流传。而今，姚家庄人又与时俱进，将“姚家八景”进行了总结提炼，并赋予了新的内容。

“姚家八景”从地理、人文、风俗等方面将姚家庄形象直观地呈现于世人，给后人留下了宝贵的乡情乡俗，分别是：

“东孙家，西刘家，还有寇家和杨家。南姚家，北姚家，鸡犬相闻是亲家。”姚家庄孙姓居村东，刘姓居村西，寇姓和杨姓散居各处。村南、村北大都是姚姓。自古以来，姚家庄由于村子较大，本村异姓联姻的就比较多，新中国成立后，同姓之间结亲的也渐渐多了起来。有的既是鸡犬相闻的近邻，又是好上加好的亲家。

“四周高，中间洼，洼地里面种庄稼。田间地头皆芳草，青纱帐里悄悄话。”姚家庄地势周边高，中间低洼。在村子中间，有一片约60亩的庄稼地，“庄子里面种庄稼”是姚家村一道独特的风景，远近闻名。

“村中一条环形道，骡子驾辕马拉套。谁家媳妇娶进门，抬着花轿走

青纱帐

20世纪80年代用于生产运输的胶皮马车

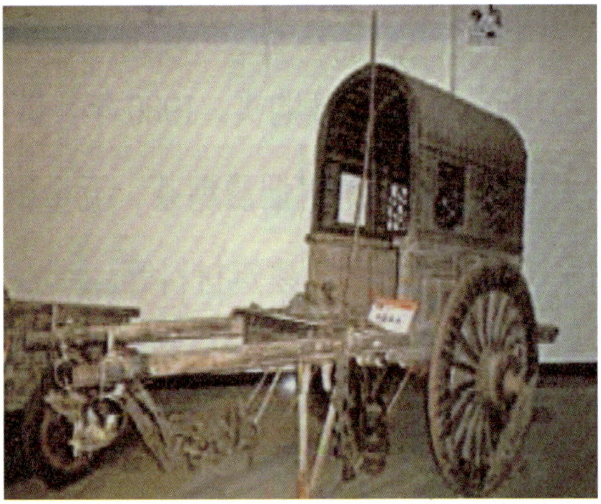

轿车

一遭。”姚家庄周围，有一条环形大道，是村民走亲串户、下地耕作的重要道路。而且，村里自古有一条不成文的规定，新媳妇进门前，要敲锣打鼓抬着花轿顺这条环形道走上一遭。每当这时，鞭炮齐鸣，引来村民沿道观看，一家有喜事，全村喜洋洋。

“逢年过节唱大戏，舞着龙灯踩高跷。抬着高杆站秀女，十里八乡都说好。”姚家庄有唱戏的传统，文艺人才辈出。每逢年节，村民们便自发组织起来，分工明确，各负其责，连续唱好几天的大戏。附近十里八村的百姓纷纷前来观看，人山人海，十分热闹。姚家庄的民间扮玩在董家地区十分有名，龙灯之外还有文八仙、武八仙、青蛇白蛇、打渔杀家等高跷扮玩，最精彩的是“抬芯子”，扮相俊美的童男童女，在众人抬的高杆上随着高低起伏的节奏翩翩起舞，观众看得如醉如痴。

“村东南头一座庙，不敲木鱼不坐道。青砖鎏瓦四合院，门口杨树老鸹叫。”此景是指旧时村南的土地庙与村西北的姚氏祖宅，姚氏祖宅门口有一棵几搂粗的大杨树，树上有好几个大老鸹窝，老鸹们早出晚归，叽叽喳喳叫个不停。

“东北角上硫碴崖，老五队的中南海。一天农活咋安排，雄鸡一唱天

春节扮玩

下白。”早期，姚家庄百姓冬天取暖做饭，除烧柴火外，有条件的家庭会烧土炉子，土炉子的主要燃料是“渣子”。一大半煤渣和一小半土，用水掺和均匀，摊到地上抹成饼子，晒干后就成了“渣子”。和“渣子”，一般都是孩子们的任务。那时，夏天孩子们放学后的第一件事，往往是打猪草，而冬天放学后的第一件事，则是和“渣子”。“渣子”燃烧后，大部分都成为煤灰，也不浪费，冬天用其垫猪窝、垫栏，物尽其用。其中有烧不透的“硫碴”，坚硬扎手，是无用之物，会被当垃圾扔掉。村子东北第五生产队的街头，是大家用来扔“硫碴”的地方，久而久之，竟形成了高约2米的“硫碴崖”。“硫碴崖”边，是村民们聊天的好去处，有几位村民关心国家大事，爱谈国内国际形势，慷慨激昂，绘声绘色，久而久之，此处被村民们昵称为“中南海”。另外，这里也常常是生产队长安排农活、商量生产队事务的地方，夏天夜短，有时趁夜凉商量大事，不知不觉，东方已白。

“村西北角自流井，泉水伴着磨面声。北水南调村中过，洗衣淘菜自一景。”姚家庄西北，自古有一口自流大井。在通电以前，安有水车石磨，供村民磨面。为解决村南村民用水，从此处修渠，经村中流到村南，渠边多见村民洗衣、淘菜、打水，流水淙淙，宛若江南。

“最难过的村西南，隔三差五烧柴烟，祭拜亡人送浆水，哭声一片泪涟涟。”旧时，姚家庄人故去，祭拜亡人送浆水，亲眷送其上“西南大路”。20世纪90年代以后，殡葬习俗简化，省略环节，此处便清静下来。

1977年夏季，姚家庄“五勇士”为集体事业英勇献身。40多年过去了，姚家庄人民一直铭记着烈士们的英勇壮举。

1977年6月，正是麦收季节，村民们忙着收割、碾场、压场，人欢马叫，一片繁忙景象。来自济南白马山啤酒厂的20名知青也同村民们一道下地收麦子和在场院里忙活，大家都沉浸在丰收的喜悦之中。过完麦收，就要种玉米了，但天气非常干旱，农业生产、保苗抗旱成为最迫切的一件大事。

在知青们住的大院子里，有一口大机井，周围几十亩的农田都是靠这口井灌溉的。因为天旱，井水水位下降明显，对夏收夏种工作影响很大。

这天，姚家大队党支部决定组织一部分年轻力壮的村民和知青们淘一淘这口机井。上午，大家拿上淘井工具，集合来到了知青院内。因为井底还有一些水，淘井作业不方便，大家便合力把柴油抽水机吊到了井下半空，进行抽水作业。几十分钟后，柴油机突然熄火了，知青刁玉林身体灵巧，他主动说：“我下去检查一下机器。”便抓着绳子下到柴油机处，仔细检查起机器故障。由于柴油机的作业导致井内严重缺氧，刁玉林还没来得及向井上的人呼救，就一头扎在了井底里。村民们急忙喊人，组织营救，同时，派人打电话通知消防队火速赶来救援。这时，已经过了中午，大家心急如焚，怕消防队来晚了救不出刁玉林，民兵刘树怀、刘树森、姚维泉等人，陆续下井救人。闻讯赶来的赤脚医生姚学士简单问了一下情况，也立即下到了井里，随后，又接连下去了十几个人。消防队到达后，指导员

刘树森

“五勇士”安息陵园

连忙下井救人，但包括消防队的指导员在内下井的十几个人，都因缺氧倒在了井底。当时，只顾着救人，人们并没有意识到井下的缺氧状况。过了一会儿，井上有经验的消防队员才意识到，是井下严重缺氧导致了悲剧的发生。大家紧急架起了大型排风扇，向井内不断排风，输送新鲜空气。十几分钟后，等井下氧气充足了，消防队员们下井，将刁玉林等十几人一一救了上来。村民们立即将他们送到董家卫生院进行抢救，危重伤员又转至济南市立三院。经医生全力救治，消防队指导员等十几人转危为安，但知青刁玉林，民兵刘树怀、刘树森、姚维泉，赤脚医生姚学士五人再也没有苏醒过来。姚家大队党支部连夜将此情况汇报至董家人民公社党委，董家人民公社党委又立即向历城县委作了汇报。几天后，历城县委与董家人民公社党委联合在姚家庄麦场隆重召开了村民大会，宣布授予刁玉林等五人“姚家五勇士”荣誉称号，追认刘树怀、刘树森、姚维泉、姚学士四人为中共党员，下井救人未牺牲的其他村民，都被历城县人民政府安排了正式工作，以示表彰。事后，“五勇士”的骨灰被安葬在姚家村公墓内，供人瞻仰

姚学士侄子（左侧中）介绍“五勇士”事迹

祭扫，教育后人。烈士们大公无私、不怕牺牲的精神一直激励着姚家村乃至董家人民。

2017年，姚家庄进行了村庄整合，“五勇士”之墓被迁移到了街道办事处统一规划的公墓内。每到清明，姚家庄许多党员干部和村民都前往公墓，为烈士们扫墓，告慰他们的英灵。

新中国成立以来，姚家庄村民的日子“芝麻开花节节高，一年更比一年好”。进入21世纪，伴随城市化进程的加速推进，姚家庄村民又开启了新生活。

新中国成立后，姚家庄村民克服重重困难，艰苦创业，改善生产生活条件。1961年，姚家庄架设了高压线，家家户户用上了电灯，实现了电磨电碾磨面碾米，生产生活水平有了质的飞跃。1982年，姚家庄实行家庭联产责任承包制，村民收入成倍增长。至拆迁前，村民们都住上了宽敞明亮的砖瓦房，有几十户还建起了二层楼房，有三分之一的人家买上了汽车。借靠近温梁公路的地利，村民各显其能，多种经营，物质财富逐年积累，姚家庄成了远近闻名的富裕村、幸福村。

姚家庄人以质朴、忠义而闻名乡邻。1986年，《山东画报》第三期曾以《姐妹仨都爱戍边郎》为题，图文并茂地介绍了姚家庄刘兴华、

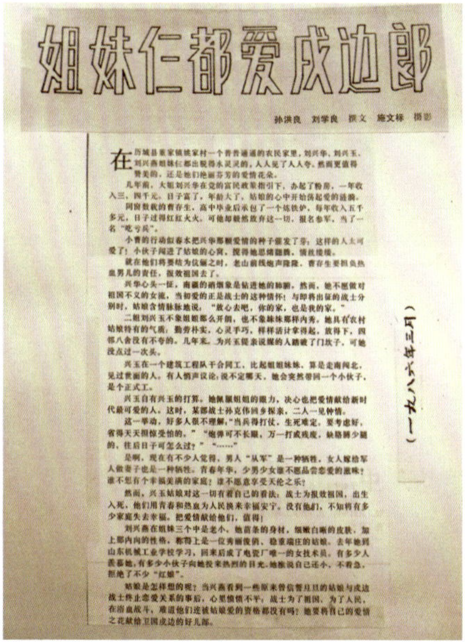

姐妹仨都爱戍边郎

孙洪良 刘学良 撰文 施文禄 摄影

在历城县董家镇姚家村一个普普通通的农民家里，刘兴华、刘兴玉、刘兴燕姐妹仨都出脱得水灵灵的，人人见了人人夸。然而更值得赞美的，还是她们艳丽芬芳的爱情花朵。

几年前，大姐刘兴华在党的富民政策指引下，办起了粉房，一年收入三、四千元。日子富了，年龄大了，姑娘的心中开始荡起爱的涟漪。

同窗数载的曹存生，高中毕业后承包了一个炼铁炉，每年收入五千多元，日子过得红红火火。可他却毅然放弃这一切，报名参军，当了一名“吃亏兵”。

小曹的行动似春水把兴华那颗爱情的种子催发了芽：这样的人太可爱了！小伙子闯进了姑娘的心窝，搅得她思绪翻腾，情丝缕缕。

就在他们将要结为伉俪之时，老山前线炮声隆隆，曹存生要担负热血男儿的责任，报效祖国去了。

兴华心头一怔，南疆的硝烟象是钻进她的肺腑。然而，她不愿做对祖国不义的女流，当初爱的正是战士的这种情怀！与即将出征的战士分别时，姑娘含情脉脉地说：“放心去吧，你的家，也是我的家。”

二姐刘兴玉不象姐姐那么开朗，也不象妹妹那样内秀，她具有农村姑娘特有的气质：勤劳朴实，心灵手巧，样样活计拿得起，放得下，四邻八舍没有不夸的。几年来，为兴玉提亲说媒的人踏破了门坎子，可她没点过一次头。

兴玉在一个建筑工程队干合同工，比起姐姐妹妹，算是走南闯北，见过世面的人。有人悄声议论：说不定哪天，她会突然带回一个小伙子，是个正式工。

兴玉自有兴玉的打算。她佩服姐姐的眼力，决心也把爱情献给新时代最可爱的人。这时，某部战士孙克伟回乡探亲，二人一见钟情。

这一举动，好多人很不理解，“当兵得打仗，生死难定，要考虑好，省得天天担惊受怕的。”“炮弹可不长眼，万一打成残废，缺胳膊少腿的，往后日子可怎么过？”“……”

是啊，现在有不少人觉得，男人“从军”是一种牺牲，女人嫁给军人做妻子也是一种牺牲。青春年华，少男少女谁不愿品尝恋爱的滋味？谁不想有个幸福美满的家庭？谁不愿意享受天伦之乐？

然而，兴玉姑娘对这一切有着自己的看法：战士为报效祖国，出生入死，他们用青春和热血为人民换来幸福安宁。没有他们，不知将有多少家庭失去幸福。把爱情献给他们，值得！

刘兴燕在姐妹三个中是老小，她苗条的身材，细嫩白晰的皮肤，加上那内向的性格，称得上是一位秀丽俊俏、稳重端庄的姑娘。去年她到山东机械工业学校学习，回来后成了电瓷厂唯一的女技术员。有多少人羡慕她，有多少小伙子向她投来热烈的目光。她推说自己还小，不着急，拒绝了不少“红娘”。

姑娘是怎样想的呢？当兴燕看到一些原来曾信誓旦旦的姑娘与戍边战士终止恋爱关系的事后，心里愤愤不平：战士为了祖国，为了人民，在浴血战斗，难道他们连被姑娘爱的资格都没有吗？她要将自己的爱情之花献给卫国戍边的好儿郎。

（一九八六年三月）

《姐妹仨都爱戍边郎》报道

姐妹仨生活照

刘兴玉、刘兴燕三姐妹先后爱上戍边战士并喜结良缘的新闻。画报一出，姐妹仨都情系戍边郎的故事一时被传为美谈。

2016年1月22日，因济青高铁要穿过姚家庄，90户村民住宅被拆迁。2018年1月17日，董家街道城中村改造项目启动，姚家庄剩余的240余户随之动迁。历时两个多月，姚家庄在董家街道需拆迁村庄中率先清零。如今，姚家庄原址所处的“郭董片区”，成为历城区新旧动能转换的重要“战场”，董家庄、姚家庄占地190.5亩的董家水质净化厂工程正在施工，该项目建成后，将极大提高居民生活饮用水质量，改善周围民居环境。

村落消失后的姚家庄人，乡愁难却，经常回忆乡亲们在一起欢声笑语、鸡犬相闻的日子。2019年4月6日，热心村民姚钦庚组织了村庄拆迁后的首次村民聚会，畅叙逝去的时光和乡愁乡恋。69岁的村民党光玉即兴朗诵了自己创作的诗歌《2017大拆迁》：

东南西北四处搬，故土难离心相连。
三八大集见个面，嘘寒问暖说不完。
二零一八大团拜，老老少少都平安。
二零一九再聚会，期盼又是幸福年。
想想过去看看咱，面朝黄土背朝天。
半年糠菜半年粮，一年难找一分钱。
多亏党的政策好，鸡鸭鱼肉吃得饱。
大病小病有医保，七老八十到处跑。
明年同迁住高楼，小时愿望实现了。
小康社会幸福道，苦尽甜来日子好。
祝福家家都和睦，户户都有新面貌。
芝麻开花节节高，感谢党的好领导！

姚家新居

村民的话虽朴实，却道出了乡愁乡情，表达了对美好生活的赞美和向往。

过去的姚家庄在人们的记忆中渐行渐远，但“姚家八景”仍然是人们茶余饭后谈论的话题，被誉为“勇士”的五位年轻人的音容笑貌一直萦绕在人们的脑海中，他们的壮举也一直激励着姚家庄人不怕困难、勇往直前。

材料提供：姚金贤

初　　稿：徐宗亮

修改定稿：张　晓

菜园村

田畦沃土生美蔬　穿越极限飞太昭

黄台路，菜园。

——明崇祯《历城县志》

东北乡南会清二：菜园庄。

——清乾隆《历城县志》

张马乡南会清二：菜园庄。

——民国《续修历城县志》

菜园村西距“齐烟九点”之一的华山1公里，村落于南卧牛山东侧依山势而建，北邻洪家园村，南至东杨家庄，东与王舍人街道大辛庄接壤，西在南卧牛山北与山头店村相接。20世纪初站在南卧牛山顶，南望青山起伏、连绵不断，北眺沃野千里，黄河犹如一条玉带蜿蜒东流，东看小清河帆影不绝，村庄氤氲在一幅美丽的山水画卷之中。

菜园村建于明朝洪武年间，相传有一位名为朱三省（此名为明太祖朱元璋所赐）的风水先生在此种植蔬菜，遂沿称菜园庄。从1948年历城全境解放直至2020年，菜园村依次隶属于历城县第二区埝头乡、历城县卧牛山乡、历城县华山人民公社、济南市郊区人民公社、历城县华山人民

村庄原貌

公社、济南市郊区华山人民公社、郊区华山办事处、郊区华山镇、历城区华山镇、历城区华山街道。全村共有土地110.02公顷，大部分位于小清河两岸，为旱涝保收的平原良田。2017年全村有1900多人。

菜园村原有古庙宇4座，曾经四季香火不断，钟磬之声常鸣。“太庙”位于旧村委会原址。“龙王庙”位于村西北，旁边有古井一眼，此井虽然是村里海拔最高的井，可是一年四季从未断过水，而且水质甘甜，即使村里安装自来水后，农闲时村民们还会用扁担挑着水桶来这里打水。“土地庙”位于村中西部。“石庙”位于村东南方向的大道旁。历史更迭，沧桑变迁，4座庙宇已遭毁灭，荡然无迹。

由于村里大部分耕地位于小清河以东，农忙时跨河耕作极为不便，渡河工具显得尤为重要。1943年，村民集资修建了一座简易木桥，桥长10多米，宽4米，用以解决农作物运输过河和村民平日交通。此桥在解放战争中严重受损，经多次修补，勉强维持几年后坍塌。而后村里置办了

1艘小型木船来回摆渡，1955年又集资修造了1艘长方形大规格摆渡船，稍微改善了渡河条件。1974年，联合邻近东杨村共同修建了青石桥墩、钢筋水泥桥面、装有护栏的“团结

小清河整治后的菜园桥

桥”。此桥为五孔桥，造型与著名的赵州桥十分相似。1996年，济南市治理小清河，疏浚加宽河道，政府投资修建了混凝土结构的“菜园桥”。2008年，济南市实施小清河综合治理开发工程，“菜园桥”焕发新貌，改造为仅限行人和非机动车通行的彩虹造型的观光桥。桥通体白色，两侧两根巨大的半圆形钢管拉住整个桥体，桥下面没有桥墩，船可以自由通行，“菜园桥”三字雕刻在白色花岗岩上。

1975年村集体成立建筑施工队伍为村民盖房，村民只需准备建筑材料，施工由建筑队来负责，不收村民一分钱，不吃村民一粒米，开创了用少许钱也能盖房的先例。同年为了村民子女能就近上学，村集体出资，村民出工在南卧牛山南侧的废采石场兴建了菜园小学。学校主体为二层楼房结构，一层和院墙全部为南卧牛山上的“济南青”花岗岩块石，由于地势原因院墙最高的地方有四五米高。二层是青砖砌成，栏杆是用钢筋和钢管做的，施工人员充分发挥聪明才智用钢筋在栏杆上制作了“1975年建”这几个大字。学校总建筑面积500多平方米，配有人工平整的操场，建成后供本村和东杨家庄、山头店村三个村的小学生使用，这所学校一直沿用到2014年拆迁。

菜园村周边盛产济南青花岗石，在带给村民经济效益的同时，也为

马忠魁作品《大明湖牌坊——众泉汇流》

马忠魁作品《八十七神仙卷》

能工巧匠带来了灵感，列入济南市第四批非物质文化遗产名录的华山石刻技艺就源于菜园村。菜园村人马忠魁目前是传承代表人，为华山石刻手艺的传承做出了突出贡献。他在雕刻技法方面进行了创新，尤其擅长线刻、影雕，作品生动富有灵气，题材范围广泛，其石刻作品包括肖像、国画、油画，其作品采用石材的黑白色差，娴熟运用多种技法，创作出了令人耳目一新的艺术画面，开辟了华山石刻的新境界。马忠魁曾在20世纪90年代获得了山东省首届民间工艺博览会石刻工艺优秀奖，2003年在济南市第四届民间工艺美术展览中荣获金奖，2005年获得济南市首批“十佳民间艺人”称号，现济南市大明湖、趵突泉等多处景区知名石刻作品皆出自其手。

菜园村地处小清河沿岸，土地肥沃湿润，素有种植蔬菜的历史，所种蔬菜在方圆数十里之内享有盛名。

1973年，菜园村为满足城市蔬菜供应、增加集体收入，恢复种植蔬菜。当时圈定了位于小清河与荷花路之间，适合种菜的土地大约400亩，村里让6个生产小队每队选出1人到济南市蔬菜公司学习蔬菜种植技术，张吉河、许欣佩、杨玉森、杨玉福等人学成后回村指导本小队种植蔬菜。初期种植的蔬菜品种比较单一，以技术含量低的白菜、萝卜、菠菜等为主，到1975年扩大了种植面积，引进了黄瓜、茄子、西红柿、豆角、芹菜等品种，这些品种需要竹竿扎架、拱棚、保温土坯墙等工艺。随着小清河水质逐渐变坏，为了保证蔬菜品质，村民自发在每个小队挖了1—2个、直径

种菜场景

菜园

8—10米、深度8—10米的石砌或砖砌的机井，当时全靠人力挖掘，充分发挥了群众的力量和智慧，村民为此也付出了巨大的辛劳和努力。

自1975年开始，菜园村每年向济南市民供应数千吨蔬菜，按当时物价推算经济效益是粮食作物的2倍以上，村民的经济收入有了很大的改观。为了更好地完成济南市蔬菜公司下达的供应任务，1976年由村领导牵头，种菜能手组成了“科技队”，开辟出30亩“蔬菜种植科学实验田”，为全村科学种植蔬菜起到了良好的引领作用。菜园里的活儿很繁重，犁地，锄地，栽种各种瓜菜，垄田埂，整菜畦，给韭菜大葱起行分苗，挖地沟，薅草，浇水，搭棚架，都需要付出很多劳动。人们说的一亩园十亩田，不仅仅是指一亩菜园的收入相当于十亩地的收入，还包含着一亩菜园付出的劳动也相当于十亩地付出的劳动。一般身体条件的劳动力，即使具备种菜的技术，也绝对干不了大集体好几亩菜地的活儿。菜园里所收的菜，大部分都要用于完成供应任务，其余则由专人或肩挑或拉车到集市上卖掉，作为集体收入的一部分。还有相当一部分要分给队里社员，尤其是遇到年节，队里都要给各家各户按人头分些新鲜蔬菜，让大家改善一下伙食。

20世纪90年代，市场经济蓬勃兴起，村民转向开矿采石、兴办企业，菜园村大规模蔬菜种植逐渐衰落，仅有的也就是房前屋后的零星菜地用于自家食用，也就徒有“菜园”其名了。

太昭古城，是川藏古道及青藏古道中路、东路的交会点，也是一个重要驿站，在唐代时即成为西藏的重要城镇之一。太昭距拉萨198公里，是拉萨的东大门，也是中国人民解放军第18军当年进军西藏的前方指挥基地，战略地位十分重要。1952年6月7日，李向民、胡明涛驾驶C-46型（8051号）飞机试航太昭空投成功，开通了飞向拉萨的最后一段航程。

——2005年第11期《党史天地·试航太昭》

菜园村以田畦美蔬出名，然而让菜园人自豪的是村里出了个突破"空中禁区""飞行极限"的试航太昭机长李向民。

李向民原名霍连第，1925年5月出生于菜园庄，父亲霍福堂是一名中医，母亲是家庭妇女，他上面还有两个哥哥三个姐姐。1943年3月，还是济南正谊中学学生的霍连第，与几个同学迂回辗转奔赴敌后，在山东根据地的滨海区参加八路军，经过一段时间的学习、培训，他又被派回济南。为便于开展地下工作，他以"心向人民"之意化名"李向民"，这个名字至今一直伴随着他。李向民1945年加入中国共产党。抗日战争胜利后，正在山东抗大一分校工作的李向民和战友们一起，千里跋涉来到东北通化，在组织举荐保送下，同年12月进入东北民主联军航空学校学习，成为被称为"东北老航校"的第一期乙班飞行学员。由于国民党的大举进攻，航校先是搬到牡丹江，最后又搬到了安东（今丹东），在战争动荡中直到1950年毕业，李向民成为中国人民解放军首批飞行员。后来因训练受伤而错过了参加抗美援朝的机会，担任了两期飞行教官。

李向民

新中国成立初期，为迅速肃清国民党残余武装、解放尚未解放的国土，1950年1月，中共中央决定向康藏进军。针对康藏地区社会情况复杂，经济非常落后，交通十分困难，进藏部队必须劈山修路方能前进，一切军需必须靠内地供应、靠部队自己携带的实际状况，中共中央西南局确定的进军原则是“政治重于军事，补给重于战斗”。1949年11月1日成立的中国人民解放军空军承担起了支援地面部队的重任。

青藏高原以其独特的地理环境被称作地球的“第三极”，恶劣多变的气候和高耸险峻的地形曾使得众多外国飞行员和冒险家或望而却步，或机毁人亡，航空界长期将这里视为“空中禁区”。李向民和他的战友们在缺乏先进装备和技术保障的条件下，凭借信念、勇气和使命感，克服了难以想象的困难，在高原的山尖上飞行，圆满完成了上级交给的任务，用行动书写了人民空军成长的历史。李向民和他的机组更是凭借试航太昭，打通通向西藏首府拉萨的门户，留下了浓墨重彩的一笔。当时进藏部队急需电台、医药等装备物资，要求空军部队给予空投支援，李向民所在的13师党委决定试航太昭，命令担任37团3大队大队长的他担任试航机组的机长。整个机组共8名成员，包括机长、副机长、领航员、通信员、机械师和空投员。1952年6月7日，天气晴好，在太阳刚刚升到竹子梢头的时候，他们驾驶8051号C-46战鹰腾空而起，按照预定计划持续爬高，直到飞至7000米高空才窜出了云层，飞跃了康定山口。3个小时后，飞机进入完全陌生的念青唐古拉山脉的心脏地带，此时地面隆起，海拔高度都在6000米以上，飞机高度则在7500米，已达到飞行极限。往下望去，地面一片白色，完全被冰雪覆盖，白云在山头缭绕，如同神话里的水晶宫。越往前飞行，越难确定飞机的位置，地面无村庄、无树木、无河流，说白了就是没有任何参考目标。在这种情况下，他们采取高原低空飞行的方法，增大盘旋半径，终于搜索到地面电台，按照指挥员指令准确调整好了空投航线，在规定时间内完成了空投任务。机组实现了在没有加温、增压的情况下，老旧飞机9小时45分高空极限的不着陆飞行。试航太昭成功，打破了中国航空史上的飞行记录，也为开辟拉萨航线奠定了基础，在国内外引起了巨大反响和轰动。李向民荣立个人一等功，机组获记集体一等功。

李向民

李向民拥有37年飞行史，先后担任空军团长，副师长兼参谋长，空13师师长，空5军军长，军区空军指挥所主任，武汉军区空军副司令员、副政委，中将军衔，是第五届全国人大代表，三级解放勋章获得者。1990年李向民离休后，在含饴弄孙、享受生活的同时，还读书、看新闻、做笔记、写心得体会。尤为值得称道的是，他始终保持着甘心奉献的革命本色，2006年他向武汉市红十字会正式提交了《遗体及器官捐献书》，成为当时武汉市申请遗体捐献级别最高的人。

新中国成立后，菜园村焕发了生机活力，村集体经济不断壮大，村民生活水平不断提高，村容村貌日新月异。21世纪，菜园村迁入新居，开启了新的征程。

新中国成立后菜园村先后在小清河两岸建设电力排灌站4座，克服千难万险建造三级提水工程，将小清河水提升到南卧牛山下，扩大了粮田灌溉面积，做到90%耕地旱涝保收。村里长期坚持科学种田，成立“科学试验队”进行农作物栽培、土壤肥力、病虫害防治等多个实验项目。在山东省农科院的专家指导下，提高了实验效果并推广应用。

在抓好农业生产的同时，菜园村大力发展集体经济、兴办村办企业。1980年建华山福利纸箱厂、灯具厂，解决了村里一大批人的就业问题，而且优先为残疾人安排力所能及的工作，从而改善了他们的生活。1986年建电镀厂、汽修厂、饭店。1987年建菜园石材厂，1992年建华园石材厂，这两家石材厂后来进行了改制，现在已发展成为知名企业——济南市鑫磊精密仪器有限公司、济南市森华精密仪器有限公司，这两家公司每年上交国家的利税在华山当地一直名列前茅。村集体经济的不断壮大，也为村里的发展提供了坚实的后盾。1987年村里统一规划，实施旧村改造，沿荷花路两侧百余座二层小楼拔地而起，形成了南北约1公里长的华山第一条商业街，银行、超市、数码通信、家电、餐饮、娱乐、维修等样样齐全。村集体每年为60周岁以上村民每人发放老年金1200元，为每位村民每年发放粮食补助金600元，为80周岁以上老年人发放生日补助。

村庄拆迁中

菜园村新居

随着城市化进程不断推进，菜园村与周边村逐渐成为城市发展扩张的主战场。2009年8月20日，济南市发布冻结公告，拉开了华山片区征地、拆迁、建设、安置的序幕。2013年菜园村进入拆迁阶段，2016年12月全面完成房屋拆迁工作。

2019年初，华山片区回迁安置工作正式开始，菜园村被安置到了华山安置二区，村民分散到了50余栋居民楼里。村民从此成为社区居民，正向着明天美好生活大步前进！

材料提供：崔恩森　宋洪生　赵而昌

撰写定稿：张　晓

神武村

修庙立神祈平安　诚信模范守忠义

神武路：神武。

——明崇祯《历城县志》

正东乡南保泉二：神武庄。

——清乾隆《历城县志》

东庑乡南保全二：神武。

——民国《续修历城县志》

神武村位于309国道与旅游路中间，港西公路东侧，北接邢村、唐冶，东临彩石，西与潘庄、田庄相连，南部为蟠龙、伙路。村子始建于元末明初，最早只有叶姓、洪姓、闫姓、戴姓等几户人家，从明代洪武年间开始陆续有人从外地迁来，人口增多，村庄逐渐形成规模。

神武村坐落在玉岭山下、刘公河畔，全村地势南高北低。一条南北大沟把全村分成东西两部分，分别叫东神武、西神武，后简称东村、西村。村南高岗上有几十户人家，称为马刘庄。东村、西村、马刘庄共同组成一个行政村——神武村。西村的南头有一个土岗，岗上是一片柏树林，远望犹似凤凰头上的羽毛，被称为凤凰头。站在秀丽的玉岭山上，居高临下俯

原村委办公大院

拆迁前的村小学

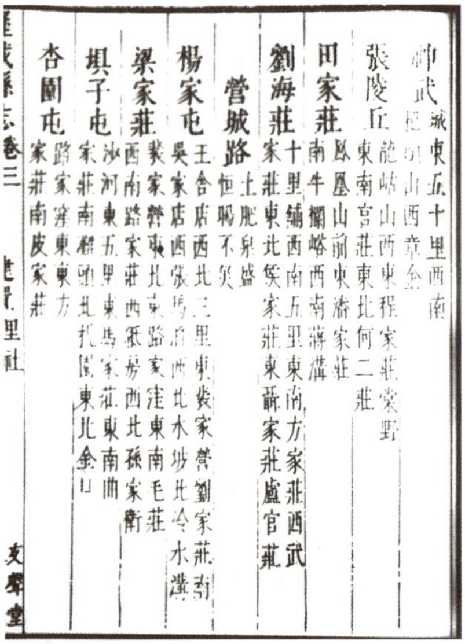

明崇祯《历城县志》中关于神武村的记载

瞰山下整个村庄宛如一只展翅飞翔的凤凰。经过几百年变迁，到1948年解放时全村已有600余户，2500多人。2014年拆迁时，整个村庄占地面积近1000亩，全村人口达6200人，在历城区属于大村庄。

新中国成立初期，神武村属于章丘县第十五区。1957年8月划归历城县。先后隶属港沟人民公社、港沟镇。2010年撤镇设港沟街道，神武村隶属港沟街道。

据《历城地名溯源》载：村中曾修庙一座，塑像六尊。村里常“出事”，人们认为是因“六神无主”，才闹得四邻不安。村民便在夜间埋一神尊，还有“神五”，又因庙中塑像皆系武将形象，而得村名“神武”。

可能由于建村之初塑神建庙、祈祷平安的缘故，几百年来村民便大建庙宇供奉神灵，因而村里庙宇众多。先后建有龙宫庙、三官庙、知足院、南堂娘娘庙、关帝庙、土地庙等。

据村中老人介绍，龙宫庙位于东、西两村中街北端，庙中供奉龙王爷。庙宇规模宏大，正中是龙王大殿，前面立高大石碑一块，四周有石栏杆，庙台高筑，有台阶数十级，高近十米。两边矮墙铺有长条石块，常被玩耍的儿童当作滑梯，因为青石被摩擦，溜光水滑，光可鉴人。但龙宫庙建于何年，毁于何时已无从考证。

知足院，村民称之为大寺庙，在西村偏东北，占地6亩。庙门内，两边分列四大天王神像。通往大殿的走道两侧立有6块石碑。正中是大殿，殿内塑有如来佛、菩萨、十八罗汉等神像，东西建有配房。正东建有钟楼，高2层，内挂1.5米高的铸铁大钟一口，钟声洪亮，响彻四方。新中国成立后，村里把大殿里的神像拆除后，在里面办起了学堂。在大炼钢铁时又将大钟卖掉，用卖钟的钱买了一台报警器。学堂停办后，在大寺庙中开起了粉坊，一直到村里搞集体承包，粉坊也停办。20世纪90年代前后，知足院整体被拆除，在其原址上建起了二层楼作为村“两委”办公大院。2013年旧村改造时，办公大院也随之被拆掉。

三官庙位于西村北头，庙内供奉尧、舜、禹三皇，也有人说是伏羲、神农、黄帝。庙宇建筑不多，几间正殿，一座院落，庙前有七级石阶，庙南侧有古槐一棵。在破四旧时，庙中神像被毁，后来庙房分给村民成了民居，一直到旧村改造时被拆除。

南堂子庙在村子东南头，庙前有一方水塘，门前石阶五级，庙内供

南堂子庙

有菩萨神像。村民见此庙已破败，便于1990年，由村民自发捐款重修，重塑神像。旧村改造时此庙被拆除后，在玉岭山最东面的神武岭西侧进行了重建。

在贯穿西神武的大街北侧，曾散落五个石人，另有石马、石狮等，这些石人、石马、石狮连同庙基已无处可寻。有人记下了石马上刻的文字：“神武庄里有五神，四狮一马万古存。若在此处安家业，何必骑马向别村。”

20世纪时村内曾有古槐三棵，树龄都在300年以上，树干直径在1米以上，已消失的两棵，一棵在西村双湾，20世纪50年代大炼钢铁时被炉火烧焦。另一棵在村西庄头的槐树沟，因地处村口且是南通西营、北往唐王的交通要道，人们便在这棵树周围砌了一个平台，以供南来北往的行人在此歇脚、乘凉，因此槐树沟这一带曾十分热闹。新中国成立前后，西村有个叫曹子清的村民，是个有名的善人，因家

仅存的古槐

离槐树沟近，便从家里搬来一个大水瓮，每天挑满水以供来往行人饮用，他的这一善举一时被传为佳话。但古槐亦早已无存，仅存的一棵是在旧村改造时被保留了下来的，目前屹立在神武新村东北角的一处小广场上，小广场因它而得名古树广场。这棵古树树干虽已中空，但依然枝繁叶茂，生机盎然，树冠覆盖面积可达100平方米以上。

泉子沟自流井

全村吃水问题在新中国成立前靠两眼古井，一叫“石人井”，一叫“泉子沟井”。石人井在村北部，井沿北侧有一尊石人，因此得名。井深十多米，井水清澈甘甜，因此还被称为“甜水井”。井口石沿被井绳磨出多条深深的沟痕，深达三四厘米，可见此井有数百年的历史。以前村民吃水主要是靠这口井，后来村里打了机井安装了水塔，村民就不再去石人井挑水吃，水井逐渐被弃，在旧村改造前被填埋。另一眼井因地得名“泉子沟井”。此井在东村外的土河西沿，井壁完全用石块砌成，井水清冽甘甜，雨季井水外溢，旱季井水不枯，村里人常在旱季或农忙时来此取水。此井周边土地被宏济堂制药厂征用，药厂特意保留了这眼古井，并将它修葺一新。

9月20日，第三届全国道德模范评选表彰颁奖典礼——《德耀中华》在北京举行。

——新华社北京2011年9月21日电

神武村自古立神像以护佑村民，再加上众多的庙宇和古树古井使村子显得神圣威武。“神武”一词有英明神武之意，虽然村里没有出现威震四方的神武英才，但在近现代村里却不乏爱国、诚信之平民英雄。抗日战争时期，神武村村民自发组织了“抗日无给自卫团”，他们杀日军锄汉奸、保家卫国，多人英勇牺牲。神武村民自发组织、顽强抗日的壮举，成为历城抗战初期乡村抗日的典型。在新中国成立后和平建设年代，普通农民刘延宝一家祖孙四代接力护墓的义举，特别是刘延宝代表全家荣登“德耀中华”的颁奖台，并成为全国“诚实守信”模范，更为古村“神武”增添了“忠义”荣耀，神武村也由此更加声名远扬。

在由中宣部、中央文明办等单位主办的第三届全国道德模范评选活动中，从3.68万名推荐候选人中选出了54名全国道德模范，神武村村民刘延宝获此殊荣，名列受表彰的10名“全国诚实守信模范”第一位。2011年9月20日，在北京隆重举行的第三届全国道德模范评选表彰颁奖

烈士陵园

典礼上，受到了李长春、刘云山等党和国家领导人的亲切接见。

刘延宝能跻身全国道德模范行列，对他的颁奖词道出了他的崇高精神的真谛：承君一诺，必守终生。为了部队首长面前“俺能行”的三字诺言，刘延宝祖孙四代，不管世事如何变迁，把守墓接力代代相传，诚心守护烈士墓园，谱写了一曲忠义守信的赞歌。

事情还得从刘延宝的祖父那代人说起。1948年秋的一天，在济南战役中牺牲的5位解放军战士的遗体被抬到神武村。正在支前的刘延宝的爷爷刘修芝与部队官兵一起洒泪掩埋了5位烈士。事后部队首长对刘修芝说：“你能照看着他们吗？”诚实的刘修芝只说了三个字“俺能行”。刘修芝觉得自己的承诺是明义之举。5位烈士虽然与刘家无亲无故，但他们是为了千千万万的老百姓而献身的，只有守护好烈士的英灵，才能对得起为革命抛头颅洒热血的烈士，对得起远在异乡的烈士亲属。刘修芝把自己的想法告诉了刚刚20岁的儿子刘振顺，父亲朴实的想法得到了儿子的赞同。父子二人便按照家乡的传统习俗，带着祭品，到烈士墓前祭奠了烈士英灵。

济南战役结束后，刘修芝父子节衣缩食，自己花钱请人制作了5块墓碑，并刻上烈士事迹的碑文，立在5位烈士墓前，以昭示后人铭记烈士的伟绩。每当大年三十，刘修芝像供奉自己亡故的亲人一样，将“诸位革命烈士亡灵位”的牌位恭恭敬敬地放在自己的堂屋中央祭拜。春节刚过，刘修芝就领着儿子刘振顺和孙子刘延宝来到烈士墓前长跪，并立下家规：世世代代守护好烈士墓。一家人还在烈士墓前栽种了苍松翠柏，让烈士英灵像松柏一样长青永存。

年复一年，刘修芝一家人义无反顾地守护着烈士墓。1976年6月，守护烈士墓28个春秋的刘修芝去世了。临终前，他把儿孙们叫到床前，再三嘱咐他们无论遇到什么情况，都要守护好烈士墓。

第二代守墓人刘振顺牢记着父亲的嘱托。1982年，推行家庭联产承包责任制时，烈士墓地被别人分去。为了保护墓地，刘振顺三番五次地找村干部和分到墓地的那家人协商，终于用自己分到的一块好地换回了寄托着他们全家深情的那块墓地，并在四周种植上了白杨树、火炬树，把墓地整理得更加齐整、肃穆。

刘振顺患病后，行动不便。他的大儿子刘延宝担起了第三代护墓人的重任。刘延宝生于1949年，从小对爷爷和父亲的义举耳濡目染，于是更加细心地守护烈士墓园。每逢春节、清明等节日，他都带领全家到烈士墓前祭奠、培土。1997年清明节，看到原来的墓碑已经破旧，他便亲自到外地定做了一通高1.5米的新墓碑，并请工匠刻上了6个工工整整的大字：革命烈士之墓。接着他带领全家在墓地周围垒起了一道围墙，把烈士墓保护得更加完好。1999年村里修公路时，又发现了两位烈士的遗骨。刘延宝听说后，主动提出申请，将两位烈士的遗骨安葬在了墓园里。

2014年因旧村改造，刘延宝一家守护的烈士墓迁至旅游路附近的村公

全国道德模范刘延宝

墓。由于患脑血栓后遗症，刘延宝失去了语言和行动能力，但每年当墙上的挂历翻到4月时，他都会用笔重重地标出“清明节”这一传统节日，坐在轮椅上、指着挂历发出“嗯嗯”的声音。清明节这一天，因无法再去祭扫烈士墓，刘延宝便坐着轮椅，静静地望着公墓方向，点燃一支烟，放在阳台上，等着香烟慢慢地燃尽，以此来寄托对烈士的哀思。

他的儿子刘增荣早在父亲行动不便时就接过“接力棒”，在烈士墓前立下了铮铮誓言：一定要秉承父辈，当好刘家第四代护墓人。不管烈士墓迁至何方，都要将守护烈士墓、祭奠烈士英灵的重任承担起来，永远传下去!

烈士墓地现已成为爱国主义教育基地。

神武村的众多神庙没有保佑神武人摘掉穷帽子，真正让神武人彻底摆脱贫穷走向富裕的是新中国及改革开放的富民政策。

1950年伴随着全县的土地改革运动，神武村建立了第一个农民自己当家作主的政权——神武乡人民政府。许多贫苦农民第一次拥有了自己的土地，他们的生产积极性和爱国热情被极大地激发出来。

1952年神武村开展生产互助运动，成立互助组推行农业合作化运动。至1954年，全村成立了四个初级农业生产合作社，分别取名红旗、前进、顺利、东风。1956年，孙村、彩石、唐王划归历城，神武乡属彩石区。在“农村合作，信用合作，供销合作”三大合作口号倡导下，村里4个初级社合并成立了一个高级农业生产合作社——东方高级社。所有生产资料和土地，折价入社，归集体所有。下边划分了12个生产队，东、西两村各6个，这12个生产队建制一直保留至推行联产承包责任制。高级社成立，村民集体生产建设的热情更加高涨。

神武村地处丘陵地区，十年九旱，靠天吃饭。为改变这一不利的生产生活条件，村里修建了刘公河水坝。刘公河是历城东部由港沟南部大涧岭发源，向北经港沟、唐冶、郭店、董家数十个村庄汇入小清河的一条河流。神武村在河两岸有2000多亩土地，为解决土地生产用水，高级社决定修筑刘公河水坝。该水坝位于村西，坝长400米，高15米，容水量可达41.5万立方米。1955年开始施工，1957年完工，历时两年。该工程全为土石方工程，人民群众凭借热情高涨的干劲，肩挑人抬用人力完成了这项巨大工程。有一位叫李桂英的女同志，用大筐抬土，一次能抬两筐。当时，她已是两个孩子的母亲，每天早出晚归，回家还要忙家务，但干劲不输男同志，被人们亲切地送雅号“压山东”。李桂英的事迹一时被传为佳话。她于2007年去世，享年79岁。

神武村为提高灌溉面积，于20世纪60年代修建了狼猫山水库引水灌溉工程。整个工程开挖山洞200米，开挖土洞300米，修筑了高架渡水槽一座。水槽高15米，由多拱组成，中间一拱跨度48米，主干渠道近51公里，地下输水管道2000米。工程历时四年，动用人工和土石方量数以万计，能灌溉土地上千亩，显示了神武村人靠集体力量艰苦创业的无畏精神。

20世纪70年代村集体先后修筑和翻修了土河大方塘、庙子沟湾、三官庙湾、龙宫庙湾、南堂庙湾等水塘工程。庙子沟湾是神武最大的水塘，长100米，宽60米，位于东、西两村分界的大沟南段，因靠近土地庙而得名。村里还对此湾进行过两次大的修整。

这些水利设施的修建，使神武村农业生产条件得到改善，大批粮田得到灌溉。勤劳的村民整平土地，深耕细作，集体整修大寨样板田300多亩，粮食生产不断增收，自20世纪70年代至21世纪初，全村上缴公粮每年都在七八十万斤，占港沟人民公社（镇）公粮上缴任务的三分之一以上。

村里还组建了林业队，对环村东南的玉岭山进行封山造林。在山腰

大北湾

神武水库

方塘

庙子沟湾

和山脚的坡地，分别种植山楂、核桃、柿子、花椒。在较好的地段种植以苹果为主，另有桃、梨、杏等林果，形成了500亩的大果园，盛果期可收获林果几十万斤，使得神武果园远近闻名。

改革开放之初的八九十年代，村集体经济和村民个体经济都有较大发展。村里将六七十年代的粉条厂、面粉厂承包到户以后，于1980年春天筹建南砖厂，实现了当年投产，当年收益。砖厂先实行工分加补助的劳资政策，后逐步走向承包金上缴和按劳取酬的管理分配制度。1986年又在村北筹建北砖厂。1993年在历城区村办企业年活动中，有能力的村民集资合办筹建村西空心砖厂。同年，还在村东山坡建成了石料厂。集体与个体企业的发展既增加了农民个人收入，也壮大了集体经济。

1982年，村里在文化大院原址上建立了村办敬老院，把当时全村10余名孤寡老人、五保户集中供养，有专职人员负责他们的生活起居及娱乐活动，使这些老人安度晚年。敬老院持续了30年。

为解决村民饮水困难的问题，1986年全村安装了自来水管道，结束了村民挑水吃的历史。2007年，全村进行了街道硬化，村民们告别了泥土路。为方便村民的文体活动，村里还在全村分散建立了几处小广场。为改善村里的环境卫生，村里为每个村民小组都设立了垃圾站，并配备了专职保洁员和垃圾运送车辆。村庄拆迁前村里基础设施完善，村民生产生活方便。

随着城市化进程的推进，从20世纪末至2013年，神武村的8000余亩土地已基本得到开发，山东省地震局、武警山东省总队训练基地、力诺集团、山东青年政治学院等多家企事业单位落户。渐渐失去土地的神武村，于2012年开始酝酿旧村改造。2013年下半年拆迁协议书签订，2014年初旧村拆除工作结束。2015年10月，新居建筑工程开工，历经1000多个日日夜夜，在神武西村中间地段建立起占地近300亩，2920户、30栋

神武村新居

敞亮气派的居民楼。2019年1月，神武村村民告别了旧居搬进楼房。从此神武古村消失，老房古庙、古井古树、农田果园、厂房水泵，正逐渐淡出人们的记忆，成为乡愁。

材料提供：杨　梅

初　　稿：刘恕恩

修改定稿：岳淑茗

济南中医骨科医院

前进脚步

时代潮流不可阻挡。在城市化进程中，过去不敢想、不能想也不会想的事情一下子变成了现实。新中国成立以来，特别是改革开放以来，作为省会最大近郊区的历城出现了一幕幕壮观景象：一座座民居、一条条街巷、一个个村庄在尘土飞扬中纷纷匍匐倒地；一幢幢大厦、一片片花园，在热闹喧哗中建成。在鲜花飘香、旌旗招展与鞭炮锣鼓的喜庆气氛里，世代务农的乡民们，迁入了宽敞明亮的新家园，由农民变成了市民。村庄变成了城市社区，传统农业也变成了二三产业的融合发展。本板块收入的8个村庄在新中国成立以来特别是城市化进程中，尽管发展路子各有千秋，但始终是伴随时代步伐前进的。水坡村，新中国成立后建起了全县第一座小型水力发电站，奶牛养殖名扬泉城；小街村，位于黄河岸边，深受黄患之苦，但是为了黄河河道疏浚，为了华山片区建设，舍小家、顾大家，两次举村搬迁；蒋家沟，北依黄河，深处盐碱涝洼地带，经过稻改，昔日不毛之地变成了小江南；洪家楼，区政府驻地村，发挥地域优势，招商引资，发展商贸服务业，致力于洪楼商圈的兴旺；盖家沟，地处偏僻角落，建起了全国一流的现代物流基地；东彩石地处山丘地带，但成为招商引资热土，特别是高等院校聚集之地；利农庄，乘着改革开放的春风，发挥城市近郊优势，筑巢引凤，腾笼换业，集体经济的路子越走越宽广；七里堡，不甘落后，勇立潮头，实现了从种菜、建市场卖菜到靠资产经营运作市场的飞跃。在前进脚步中，人们充满了对美好生活的向往，但是变迁中也饱含了回忆，逝去的故事也永远难以忘怀。

水坡村

泉源数泓映水庄　首座电站耀乡间

营城路：水坡。

——明崇祯《历城县志》

正东乡闵孝二：水坡。

——清乾隆《历城县志》

张马乡闵孝二：水坡。

——民国《续修历城县志》

水坡村东邻冷水沟村，南靠陈家张马东村、小张马村，北与西沙河村接壤，西与华山街道洪家园村相连。截至2017年底，村庄面积2000余亩，共有1900余人。

历史上的水坡村，地处张马泊的西沿。张马泊，东起梁王庄，经冷水沟，西至张马、大辛庄、水坡，为长约9公里、宽约3公里的狭长地带，以白泉、柳岗泉、耿家泉、钊家泉、饮马泉等白泉泉群之水汇聚成湖，因附近曾有张家、马家二庄而取名“张马泊”。

过去，诸泉源喷涌，张马泊水面宽广，水深数米，鱼虾成群，水质优且量丰，素有鱼米之利，被喻为“鱼米之乡”。晚清历城诗人陈永修，写诗

村庄原貌

《过白泉即景有感》，称张马泊“一行鸥鹭冲烟起”“稻畦荷荡湖田阔”。

从20世纪50年代末起，随着工业用水不断增加，地下水长期超采，白泉泉群涌势渐衰，张马泊由于失去水源，于70年代逐渐消失，湖地被改造为稻田和菜地。

早在明朝初期，水坡村便有人定居。据村中胡氏族谱载，胡氏第一代先祖于洪武年间由直隶枣强迁来，见此处多面环水，又有泉溪流入村内，水源十分旺盛，遂将定居地取名“水旺”。后来，为了灌溉稻田，筑起了堤坝，又改“水旺”为“水陂”，意思是村在张马泊岸边。再后来，因村人的口语习惯与书写，便由“陂”转而为“坡”了，村名也就成了“水坡”。

民国时，县治设乡，水坡村隶属历城县张马乡闵孝二里；日伪时期，隶属张马区冷水沟乡；1945年以后，国民党历城县政府重新规划区乡归属，水坡村隶属稻田乡。

新中国成立后，水坡村归属历城县第二区张马乡管辖；1950年，隶属城关区冷水沟乡，6年后又归属王舍人乡；1958年成立人民公社时，水坡村与冷水沟、杨家屯、李家村合编为冷杨营；1960年，撤销营连建制，又隶属历城县东郊人民公社；1984年撤销人民公社后，水坡村先后归属冷水沟乡、王舍人镇、王舍人街道。

花泉泉源数泓，广数亩，一方水利所关，流经耙道河，东北入沙河。

——清康熙《济南府志》

“村东千亩稻花香，南浦清泉入水庄。鱼蟹蛙虾莲荷藕，沙河十里柳烟浪。”此首七绝《题水坡旧庄》，作者为水坡村人，描绘了故乡“鱼米之乡”的南国风情。水坡村地势低洼，水源充沛，不但适合苗木稼禾生长，而且河水清澈见底，适宜鱼虾滋生。20世纪70年代前，一到夏天，爱好逮鱼摸虾的人，成群结伙，从河的上游并排到小清河入河口，鲤鱼、鲫鱼、黑鱼、鲇鱼、黄鳝、甲鱼，一次就能收获上百斤。而到了秋天，水稻收割之际，需要把稻田里的水放出来，泉水滋养出的大白虾，就会顺水流而出。人们只要编个上口大、下口小的圆锥形器具——虚笼，也叫“抽子”，放在出口处，小鱼小虾就顺水钻到里边，还无法出来，一夜之间就能“抽”上几十斤……

有水的地方，便有桥。水坡村水多，桥自然也不少。

村东南约300米处有一座古石桥，桥洞宽1米，高2米，桥面用两块厚0.5米的青石铺设，桥面宽2米，村民俗称“薛家桥子”。

薛家桥子，顾名思义，是村中薛氏家族修建的。除了修桥铺路，薛氏家族还出了一位名人，名森，生于1875年，卒于1945年，自幼苦读诗书，深研四书五经、经史子集，因而知识渊博，才华横溢，是十里八乡有名的才子，一生以教书为业，四邻八乡的孩子多拜他为师，培养出多名教师。同时，薛森先生酷爱书法，擅长行书，凡求其墨宝者，均慷慨相赠；他还精通乡风民俗，凡有红白事，有求必应，村中至今还流传有“求菩萨还要烧香磕头，而先生只要信儿到了人就到了，比菩萨还菩萨”的美谈。

沿着“薛家桥子”往南大约500米，便是著名的“双龙桥”和济南七十二名泉之第六十三泉——“花泉”。

双龙桥，曾为通往遥墙的交通要津，桥头有亭，亭下有重修双龙桥碑，并设有茶摊、瓜果摊等。因环境优美，行人多在此品茗歇息。但随着公路的开通，此处已无往日的繁华，亭子毁圮不存，石碑倒卧于双龙桥旁的藕池中。

早年间，由于双龙桥附近地势南高北低，水顺势而下通过石桥汇入水坡河。每年农历八月村民把用高粱秸编成的箔子拦河放在桥下，夜间村民点着提灯、蜡烛在箔子边捉螃蟹，颇富生活情趣。

双龙桥东三四十米处，有花泉，因10孔争沸，波纹激荡，状如花朵而得名。泉水甘美，昔日村人多汲取烹茶为炊。过去，花泉水势很大，与桥西的钊家泉、柳岗泉、耿家泉相汇，在附近形成“张马泊”。清康熙《济南府志》记载，花泉“泉源数泓，广数亩，一方水利所关，流经粑道河，东北入沙河”，后流入大清河。清道光十九年（1839年）重修双龙桥碑碑文记载：“桥之西不数步为柳岗泉，味甘性洌，民于他处，村人多以汲取之，以资茗饮者也，故泉名柳岗。”而当时的花泉，已融于藕池中。

稻畦湖田

1970年以前，花泉尚可见池底涌泉。后因工业用水不断增加，尤其是附近张马屯铁矿的开掘，泉渐停涌，水泊多改为稻田、菜地。

1993年，双龙桥东，辟建鱼塘，花泉遂没于塘内。雨季，双龙桥附近的钊家泉、柳岗泉、耿家泉等无池小泉仍时有出露，积水成洼，旱季又干涸。

水坡村还有一景，当地人称“十二连环桥”，却不是桥，而是十二块天然大石头。传说，村之东北有一条通往东北乡的大道，离村300余米，但其间有20米左右的路面，低洼积水，道路泥泞，人行车走，十分不便，后有村里的薛达子、于达子、胡达子3位大力士，分两次，徒步从卧牛山各用胳膊挟两块300多斤重的沙石蛋，垫到低洼处，取名“十二连环桥”。从此，其义举和“十二连环桥”声名远扬，以至于许多城里人闻说其事，坐洋车专门前来观看其详。20世纪50年代，还有石头裸露于地面，但随着时间流逝，渐入地下，只留传说。

水坡村以水闻名，不仅有济南名泉——花泉和与泉同在的众多名桥，而且有显赫一时的胡家大门、七圣堂等众多古迹。与水共融的水坡人，心灵手巧，艺术气息浓厚。

20世纪40年代前，水坡村最为显赫的地标建筑，当数胡府大门。当时的胡府坐北朝南，大门是“按制修建”。相传，胡氏三世公胡大礼，曾在朝中为官，系武职。一天，胡大礼陪皇上下棋，思想却开了小差，脸上带忧色，被皇上察觉，问：“爱卿何故面带忧色？”胡大礼回答：“陛下，臣之老家宅院已成，但大门尚无设计。”皇上说：“这有何难？按制修建即可！”胡大礼闻言，离座跪伏道：“这正是臣之所忧！”

原来，自墨子始，为防敌军放火烧门，在修建城门时，事先在城门上，镶进一些圆形尖木橛，称为“涿弋”。这些木质的涿弋，一般长有两寸左右，敌军攻城时，便在城门上涂满泥巴。而由于涿弋的存在，城门上的泥巴不易脱落，有效阻挡敌人以火攻门。后来，人们为加固门板，防止木板开裂、脱落，渐用铜质门钉代替木质涿弋。久而久之，门钉越镶越整齐，摇身一变，成为古人门面上最为重要的装饰品，同时也演变为一种身份、地位的象征。而明朝的《大明会典》虽然对王府规模大小，包括门钉镶嵌多少，有了详细的规定，但对官员宅院尚未有明确规定。

因此，胡大礼愁眉不展，怕逾制僭越，跪伏问道：“臣不知门漆何色，钉钉几颗，乞陛下明示！”皇帝略有沉思，说道：“门以朱漆，钉以七纵七横，方配爱卿职衔！”并因此下了一道圣旨。

有了皇上的御批，胡氏便在胡同口坐北朝南修建了木质的朱漆大门。两扇大门上各有铜质圆钉49个，大门两边有方柱子和门扇连接，方柱子下面有方正的石块为底托。大门两边有上马石、下马石、拴马桩、石天鼓，两个栩栩如生的石狮安坐在两边。大门下边有提搭，金光闪闪的虎头含着圆环镶嵌在两边门上。门前有7级石砌的台阶。从此过往的文官要下轿，武官要下马，行人驻足观赏，成为胡氏家族的荣耀。20世纪50年代初，台阶、石天鼓尚存，其他已无踪影。

七圣堂庙碑

七圣堂坐落于村内南北街中部，坐东朝西，占地约300平方米，供奉菩萨、关公、龙王等诸神。建庙年代不详，据重修“七圣堂”石碑载，清甲午年间捐资重修过，距今也有100多年历史了。20世纪50年代，此庙改建为学校。

村外“稻畦荷荡湖田阔”风景如画，村内“按制修建”的胡宅大门高大威武。与水共融加上传统文化的熏陶，造就了水坡人的心灵手巧。他们把“玩花灯”“下河灯”“演戏曲”等民间艺术推向了高潮。

早年间，逢年过节和农闲时，水坡人都要组织做花灯、放河灯之类的活动，而且花样繁多。新中国成立后，水坡人组织起了庄户剧团，不仅在十里八乡演出，还登上了济南的大剧院舞台。

正月里的花灯是一场悄无声音的比赛，不但进了腊月门家家都要做花灯，而且还比着劲地做，为的是过了正月初十日，看谁家大门口上挂的十二植田灯、十三麦子灯、十四晚田灯、十五花果灯、十六杂

河灯

粮灯最漂亮。

正月十六日放河灯，传承甚久。每年的正月十六日清晨，村民取河水煮五谷杂粮粥以祭河神，再用各种材料自制小船，于夜晚在小船上点燃蜡烛置入河中，小船顺流而下，村民点燃鞭炮，形成河岸鞭炮齐鸣、河中星火点点、天上明月高悬的独特景观，颇有“火里莲花水上开，乱红深绿共徘徊”的意境。

水坡人不但做花灯，而且还玩花灯。特别是新中国成立后，水坡的花灯如“龙灯”“秧歌”“武八仙”“西游记”“花瓶灯”“彩船”“杂耍”“猫蝶富贵灯”等，不但走街串巷，增加节日气氛，还曾多次参加镇上、县里的展演。

20世纪50年代，水坡人组织起庄户剧团，排演过“一贯害人道”“宝山参军”，也排演过“梁山伯与祝英台”“小姑贤”“拾玉镯”“井台会”“砸粥缸”“借年”等传统剧目。60年代以后，他们还排演过“逛水坡”“老两口学毛选”“卫生员学毛选”“洗衣歌”等现代剧目，演员们义务到周围村庄、厂矿企业、

舞龙灯

济南的大剧院演出，演出人员最多达80余人。直到现在，谈起当年的演出情景，大家还津津乐道。

全县第一座小型水利发电站在城关区冷水沟乡东方红高级农业生产合作社建成。

——1990年版《历城县志·大事记》

水坡地势南高北低，张马泊的泉水北流，冲刷出了水坡河。水坡人为充分利用水坡河的充足水源，在上级领导的大力支持下，在电力工程人员的技术指导下，自1955年始，通过肩抬手挖，白黑奋战，在“汇栏桥”上筑起一条南北长30余米、东西宽20余米的水坝，以抬高水坡河的水位，并在坝体中间筑起石砌的桥孔、桥墩，按电力工程人员的要求，装上水轮，让湍急而下的河水冲击水轮，带动发电机发电。1956年1月，发电站建成，一台17.7千瓦的发电机正式发电。因水坡村当时为东方红高级农业生产合作社而取名“东方红水利发电站”，是历城县第一个小型水利发电站，据说也是山东农村第一个小型水力发电站。水电站发电后，水坡及周围的几个村都告别了煤油灯，用上了耀眼明亮的电灯，村民们欢呼雀跃，让十里八乡的村民十分羡慕。

1975年4月，水坡第三生产队的水稻改良实验组，在开展土壤化验中发现，土壤中的腐殖酸含量在20%—30%，超过正常土壤多倍。腐殖质，植物腐烂和动物遗骸经过微生物分解、转化而积累起来的一类有机物质，是农作物的好肥料。于是，实验组当年开采500—600吨，在小麦、玉米、蔬菜间进行对比试验，获小麦增产15%、玉米增产20%、蔬菜增产25%的有效数据。

腐殖质不仅仅是有机肥料，而且还是很好的化工原料，广泛应用于

东方红水力发电站

水磨磨米

村俱乐部放映幻灯片

用上电灯真亮堂

农、林、牧、石油、化工、建材、医药卫生、环保等各个领域。因此，次年4月，东郊人民公社投入资金，建起腐殖酸厂。1977年6月，煤炭工业部委托吉林师范大学、中国科学院山西煤炭研究所、山东省煤炭局地质普查队组成15人的勘探队，历时56天，确定其泥炭面积为23.8万平方米、储量63.1782万吨，腐殖泥面积8.9万平方米、储量9.2万吨，总腐殖酸含量在20%—33%之间，游离腐殖酸含量在15%—25%之间，整个矿层最厚5.2米，最浅1米，平均覆盖土层60—70厘米，为山东乃至华东地区储量最大、最好的露天腐殖酸矿。

改革开放以后，水坡村开展了大刀阔斧的一系列改革，先后成立奶牛场、养鸡场、木工厂、乳品加工厂、矿泉水厂，把庄东涝洼地改造成藕田、养鱼池。实行承包责任制，摸索出了“一种、二养、三加工”的多种致富门路，解决了全村劳动力就业问题，增加了村民的经济收入，壮大了集体经济，先后修建了教学楼、幼儿园、村办公楼和多处健身广场。同时安装了路灯，村内硬化路面实现了户户通，村民喝上了免费的自来水。

2017年9月，水坡村积极支持济南东站建设，仅用40天时间就将398户住宅全部拆除。预计2021年上半年，村民便可迁入村庄整合后位于冷水沟原村址附近的新东站安置二区的现代化新型社区了。

如今，许多村里的老人们还时常三三两两回到原来居住的地方，寻找老桥、老院的踪影。“按制修建”的胡府、“泉源数泓”的花泉、“十里柳烟”的水庄、“汇栏桥”上的发电站，都已成为印在水坡人脑海中永久的回忆了。多少年过后，这些亦可能成为水坡人寄托乡愁的美丽传说。

建设中的水坡新居

材料提供：薛景琴　张志祥

初　　稿：郭光明

修改定稿：王瑞国

小街村

舍小家毫不利己　顾大局专门利人

大清河（黄河）路：小街。

——明崇祯《历城县志》

正北乡南会清一：小街子。

——清乾隆《历城县志》

马家乡南会清一：小街子。

——民国《续修历城县志》

小街村位于济青高速公路南侧，东南距卧牛山里许、西南距华不注山二里。土地总面积164.42公顷。2017年末有村民300余户，1500余人。

小街，原名安家庄，俗称小街子。据《安氏家谱》记载：明洪武二年（1369年），安氏先祖安千、安万由直隶枣强县迁此建村而得名，以后繁衍生息，住户增多，形成一条东西街，又称小街子，以这条东西街为界形成后来的南小街、北小街。1855年，黄河改道，小街村的300亩土地分隔于北岸。

1948年，历城全境解放。1950年，小街村属历城县第二区。1961年7月，小街村属历城县东郊区卧牛人民公社。1968年7月，华山、卧

村庄原貌

牛、坝子合并为历城县卧牛人民公社，同年8月更名为华山人民公社，小街村属华山人民公社卧牛联防营（10月改名为管理区）。1980年4月，济南市重建郊区，小街村属济南市郊区华山人民公社。1984年1月，小街村属济南市郊区华山办事处卧牛乡。1985年9月，小街村属济南市郊区华山镇。1987年5月，小街村属历城区华山镇。2010年5月8日，撤销华山镇，设立华山、荷花路2个街道，小街村属历城区华山街道。

小街村村民记忆深处有两件大事：一件是为黄河安澜疏浚河道、华山片区改造而舍小家、顾大家，两次离别故土，异地搬迁；另一件是小街村的曲福兴任大协车站站长期间创立了想人所想、服务用户的大协风格，曾闻名全国。这两件留下小街村深刻烙印的事为世人所称道，放射出毫不利己、专门利人的耀眼光芒。

黄河雄浑壮丽，是我们的母亲河。小街村村民心目中的黄河却有别样的风情与滋味。世居黄河岸边的小街村于1976年、2014年历经两次搬迁，每一次离别都在纠结惆怅中熬煎，故土虽难以割舍，却依然携妻将子、背起家当奔赴安置之地。

小街村的旧址位于黄河南岸，东至堰头村、西至后张庄村、南邻黄河大坝，离黄河围堰也就几十米的距离。黄河汛期洪水较猛，时有漫滩，长期以来村民为防水患，每家都将房屋建在约高3米的平台之上，街巷如同纵横的沟渠，站在家门口就能遍览村中各处，形成了独具特色的居住群落。

小街村旧址曾有金星庙、土地庙。金星庙还有一段故事。相传，安千、安万兄弟携全家行至此处，驻足歇息。劳累了一天，众人很快酣睡过去。安千做了一个梦，梦中一位慈善老人满脸笑容地走到面前，用右手食指向空中一指，顿时金光四射，一颗大如鹅卵的金星落入安千怀中。安千醒来说了梦中之事，大家慨叹唏嘘之余，按照神灵的指点扎下根来，并在此建了一座金星庙。土地庙供奉土地爷，每逢春节，村民拿贡品到庙里祭祀，祈求平安顺意、福寿双全。若家中有人去世，指路、送浆水、出殡等都到土地庙，求得死者升天后得到土地爷的护佑。岁月沧桑，两座庙都已荡然无存，仅剩康熙年间石碑一通，尚能勾起村民的些许回忆。

小街村的土地属沙土，旱则松、湿则硬、风起尘扬，但由于离黄河较近，旱能浇、涝能排，所以黄河平静的年份能够树木茂盛，五谷兴旺。村民的房前屋后多种植枣树、槐树、柳树、杨树、榆树，1972年村里还

村外风貌

有面积80余亩的果园，种有肥城桃、蟠桃、苹果等。为解决黄河改道遗留在北岸的土地耕种，村里购置了一艘帆船，用于承担南北运输，全村的土地春种秋收得到了保障。人勤地不懒，小麦、玉米、大豆、地瓜等农作物也每每获得丰收。紧邻黄河，独特的环境带给小街村的不仅有美好的记忆，也有痛苦和无奈，每逢黄河肆虐，小街村就会苦不堪言、绝望无助了。

1958年黄河漫滩，最大洪峰10000立方米/秒，当时济南一、二、三线基干民兵全上阵，轮流值班，严防死守，并在黄河大坝上加筑防洪堤，确保济南市区的平安。当时的小街村被冲得墙倒屋塌，党和政府把灾民分流安置在邻近的西河村、东河村、前张村、堰头村。1976年8月31日是小街村村民难忘的日子，黄河又迎来一次大的洪峰，由于黄河常年淤积，河床抬高，这次洪峰严重危及市区的安全。为顾全大局上级决定在小街村泄洪保堤。晚6时，洪水从人工扒开的泄洪口倾泻而出，瞬间淹没村庄。洪水之猛前所未有，当时8300立方米/秒的洪峰流量让小街村房倒屋塌，惨不忍睹，很多村民在自己家的台子上、在大坝上放声大哭。一方有难，八方支援，被淹后，各级政府高度重视，济南市动用所有力量对全村财产进行抢救，并将村民分别安置在西河村、东河村、堰头村、前张村、马家桥村、卧西村、卧中村、卧东村，各村领导及村民在居住、生产、生活方面给予极大的关心和帮助。至今仍有很多灾民和房主结成世交，世代友好。

小街村几度因黄河水患遭灾，甚至几近消失，引起了多方重视。1976年10月，在上级部门多方关怀协调下，决定补偿卧牛山西村3.8万元人民币，把位于华山以北、卧牛山西村以西、马家桥以东、堰头村南的80余亩土地划拨给小街村建新村，全体迁出滩区。到1981年小街村村民告别了黄河，基本迁入新村。经过16年规划建设，小街新村先后建起两条东西街道、6条南北街道，同时建起了医务室、幼儿园、村委大院，对每条道路进行了硬化，并投资17万元，家家户户安上了自来水。自1980年起村里先后建起了被套厂、花岗石厂，建起315千瓦的配电室供企业用电，陆续购置了用于花岗石加工的10台大锯、30台磨机，村集体收入每年达40余万元。老村搬迁后，原址一片废墟，村里引入外来资金兴建了

花岗石吊装设备

一处砖厂，使用台土烧砖，既壮大了集体经济，又解决了部分村民就业，还带动了交通运输。

进入21世纪，济南市启动全市最大的棚改旧改项目——华山片区改造。2013年7月，华山片区建设进入实施阶段，小街村连同华山街道的其他20个村进入拆迁行列。小街村在前期对村民住宅摸底丈量、登记造册的基础上，本着以人为本、情感管理的工作方法，坚持村民受益最大化，2016年底全部拆迁完毕。2019年2月25日，小街村村民迁入华山北侧的安置二区，第二次迁建的小街村迎来新的生活。

一心从革命整体利益出发，自觉为兄弟单位提供方便，大协车站树立服务新风。

——1965年10月31日《人民日报》

20世纪六七十年代，素有“工业学大庆”“农业学大寨”“铁路学大协”之说。“大庆”的代表人物是王进喜，大寨的代表人物是陈永贵，而当时的大协车站站长（任期1962—1971年）就是从小街村走出的曲福兴。

始建于1960年的大协站位于泰山东南的磁（窑）莱（芜）支线上，是济南铁路局兖州车务段的一个四等小站。大协车站站史荣誉室有一件镇“室”之宝——毛泽东、周恩来、朱德、邓小平等党和国家领导人接见参加1965年国庆观礼劳模代表的合影。在第2排右侧第60位，站着当时大协车站的站长曲福兴。其中的一个展柜中有一面锦旗，上书“奖给大协车站活学活用毛主席著作，全心全意为人民服务的好车站”，落款是“中华人民共和国铁道部、中国共产党铁道部政治部　一九六五年九月”，时代烙印非常明显。

大协车站伴随新汶矿业集团协庄煤矿而建。协庄煤矿，始建于20世纪60年代初，年设计能力120万吨，是当时山东省最大的煤矿。当时大协车站仅有21名职工，两股半线路（其中半股是矿区专用线）。由于是新建煤矿，在诸多因素的影响下，煤矿的产量很不稳定，经常出现“煤等车”或“车等煤”现象，站长曲福兴带领职工响亮提出“宁愿自己麻烦千遍，不让用户一时为难”的承诺，实行“煤矿生产—煤炭装车—到站卸车—用户收货”的全过程服务，自觉地把自己当作煤矿的运销科、收货单位的供应科，“宁愿自己指标受影响，不让煤矿生产受约束”。

1964年，车站开出了第一列按照到站货区货位顺序编挂的直达列车。按卸车站的货区顺序装车，是中国铁路运输史上破天荒的事情。这一列车编组方式后来被铁路教科书称为“大协式红旗直达列车”，是系统工程学原理实际运用并符合铁路“大联动机”生产方式的典型案例，为新时期中国铁路推出跨局直达列车和“五定”班列货运产品提供了最早模式。

就在毛主席接见曲福兴等国庆观礼劳模代表后的10月31日，《人民日报》以《一心从革命整体利益出发，自觉为兄弟单位提供方便，大协车站树立服务新风》为题对大协车站进行了报道。报道说，1964年1月，站长曲福兴从济南铁路分局挖掘运输潜力的会议上获悉，“磁东支线（现磁莱支线一部分）各站到济南地区的煤炭列车装得很乱，增加了济南站的作业，延长了作业时间，于是主动了解济南站的编车要求，按照济南站的要求制订具体的编车计划。这样，大协车站的职工要比过去多做很多工作，多花很多时间，但是，济南站却因此使车辆在站的停留时间比以往缩短了一半”。此举得到《人民日报》的高度评价：“这种风格，就是全心全意为人民服务，毫不利己专门利人的共产主义风格”，“大协车站的风格，不仅在铁路运输部门值得提倡，在其他部门和企业也值得大大提倡。”从此，以“为煤矿服务，为收货单位服务，为到站服务，为编组站服务”为主要内容的“大协风格”名扬全国，成为全国铁路系统几乎和大庆、大寨齐名的典型和榜样。

继1965年9月8日，被铁道部命名为“全心全意为人民服务的好车站”，几十年间大协车站先后获得国家级、省部级等荣誉奖项100多项（次）。车站赢得了全国工人先锋号、中国“保护消费者杯”、全国铁路火车头奖杯、全国铁路先进中间站、山东省工人先锋号、山东省青年文明号等多个殊荣。

大协车站的璀璨星光，不仅照进了企业，也照进了社会。大协风格中蕴含的利人、助人思想，在今天更显示出宝贵的社会价值和恒久的精神魅力。

小街新居

小街村为了城市安全、城市建设两度搬迁，失去了旧村，却换来了新生活的开端；从小街村走出去的曲福兴，“宁愿自己麻烦千遍”，但树立了服务新风，受到毛主席的接见。小街旧村虽然消失了，但舍小家两次搬迁、顾大局无私奉献的“小街精神”将永驻小街人的心田。

材料提供：刘奕金

撰写定稿：张　晓

蒋家沟

沿黄稻改米满仓　民间艺术名远扬

正北乡鹊华四：蒋家庄。正北乡南会清一里之半：张褚家窝。

——清乾隆《历城县志》

洛口乡鹊华四：蒋家沟。马家乡南会清一：张褚家窝。

——民国《续修历城县志》

蒋家沟村是一个行政村，隶属荷花路街道，包括蒋家沟和张褚窝两个自然村。全村328户、1612人，土地面积157.6公顷。村子北依黄河，西靠大桥路（104国道），赵王河像一条玉带从村南自西向东流过，济青高速公路横穿村南，交通条件便利，地理位置优越。

村庄原貌

明洪武年间，蒋氏

由河北枣强迁来此地定居，以姓氏得名，称蒋家庄。后因黄河溃堤，在村东、村西分别冲刷出两条大沟，被称为东沟和西沟，后来便称为蒋家沟。

原村办公大院

蒋家沟村因蒋姓得名，但蒋姓家族延续至今只剩一户人家，成为单门独户。村中以李、刘、杨、张姓居多，与王、徐、史姓等构成主要姓氏，占全村人口95%以上。几百年来，村内各家族都相安无事，和睦融洽。在李姓、刘姓家族中，又分为几大支。如李姓共分为五大支，始祖墓地因黄河淤滩已被淹埋在村北大坝沿坡下。刘姓就更加复杂，大概分为三大支，即西南上刘家、刘家大门和后小庄刘家。西南上刘家是三大支中的大户人家，家境殷实，院落都是四合院建筑，围墙整齐坚固，青砖灰瓦的房子在当时非常气派。刘家大门是三大支中的长房，砖石砌成的大门两边摆放着2米多长、1米多宽、30多厘米厚的大条石，门内住着七八户同族兄弟，西边住人，东边是菜园子。各户又分别筑有大门、二门、内宅，在当地是响当当的大家族。后小庄刘家则是地地道道的普通农民，都是因黄河涨水从张褚窝村搬到此地的，被当地村民戏称“寄庄户”。

张褚窝也是因张、褚二氏在明洪武年间由河北枣强移民建村，因地处黄河大坝内，故名张褚窝。村子原址在黄河北岸，清代晚期因黄河改道，村民迁到了南岸，那时还得坐船到黄河北岸耕种庄稼。时至今日，张、褚两姓已无后人在此居住，前往何处无从考证。因村子地处黄河滩区，每遇洪水灾害，全村需外迁投亲靠友以避水患，等水灾过后，大部分人仍搬回原处，但总有几家落户他乡，如蒋家沟村的后小庄刘姓、姬家村的刘姓、宋刘村的刘姓和王姓，都是从张褚窝迁出来的。张褚窝村现以王、刘、孙姓为主。

稻米香，鱼儿欢，如今家乡变江南，都是党的好领导，沿黄才能有今天。

——历城沿黄稻改区民谣

蒋家沟村有着得天独厚的自然条件，水源相当充沛，赵王河常年水流不断，河水清澈见底，河中鱼虾成群，河底清洁无淤泥，是天然的戏水场所。东沟与前张村、韩家桥隔水相望，新中国成立初期土改时，在沟南建起了提水站，用于灌溉村东稻田，改革开放后将此沟填平建起了养鸡场和生活垃圾站。西沟与小张庄（小张庄为自然村，属亓家庄村委

会）隔水相望，沟中水深且清，盛产鱼类，也是妇女洗衣的好场所。

村中还有一条从东到西贯穿村中央的水湾，足有1公里长，夏天是天然的游泳池，冬天则上冻结冰成为溜冰场。湾中有鲤鱼、草鱼、黑鱼、鲇鱼、甲鱼等十几种野生鱼类，每逢水少时，又遇到游泳人多，湾底泛起的黑泥会把鱼呛起，鱼儿们便翘着头浮在水面上，百姓俗称“翻湾了”。这时全村就热闹起来，不管男女老少，都带着渔具奔到湾边争相捞鱼，场面甚是壮观。

如果遇到盛水季节，全村则一片汪洋，如同天水相连，将村子分为南北两岸。村北地势低洼，水都进入了村民家，最深的地方可达半米，有人甚至能在院子里逮到大鱼，所以经常能看到村民一家老小齐上阵，大人拿着盆和桶，小孩子拿着瓢，不停往外刮水，村内交通也就随之中断。

捞鱼逮虾固然热闹，但只能热闹一阵子。沿黄地区的特殊地理位置，是蒋家沟人难以摆脱贫穷的桎梏。

蒋家沟村南境况虽稍好，也不过是一片盐碱地，一到春天，地里白茫茫的一片，庄稼产量很低。20世纪60年代初，连年降暴雨，村南田地成了一片汪洋，颗粒无收。1964年，当时历城县和卧牛人民公社干部到

蒋家沟黄河滩风貌

蒋家沟黄河滩风貌

各村调查研究后决定实行“沿黄稻改”，即把盐碱地改为水田种水稻。那个年代，土地刚整合，许多村民的祖坟就在庄稼地里，改稻田就要迁坟平坟。村民受封建迷信影响认为挪祖坟不吉利，会破坏自家风水。为此，村领导和小队干部深入各家各户做动员，并带头把坟迁到村东公墓中，最终完成了全村的迁坟工作。

成立人民公社后，村为生产大队，土地都分到各个小队，那时地块大小不一，高低不平。种水稻就要统一划分土地，集中整平。于是村干部把各生产队土地统一调整，以村南的东西路和南北路为界，按原来的地名，分为黄家坟、棋盘地、四十亩地、大井、沟东、东洼等十几块长条形的地块，每块地南北长100米至200米不等，宽40米。南北方向每隔30米垒一条田埂为一畦，便于栽种秧苗。

稻田规划好后，就要解决灌溉问题。县政府拨款，各村出人工兴修水利，在原姬家庄老村以南修建虹吸管，建起了水利站和蓄水的沉沙池，并利用原有的引黄闸放水，注入沉沙池。从沉沙池东北角向东建起一条主干渠，沿主干渠向北修起十几条支渠。通过这些纵横交错的水渠，黄

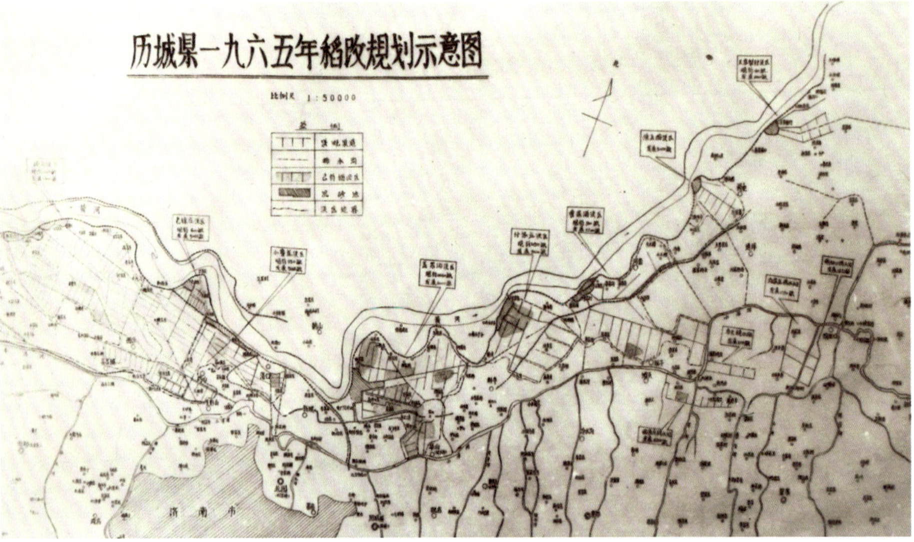

历城县1965年稻改规划示意图

河水源源不断地流进了各村的稻田。

蒋家沟村祖祖辈辈以种旱田为生，没有栽种水稻的经验。于是村干部就带领各小队人员赴泰安、曲阜学习，回村再教给社员育苗和插秧的方法，县里也派来了技术人员指导“稻改”。

政府从南方购进稻种，分到各村，五月份开始育苗。各生产小队准备了几口大缸，把稻种倒进大缸，浸泡三五天后，捞出装进麻袋，堆到潮湿的屋里，盖上草苫子，这个步骤叫作“上床”。浸泡过的稻种需要天天喷水，保湿保温。一周后稻种冒出白芽，就能下种了。村民把出芽的种子运到田间，放掉畦板上的水，把一盆盆种子撒到畦板上，用铁锨或木锨将种子抹到泥土里，然后再放水漫过畦板。

为了防鸟类吃稻种发的芽，管水员每天清晨往田里放水，傍晚再把水放出来，天天如此。一个多月后，秧苗长到20厘米高，就能栽种了。过了芒种，收割完小麦，村民就把地耕好耙匀，以长30米、宽40米为一个地块，各地块间打田埂隔开，把一长块地分成若干小畦，放水、整平，做好插秧准备工作。

水稻种植

插秧是一场繁忙的劳动。每天清早，钟声响起，村民都集中在各队牲口棚前，队长分工。青年插秧，中年妇女采苗，壮劳力运苗，大家按各自分工开始忙碌。从育苗地到稻田有几百米远，运苗的人将一把把稻苗装满两大筐，用扁担挑到稻田里。田野上插秧的姑娘和小伙子你追我赶，欢歌笑语，忙得不亦乐乎，一片繁忙景象。上午水汪汪的空地，到傍晚就变成了绿油油的稻田。

金秋季节，水稻获得了大丰收，谷场里堆满了高高的稻子垛。分粮的时候各家各户都能分到上千斤稻谷。“稻改”后，村民吃饭不再靠救济，粮食自足，生活有了保障。一直到20世纪八九十年代，蒋家沟人仍然以种水稻为生计，享受着沿黄稻改带来的硕果。

水稻收获

清末的关帝庙、“文革”时期的影壁墙，曾经作为蒋家沟村的“标志性”建筑影响十里八村。但更让蒋家沟村声名远扬的则是村里的民间扮玩和受过吕剧名家郎咸芬、李岱江指导的吕剧表演。

蒋家沟村有着深厚的历史文化底蕴。清晚期在村西沟东沿建有一座关帝庙，占地约2.5亩，东西长50多米，南北宽30多米，呈长方形，村民称之为“大庙”。庙宇围墙两米多高，全部由青砖砌成，松木大门左右各列一尊石狮子，狮头、狮背光滑如镜。庙内建筑主要有北大厅、西厢房、东钟房三部分。北大厅供奉着武圣关云长坐像一尊，身高两米有余，面色赤红，形象威严；两旁塑有其跟班神像数十尊，个个手持兵器，青面獠牙，形态各异。东钟房内悬挂着两米多高、两吨多重的大钟一座，纯生铁铸成，周边铸有文字和纹饰，每当大钟撞响时，浑厚悠扬的钟声能传遍整个村庄。关帝庙前香火常年不断，每逢大小节日，村民都要到关帝庙来烧香、焚纸、磕头，祈求来年风调雨顺、国泰民安、五谷丰登、家宅平安。新中国成立前夕，村东一处私塾曾迁入庙内西厢房，当时聘任的教师是鹊山村的左跃东老先生。新中国成立后私塾改为识字班，“文革”前又改为村办小学。“文革”中该庙被拆。

蒋家沟小学

“文革”时，为纪念毛主席去安源，在村子中央修建了一座高七八米、宽四五米的大影壁墙，底座用的是济南青花岗岩，墙壁全部用红砖砌成，外墙用水泥砂浆抹平，中间绘有毛主席身着蓝布长衫、手拿雨伞的“毛主席去安源”大幅画像，两边题有“天若有情天亦老，人间正道是沧桑”的词句。可惜，1986年此影壁被拆除。

关帝庙曾吸引周边十里八乡村民纷纷前去朝拜，“毛主席去安源”的影壁墙则是村中一景，“文革”期间的“红火”自不用说，“文革”后也常常有人去毛主席像前瞻仰、留影。因而关帝庙和影壁墙作为蒋家沟的“标志性”建筑物曾经远近闻名。

民间扮玩

蒋家沟村的民间扮玩在周边村落非常有名。特别是新中国成立后一进腊月门，全村男女老少就像过年一样热闹起来了，大家自发组织、踊跃报名参加高跷队、四蟹灯队、旱船队、吕剧团等队伍。没有分配到演出角色的则义务负责背道具和乐器。演员们集中在关帝庙北大厅和西厢房里，不分昼夜、不计报酬地精心排练节目，引得全村的孩子整天隔着窗户门缝你推我扛地往里看。正式演出时间是从除夕到正月十六日，除了给本村乡亲演出外，还受邀到其他村庄、厂矿企业演出，并多次代表公社片区参加上级组织的会演，取得了许多好名次。张褚窝以刘汝洋、刘松平为代表的四蟹灯，动物造型栩栩如生，花灯舞得活灵活现。上崖头以李葆木、李广岭为代表的划旱船，扮相俊俏伶俐，舞步婀娜多姿，唱腔清脆响亮，尤其受到大姑娘小媳妇的欢迎，有的观众甚至还跟到家中以观真容。村西以刘世贵、刘世光为代表的高跷队，在华山一带享有盛名，高跷腿子高达一米半以上，动作惊险，表演难度大，但又不失滑稽幽默。每年正月十六日华山会灯时，人山人海，水泄不通。但只要蒋家沟村的高跷队一到，灯会便进入高潮。演员手中棍棒打得上下翻飞、虎虎带风、精彩纷呈，喝彩声此起彼伏。还有村东史元臣、杨吉汉任团长的吕剧团也是名声在外，他们表演的《小姑贤》《李二嫂改嫁》《王汉喜借年》《姊妹易嫁》等剧目，得到过吕剧名家郎咸芬、李岱江的赞许和亲自指导，深受当地百姓欢迎。

关帝庙和影壁墙虽被拆除，蒋家沟还有村居民舍，村民仍然乡愁可寄，况且还有民间文化活动的精神寄托。2017年，华山片区改造中，蒋家沟与前张村、西河崖头、东河崖头一并整合，蒋家沟的村落已经被彻底拆除。村民们将于2020年底回迁到建造在本村原址上的荷景苑小区居住，从此开启他们新的幸福生活。

蒋家沟新居

民间文艺活动受活动场所等诸多影响也逐渐退出了人们的视野。何处是故乡？相信，蒋家沟人在崭新的生活环境中会以自己的方式寄托乡愁，寻找并享受新的物质和精神生活。正应了蒋家沟人拆除的影壁墙上毛主席的两句诗：天若有情天亦老，人间正道是沧桑。

材料提供：刘汝荣　李光培　李长泰

初　　稿：陈　芳

修改定稿：王瑞国

洪家楼

百年教堂历风雨　洪楼商圈成气候

洪家楼，城东南七里。洪侍御别墅，后为殷霍山象贤书楼。崇祯己卯易主。

——明崇祯《历城县志》

鹊华四：洪家楼。

——清乾隆《历城县志》

张马乡南保全一：洪家楼。

——民国《续修历城县志》

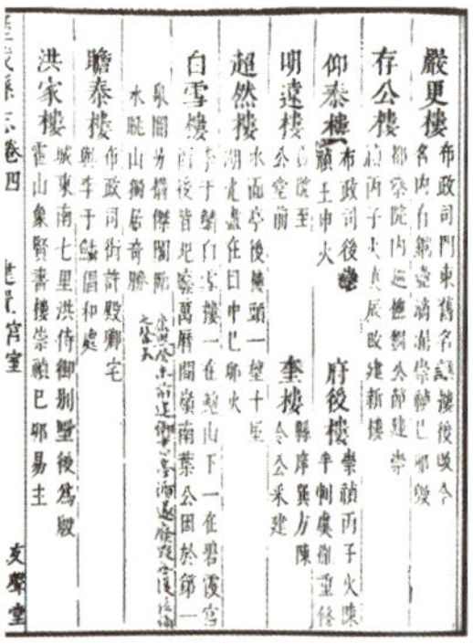
殿更樓
存公樓
仰泰樓 布政司後
明遠樓
超然樓
白雪樓
瞻泰樓 布政司街許殿卿宅
洪家樓 城東南七里洪侍御別墅後為殷霍山象賢書樓崇禎己卯易主

明崇祯《历城县志》中关于洪家楼的记载

据上述记载，在明代洪家楼区域曾有一座属于一个负责督察和巡视的洪姓官吏之别墅，被称作“洪家楼”。后来，洪家楼被殷象贤购买，将别墅楼改为书楼。现其故址已无存。明崇祯《历城县志》记载：殷象贤，士儋（即殷士儋）从孙（堂孙），直隶霍山知县。精理学，善音律，积书数百卷。

至“洪侍御别墅”建成时，渐有人聚集、居

村庄原貌

洪楼市场

花园路洪家楼段旧貌

住，形成村落，借别墅之名，称“洪家楼村”。但此时居民稀少，仅有洪、司、闫、邵四姓家族。1870年至1901年间，外国宗教势力来洪家楼修建教堂。由于教堂购置大量耕地，外地无地农民纷纷来到洪家楼村，租种教堂土地。洪家楼教堂的修建，吸引了6个省72个县的农民和能工巧匠在此安家落户、繁衍生息，因而洪家楼村形成姓氏众多的“杂姓庄”。

洪家楼天主教堂，国务院2006年5月公布的第六批全国重点文物保护单位；中央电视台《中华民族百年建筑经典》栏目评定的“中国100座近现代经典建筑”之一。

17世纪初，随着西方政治、经济、文化的海外传播，天主教在我国内地初露端倪并逐渐蔓延开来。到了18世纪初，在中国的西方传教士不足200人，兴建的教堂却有300余座，教徒更是达到30万人之多。在此背景下，外国传教士也于明朝的崇祯年间来历城传教，但尚不成气候，直到清顺治七年（1650年），天主教北京教区的西班牙教士嘉伯乐来到历城，在高都司巷将军庙街创建了第一座天主堂，但雍正年间因下诏禁止外国传教士传教而被废。后来，法国主教江类恩于咸丰十一年（1861年）予以重修，是为济南天主教的总堂。

同治九年（1870年），天主教济南教区的德国神父顾立爵（汉名）在传教中，见洪家楼村南依燕子山，北傍小清河，西靠济南府城，东连诸多村庄，且有胶济铁路的黄台车站（当时叫济南东站），环境上佳，交通方便，人口集中，是理想的传教之地，便购地以“洪家楼”为名建起了济南的第二座教堂——洪家楼天主教堂。

但是，教堂兴建之时，齐鲁大地也正孕育一场巨变。光绪二十五年（1899年），山东大旱，百姓无粮，人心思乱。民间的秘密组织“义和团”从地下走到了地上，发出了“天无雨，地发干，全因教堂遮住天”的帖子，他们认为天之所以大旱，原因在于洋人太多，引起上天动怒。在这样的思想鼓动下，义和团高举“扶清灭洋”大旗，开始冲击教堂和为洋人服务的买办及皈依天主教的信徒。光绪二十八年（1902年），义和团将洪家楼天主教堂焚毁。

洪家楼天主教堂

义和团运动失败后，天主教势力大盛。天主教山东北境教区荷兰籍主教申永福用庚子赔款，在洪家楼动工重建天主教堂。新教堂由奥地利修士庞会襄按照德国科隆大教堂的样式进行设计。教堂自1902年动工，1905年建成，全称是洪家楼耶稣圣心主教座堂，是一座典型的、极具异域风格的哥特式建筑。建成之时，其规模不仅济南乃至华北最大，而且与平阴的胡庄天主教堂、江西省抚州的临川天主教堂齐名，号称全国三大天主教堂。洪家楼天主教堂在中国近代宗教建筑中占有极为重要的地位。

洪家楼天主教堂，穹顶高塔，气势宏伟。平面为不等比拉丁十字形，立面为典型的哥特建筑风格；它坐东朝西，前窄后宽，多棱多角，多门多窗，正面两侧矗立着尖顶分立式、石砌方形的钟楼钟塔；塔顶为穹隆式尖券顶，因其整体剑直叠高，也称为高直式风格，而顶端的两个十字架，高高上举，让人感觉这里离上帝更近。钟楼塔夹在教堂中部大厅的

洪楼广场

山墙之间，上面布满细长的尖塔和狭长的窗户，窗户紧密相连，增强了塔楼高大的视觉之感。教堂底层的火焰门上，刻满生动的雕像，一切都充满了向上的动势；教堂的大厅十分高大，进深很长，高耸的穹窿绘满了宗教壁画，细柱的立柱布满了玲珑的雕刻，大厅充满神秘的宗教气氛。教堂的南侧，有一处以钟楼为中心的二层环廊建筑群，方形尖顶的钟塔有四层之高，东西两侧各建有二层西式环廊建筑。此院为一独立建筑院落，原为华北总修道院。而教堂建筑的整体构成，皆为青砖、料石砌垒，其总施工者为历城县孙村卢家寨著名的石匠卢立成。

卢立成，1878年出生于世代相传的石匠之家。十几岁时，其石雕技艺已相当精湛。23岁时，正逢扩建洪家楼教堂，经办人员来孙村一带寻找石匠。因卢立成手艺高，且能看懂工程图纸，于是被聘为总施工、总监管。他带着本村100多名石匠，总管着1000多人的施工队伍，历时3年，终于竣工，为中国近代宗教建筑史上增添了浓墨重彩的一笔。

洪家楼天主教堂虽然是典型的西方宗教建筑，但细微之处仍能看出，受到了中国传统建筑的影响。比如主厅的屋，盖着中国传统的小黑瓦；教堂中门两侧的石墙，雕有龙嘴大张、怒目圆睁的石头龙头；室内精美的花砖雕刻，散发着浓郁的中国传统文化气息。“这些美丽存在，在建筑审美者的眼里，都能引起特异的感觉，在‘诗意’与‘画意’之外，还使人感到一种‘建筑意’的愉悦。”著名建筑大师林徽因的这句话，恰能代表对洪家楼天主教堂建筑风格的称赞。

从建成至1932年，洪家楼教堂多次扩建。先后建起了华北总修道院、仁慈院、修女院、懿范女中、神父宿舍等，形成了一组天主教建筑群。同时开设了婴儿院、诊疗所、铁木工厂、发电厂等附属设施。据记载，当时有德、美、法、加、意、比、荷、西班牙等国的神甫、修士、修女共有70多人在此教书和传教。如今与教堂一路之隔的花园路与洪楼南路交会处的欧式建筑就是当年的修女楼。从1958年5月历城县委、县政府迁至洪家楼，至21世纪初，县委、县政府许多机关一直在位于洪家楼南路1号和今海蔚广场地域内的教堂房屋中办公。1958年秋，山东大学从青岛回迁济南，校舍就南邻教堂。此后随着办学规模的扩大，才陆续兴建了其他校区。

洪家楼教堂历经风霜。1937年日军入侵，教区受损。1948年济南战役时，主教院内有炸弹落下，但大堂安然无恙。1952年，教堂曾作为山东农学院的图书馆，后被用于济南纱布厂的车间，但均未对教堂及其大堂内的壁画造成太大破坏。1985年，政府对教堂进行了全面修缮，并于同年圣诞节开放。1992年、1995年、2006年先后被列入省级文物保护单位、省级重点文物保护单位、全国重点文物保护单位。2001年底，中央电视台播出第一部建筑文化系列片《中华民族百年建筑经典》，洪家楼教堂被全国26位院士级建筑大师评为“中国100座近现代经典建筑”之一。

想起当年读书苦，熬尽寒暑砚磨穿。
两榜进士入翰林院，历城县里来做官。

——吕剧《逼婚记》历城知县唱词

新中国历史上，著名吕剧《逼婚记》使洪家楼村继天主教堂后再次扬名。

《逼婚记》海报

《逼婚记》取材于洪家楼村的一个故事：明朝末年，国舅洪彦龙在重阳节千佛山庙会上，看中了济南府有名才子兰中玉之妹兰贵金，要抢回府中成亲，由于历城知县阻挡，兰贵金才得以逃脱。随后，洪彦龙以赏菊吟诗为名，将兰中玉骗进府中，逼其代妹应亲。兰中玉坚决不允，洪彦龙大怒，把

《逼婚记》剧照

兰中玉锁于客厅，威胁他不允亲事不准出府。洪府丫鬟春梅深恨国舅的丑恶行为，见义勇为救出兰中玉。师爷发现兰中玉逃走，紧闭院门搜查，春梅带着兰中玉无处躲藏，无奈上了皇姨的绣楼。洪彦龙的妹妹洪美蓉，忽见一秀才闯入绣楼，又羞又急，春梅向她说明情由，美蓉既恨长兄横行不法，又久慕兰中玉的才貌，决定与他私订终身。洪彦龙连夜赶往兰家抢亲，历城知县闻讯赶到，救了兰贵金并将师爷带回县衙问罪。洪彦龙以势压人，威逼知县。兰中玉之母黄氏上堂告状，知县亲往两家查明了情况，然后秉公而断，判兰中玉无罪，痛打了洪彦龙，伸张了正义，并成全了兰中玉与洪美蓉的亲事。

1958年前后，济南市吕剧团根据历史资料，创作了具有浓郁济南地方气息的历史剧《逼婚记》。1959年，该剧在济南公演，引发轰动。1962年，进京在人民大会堂和中南海怀仁堂演出，受到党和国家领导人及业内人士的高度称赞。剧情的发源地洪家楼从此伴随着气势恢宏的天主教堂而远近闻名。

济南市第二大商业圈——洪楼商圈的花园路核心地段，与百年教堂、百年山大遥相呼应，形成洪楼商圈商业与人文的无缝结合。

——2019年6月23日齐鲁网

吕剧《逼婚记》的故事毕竟是个传说，但威严高耸的百年教堂和气有浩然的百年山大却见证了洪家楼的沧桑变迁，特别是见证了洪楼商圈这一被誉为“济南第二大商圈”的发展兴旺。

1952年冬，在济南市郊一区办事处直接领导下，洪家楼村开始土改运动。1953年上半年，开展互助组运动，成立洪家楼乡，后合并至祝辛乡，由济南市郊划归历城县管辖。人民公社后，划归历城县东郊人民公社。1983年划归济南市郊区洪家楼镇；1987年划归历城区洪家楼镇；2001年划归历城区洪家楼街道，改洪家楼村为洪家楼社区，成为历城首批改为社区的村庄。

1985年的历城县人民政府

历城百货大楼

由于洪家楼村为历城县（区）政府机关所在地，村里原有的900余亩土地先后被机关和企事业单位征用。为解决人多地少、村民生计问题，村里开始兴办集体企业。从20世纪70年代开始，陆续兴办了运输、描图、锻造、电镀件抛光等手工加工企业。为了提高市场竞争力，1973年村里将所有小企业集中起来，兴办了洪家楼综合加工厂，一时成为附近规模最大的村办企业。进入80年代，村里利用积累的资金相继兴办了洪楼饭店、洪楼煤店、洪楼物资回收站、洪楼福利纸箱厂等企业，又于1997年建成了金鹰商厦。在洪家楼地区生活、年龄在50岁以上的人，如今对这些企业和商场、饭店仍然记忆犹新。

金鹰商厦

由于承租单位经营不善，致使当时投资3000万元、主体建筑面积2万多平方米的金鹰商厦亏损严重。2000年，村里与台商签订了

大润发

合资建设大润发超级市场的协议。经重新装修改造，大润发超市隆重开业。20年过去了，如今大润发超市仍然顾客盈门，已经成为洪楼商圈的重要支柱。

1999年是洪家楼发展史上浓墨重彩的一年。随着城市化步伐的加快，又加上洪家楼村是区政府驻地，村里的民居逐渐被四周的高楼大厦包围，成为典型的“城中村”。在上级的支持下，村里打响了旧村改造的攻坚战。在不到两年的时间里，经过村干部苦口婆心做群众的思想工作，先后拆除了旧房屋3.8万平方米，拆除门头房47户。投资1.3亿元，新建居民楼17幢、14万平方米，人均安置面积80平方米，同时新建产权归集体的商业门头房8500平方米，壮大了集体经济。新建的小区，路面洁净，各种树木、花草争奇斗艳，健身、休闲、车棚等配套设施齐全，村民们不出小区，就能享受到城市公园的乐趣，古老的洪家楼村发生了翻天覆地的变化。

位于经十东路的洪家楼工业园

改为社区后，为适应城市化发展的新要求，2002年洪家楼社区与洪家楼街道办事处合作兴建了建筑面积近万平方米的洪兴大厦，在经十东路旁的济南高新区购置土地，建设了高标准工业园。工业园占地137亩，建设高标准车间5座、公寓楼2座，建筑面积4.1万平方米，吸引了众多知名企业前来租房兴业，工业园区的效益也连年提高。

洪家楼人也为洪楼商圈的发展与繁荣做出了巨大贡献。同台商合作的大润发生意兴隆、繁荣兴旺；在社区出让的土地上兴建的银座商城宾客盈门、经营红火，海蔚广场高楼林立、环境优美。在花园路、洪楼北路、洪楼西路、花洪路等道路提升改造中，洪家楼社区主动拆除道路拓宽需拆房屋，以实际行动支持了洪楼城区形象的提升。

改革开放以来特别是设置城市街道办事处的近20年以来，洪家楼地区已逐渐发展成为济南的第二大商圈。具有哥特风格的欧式建筑——洪家楼天主教堂见证了洪家楼由“土”变“洋”的过程。如今高楼林立、车水马龙、华灯璀璨、川流不息的花园路核心地段与气势宏伟、蔚为壮观

洪家楼新居

山东大学老校区西门

路劲东城

洪家楼新貌

洪家楼现貌

的洪家楼教堂融为一体、相互映衬，加之百年山大的文化熏陶与影响，洪家楼更是声名远扬。洪家楼人失去了古村落，但却得到了现代化的时尚，享受到了舒适环境和富足生活。

材料提供：段　玉

初　　稿：王玲玲

修改定稿：王瑞国

盖家沟

万里黄河险工固　现代物流通四方

正北乡鹊华四：盖家庄。

——清乾隆《历城县志》

洛口乡鹊华四：盖家沟。

——民国《续修历城县志》

盖家沟地处济南胜景“鹊华烟雨”的鹊山、华山之间，距济南黄河大桥3公里，村子西北紧靠黄河，东北是济青高速零点。东与狮子张庄相连，北与姬家庄交界，西与天桥区北园街道南徐村接壤，南至新黄路，全村占地面积3100亩。截至2019年7月31日，全村有826人。村里共有80个姓

盖家沟旧居

盖家沟小学

氏，其中盖、裴、代、赵、貟、吴、刘、张、左姓迁入时间较早、人数较多，早时村中有姓氏编成的顺口溜：貟吴亓裴代，张王李赵刘，盖邵史，左杜蒋乔陈。

明洪武二十六年（1393年）盖姓由河北枣强迁来济南，聚居于大清河故道内，以姓氏取村名“盖家庄”。光绪十一年（1885年），黄河涨水外溢，盖家沟村子西侧被冲出了一条大沟，自此改村名为“盖家沟”。

1948年济南解放，建立起区、乡、村公所等政权，盖家沟隶属于济南市郊区鹊华乡。1950年，小乡并大乡，盖家沟属历城县华山乡。1955年11月，盖家沟随华山乡划入济南市郊区管辖。1957年12月，华山乡等8个乡划归历城县。1958年1月，成立人民公社，盖家沟属历城县东郊人民公社华山营。1960年6月，历城县东郊人民公社等一部分村庄划入济南市，盖家沟属济南市东郊公社华山公社。1968年7月，盖家沟大队属历城县华山人民公社。1980年4月，盖家沟大队划入济南市郊区华山人民公社。1983年，济南郊区设华山办事处，盖家沟属华山办事处华山乡管辖。1987年，济南市撤销郊区和历城县建制设历城区，盖家沟属历城区华山镇管辖。2010年5月，华山镇撤销，设立华山街道、荷花路街道，盖家沟属历城区华山街道管辖。

呼风唤雨卷波澜，一路高歌多少难。

自古险工在黄河，河底高悬急转弯。

——叹黄河险工

盖家沟历史虽不漫长，却流传着很多美丽的民间传说。如神医“盖六指”的故事、石龟的传说等。相传，很多年前，有一经千年修炼得道的神龟居于黄河的源头。一日，神龟顺河而下，赴东海为龙王祝寿。时值六月，天降暴雨，河水泛滥。神龟游至鹊华之间，恰遇河堤溃决，洪水四溢，眼见大片农田、房舍要被洪水吞噬。危急时刻，只听“轰隆”一声，神鬼化作巨石，堵住决口，数万黎民生命财产得以保全。为感激神龟，盖家沟修建三元宫时，村民请来能工巧匠雕刻神龟石像，立于殿旁，共享人间烟火。四方百姓前来三元宫祈福许愿，用手摸石龟背头祈福。不过，三元宫毁于火灾之时，石龟也不知所踪。盖家沟重修三元宫时，石龟复现，经村中老人辨认，确实是当年旧物，堪称神奇。

盖家沟村西有三官殿，三官殿的前身是三元宫。三元宫初建于1882年，因黄河溃堤，水灾泛滥，盖家沟人饱受困苦磨难，于是村民筹资，在村子西侧开始建设三元宫，直到1911年才建成。三元宫奉祀尧、舜、禹所代表的天地水神。建成之后，香火兴旺，绵延方圆数十公里。1948年济南解放后驻庙僧众被遣散，1958年三元宫因火灾被毁。2013年，盖家沟村民自发捐资数百万元，在原址重建三元宫，更名为三官殿。

盖家沟无论神龟的传说，还是村民集资兴建三元宫，目的只有一个，就是祈祷上天保佑盖家沟免受洪水之灾。但它们还是有负村民的虔诚，

俯瞰险工

盖家沟险工

险工一角

探石排险

没能免除洪水对盖家沟的侵害。真正对防治洪水起到关键作用的还是百年来一直在建设、完善的盖家沟险工。

“悬河”是黄河的独特称号。而悬河的特点，也成为黄河下游干流堤防及主要支流河口段堤防管理的重点。黄河堤防主要是由堤防和坝垛、护岸所构成。为了防止水流淘刷，在直接临河的堤段上修筑丁坝、垛和护岸工程，称为“险工”。沿黄河堤防修建险工的堤段，称险工堤段。盖家沟险工位于黄河大堤右岸，长2542米，护砌长度2519.9米，共有62段坝岸，是黄河下游重点防洪工程。盖家沟险工因所处地理位置而命名，遂成为盖家沟的标识，也使盖家沟因“盖家沟险工”而闻名。

黄河主流在流经盖家沟时形成了一个近似直角的大弯，恰是黄河的第九道弯。由于河水顶冲大坝折而东流，历史上曾多次发生漫决、冲决险情，水患连连，盖家沟及附近村庄饱受洪水之灾。清政府于1898年开始建设盖家沟险工，受当时施工条件及资金的限制，当时的盖家沟险工还是一个非常简陋的工程。新中国成立后，党和政府对盖家沟险工进行了三次大的加高改建，实现了险工石化。经过大力整修，盖家沟险工面貌大为改观，工程结构得到改进完善，坝岸抗洪能力大大增强，为确保黄河防洪安全发挥了应有的作用。1999年6月23日，时任中共中央总书记、国家主席、中央军委主席江泽民视察了盖家沟险工，观看了抢险训练汇报表演。党和国家最高领导人踏上盖家沟土地，使盖家沟人感到无比自豪。

如今的盖家沟险工不仅是黄河上具有防洪功能的一段坝岸，更是具有历史意义、旅游价值的一片亮丽的风景。

“中国物流百强企业”“国家物流示范园区”，盖世物流已经继“盖家沟险工”之后成为盖家沟的新标识。

1998年12月5日，在凛冽寒风中的一片荒地上盖家沟配货站破土动工，盖家沟利用地理区位优势向建设大型配货中心的理想迈出了第一步。30万元资金、300亩涝洼土地，仅用10个月时间，一个设施完备的配货中心建成投入使用。1999年10月，盖家沟配货中心成立；2002年12月山东盖家沟国际物流有限公司成立；2003年10月，山东盖世国际物流集团成

盖世物流园区

立。盖世集团迅速走上了以物流为核心，涉足房地产、商贸流通等领域的发展之路，成为一家综合性企业集团；2005年，集团由村办企业成功改制为股份制民营企业，同时组建了国家级专家顾问团队，走上科学化、正规化发展道路。2006年，集团一举荣获中国5A物流企业、中国物流百强企业、中国物流示范基地三大殊荣；2007年，集团被省政府认定为“重点服务业企业”和“重点服务业园区”；2008年，集团通过了国家五星级仓库评审和仓储服务质量达标验收，同时集团被评为山东省服务名牌、山东省消费者满意单位、山东省物流信息化示范单位，成功实现了由行业品牌向社会公众品牌的转型；2009年，集团被认定为中国物流产学研基地，成为山东省唯一一家拥有4项国家品牌的物流企业。2010年，集团被评为中国物流杰出企业，全国先进物流企业，成为中国物流与采购联合会副会长单位；2015年，“盖世”荣获驰名商标；2016年，集团获评国家级示范物流园区。如今，盖世集团已发展成为占地面积7000亩，常温仓储面积150万平方米，冷库30万吨，入驻企业3000余家的全国规模最大的物流企业之一。拥有济南总部、盖世冠威、盖世济北三个大型物流基地。其中济南总部发挥公路运输优势；盖世济北园区靠近机场，对接航空运输；盖世冠威园区借助山东省铁路枢纽建设，对接铁路运输，形成“三区联动、中心提升、线上线下、突出主业、融合发展”的良好局面，打造了一个面向大中型城市的、综合性公共物流服务平台。

“野生碱卤，地尽不毛”，恶劣的环境，贫瘠的土地，黄河岸边的盖家沟曾是周边最穷的村。改革开放以来，尤其是近二十年来，盖家沟发生了巨变。

历史上，盖家沟以农业为主，主要农作物有小麦、大豆、地瓜、玉

盖家沟新居

米、高粱、谷子、水稻等。因地处沿黄地带，地势低洼，坑塘遍布，长期内涝，土地碱化，农业生产落后，加之抗御自然灾害的能力差，粮食亩产仅百斤左右，直到新中国成立前，盖家沟还流传着反映黄患的一首歌谣："春天一片霜，夏天明光光。豆子不结荚，地瓜不爬秧。"最初迁徙来的盖氏先民因黄河屡屡泛滥，不堪肆虐，大部分迁至黄河坝上。新中国成立后，人民政府治理黄河，加高加固坝体，村民南迁到坝外，离开黄河故道。1950年实行土地改革后，盖家沟走上了农业合作化的道路。1962年，黄台电厂利用黄河水做冷却水源，在盖家沟老村址处建了四个较大规模沉沙池。盖家沟集体南迁至新黄路北侧盖家沟旧村址，政府出资建成了砖瓦房，村民生活依旧没有大的起色。

1978年党的十一届三中全会后，盖家沟顺应改革开放大潮，充分利用毗邻市区优势，大力发展村办企业，全村经济有了很大改观。发轫于1998年的配货中心，更使盖家沟步入良性发展的快车道。1997年，盖家沟针对村民建房风格各异、参差不齐乱象，本着节约土地原则和统一标准目的，统一规划、统一建设标准，实施了新村建设工程。1999年，建设完成了3幢楼，分别为95平方米、130平方米户型，形成现在的盖佳花园北区。村中人口多，所建住房少，村“两委”在征求群众意见的基础上，制定了切实可行的拆迁、购房、补偿等规定，顺利解决了部分村民的住房问题，迈出了新村建设的第一步，为后来的总体规划实施打下了良好基础。2000年，盖家沟乘势而上，新成立的盖佳置业房地产开发公司建设了8幢居民楼，分别为77平方米、107平方米、180平方米户型，全部为钢混结构，解决了部分村民和务工人员住房问题。2005年3月，盖家沟实施旧村改造工程，仅用17天旧村房屋全部拆除。随后组织实施了三期、四期工程，昔日偏僻贫穷的旧村落已成为灰色记忆，取而代之的是亭台楼阁、绿草如茵的花园式小区——盖佳花园。至2008年底，盖家沟全体村民都住进了宽敞明亮的楼房，人均住房面积50多平方米。

随着盖世集团迅猛发展和村集体经济的不断壮大，盖家沟也成为远近闻名的小康村，村民过上了幸福的生活。村民除正常享受股份分红外，还有定期发放的节日福利。村里不定期组织老年人外出旅游，帮助村民

济青高速零点立交

开阔眼界。村民子女免费入托、考上大学奖励补助。2007年，建成投入使用省级规范化标准学校——盖佳学校。2016年7月初，盖家沟正式通过并实施了大病医疗政策，在村民自身正常保险范围内，给予符合条件的村民上限为人民币10万元的重大疾病补贴，村民生活保障得到有效保障。

近年来，盖家沟重视村级教育和精神文明建设工作，升级改造后的盖佳学校和各类文化设施焕然一新，社会福利日趋完善。盖家沟启动的文化大院建设项目，总建筑面积约为6.63万平方米，于2018年上半年建成。入住村民人手一张“一卡通”，持卡进入文化大院享受餐饮、娱乐、休闲、健身等服务，以及水、电、暖气、物业等的优惠。文化大院已成为盖家沟村民享受集团发展带来福利的重要载体。

盖家沟旧村消失了，但繁荣富庶、文明和谐的新社区已经崛起，再建一个物质富裕、精神富足的全新盖家沟的实施中，蓝图正在规划。敢为人先、勇于创业的盖家沟精神也必将代代相传，激励盖家沟人不断攀登事业新高峰。

材料提供：马启代

撰写定稿：张　晓

东彩石村

古村落历经沧桑　新学城一朝矗立

> 採石庄，城东四十里。产灵石，玲珑可爱，园圃中多求之。
>
> ——明崇祯《历乘》

东彩石村北临经十路，旅游路绕村东、南而行，西邻为西彩石村，北邻为小龙堂村，南依狼猫山水库。属丘陵地带，村庄坐落于盆地，土地平坦，风景秀丽，交通便利，人杰地灵。村落占地面积270多亩，有山坡和耕地面积5299亩，全村共3000余人，是彩石街道驻地村。据族谱记载，明洪武年间，李姓从直隶枣强迁来在巨野河西居住，后来又有张、王、赵、周、刘、焦等姓氏迁入，因村东山上的“灵石”为彩色，故沿称东彩石。

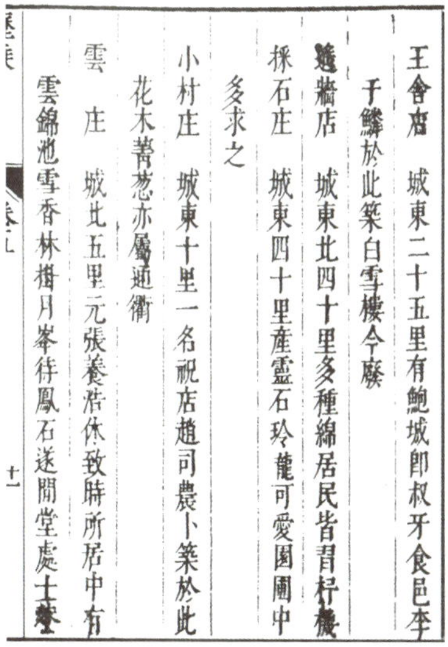
王舍店　城東二十五里有鮑城即叔牙食邑李
于鱗於此築白雪樓今廢
遥牆店　城東北四十里多種綿居民皆習杼機
採石庄　城東四十里産靈石玲瓏可愛園圃中
多求之
小村庄　城東十里一名祝店趙司農卜築於此
花木菁葱亦屬通衢
雲　庄　城北五里元張養浩休致時所居中有
雲錦池雪香林掛月峯待鳳石遂閒堂處士[illegible]

十一

明崇祯《历乘》中关于彩石的记载

东彩石村是一个历经沧桑的古村，自古就有人居住。在隶属上，唐宋元时期属章丘县，明代属历城县，清代和民国时

村庄原貌

期属章丘县，新中国成立初属章丘县，1956年，划归历城县。互助组合作社时期，由共产党员李宽彦、蒋而彬成立东彩石互助组。1958年，属孙村人民公社。1987年，属历城区彩石乡。2001年，彩石撤乡建镇，属彩石镇。2016年，彩石撤镇设街道，属彩石街道。

圩子墙、旧街巷、古寺庙、古井塘等斑驳胜迹，记录着东彩石人旧村改造前的生活轨迹。

清代、民国时期的东彩石村落方圆不足两平方公里，村子所建处，平阔低洼，一览无余。那时兵荒马乱，为防御外部侵扰，村民在村庄四周建土坯围墙，东西南北四面设圆形圩子门，由村民自发在各门值守，如有匪徒来扰乱，立即点火敲锣，通知村民隐藏或撤退，或关闭圆形圩子门，以保村民安全。

村内街道纵横交错、繁中有序，中街为中轴，南、北两街与中街平行，三街贯穿东西；东下沟、西下沟两条乡村道路则分列于村庄的东西两边，与南、北两街框括了整个庄子。东下沟为旧时彩石南出北进的主干道，路面青石铺成，路西沿为长约100米、高约4米由一色青石料垒砌的大堰，石堰平整坚固，朴实自然而蔚然可观。西下沟贯穿村子南北，旧时东面为石堰，西面圩子墙，也是进出本村的主干道。

村街内分布的吕家胡同、焦家胡同、王家胡同、张家胡同、李家胡同、弯弯胡同等街巷，就像一张紧凑的网，连接着家家户户。张家胡同，又名张家大院。它由六院、二马棚组成，主人是本村富户，土地改革时期被没收为政府所用，先为区公所，后改为公社、联防营等政府机构驻

民宅大门

民宅胡同

地。焦家胡同与李家胡同相连，长约200米，街北为焦家胡同，村南为李家胡同，两胡同径直从村中穿过，把整个村庄东西平分为二，中街与焦家胡同的交会点也是本村的正中，叫作桥头。

东彩石村有两座古庙。土地庙位于村东北角，毁于“文革”时期。三义庙坐落于村正北，始建于康熙十四年（1675年），坐北朝南，长6米、宽5米、高2.5米，庙内供奉刘备、关羽、张飞三尊神像，粗檩彩画，关公要大刀和姜太公钓鱼的壁画栩栩如生地展现在两面墙壁之上。庙宇前厅后院，前厅两面留有拱门。庙前两尊石狮把守着庙门，三级青石台阶正冲大殿。庙正前方建长方形水湾一个，长12米、宽4米、深3米，三面围以青石栏杆。水湾旁邻庙一侧有一个长约1.2米的方形石桌，与三义庙相比照。此湾是三神的一面醒世镜，警示世人如同刘、关、张结义三兄弟一般情同手足，团结向上。不过，水湾在20世纪70年代被填平。

村内后湾

三义庙的左前方有钟楼巍然屹立，钟楼底面为长2.8米的正方形，高3米，四角各立有巨石立柱擎托着整个青瓦屋面，四面敞开，有青石台阶通行。钟楼内雕梁画栋，中央吊有大铁钟一口，每逢村内有紧急情况或村上有大事情，钟声响彻四方，村民闻钟声而聚。紧靠三义庙的东侧建有更屋，过去是为保护村民安全所用。屋内有一木牌，俗称传牌，刻着每家户主姓名，按照排序轮流值班。钟楼与更屋，是寺庙的附属建筑，历尽沧桑不离不弃，与老村共守四个世纪，默默地保佑着此方百姓的平安。

村南狼猫山西岭为七井岭，上有7眼井，相传是唐王征东时，尉迟敬德带领将士在此安营扎寨，为了解决将士吃水问题而开凿的。井壁全部用青石垒砌而成，井底有泉涌出，甘甜清冽，即使干旱，当天取水见底，一夜之间井里就又蓄满。井旁原有石碑，今已无存。村里流传着一个故事：天上曾掉下一颗星星，老人叫作陨石，坠落在井边，使7眼井有了灵气；岭下泄洪道中卧有石马一匹，传说石马要从七井岭赶往东彩石村，每年在除夕夜里走一步，某年行走时，被两个从此路过的南方人看见，两人毫不犹豫将石马头砍掉，从此石马永远停留在村南500米泄洪沟处。也有人说，是泄洪沟干涸了，石马就此止步于此。向北100米有卧牛湾，因湾的周围有8棵老槐树，村民也称其为卧中湾或槐树湾，湾旁原有两通石碑，如今已无踪影。1972年，村里组织人员在7眼井旁挖了两个沙石大湾。每逢雨季有3眼井的水外溢流入沙石大湾，储存水源，旱时可供村南山之地农业用水。

旧时的东彩石水资源匮乏，全村饮水只能靠天囤积，当时在四里八村流传着一句民谣："东彩石喝水脏，屋檐水下面汤。"为解决吃水问题，村里在村西低洼处用石头垒砌池塘一个，深约5米，周边修建青石栏杆，南北两面建有石阶，供村民上下取水方便，这就是后来村民口中说的西头湾。直到20世纪70年代前，西头湾承载着全村村民生产、生活的用水重任。20世纪90年代末，西头湾被填平，改建为健身娱乐广

狼猫山水库建成前两岔河地貌

狼猫山水库工程施工工地

场。1960年7月狼猫山水库建成，东彩石及水库周边村饮水状况有所缓解。1974年，东彩石村在村东北角河床内打了第一眼机井，井水清澈，每天早晨和傍晚去机井打水的村民排起长龙，成为当时一道亮丽的风景。1985年在村南打第二眼机井，并于1986年在全村铺设自来水管道，家家户户都装上了自来水管，喝上了清澈甘甜的自来水，东彩石村成为当时彩石乡第一个为村民安装自来水的村庄。

东彩石村自古以来就有尊师重教的优良传统。最早的学校建于清末，在三义庙东，由村里的李鸿久、吕书生和吕伦生三位秀才担任先生。民国时期，东彩石村村长兼彩石社社长张子秀主持修建三义庙学堂，学堂包括东屋七间、西屋三间、北屋三间，是当时十里八乡最规范的学堂。新中国成立后，随着人口增加和社会发展，学校不能满足需要，1963年时任村党支部书记付德贞、村长蒋而彬带领村民新建东彩石小学。后几经翻建，一直使用，现已改为东彩石幼儿园。

村小学教室

抗日豪杰张子健，抗日烈士王福祥、张在福，安葬于朝鲜中国人民志愿军烈士陵园的志愿军战士崔毓成、毕占武……古村东彩石，养育了一个个顶天立地、威武不屈的革命战士。

东彩石村，不仅古迹斑驳，留下过丰厚的物质文化遗产，更是英烈辈出，给后人留下了宝贵的精神文化遗产。

张子健（1912—1990），字立亭，东彩石村人。幼时家境较富裕，上过私塾，后就读于济南正谊中学。时值九一八事变，张子健逐渐走上革命道路。1941年经当地名士景琳（景晓村之父）先生介绍，到章丘县政府（东彩石属其管辖）报到，自此弃教从政，不久即被任命为第十区区长。从此，他经历了惊险又传奇的一生。

有一次，他同县上管钱粮的一位同志，住在彩石南的一个村里，由于汉奸告密，深夜时发现日军已逼近，在扔手榴弹掩护同志撤退的同时，他急中生智，踹房顶逃了出去，结果摔到了屋后的悬崖底下而昏迷。当醒来时，正好听见日军在逼问一位中年妇女关于他的去处，妇女早就将他藏在了院中厚厚的棘柴和玉米秸下面，坚称没看见。但是日军不相信，就用刺刀戳那堆在院里的棘柴，其中一刀戳在了张子健的两腿之间，虽被吓出一身冷汗，但强忍着没有出声。日军没搜到人，不一会儿就走了。他从柴堆里爬出后，深深感谢这位妇女的救命之恩。

还有一次，张子健正在西彩石召开骨干会议，被一群赤臂、胸前戴兜兜、手持红缨枪的“红枪会”会员包围，带头的崔某手持砍刀，将朱砂画的“符”吃掉后便做起“法”来，还频繁用刀刺向张子健。张子健很冷静，他抽出枪往桌上一拍，大喝一声：“崔某，我看你要造反！”纸老虎

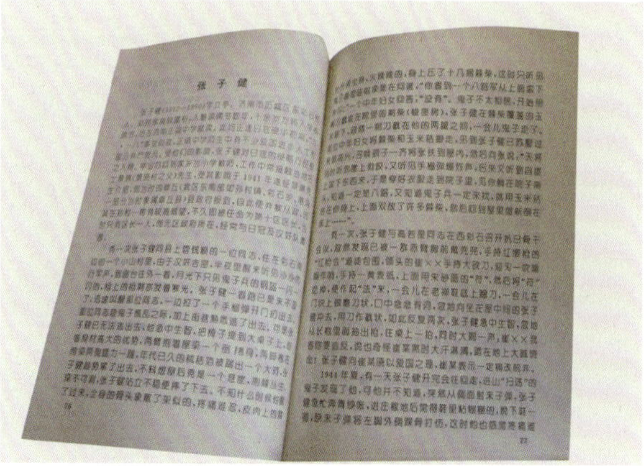

历城文史资料《历城名人》中关于张子健的记载

崔某霎时大汗淋漓，跪在地上大喊饶命。张子健顺势向崔某晓以爱国之理，崔某表示痛改前非。

1944年夏，张子健开完会在回去的路上，被进山“扫荡”的日军发现，听见枪响的他急忙躲进庄稼地，脱险后才发觉鞋里黏糊糊的，疼痛难忍，原来子弹已将他的左脚踝骨打伤。好不容易爬回村里，包扎伤口时，他诙谐地对人说：“小鬼子枪法不好，有本事往右偏二指打断大筋，我不就完了吗？”大家听后，哈哈大笑。

解放战争时期，张子健对国民党顽固势力从来不手软。国民党历城县党部书记侯茨同曾下令除掉张子健，幸好有身边的地下工作者王裕民、尹天佑保护而未让其得逞。

张子健深受党的培养，早在1944年就曾去山东建国学院学习，新中国成立前夕，先后担任中共胶济铁路工委秘书、济南特别市城区代区长等职务，新中国成立后任济南防汛指挥部办公室主任等职务。1957年，他受到不公正的对待，党的十一届三中全会后得到纠正，山东省委组织部批准享受厅（局）级待遇。

张子健只是东彩石村革命英雄人物的一个代表，还有许多英雄人物在革命战争年代和抗美援朝战争中抛头颅、洒热血，英勇顽强，甚至献出了年轻的生命。

在朝鲜中国人民志愿军烈士陵园中，长眠着两位烈士英灵，一位叫崔毓成，一位叫毕占武。崔毓成，1926年生于雇农家庭，9岁父母双亡，以讨饭为生，后学习木工。1944年参加八路军抗日。解放战争中，他任第三野战军第8兵团26军76师227团3营7连连长，被评为战斗模范，多次立功。他第一批入朝作战，任中国人民志愿军26军76师227团2营5连政治指导员，于1950年在朝鲜荒草岭战役中光荣牺牲，荣立一等功。毕占武也出生在贫苦农民家庭，他身经百战，参加了淮海战役、渡江战役，后入朝作战，任中国人民志愿军某部特务连政治指导员，光荣牺牲在朝鲜战场上。

王福祥、张为福两位烈士则牺牲在抗日战场上，他们顽强杀敌，屡立战功。还有许多在战争年代中战功卓著、身负重伤的战士默默无闻，甘当无名英雄，如张文志、崔玉吉、贾合本、刘延章等，受伤后回村务农，却从没有向外人炫耀过自己的事迹。但是，党组织、部队首长没有忘记他们，2013年元旦济南军区首长特意来到东彩石村，给老战士们送来荣誉勋章。

在东彩石村，人们不仅义无反顾地送亲人上战场，而且支前拥军工作也不含糊。在解放济南战役中，中国人民解放军某部后勤医院驻扎在东彩石村，村民自觉主动地参加支前工作，为前线解放军运送弹药、粮食和水，并且抬运伤员，为济南战役的胜利做出了贡献。23名在济南战役中牺牲的无名烈士葬在了东彩石村南，村民为烈士们修墓立碑，每逢清明，都自发前往烈士墓献花圈、扫墓向革命先辈表达哀思。

山东省委党校、山东商业职业技术学院、山东城市建设职业学院相继兴建，东彩石成了济南东部的“大学城”。

2001年，彩石乡人民政府由原政府驻地两岔河村迁至东彩石村，在彩石村西、赵山前面平坦的开阔地上，规划建设了政府部门一条街，开发建设了商业街，扩修了彩龙路。环境的改变，带动了东彩石村的经济发展和城镇化进程。2002年山东商业职业技术学院、2004年山东城市建设职业学院、2008年山东省委党校相继落户在东彩石村，东彩石村成为济南东部的“大学城”核心区。招商引资步伐的加快也推动了东彩石村旧村改造的进程。2010年10月开始，东彩石村城中村改造项目启动。2012年7月，村“两委”组织广大村民开始进行新居筹建准备工作。2017年6

山东省委党校

山东城市建设职业学院

山东商业职业技术学院

月，东彩石村“两委”与村民签订了拆迁协议书，开始拆迁工作。2017年底，东彩石村全部拆迁完毕。自此粉墙黛瓦、阡陌交通、篱笆柴扉、鸡犬相闻的田园生活成了人们对旧时家乡的记忆，那些土围子、旧街巷、古树老井、古老寺庙以及麦田耕牛、苞米秋谷、土灶炊烟也成了离乡人萦绕心怀的乡愁。

2020年下半年，东彩石村村民搬入新居。新居的高楼大厦坐落于狼猫山水库下游、巨野河西畔，与东彩石土地上的众多高等院校融汇一体，成为面貌一新、朝气蓬勃的城市东扩新片区。

东彩石新居

材料提供：孟庆贞　张纪亮

初　　稿：刘恕恩

修改定稿：王瑞国

利农庄

集体经济结硕果　不雅之地换新颜

兹值本市各区改换街牌，所有名称详加厘别。计有三项必须改换：（一）名义含有迷信者；（二）名称不雅者；（三）名字重复者。因名称不雅而改名者有12条（个）街巷（村庄）。其中：粪厂子改称利农庄。

——民国时期《济南市警区地理略义》

利农社区，跨山大路，临山东大学中心校区和济南科技市场，共有1200余人。

关于利农庄村名的来历，以往通行的说法是“在1958年，为有利于农业生产管理而合并，称利农庄”。但日前，济南文史专家、壹点文史研究所研究员雍坚先生发表了《独家发现·济南市首次批量改地名，120个街（村）名被更换》一文。作者在于1930年至1931年成书的一本《济南市警区地理略义》中发现，当时的济南市公安局将12条（个）名称不雅街巷（村）改名，其中粪厂子改称利农庄。这样就把“利农庄”成名提前到了民国年间。为验证此书的说法，笔者走访了多位社区长者，皆称他们村新中国成立前就叫利农庄。老人们说，新中国成立前这里居住的人员结构复杂，经常发生打架斗殴事件，让对这一片区管理的警察

村庄原貌

也非常头疼。有一个警察就根据居住人员的构成，依小买卖人重利之意取了个“利”字，再以“粪肥”是助力庄稼蔬菜等农产品生长不可或缺之物取了个“农”字，组成了“利农庄”，希望这里能少些戾气，彼此和睦相处。可能当时的公安局采纳了“片警”的意见，在正式发文时将不雅的“粪厂子”名改为“利农庄”。由此，印证了书中的改名之说。“利农庄”的村名也一直沿用至今。

利农庄聚落形成于清末，从光绪年间始，许多乞丐、佃户、刻石碑者混居于此城郊之处，以居住群体的“从业”特点，分别形成了“打狗庄”（乞丐）、“官屋子”（佃户）、“石碑坊（刻石碑者）”的村落。社区老人讲，20世纪60年代之前，村里有座十分精美的石牌坊，是一座贞节牌坊，高大雄伟、工艺精湛，但不知为谁而立。他们小的时候还时常往上面爬着玩，但极少有爬到檐顶的。可惜在破“四旧”时，此牌坊被拉倒拆除。因而“石碑坊”的村落名称可能既与聚集着众多刻碑者有关，也可能与此石牌坊有关。3个小聚落又有一个总称谓，因是收集、晾晒城区居民粪便，再将所产生的粪肥出售给种地农户，又被称为“粪厂子”。如今“官屋子”的名称仍然使用着，在花园庄东路一带，还有以“官屋子”命名的门牌号。而“打狗庄”“粪厂子”早已随不雅之名的更改而销声匿迹。

新中国成立后，利农庄隶属于全福大队。1979年12月，由利农庄构成的全福大队第二十、第二十一生产队，从全福大队脱离，成立利农庄大队，直接隶属于济南市郊区东郊人民公社。1983年，隶属济南市郊区洪家楼镇。1987年隶属历城区洪家楼镇。2001年隶属历城区山大路街道，改利农庄为利农社区，成为历城区首批村庄改为城市社区的村子。

前进脚步

改革开放40多年，利农人坚信“集体富、村民富，集体穷、村民穷，集体空、村民散”的理念，一直走的是靠集体经济共同致富的路子，且路子越走越宽广。

在1979年脱离全福大队之前，作为一个自然村的利农庄以农业为主，生产生活条件很差。特别是作为城市近郊，一直延续着被城里倾倒粪便，还有的人从事晒大粪、卖大粪干的职业。据山东大学有关人员回忆，一直到1960年全国著名的山东大学文史楼建成，周围还有晒大粪的，当时师生们开玩笑说，文史楼真的成了“闻屎楼”。

由依附于南全福的自然村而成为独立“行政村”、把命运掌握在自己手中的利农庄应如何发展？社会各界及本村群众都关注着“利农庄”这棵幼苗。

当时也正值改革开放之初，“分田单干”占据着许多人的头脑。但利农庄首任党支部书记李英山慧眼独具。他提出，利农庄应该走集体经济、

科苑大厦

共同致富的路子。

此时，利农庄人手里掌握着“一大笔”卖地的钱——60万元。这笔钱该怎么花？是一家一户分下去，还是留在村集体用？李英山力排众议，决定将这笔钱留在村集体、作为村里发展的“起步钱”。

留在村集体怎么花也是个难题。有的提出建办公楼场面一下，有的说放在银行吃利息“分红”，还有的建议建工厂、上设备。还是李英山拍板，建商店、饭店、车队等集体企业。1980年，利农庄正式成立济南利农实业总公司，下设山大路综合商店、历城运输公司三队、山大路饭店、山大路汽配商店等15家村办企业。经过几年的发展，集体经济不断壮大，群众也逐渐摆脱贫困走上富裕道路。利农庄成了当时济南市郊区乡村企业发展的一个典型，周边村庄也对利农庄刮目相看了。

1989年8月，年富力强的副书记郭杰从老书记手中接过接力棒，担任了村党支部书记和村委会主任。他继承老书记艰苦创业走集体经济发展道路的优良传统，同时立足于解放思想、改革创新，推出了一系列改革发展新举措。

转换机制，推行全员承包风险抵押责任制。村“两委”根据村里实际情况，结合改革开放的新政策，经反复研究，制定出了当时比较超前、符合公司管理特色的全员承包风险抵押责任制，把企业推向市场。上至总经理，下至普通员工都按自己所担负的工作交纳数量不等的风险抵押金，企业负责人是职工的双倍。同时制定了相应的奖惩条例，规定企业承包人必须保障职工收入不低于一定标准，承包人的工资为职工的平均工资，年终再进行奖金分配。通过这一改革，打破了村办企业多年形成的干好干坏一个样、干与不干一个样的平均主义模式，增强了职工的责任心和企业的向心力。由此利农的集体企业步入了良性发展的轨道，并得到发展壮大。山大路饭店成为当时计划经济条件下济南市第一个村级有粮、油、煤国家计划的综合性饭店；山大路五交化商店成为历城区第一家经营五交化的大型综合商店，业务量遍及全国各地；历城运输公司

位于经十东路的利农工业园

新高科创客天地

创客公园

拥有黄河牌汽车16辆、挂车8辆，业务遍及大江南北，为历城区拥有车辆最多的运输队。

腾笼换业，走出去兴办工业园区。随着城市发展，村子周边居民区、学校、医院等公共设施大量增加，山大路、山大南路穿境而过，利农庄靠近城区的地理优势逐渐显现出来，也为发展第三产业提供了千载难逢的良机。他们大胆提出了“腾笼换业”的思路，眼睛向外，于1991年投资1000余万元，在港沟镇购地186亩，建设了设施一流、建筑面积8000平方米的成大工业园。将在“黄金地段”上的工业企业迁入园区进行统一管理，并引进了多家知名企业。目前，工业园内已兴办企业10余家，园区年厂房租金收入达到600多万元。

筑巢引凤，发展外向型经济。在对内搞活企业生产经营的同时，他们又筑巢引凤把目光投入到发展外向型经济上。1991年利用已建楼房引进了全市第一家台商企业，兴办了济南宝岛大酒店。因是历城区第一家台资酒店，且这家酒店花8万元买了个“808888”的对外服务电话号码，当时在全市引起了不小的轰动。他们还引进了昭和塑料、贸群本业等日资企业，外向型经济红红火火。

调整战略，走高端产业发展的路子。他们针对原有汽配、日用百货等服务企业缺乏市场竞争的状况，积极调整经营战略，探索走现代物业管理、发展高端产业的路子。引进济南餐饮业的龙头企业“金马集团”，发展高端餐饮业；投资7000余万元建设了建筑面积3万平方米的科苑大厦；投资1000余万元，建设了济南市最早经营计算机软件的济南高科技市场；投资1000余万元，建设了山大路科技长廊。高科技经营业务的引进为利农社区发展注入了新的生机和活力。

由于立足长远、不断调整经营思路，利农社区集体经济发展的路子越走越宽广。到2019年底，社区各业纯收入达5200万元，固定资产超过1亿元。

在济南市率先实施旧村改造，且将发展壮大集体经济的红利用于社区居民，社区居民过上了幸福、宜居、和谐的新生活。

新中国成立前，利农庄可谓“人少地多”，老百姓戏称“没有人能说清楚利农的土地有多少”，东至现在的闵子骞路、西至历下建新街道办事处及胸科医院一带，南至益寿路、北至齐鲁师范学院全是利农的土地。新中国成立后，在济南的城市发展和重点工程建设项目中利农为国家贡献了大量土地。

早在1959年3月底，山东省委研究决定，原山东农业展览馆缓建，将该馆已在济南东郊的利农庄征购的土地，全部拨给山东大学兴建校舍，这就是原山大新校现在的山大中心校区。这次一下征用利农土地1080亩。此后一直到1992年为配合山大新校建设，利农又提供了大量土地。同时，从20世纪70年代末到90年代初，利农还先后为山东省胸科医院、山东省地质局、济南市煤气公司、济南一建等20余家企事业单位和山大路、山大南路扩建提供土地200余亩。

利农花园

经过近40年的不断征地，“不知道有多少地”的利农庄到1996年已无土地可供本村建设开发。村里要继续发展需要土地，村民的居住环境也因与周边快速推进的城市化格格不入而急需改善。于是从1996年开始，他们着手拆除旧村，实施济南历史上较早的旧村改造。经过一系列设计规划、一系列耐心细致的群众工作，利农人又实现了旧村改造史上的飞跃。1997年10月13日召开全村拆迁动员大会，仅用3天时间，全村320户全部腾空自己的房屋，几天之内就将5万多平方米的旧村房屋全部拆除。到1998年12月，仅用一年的时间，一个环境优美、设施齐全、交通便利的新型现代化住宅小区——利农花园便矗立在利农人面前。一下子建设了13幢大楼、480套楼房，建筑面积5万平方米，全村人均住房面积达90平方米。这在当时，连城里人也非常羡慕。

面对集体经济不断发展壮大，利农"两委"班子，坚持以人为本，持续为居民办好事、实事，让居民得到了集体经济带来的实惠。

持续改造居民居住环境。他们投巨资对利农花园进行了园林式绿化，建设了600平方米的中心花园，栽植各种花草树木、铺设草皮，园林绿化率达到36%。安装各种健身器材，对道路、车位和各类活动设施进行升级改造，大大方便了居民生活。还充分利用市里的加装电梯政策，集体出资为每部电梯承担资金15万元。由此，利农社区获得"省级花园社区""市级安静居住小区"等多项荣誉。

不断完善社区保障制度。为解决居民的生活、看病等后顾之忧，他们多方安置社区居民就业，为符合条件的人员购买了城镇职工养老保险。关爱老年人，让老年人"老有所养"。投资2500余万元，建设了建筑面积3400平方米的高端社区养老中心，聘请专业服务机构进行管理，对老年人开展贴心服务。为60岁以上老年人定期发放退休金和各类生活补贴，并订购牛奶、送生日蛋糕，使老年人切实感受到了社区温暖。完善医疗保障制度，让居民"病有所医"。早在20世纪八九十年代就和区中医医院合作，居民同机关事业人员一样看病记账，村里报销。以后又全员加入城镇职工保险和居民医保，并出台了住院报销、医疗补贴等相关政策。

孔子学堂

老年大学

组织丰富多彩社区活动。建设孔子学堂、社区文化服务中心、科普大学，并以此为载体，加强社区文化建设、弘扬传统美德。通过“特色讲堂”“我们的节日”“活力夕阳”等主题活动，丰富居民业余文化生活，让居民“居有所乐”。开设书法、绘画、音乐、京剧等特色课堂，陶冶居民情操。组织居民外出参观旅游，开阔视野、增强凝聚力。注重与辖区单位、社会组织等单位开展社区联谊活动、共同构建和谐社区。

近年来，利农社区先后获得“济南市先进基层党组织”“山东省文明社区”“山东省和谐社区建设示范社区”“山东省家庭教育工作示范社区”“全国妇联基层组织建设示范社区”“全国社区服务先进单位”“全国

山大路利农段

科普示范社区”等荣誉称号。

2020年初，社区党委副书记李金忠又从郭杰手中接过了社区党委书记的重担，他正探索利农发展的新思路，力争为利农人谋取更大的幸福。

从最初的“打狗庄”“官屋子”“粪厂子”等不雅之地到今日的科贸兴旺、高楼林立，从昔日的自然村落到今天的城市高端社区，利农的“华丽转身”让人惊讶。与改革开放息息相关的利农由村到城的“嬗变”之路，启示我们，一个村子可能没有厚重的历史，但能有说不完的今天、明天……

材料提供：刘　春

修改定稿：王瑞国

七里堡

作菜农甘为奉献　兴市场勇立潮头

村墅：龙山路，七里铺，城东七里，土沃水浅，俗勤灌溉。东新店、祝店，南小庄，西接官亭，北权富庄；驿铺：城东七里，司一名，兵四名。

——明崇祯《历城县志》

闵孝一：七里铺。

——清乾隆《历城县志》

张马乡闵孝一：七里铺。

——民国《续修历城县志》

七里堡以距历城县府七里之遥，并设“驿铺”而得名。至清朝时“七里铺”与“七里堡”已经互称。七里堡北邻南全福、南靠殷家小庄、东接辛甸、西为胶济铁路黄台车站一带。七里堡有张、孙、支、范四大姓氏，分别来自历城港沟田家庄、山西洪洞县大槐树孙家大庄、仲宫支家岭、西郊洪庙，另有刘、耿、柴、李、宋、韩等姓氏。新中国成立之初有200余户、600余人，目前有480户、1600余人。

1952年，七里堡村由济南市郊一区管辖。1953年上半年开始，先后

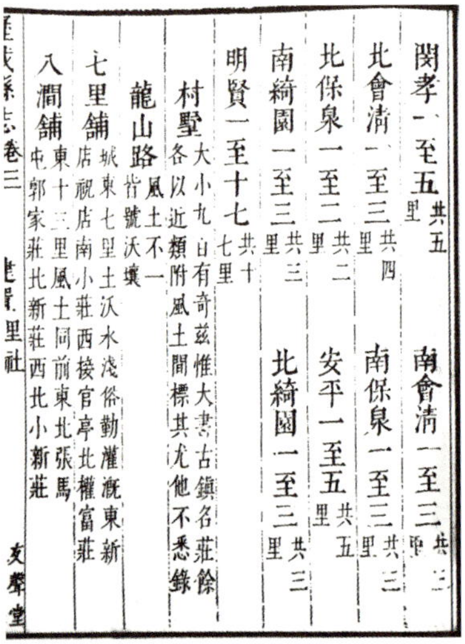
閔孝一至五共五里　南會清一至三共三里
北會清一至三共四里　南保泉一至三共三里
北保泉一至二共二里　安平一至五共五里
南綺園一至三共三里　北綺園一至三共三里
明賢一至十七共十七里
村墅大小九百有奇茲惟大書古鎮名莊餘各以近類附風土間標其尤他不悉錄
龍山路風土不一皆號沃壤
七里鋪城東七里土沃水淺俗勤灌溉東新店祝店南小莊西接官亭北權富莊
八澗鋪東十三里風土同前東北張馬屯郭家莊北新莊西北小新莊
歷城縣志卷三　里社　文馨堂

明崇祯《历城县志》中关于七里堡的记载

隶属洪家楼乡、祝辛乡，并由济南市郊划归历城县管辖。1958年隶属历城县东郊人民公社。1983年隶属济南市郊区洪家楼镇。1987年划归历城区洪家楼镇。2001年，隶属历城区洪家楼街道，并改为七里堡社区，是历城区首批改为城市社区的村庄。

七里堡明代即有驿铺，驿铺设于官道。东西横穿七里堡的官道是从历城县城到胶东一带（现在的省道102线）官道出城路段。当时的官道从历城县治所东出，经七里堡、辛甸一带，沿东北方向至现在的山东省农科院附近，再经王舍人、郭店、十里堡一路东行。明代时，曾在七里堡以西设官亭。官亭为古代供过往官吏食宿的处所，也就是官办的招待所。由于七里堡驿站是东来官吏、客商进入山东行中书省、济南府和历城县的最后一个驿站，因而特设“官亭”接待过往官吏。由此可见，当时的七里堡官商云集，非常热闹。清代诗人陈锦葵曾写题为《行经七里堡》诗文一篇：“十年争识陆沉灾，天上黄河去复回。太史大书齐有水，比闾惊见里而栽。重渊示警龙先跃，华表求仙鹤未来。寄语南山休孟浪，小清填淤可曾开。”表达诗人行经七里堡而忆黄河之水患，关心小清河填淤可曾开。从诗的题目《行经七里堡》可知，当时七里堡已与七里铺互称了。

七里堡“土沃水浅、俗勤灌溉”，村庄周边南到殷家小庄、东到辛甸全为肥沃田地，若偶有土石坡便成了“景观”。在今腾骐冠宸花园小区大门附近曾有土石坡隆起，因周边全是平整的农田，凸起部分在太阳斜照下像是一座小山头，七里堡人称之为“无影山”。土坡下面是花岗石，因

村庄原貌

方圆几十里全是平原不见石头，村民用石，便从此地开采。1990年，村里曾成立“高新花岗石厂”，取石加工，后来将取石后形成的石坑填平，无影山景不现。

计划经济时代，七里堡人是典型的城郊菜农。从人民公社兴办到改革开放之初的20多年里，七里堡人的主要工作就是种植蔬菜、用人力车将蔬菜运往市内各国营菜店，日复一日，年复一年，简单重复。他们甘为奉献，用辛勤的汗水填充着济南市民的菜篮子。

七里堡土地肥沃、水源充足，且为省城近郊，素有蔬菜种植习俗，是有名的蔬菜特别是精细菜种植基地。1958年兴办人民公社后，七里堡就根据上级要求，在计划经济的指导下，按照济南市蔬菜公司统购所需，开始作为菜农为济南市蔬菜公司种植、运送各种蔬菜。当时七里堡有耕地750亩，除留下70亩土地作为大田种植粮食作物之外，其余土地全部用于蔬菜种植。七里堡立足于为城市居民服务，甘为社会做贡献。在生产、流通环节上，济南市蔬菜公司向七里堡派驻人员，安排一年四季的生产任务、种植品种、产量及质量要求等。七里堡则根据派驻人员的要求，把任务分配到生产大队下设的5个小队。春夏季主要种植黄瓜、茄子、西红柿、菠菜等精细蔬菜，秋冬季则种植萝卜、大白菜等粗菜，品种可谓应有尽有。由于七里堡人蔬菜种植经验丰富，又勤奋劳动、精于管理，因而所生产蔬菜产量高、品质好，深受欢迎。在销售方面，由七里堡按照蔬菜公司下派人员的要求进行采摘、收获，装至人力地排车上，先集中拉到位于济南市老东门附近的蔬菜公司定价点，进行验货、划价、称重，然后再按照计划和需求，运往分布于全市的各个菜店。

蔬菜种植

蔬菜运输是个力气活。运输人员每人拉一辆地排车，每辆车要装载750公斤左右的蔬菜。当时路况不太好，菜店又分布于全市各个角落，远的要送往段店、二七新村、八一立交桥附近，往南拉车一路上坡，且无论酷暑寒冬、刮风下雨都得运送，不能延误，否则市民就吃不上菜。运菜人员几乎天天一身汗水、一身泥土。每天全村有10多辆车运输，一直到大年三十也从不间断。计划经济时代是按照上级指令组织生产与运输，即使菜店在洪家楼附近，也得先运往位于济南市老东门的蔬菜定价点定价后再拉回卸货。

上级部门作为对菜农的回报，是将菜款拨给生产队，并按13公斤粮食、2两花生油的人均定量分配给七里堡菜农。虽然同市民的供应价格一样，但供应的粮食却享受不到市民的待遇，粗粮比例达50%，且多是玉米、高粱，很少得到大米这样的“奢侈”品。

这种情况一直持续到1980年分田到户，七里堡村民作为菜农，为济南市民平价供应蔬菜达20多年。

进入20世纪90年代，七里堡走出了计划经济的束缚，勇立潮头，大步迈入市场经济时代。他们在90年代中期开始兴建市场，实现了由种菜到兴办市场、集中卖菜的转变。进入21世纪，他们又在盘活资产、资产运营上动脑筋，实现了由兴办市场到经营资产的飞跃，也成为济南市运用“市场”资产进行合作运营的典范。

从20世纪80年代初分田单干到1993年的十几年间，七里堡的经济收入及居民富裕程度在当时的洪家楼镇12个村居中倒数第一。当时市场经济的大潮已经席卷全国，七里堡周围的村庄或搞企业，或办市场，都红红火火，迈向富裕，而七里堡却如一口古井深潭，波浪不兴。1000多名村民仍然以种菜为生，但都是小打小闹，没形成气候；村办企业也连年

建成之初的七里堡市场

亏损，奄奄一息；村容村貌破旧，道路难行。对此，村“两委”成员开始探索致富路子。再种菜显然同早已搞大棚蔬菜且已成规模的先进地区无法竞争，经过一番探索，最终他们的思路由种蔬菜定位到兴市场、搞流通、卖蔬菜上。随着二环东路的开通，七里堡地处近郊、交通便利的优势开始显现出来。1994年5月，经过多方争取，当拿到了建设“七里堡蔬菜综合批发市场”的批文后，积极开始筹建市场。市场建设之初，需征用村民的80多亩菜地。村民们牺牲小我、顾全大局，毫无怨言地把菜地让了出来。经过6个月的紧张施工，建筑面积2.5万平方米、设有3000多个摊位的市场顺利开业。通过加强管理、建章立制、依法经营、提供信息、服务客户、对外学习等多种方式，慢慢搞活了市场，市场效益连年提升。1998年又投入200余万元对市场进行了扩建，新增了副食调料区和水产交易区，市场规模逐步扩大，经营品种也由单一销售蔬菜扩大到几乎所有农副产品。七里堡市场也逐渐被认可，并获上级表彰。1996年被农业部确定为全国定点鲜活农副产品中心批发市场；1999年被评为“全国信息网络先进单位”；2000年获山东省“省级规范化文明市场”。

但是，经过10年的发展，市场经营管理方面的弊端也逐渐显现出来。大棚式设置明显落后；管理粗放难以适应现代化市场管理模式；市场环境不洁、服务提升困难；经营效益增长缓慢等。对此，七里堡新一届班子成员看在眼里，决心对市场进行升级改造。一开始，他们还是立足于自我经营，自我管理的模式，准备筹措资金提升市场。但是对市场进行重新规划改造面临着3亿多元的巨额资金缺口。贷款不仅手续繁杂、难度大，即使贷下款来，市场的纯收入也抵不过贷款利息。带着困惑，他们外出参观学习。南方盘活资产、合作经营的市场运营模式让他们豁然开朗。济南人皆知的“七里堡市场”这个金字招牌不就是七里堡的有形和无形资产吗？以此招商进行资本运营不正是一条捷径吗？于是，他们转变思路，开始寻求合作经营的路子。他们的想法得到了区委、区政府和洪家楼街道党工委、办事处的支持和肯定。区委、区政府专门安排一名副区长与街道党工委书

七里堡市场提升改造工程奠基仪式

记以主要精力协调这项工作。有了上级领导的支持，七里堡班子成员信心更加坚定。他们首先立足于高标准规划，要求合作伙伴必须按照规划要求进行建设经营。于是他们请上海同济大学的相关专家，对市场按照当时最先进理念，在充分考虑人流、物流、交通流和未来发展空间的前提下进行了规划设计。规划的新市场，由A、B、C、D四部分组成，其中A、B、C三座楼为四层建筑物，建筑面积12万平方米。新的规划让人耳目一新，加之“七里堡市场”的名气，因而合作经营的理念一经宣传便引来许多客商前来洽谈。他们先后同深圳农副产品市场、深圳布集海鲜市场等大的客商进行洽谈，最终选定了广州益健城有限责任公司作为合作伙伴。经过10个多月的现场考察和艰苦谈判，在保证七里堡利益最大化的前提下，2006年6月18日，在历城区人民政府大项目集中签约仪式上，七里堡社区同广州益健城有限责任公司签订了合作协议，合作期限为35年。根据协议内容，广州益健城公司独资成立“七里堡市场有限公司”，七里堡社区居委会从2007年1月1日开始把市场移交给新成立的公司进行经营管理，所有权与经营权分离。广州益健城公司负责按照七里堡市场规划独自投资建设，独自经营管理，所获收益与七里堡社区分成。2007年至2009年的3年间，七里堡社区每年获现金收入800万元，2010年至2017年在当年基数上逐年递增

七里堡市场现貌

七里堡市场一角

5%，以后年份按合同约定的递增系数递增。合作期满后，所有建筑物归属七里堡社区。合同生效后，广州益健城公司先后投入2.6亿元对市场进行了全面升级建设，到2009年底，按规划要求建设的建筑物全部建成并投入使用。2020年，投资方向七里堡社区交纳1200余万元的当年收入，七里堡市场已成为七里堡社区收入的主要来源。在先进理念的管理下，如今七里堡市场经营业态逐年扩大，市场繁荣兴旺，已成为济南市民蔬菜及农副产品主要批发、采购场所。

《中国青年报》曾以《历史的跨越》为题发表了一篇长篇通讯，详细介绍了七里堡兴建市场、旧村改造等的成就。纵观新中国成立70多年来七里堡的奋斗历程，他们的确是在一步步跨越中砥砺前行的。除兴办市场外，村里的计划生育、民兵连和旧村改造工作也一直被七里堡人津津乐道。

新中国成立后，七里堡人除了种菜、卖菜，进行农业生产，也探索过发展工副业的路子。20世纪60年代曾经为省、市外贸加工过兔皮，从事过电机维修和锻打工艺；70年代为济南市外贸畜产公司加工包装过猪鬃；80年代曾经生产过玻璃器皿，进行过皮革加工等，但都营利不多。随着企业的纷纷倒闭，上述手工工艺已淡出了人们的视野，逐渐被忘却。唯有计划生育、民兵连和旧村改造工程让七里堡人津津乐道、引以为豪。计划生育连年获得先进，自20世纪70年代开始推行计划生育，一直到现在的50年间，七里堡没有出现一例计划外生育。

七里堡民兵连更是让七里堡人骄傲的资本。成立于1972年的七里堡民兵连为历城县武装部直属分队，组建之初，就拥有县武装部配发的24支半自动步枪。1975年至1976年，又陆续有五六式班用机枪1支、五六式冲锋枪1支、六三式自动步枪24支下发，同时还配发六九式反坦克四〇火箭筒2具。七里堡民兵连由5个排组成，每个排有民兵12人。作为县武装部直属分队，七里堡民兵连非常珍视“直属分队”的招牌，他们刻苦训练，一、二、三持枪手个个精明强干。他们承担着村庄巡逻、武器看管、安全保卫、治安联防、护路护线、黄河防汛等任务，样样完成出色，甚至还押解过犯人，为外宾进行过军事

民兵射击表演

民兵战术考核

表演。民兵连里也发生过许多趣事。20世纪70年代中期，听说台湾来的特务潜伏在了山东大学校园，几个民兵便隐藏在老校、新校的草丛中守候。结果两三天过去了，浑身上下被蚊虫咬遍，也没发现特务。由于民兵们责任感强、安全意识牢固，一直到1982年将武器上交，10年间，七里堡民兵连没有丢失过一件武器，消耗过几万发甚至十几万发子弹，也没有出现过一起安全责任事故，获得的各种荣誉奖励不计其数。

七里堡同多数近郊村庄一样，对城市发展最大的贡献就是土地。1993年，二环东路建设占用七里堡土地80亩，山东大学学生公寓建设占用土地30多亩，城市居民区如鑫达小区、慧都园、七里堡小区、济南轻骑厂宿舍、腾骐冠宸花园等都是七里堡提供的土地。有的土地纯是贡献性的，如二环东路占地，一亩1万元，还得自己负责拆迁。

随着辖域面积的缩小，加之市场扩建需要土地，旧村房屋又多是低矮潮湿的平房，旧村改造工作被提上议事日程。为此，七里堡从2000年3月开始实施旧村改造，共拆除旧房350余户，3.5万平方米。安置楼分二环东路东、西两个区域，于2000年4月动工兴建。2001年12月，14栋8.5万平方米的楼房竣工，顺利分配给社区居民。如今七里堡社区经济繁荣、设施完善、环境优美、文明和谐，特别是有七里堡市场的强大财力支撑，七里堡居民生活安定并且能够得以持续、稳定发展。

旧村拆除中

七里堡经历了从种菜、送菜到兴办市场、交易蔬菜，再到以市场为本，进行资

七里堡新居

本运营，集体经济不断发展壮大，群众生活也迈入小康。七里堡的嬗变充分说明，致富不仅要靠勤劳、靠政策，还要靠思路、靠创新，思路拓展天地宽，创新造就致富路。

材料提供：段　玉

初　　稿：王玲玲

修改定稿：王瑞国

后　记

为留住乡愁，留住消失的村落的历史遗迹和人文历史，抢救性地记录被拆迁村落千百年来的乡土历史文化及拆辽变化情况，为今后保存一份珍贵的历史资料，同时也为了印证这些村落由乡到城的发展轨迹，区政协决定编辑出版《消失的村落记忆——城市化进程中的历城》一书。经过文化文史和学习委员会同志们的辛勤工作，顺利付梓成书。

本书编辑过程经历五个阶段。一是动员部署。早在2017年上半年就成立编委会，制定征编工作方案，下发至各街道政协委员联络室，并进行动员部署。二是调查摸底。对因重点工程、重点项目、旧城村改造等原因被拆迁后原址新建、异地重建、片区安置等的所有村庄均进行调查摸底。据统计，我区现行政管辖区域内自新中国成立以来特别是改革开放以来，被拆迁安置的村庄有130多个。我们组织力量对这130多个村庄的基本情况，包括村庄溯源、发展沿革、地理风光、建筑风貌、历史文化、风土人情、重大事件、重要人物、特色风物、民间记忆、拆迁消失、安置情况等进行了全面调查摸底。同时，组织专家学者、区政协委员、区直有关部门、街道以“城市化进程中村落历史文化保护与传承工作”为题进行了专题调查，进而对全区已消失村落有了更进一步的认识了解。

三是撰写初稿。文化文史和学习委员会及编委会成员分别到全区各街道，召集街道、村庄撰写人员进行现场培训指导，要求各街道政协委员联络室负责撰写初稿。四是确定重点。对全区已拆迁村庄和各街道上报材料进行多次研究分析，甄选相关文字资料，从中选择了物质文化遗产和非物质文化遗产比较丰厚的70余个村进行重点写作，并由编委会成员联系街道，分工负责收集、整理、修改稿件。编委会成员克服困难，认真负责，对材料进行多次精心修改。五是修改定稿。由文化文史和学习委员会对收集到的稿件，按编辑要求进行修改定稿。其中对许多稿件经过了反复修改和重新撰写。特别是注重特色，突出重点，为每个村庄精心选择了两个方面内容，进行重点撰写。有的精心打磨，有的多次完善，有的几易其稿，最终确定了50个村庄。经广泛征求街道、村庄（社区）意见，补充完善后形成现稿。

由于我区行政区域调整频繁，且目前行政区划内还有许多是高新区、南山管委会代管的街道、村庄，为便于写作，我们确定以历城现行政管辖区域内因重点工程、重点项目、旧城村改造等原因被拆迁后原址新建、异地重建、片区安置的村庄为征稿范围。拆迁时间节点为新中国成立以来，特别是撤县建区以来的村庄。在入选村庄选择上重点考虑建村历史久远，历史文化厚重的古老传统村落。

在内容上，采取了统分结合的方式。统即指文章开始部分关于村庄溯源的历史记载，村庄由来、四至、人口面积、地形地貌、隶属关系、变迁以及最后一部分为新中国成立以来特别是改革开放以来的发展变化，村落拆迁情况、安置情况等各村均有体现，且撰写格式基本统一，既能体现村庄全貌，又能表现整书的风格。但是，为了避免各村“面孔相同”，我们在各村重点内容的选择上下了功夫。从各村提供的素材中选择了能体现该村特色，从物质文化遗产或非物质文化遗产中选择了两个方面的特色内容进行重点撰写，并通过文章的标题体现出来，每篇文章的标题，采取了“七言两句”的方式。这样，各村均有特色，目的是增加可读性和史料性。同时搜集反映村落文化遗产典型特征和特色的照片或图片，以期呈现传统村落的真实面貌。

在成书布局上，划分了古迹遗存、丰厚文脉、乡土印记、民间传说、英俊辈出、前进脚步六大板块。根据所收入的50个村庄，每个村庄最显著的一个特色，编入贴近板块中。这样可避免按街道排列的轻重不一和随意排列的杂乱无章，能突出类型，体现历城厚重乡土文化的几个重点特色。“古迹遗存”主要介绍所收入村庄没有被拆除，目前仍能看到的，有历史价值、艺术价值和重大影响的文物古迹，可使人们进一步加深对这些散落在历城大地上以物质形式存在的文化遗产的认识和了解。“丰厚文脉”主要从历史文化的角度，反映所收入村庄历史文化名人的遗迹、文学作品及文化传承、教育兴办等情况，以展示历城丰厚的历史文脉。“乡土印记”主要介绍富有特色的历城乡土文化。既有一定影响，但已灭失的“物质遗产”，又有体现历城乡土特色的“非物质文化遗产”，通过乡村文化“轨迹”的展现，使人们不忘乡愁，传承传统文化。“民间传说”主要搜集整理所收入村庄有影响的民间传说，通过弘扬作为民众文化重要组成部分的民间传说，进一步聚集人们热爱故园的乡土情结，增强热爱故园的自豪感，同时也可以弥补正史资料对历城历史文化全貌的记载不足，展现历城多元乡土文化。“英俊辈出”主要介绍所收入村庄的特殊风貌、经典地理人文及在灵秀之地产生的自共产党成立以来的杰出人物或杰出人物群体，引领人们积极向上。“前进脚步”，主要是站在时代发展的角度，怀恋消失的村落，记录历城的变迁，叙说今日的辉煌变化，并以此记录改革开放以来快速前进的步伐，颂扬伟大的时代。但是，由于每个村庄都包含溯源来历、历史记载、地理位置、面积人口、四邻村庄、行政隶属、区划变化、地形地貌、建筑风貌、文物遗迹、民间记忆、风土人情、重大事件、重要人物、拆迁经过、目前安置等基本元素，因而划入某个板块中的村庄仅是为了成书而分类，实际上每个村庄的内容可能涉及多个板块，各个板块之间内容是相互融合的。因而请读者不要拘泥于村庄列入某一板块中，而应从整体性上阅读每个村庄的史料。

本书统一使用规范汉字，采用记叙文体，行文朴实、简洁。为了追溯村庄由来、历史，查阅了大量历史资料，力求规范、严谨，同时也引用了部分文字和图片资料。清代及清代前的纪年，使用历史纪年，并括注公元纪年，以帮助读者阅读。中华人民共和国成立后的纪年均使用公元纪年。

本书在编辑过程中得到了各街道政协委员联络室及相关村热心人士的大力支持。王淮桂同志为本书照片选用进行了指导，并提供了部分照片。编委会成员夜以继日、不辞辛劳，确保了本书的按时刊印。山东人民出版社的编辑人员为本书出版给予了精心指导和全力支持。借本书出版之际，特向本书资料征集、撰写、审修、编辑、出版做出贡献的所有同志表示衷心感谢！

由于本书篇幅较大，选用图片数较多，为便于读者阅读，将全书分为上、中、下三册，每一册有两个板块组成。同时，由于时间和篇幅限制，本次仅收入了已经拆迁的50个村落，只占历城现辖区域内所拆村庄的五分之二，故本书以上、中、下三册的形式刊印，因而期望今后能将目前已拆迁村庄和将来拆迁的村庄再陆续编辑，形成《消失的村落记忆——城市化进程中的历城》系列书籍，更完整、翔实地记录已拆迁村落的历史文化，源源不断地留住岁月印记。

另外，我们认为以自然村为单位撰写，更能体现村落的溯源来历、地形地貌、建筑风貌、文物古迹、风土人情等，故书中所涉村庄多数以自然村为单位成稿。

在本书编辑中，由于村落分布广，涉及年代久远，有的史料可能出处、说法不一，加之我们水平所限，难免有疏漏差错之处，敬请读者批评指正。

编　者

2020年10月